Deutsche Limeskommission · Bad Homburg v. d. H.

Andreas Thiel (Hrsg.)

Neue Forschungen am Limes

BEITRÄGE ZUM WELTERBE LIMES

Band 3
4. Fachkolloquium der Deutschen Limeskommission
27./28. Februar 2007 in Osterburken

2008 Kommissionsverlag · Konrad Theiss Verlag · Stuttgart

Herausgeber:
Deutsche Limeskommission · Saalburg 1 · 61350 Bad Homburg v. d. H.

Bibliografische Information der Deutschen Nationalbibliothek
Die Deutsche Nationalbibliothek verzeichnet diese Publikation in der Deutschen Nationalbibliografie; detaillierte bibliografische Daten sind im Internet über http://dnb.ddb.de abrufbar.

Gestaltung, Satz und Herstellung
red.sign GbR, Stuttgart: Anette Vogt (Projektleitung), Gerhard Junker

Fotos Umschlag
Kastell Böhming: Kipfenberg-Böhming (Baden-Württemberg); Luftbild: Otto Braasch, Magnetogramm: Jörg Fassbinder
Drachenkopf: bronzenes Feldzeichen in Form eines Drachenkopfes aus Neuwied-Niederbieber,
Generaldirektion Kulturelles Erbe – Direktion Landesarchäologie, Außenstelle Koblenz

© Deutsche Limeskommission, Bad Homburg v. d. H. 2008
Das Werk einschließlich aller seiner Teile ist urheberrechtlich geschützt. Jede Verwertung außerhalb der engen Grenzen des Urheberrechtsgesetzes ohne ausdrückliche Genehmigung der Deutschen Limeskommission ist unzulässig. Dies gilt insbesondere für Vervielfältigungen, Übersetzungen in fremde Sprachen, Mikroverfilmungen sowie Verarbeitung und Verbreitung unter Verwendung elektronischer Systeme.

Printed in Germany

ISBN 978-3-8062-2251-7

VORWORT

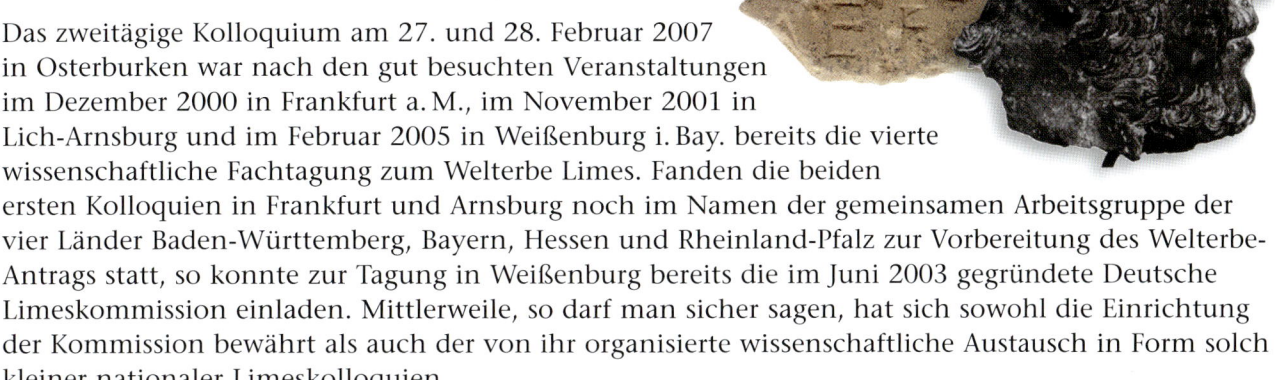

Das zweitägige Kolloquium am 27. und 28. Februar 2007
in Osterburken war nach den gut besuchten Veranstaltungen
im Dezember 2000 in Frankfurt a. M., im November 2001 in
Lich-Arnsburg und im Februar 2005 in Weißenburg i. Bay. bereits die vierte
wissenschaftliche Fachtagung zum Welterbe Limes. Fanden die beiden
ersten Kolloquien in Frankfurt und Arnsburg noch im Namen der gemeinsamen Arbeitsgruppe der
vier Länder Baden-Württemberg, Bayern, Hessen und Rheinland-Pfalz zur Vorbereitung des Welterbe-
Antrags statt, so konnte zur Tagung in Weißenburg bereits die im Juni 2003 gegründete Deutsche
Limeskommission einladen. Mittlerweile, so darf man sicher sagen, hat sich sowohl die Einrichtung
der Kommission bewährt als auch der von ihr organisierte wissenschaftliche Austausch in Form solch
kleiner nationaler Limeskolloquien.

Nicht ohne Grund bilden die ausgedehnten Reste der einstigen römischen Grenzanlagen traditionell
einen Schwerpunkt der archäologischen Forschung in Deutschland. Dieses nachhaltige Interesse
begründet sich zunächst darin, dass die denkmalpflegerische Betreuung des Limes seit Jahrzehnten
Anlass für aktuelle Untersuchungen ist. Gleichzeitig bildeten Kastelle, Wachposten und andere Einrichtungen an oder unmittelbar hinter der antiken Grenze einst die unmittelbare Nahtstelle zwischen
den Germanen und der römischen Welt. Aus diesem Grund rührt die wissenschaftliche Beschäftigung
mit dem Limes stets auch an der Frage, nach welchen Regeln das offenbar ja überwiegend friedliche
Zusammenleben dieser unterschiedlichen Kulturen funktioniert hat.
Ohne dass diesmal ein Themenschwerpunkt vorgegeben war, folgten erfreulicherweise wiederum knapp
fünfzig Wissenschaftlerinnen und Wissenschaftler der Einladung in das Römermuseum Osterburken,
um über die Ergebnisse aktueller Forschungen am Limes zu diskutieren. Da sich die verschiedenen
Arbeiten im Rahmen des Welterbe-Projekts mittlerweile auch auf die „nassen" Flussgrenzen ausgedehnt
haben, beschäftigten sich am ersten Tag gleich vier Vorträge mit dem Rheinlimes in Niedergermanien.
Neben aktuellen Ausgrabungen wurden in den dreizehn Vorträgen des zweiten Tages auch die immer
wieder überraschenden Ergebnisse der „sanften" Archäologie in Form geophysikalischer Untersuchungen
vorgestellt. Es steht zu hoffen, dass es in den kommenden Jahren gelingen wird, alle Limesanlagen
mithilfe naturwissenschaftlicher Prospektionsverfahren flächendeckend zu untersuchen. Dass die
Erforschung des Limes dank des Welterbes tatsächlich eine neue Stufe erreicht hat und nicht mehr
Zufälligkeiten bestimmen, wo und was ausgegraben wird, wird sicherlich auch dadurch deutlich, dass
bei den in Osterburken gehaltenen Vorträgen auch die kritische Überprüfung alter Forschungsergebnisse nicht zu kurz kam. Auch dieser Punkt wird ein wesentliches Element für die anstehenden Arbeiten
an einem Forschungskonzept zum Obergermanisch-Raetischen Limes bilden.

Ich möchte abschließend im Namen der Deutschen Limeskommission den sechzehn Autorinnen und
Autoren sehr herzlich dafür danken, dass sie ihre Aufsätze für den Druck in der Reihe „Beiträge zum
Welterbe Limes" zur Verfügung gestellt haben. Dem Redaktionsbüro red.sign, Stuttgart, danke ich für
die kompetente Beratung und wiederum gute Zusammenarbeit bei der Redaktion der Beiträge sowie
für die insgesamt gelungene Herstellung des Bandes.

Esslingen im Juli 2008
Dr. Andreas Thiel

INHALTSVERZEICHNIS

DAS RHEIN-LIMES-PROJEKT – WO LAG DER RHEIN ZUR RÖMERZEIT?
Renate Gerlach, Thomas Becker, Jutta Meurers-Balke, Irmela Herzog — Seite 8

DIE GRABUNG IM RÖMISCHEN ZIVILVICUS VON BONN AUF DEM GELÄNDE DES WCCB – EINE ERSTE ÜBERSICHT
Cornelius Ulbert — Seite 18

NACHGRABUNG UND KONSERVIERUNG DER TÜRME AM LIMES-WACHPOSTEN 1/8 IM RHEINBROHLER WALD
Cliff Jost — Seite 30

EIN INSCHRIFTENFRAGMENT VOM WACHTURM 1/8 BEI RHEINBROHL. ZUR „INSCHRIFTENAUSSTATTUNG" DER WACHTÜRME AM OBERGERMANISCH-RAETISCHEN LIMES
Thomas Becker — Seite 42

GEOPHYSIKALISCHE PROSPEKTION AM LIMES IN HESSEN
Egon Schallmayer — Seite 58

COHORTES TREVERORUM AM TAUNUSLIMES? ZUR BESATZUNG DER KASTELLE ZUGMANTEL UND HOLZHAUSEN
Marcus Reuter — Seite 82

BEMERKUNGEN ZUR LIMESPALISADE
Dietwulf Baatz — Seite 92

DEM LIMES AUF DER SPUR. UNTERSUCHUNGEN EINES ABSCHNITTES DER STRECKE 8 SÜDLICH VON OSTERBURKEN

Britta Rabold — Seite 104

ZUR ZIVILEN BESIEDLUNG ZWISCHEN DEN LIMITES IM NECKAR-ODENWALD-KREIS

Anita Gaubatz-Sattler — Seite 110

DAS WELZHEIMER ALENLAGER. VORBERICHT ZU DEN GRABUNGEN IM WESTKASTELL 2005/2006

Klaus Kortüm — Seite 122

DAS BILD DES KAISERS AN DER GRENZE – EIN NEUES GROSSBRONZENFRAGMENT VOM RAETISCHEN LIMES

Martin Kemkes — Seite 140

NEUE ERGEBNISSE DER GEOPHYSIKALISCHEN PROSPEKTION AM OBERGERMANISCH-RAETISCHEN LIMES

Jörg Fassbinder — Seite 154

ARCHÄOLOGIE IM KARPFENTEICH. NEUES AUS DEM RÖMISCHEN VICUS VON DAMBACH

Wolfgang Czysz — Seite 172

NEUE DENDRODATEN VON DER LIMESPALISADE IN RAETIEN

Wolfgang Czysz, Franz Herzig — Seite 182

DAS RHEIN-LIMES-PROJEKT – WO LAG DER RHEIN ZUR RÖMERZEIT?

Von Renate Gerlach, Thomas Becker, Jutta Meurers-Balke, Irmela Herzog

Im Arbeitsgebiet des Rheinischen Amtes für Bodendenkmalpflege, zwischen dem Bonner Raum im Süden und der Grenze zu den Niederlanden bei Emmerich im Norden, liegt ein mindestens 224 km langer Abschnitt (heutige Rheinkilometer 640 bis 864) der ehemaligen römischen Reichsgrenze entlang des Flusses. Aber weder ist deren konkreter Verlauf bekannt, noch kennt man, bis auf wenige Ausnahmen, die bei anderen Flussgrenzen nachweisbaren, unmittelbaren Sicherungsanlagen, wie beispielsweise eine lückenlose Wachturmkette. Während bei einem Land-Limes die Grenzsicherungselemente wie Palisade, Graben oder Mauer als mehr oder minder gut im Boden erhaltene Relikte auf weiter Strecke eine metergenaue Rekonstruktion des Grenzverlaufs zulassen, sieht das völlig anders bei einer Flussgrenze aus, die sich zunächst dem Wechsel der Flussbetten anpassen musste und dessen Anlagen dann durch die nachfolgenden Flussaktivitäten auch wieder zerstört, bzw. überdeckt werden konnten. Dieses Problem teilt der rheinische Abschnitt des Limes mit den meisten anderen Flussgrenzen des Römischen Reiches, z. B. längs der Donau oder dem Euphrat, wenn die naturräumlichen Gegebenheiten eine starke Verlagerung des Flussbettes nicht verhinderten.

Natürlich sind als Teil der Grenzsicherung etliche Lager auch im Rheinland bekannt: Die Legionslager in Bonn/*Bonna*, Köln/*Ad aram Ubiorum*, Neuss/*Novaesium* und Xanten/*Vetera I* bzw. *II*, dazwischen kleinere Anlagen in Wesseling, Dormagen/*Durnomagus*, Krefeld-Gellep/*Gelduba*, Moers-Asberg/*Asciburgium*, Kalkar-Altkalkar/*Burginatium*, Wesel-Bislich und Kleve-Rindern/*Harenatium*. Ergänzt wird das Bild durch das Flottenlager der Classis Germanica in Köln-Alteburg und einige in der Spätantike dazukommende Anlagen in Köln-Deutz/*Divitia*, Monheim-Haus Bürgel/*Burungum?* und Qualburg/*Quadriburgium* (Abb. 1).[1]

Diese liegen fast alle auf der seit dem Ende der letzten Kaltzeit hochwasserfreien und von holozänen Flussaktivitäten unbe-

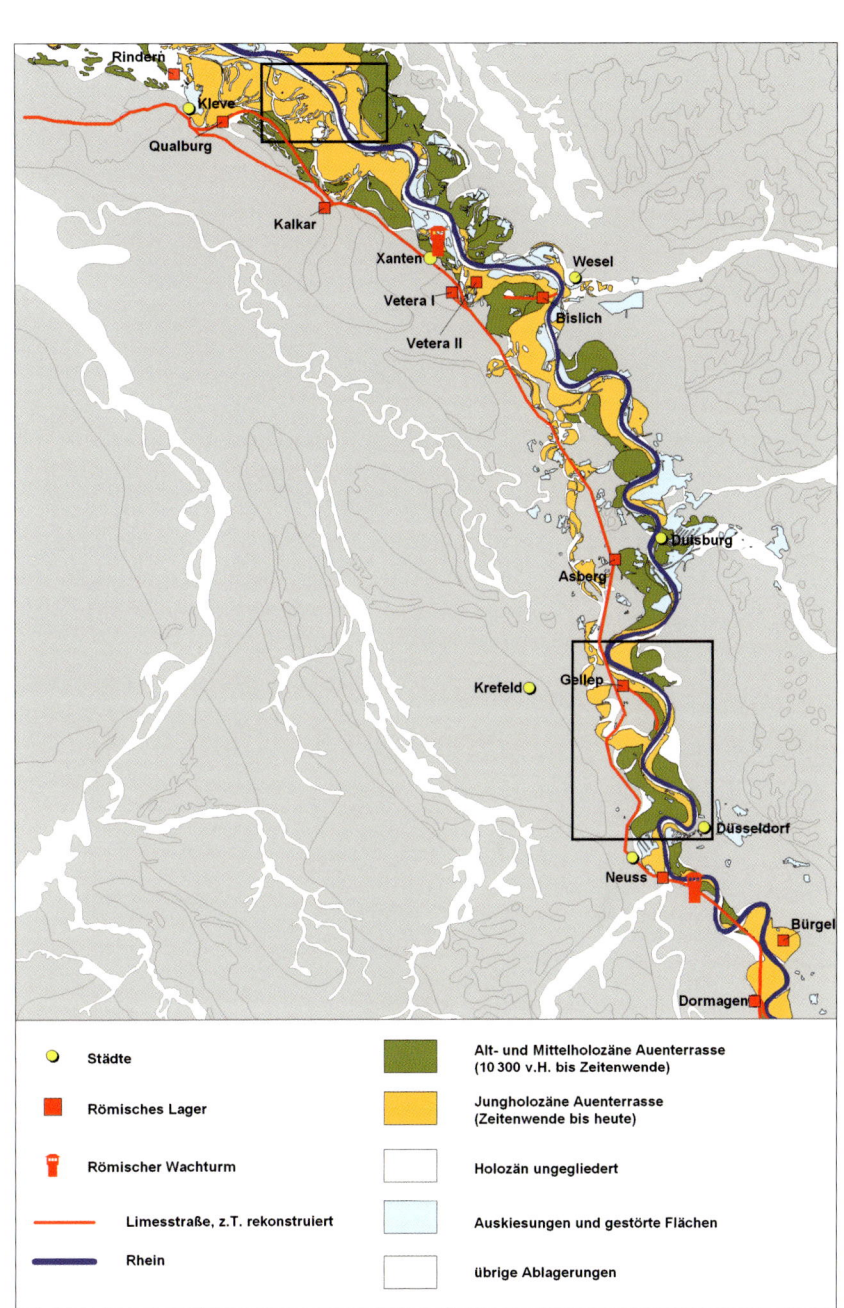

Abb. 1 Die Rheinaue mit holozänen Auenterrassen, Limesstraße, Lagern und Wachtürmen (s. auch Tabelle 2).

[1] Gechter, Grenze.

DATENPOOLS	DATENBASIS	ZIELE	HERAUSFORDERUNGEN
1. Geo-Kartierungen	19 geologische Kartierungen mit unterschiedlichen Maßstäben und Ausschnitten	Kartierung der 1. potenziellen römischen Siedlungsareale 2. nachrömisch zerstörten Flächen 3. römerzeitlichen Flusslaufareale	■ Sammeln und digitalisieren ■ Verschneiden und homogenisieren der unterschiedlichen Kartierungen
2. Archäologische Fundstellen	1266 Fund-Meldungen aus der holozänen Rheinaue	■ Exaktere Datierung der Flächen ■ Bewertung der Fundstellen	■ Unterteilen nach Fundlage (OF, Kies, Auenlehm) bzw. Auenstufe ■ Bewerten unklarer Fundplätze
3. Pollendaten	■ 154 Zähllisten aus dem Archiv des GD ■ Pollendaten aus dem Archiv Univ. Köln	Datierung der Flächen und der Altrinnen (römische Rheinläufe?)	■ Stratigrafische Einhängung in die Pollenkurven am Niederrhein ■ Datieren unvollständiger, „kurzer" Pollenprofile
4. Digitale Gelände Modelle - DGM5 - DGM50	■ ca. 1000 Digitale Geländemodelle auf DGK Basis (DGM5), 10 m Raster ■ Geländemodell 50 m Raster	■ Relative Datierung (älter/jünger) der Rinnengenerationen ■ Reliefrekonstruktion	■ Relativ-chronologische Sortierung der Rinnengenerationen mit „STRATIFY" ■ Fehlende exakte Datierung der Altrinnen

Tabelle 1 Aufbau des Rhein-Limes-Projektes.

rührten Niederterrasse. Wo dies nicht der Fall ist, wie bei Haus Bürgel und dem Lager *Vetera II* bei Xanten, haben Zufälle zu einer Erhaltung bzw. Entdeckung dieser Anlagen geführt: Im ersten Fall war es ein plötzlicher spätmittelalterlicher Mäanderdurchbruch (um 1374 n. Chr.) bei dem das Kleinkastell Haus Bürgel zwar auf die rechte Rheinseite geriet, aber im Bestand erhalten blieb.[2] Im zweiten Fall wurden die massiven Mauerreste von *Vetera II* bei Auskiesungsarbeiten in 7 bis 10 m Tiefe inmitten der Kiese eines Rheinverlaufs aus der frühen Neuzeit gefunden.[3] Bei der Auskrümmung dieses Mäanders von ca. 1600 bis 1788 n. Chr.[4] wurden die noch vorhandenen Mauerreste und Fundamente unterspült, stürzten in den Strom und wurden rasch bedeckt. Die Kompaktheit der Mauern und der rasche Einbettungsvorgang haben einen Transport und damit eine Aufarbeitung der Ziegel verhindert.

Jüngste Ausgrabungen im Rheindelta bei Utrecht belegen nun, dass eine Grenzsicherung durch Wachtürme auch entlang des Rheins zu rekonstruieren ist, die allerdings wohl in einem etwas größeren Abstand, etwa jeder Kilometer ein Wachturm, gestanden haben.[5] Im Rheinland sind von diesen Sicherungselementen ganze zwei Wachtürme bekannt: Der auf einer Düne stehende Turm auf dem Reckberg bei Neuss und ein Turm bei Xanten-Lüttingen, der bei Ausgrabungen im Vorfeld einer Kiesgrube im Jahr 1995 unter jüngerer Auelehmbedeckung entdeckt wurde.[6]

Entsprechend spärlich sind auch die Hinweise auf den Verlauf der Grenzstraße in der holozänen Rheinaue, die in vielen Abschnitten nur vermutet werden kann.[7]

Dies liegt aber keinesfalls nur an der Tatsache, dass spätere Rheinverlagerungen Teile der römischen Militär- und Siedlungsanlagen in der Aue hinweg gerissen bzw. mit Auen-

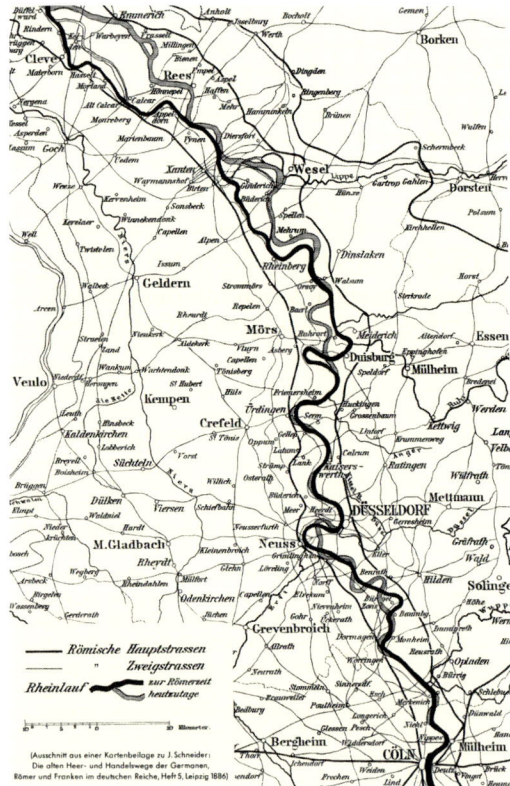

Abb. 2 Versuch einer Rekonstruktion des römischen Rheins von 1886.

lehm bedeckt haben, sondern weit mehr an dem Umstand, dass wir einfach nicht wissen, wo wir innerhalb des breiten Streifens der Aue – jenem Teil des Flussgebietes, in dem sich der Rhein in den letzten Jahrtausenden immer wieder verlagert hatte – suchen sollen. So lautet seit mehr als einem Jahrhundert die entscheidende Frage: Wo lag eigentlich der römische Rhein?

Es hat in der Vergangenheit nicht an Versuchen gemangelt, einen solchen römerzeitlichen Rhein zu kartieren (Abb. 2).[8] Alle diese pauschalen Versuche müssen aber als gescheitert gelten, denn, so schrieb schon Christine Hoppe 1970: „*In Wirklichkeit kann es den Römerrhein gar nicht geben. Die Römer haben den Niederrhein fast vierhundert Jahre beherrscht, und das vorangegangene Kapitel hat gezeigt, wie oft der unregulierte Tieflandfluss in vierhundert Jahren, etwa von 1400 bis 1800 n. Chr., seinen Lauf verlegt hat. Somit kann man nicht annehmen, dass er während der Römerherrschaft dauernd bei demselben Lauf verblieben ist. Der Begriff „Römerrhein" ist also unsinnig, und wenn schon ein römischer Rheinlauf rekonstruiert wird, so sollte man wenigstens durch präzise Zeitangabe klarstellen, ob die Verhältnisse um 50 v. Chr. oder etwa die um 300 n. Chr. dargestellt werden sollen.*"[9]

Auch wenn es seit dieser Feststellung vonseiten der Geowissenschaften seriöse Bemühungen gegeben hat, ist bislang erst an wenigen Rheinabschnitten, so bei Dormagen[10], bei Duisburg[11] und bei Xanten[12], aufgrund aufwendiger geologischer Geländearbeiten für einzelne römische Zeitabschnitte eine plausible Rekonstruktion des Rheinverlaufs gelungen (Abb. 3).

Den bislang unbefriedigenden Kenntnisstand zu erweitern, ist nun die Herausforderung des Rhein-Limes-Projektes des Rheinischen Amtes für Bodendenkmalpflege.

In diesem Projekt werden geoarchäologische, archäologische und archäobotanische Methoden und Daten kombiniert und mithilfe eines Geografischen Informationssystems (GIS) zusammengeführt (Tabelle 1). Nur diese interdisziplinäre Zusammenarbeit kann hier zu Ergebnissen führen, da jede Fachrichtung für sich methodisch scheitern muss.

Grundsätzlich standen uns zwei methodische Ansätze zur Verfügung: Der erste ist der oben bereits erwähnte „klassische" Ansatz, bei dem versucht wird, einen einzelnen römischen Rheinlauf zu kartieren. Diese historische Methode kann nur eine Momentaufnahme liefern. In der Regel wird ein Rheinabschnitt kartiert, der sich aufgrund einer längeren Ruhephase tief eingeschnitten hat und daher bis heute im Relief sichtbar geblieben ist.[13]

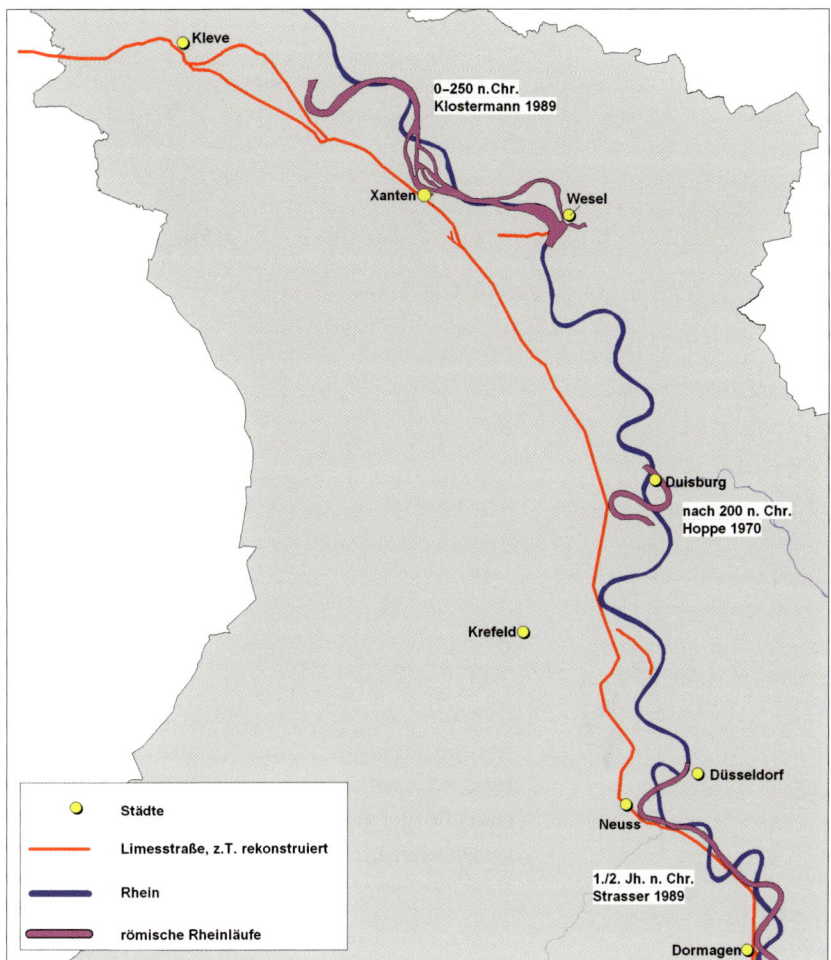

Abb. 3 Plausible Rekonstruktionen römischer Rheinläufe am Niederrhein.

2 Strasser, Veränderungen 23.
3 Petrikovits, Vetera II.
4 Hoppe, Flussverlagerungen, Abb. 26.
5 Graafstal, Logistiek.
6 Kraus, Wacht.
7 zum aktuellen Stand der Rekonstruktionen: Becker, Straßensystem.
8 Schneider, Handelswege, abgebildet in Hoppe, Flussverlagerungen.
9 Hoppe, Flussverlagerungen 32.
10 Strasser, Veränderungen.
11 Scheller, Duisburg; Hoppe, Flussverlagerungen.
12 Klostermann, Rheinstromverlagerungen.
13 Schirmer, Rheinterrassen 259–262.

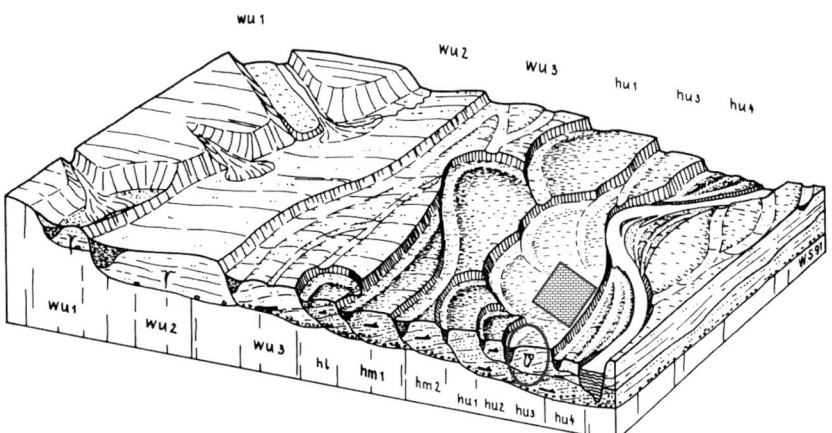

Abb. 4 Der innere Aufbau von Flussauen. „w" (Würm) = kaltzeitliche Niederterrassen, h = holozäne Auenterrassen. Ab den jüngeren Metallzeiten sind die holozänen Terrassen über Funde im Kies und Befunde an der Oberfläche archäologisch datierbar.

Tabelle 2 Charakteristika der wichtigsten geologischen Kartierungen in der Niederrhein-Aue (ZW = Zeitenwende).

Seine Datierung erfolgt über die relative Chronologie der sich überschneidenden Altrheinrinnen und archäologischen bzw. historischen Daten.

Da der Gelände- und Rechercheaufwand bei dieser Herangehensweise für den gesamten Rheinverlauf im Arbeitsgebiet unrealistisch hoch erschien, haben wir uns dem Problem mit dem zweiten Ansatz über die Kartierungen holozäner Auenterrassen genähert. Holozäne Auenterrassen sind Landflächen in der Aue, die sich erst dadurch bilden, dass der Strom am Prallhang seiner flussabwärts wandernden Mäander (Flussbogen) Material aufnimmt und weiter abwärts an seinem Gleithang wieder anlandet. So werden immer wieder neue Terrassenbereiche angeschüttet. So besteht der Auenraum am Ende aus einem Mosaik verschieden alter Flächen, die geologisch (Stratigrafie, Bodenbildung, Radiokohlenstoff-Datierung, Dendrochronologie, Pollendatierung etc.) bzw. archäologisch (Funde auf der Oberfläche oder im umgelagerten Kies) datiert werden können (Abb. 4).[14] Dadurch ist es gegenüber der Rinnenkartierung sogar möglich, einen archäologischen Mehrwert zu erzeugen, in dem, im Hinblick auf unsere Fragestellung, drei Auenflächen unterschieden werden können:

1. prärömerzeitliche Auenterrassen, d. h. zur Römerzeit landfestes Gebiet (potenzielle Siedlungsstandorte, vergleichbar mit der Niederterrasse),

2. zur Römerzeit durch einen aktiv wandernden Fluss gebildete Bereiche (Korridor der römerzeitlichen Rheinverläufe) und

3. poströmische Auenterrassen, auf denen zwar keine römerzeitlichen in-situ-Befunde mehr zu erwarten sind, dafür aber Funde im Kieskörper.

Für das Gebiet des Niederrheins liegen entsprechende geologische Kartierungen vor, die zunächst als Grundlage dienen konnten. Die wichtigsten regionalen Kartenwerke sind in Tabelle 2 charakterisiert. Aufgrund unterschiedlicher stratigrafischer Einheiten, Maßstäbe und Genauigkeiten waren erst ein-

NAME, AUTOREN	MASSSTAB	REGION	AUENSTUFEN	RÖMISCHE TERRASSE	QUELLE
Digitale Geologische Karte GK100, Geologischer Dienst NRW	1:100 000	Bonn – D/NL Grenze	3 Stufen: Altholozän bis 5500 v.H. Mittelholoz. 5500 v.H.–ZW Jungholoz. ZW–heute	Teil des Jungholozäns, nicht näher bestimmbar	Geländekartierung, Literatur-, Kartenauswertung
Rhine-Meuse Delta, Berendsen & Stouthamer 2001	1:100 000	NL: Rhein-Maas-Delta bis in den Xantener Raum	13 Stufen in 500 Jahr-Abständen von 8000 yr BP–Heute	2000–1500 yr BP	Literatur-, Kartenauswertung
Mittlerer Niederrhein, Dapeng-Zhou 2000, Dissertation Univ. Düsseldorf	1:50 000	Dormagen-Duisburg	7 Stufen: hu1–2 hm1–2 ho1–3	ho2 Terrasse: ■ Späteisenzeit–1200 n.Chr., ■ vereinzelt: 0–500 n.Chr.	Geländekartierung
Rhein zw. Krefeld u. Dinslaken, Shala 2001, Dissertation Univ. Düsseldorf	1:50 000	Krefeld-Dinslaken	7 Stufen: AH MH I–II JH I–IV	JH II Terrasse: 0–500 n.Chr.	Geländekartierung
Geologische Karte NRW, Blatt Xanten, Geologischer Dienst NRW 1989	1:25 000	Umgebung Xanten	7 Stufen: Reihenterrasse 1–7	Reihenterrasse 4: 0–5. Jh. n. Chr.	Geländekartierung

mal erhebliche Anpassungsprobleme zu lösen. Daneben galt es „Verwerfungen" zu bereinigen, bei denen Kartiereinheiten an den Kartenrändern nicht in Deckung zu bringen waren. Hier half ein digitales Geländemodell (DGM) weiter, welches das Relief der Aue und der angrenzenden Gebiete mit einer Auflösung von 50 m darstellt (Abb. 6). Es ist ein Ausschnitt aus dem beim Landesvermessungsamt Nordrhein-Westfalen verfügbaren DGM50[15], der mit dem GIS aufbereitet wurde. Eine Auflösung von 50 m ist ausreichend, um die divergierenden Kartiereinheiten anhand plausibler morphologischer Merkmale, wie Terrassenkanten und Altrinnen, zu korrigieren.

Diese angepassten und korrigierten geologischen Flächen wurden mit den archäologischen Fundstellendaten verschnitten, mit dem Ziel, dass sich archäologische und geologische Daten gegenseitig korrigieren. So ergeben archäologische Funde im Kies einen *terminus postquem*, d.h. einen Zeitpunkt, nach dem das entsprechende Landstück mit den Funden wieder vom Fluss aufgearbeitet wurde, während die auf der Oberfläche einer Auenfläche liegenden Fundstellen einen *terminus antequem*, also einen Zeitpunkt, vor dem diese Stelle landfest gewesen sein muss, definieren. Allerdings reicht für die Anwendung dieser Methodik eine bloße Kartierung von Fundpunkten nicht aus. Es muss – soweit dies die Fundberichte hergeben – nach drei Lagekriterien unterschieden werden; auf der Oberfläche, im Auenlehm, bzw. im Kies. Daneben bedarf es einer kritischen archäologischen Bewertung der Funde, die ja eventuell ganze Auenterrassen umdatieren können. Hier kommt einem Grabbefund ein anderes Gewicht zu als einer Einzelscherbe auf dem Acker.

Die ursprüngliche Datenmenge bestand aus sämtlichen als römisch klassifizierten Fundstellen zwischen der Limesstraße im Westen und der Grenze der rezenten Rheinaue im Osten, wie sie im Ortsarchiv und der Z(entralen) A(rchäologischen) DA(ten)B(ank)

14 nach Schirmer, Breaks.
15 http://www.lverma.nrw.de/produkte/landschaftsinformation/hoehenmodelle/gelaendemodelle/dgm50/DGM50.htm.

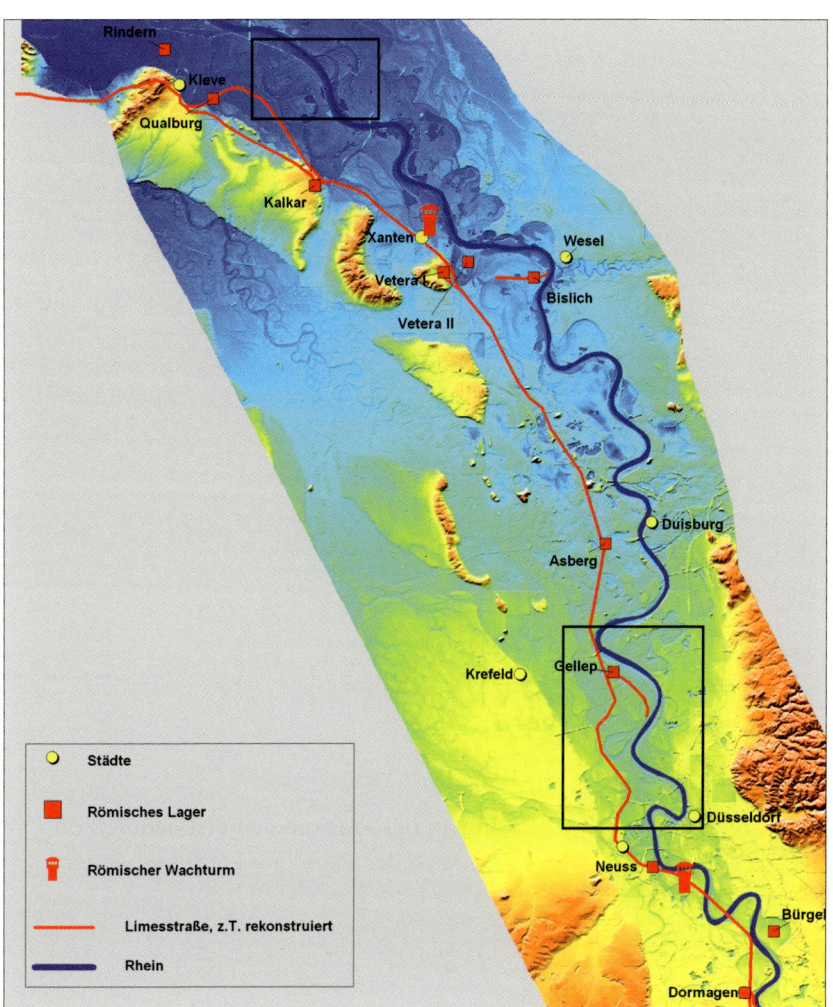

(ZADAB) des Rheinischen Amtes für Bodendenkmalpflege gespeichert sind. Die Gesamtzusammenstellung umfasste 1266 Fundstellen, die für eine weitere Bewertung zu sortieren waren. Vorerst unbeachtet blieben die Meldungen, die sich nach Ausweis der Geologischen Karte im Bereich der seit über 10 000 Jahren landfesten Niederterrasse befinden. Solche Bereiche finden sich auch als ältere „Inseln" inmitten der holozänen Rheinaue (s. Abb. 1). Unter den Fundstellen in und auf holozänen Flussanschüttungen finden sich 379 Fundstellen, deren Charakter eindeutig einzuordnen ist und keiner weiteren Bewertung bedurfte. Dies sind Befunde wie Trümmerstellen, Baustrukturen, Gruben oder Gräber, die über Beifunde sicher in römische Zeit datiert werden können und die damit auch sicher diejenigen Flächen

Abb. 6 Das durch Altrheinläufe und Terrassenkanten geprägte Relief des Niederrheins, dargestellt auf der Grundlage des digitalen Geländemodells (DGM50).

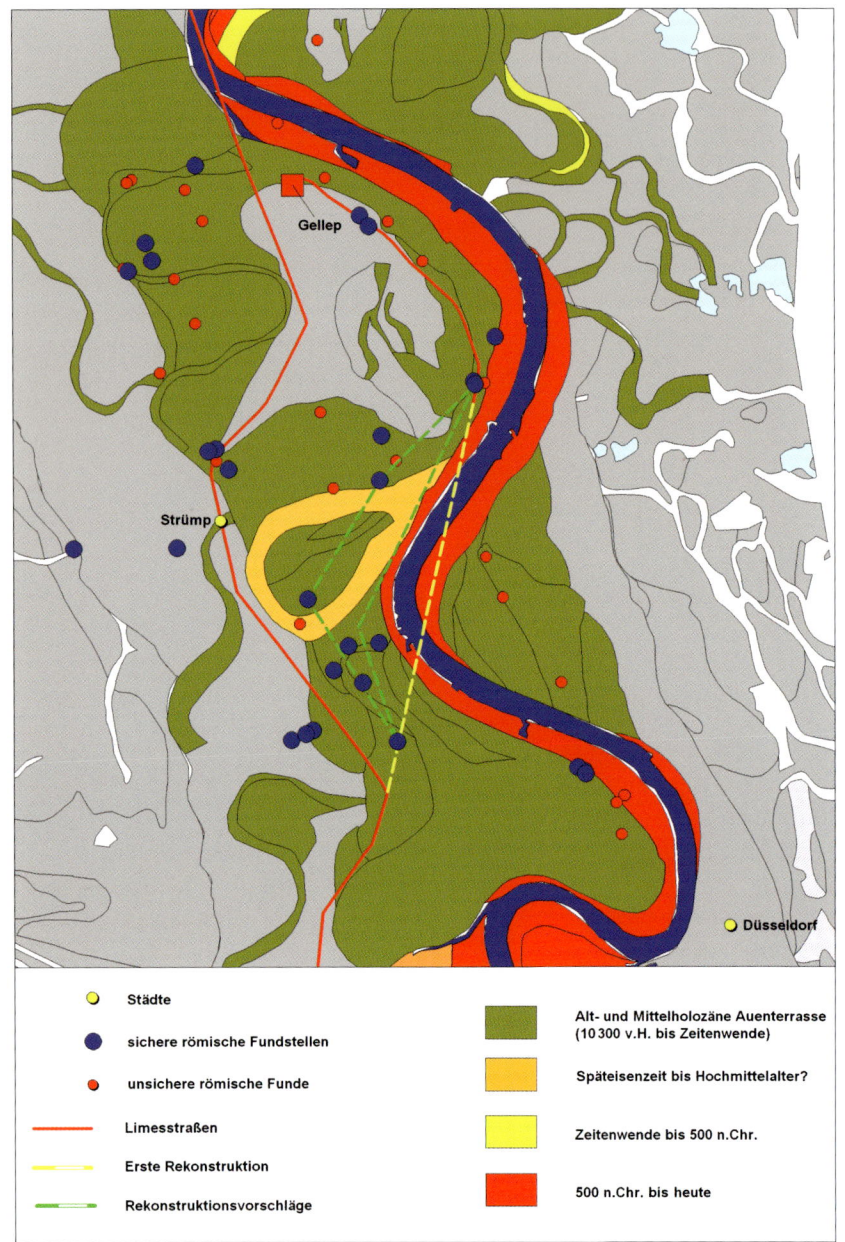

Abb. 5 Das Beispiel Ilvericher Rheinschlinge bei Meerbusch-Strümp. Es sind nur römerzeitliche Fundpunkte dargestellt, die auf oder in holozänen Ablagerungen liegen (Erläuterungen im Text). Lage des Kartenausschnitts s. Abb.1 und 6 (s. auch Tabelle 2).

oberen Sediment geborgen oder im Rheinkies eingelagert gefunden wurden. Letzteres legt eine Einlagerung des Objektes zum Zeitpunkt nahe, an dem der Fluss noch Bestand hatte. Die anderen beiden Bergungsarten setzen dagegen eine Verlandung in dem jeweiligen Bereich voraus, wobei die Oberflächenfunde sowohl als Fundstelle wie auch als sekundär angelagerte Funde (z. B. Bodenauftrag, Dungschleier) gedeutet werden können.

Der Charakter dieser Einzelfunde lässt sich noch durch weitere Kriterien näher eingrenzen. Dies gelingt vor allem durch die Klassifizierung der Art und Anzahl der geborgenen bzw. aufgelesenen Funde. Die Fundart lässt sich vor allem nach Keramikscherben, Metallfunden und Baumaterial (Ziegel, Steine, Mörtel) untergliedern. Vor allem die Anwesenheit von Baumaterial im Fundbestand macht es relativ wahrscheinlich, dass es sich bei einem Oberflächenfundplatz um eine römische Siedlungsstelle handelt. Aber auch Lesefunde von römischer Keramik an der Oberfläche können als Hinweis auf eine Siedlungsstelle gewertet werden, wenn sie beispielsweise in größerer Zahl, in stärkerer räumlicher Konzentration oder bei wiederholten Begehungen eines Areals geborgen werden konnten. Größere Metallfunde stammen dagegen vornehmlich aus dem Kies und scheinen ein gutes Indiz für einen wasserführenden Flussarm zu sein, da sie meist in größerer Zahl und daher kaum im verlagerten Kontext auftreten.

Danach wurden diese beiden Datenpools mithilfe eines GIS verschnitten (MapInfo) und auf Plausibilität überprüft.

Als Beispiel für dieses „check and balance" Verfahren sei das Gebiet bei Meerbusch, nördlich von Düsseldorf rund um den Ilvericher Rheinarm angeführt[16] (Abb. 5).

Für dieses Gebiet stand eine Detailkarte der holozänen Terrassen im Maßstab 1 : 50 000 zur Verfügung.[17] Diese erlaubte es, die holozänen Terrassenflächen in die drei oben erwähnten Bereiche zusammenzufassen: vorrömische Flächen, Flächen, die zur Römerzeit aktiv durch den Fluss gestaltet wurden und nachrömisch wieder aufgearbei-

datieren, die zu römischer Zeit nicht mehr im Bereich der damaligen Flussaktivitäten lagen und die seither auch nicht mehr beeinträchtigt wurden. Auf diesen Flächen kann nach weiteren oberflächennahen Fundstellen prospektiert werden.

Die übrigen Meldungen sind zunächst als Einzelfunde ohne einen Befundkontext anzusprechen. Von ihnen konnten aktuell 399 einer weiteren Untersuchung unterzogen werden, die prüfen sollte, ob die Funde auf der Oberfläche aufgesammelt, aus dem tete Flächen. Daneben gibt es aber auch unzureichend datierte Flächen, wie der Bogen des Ilvericher Mäanders (s. Abb. 5).

Ursprünglich wurde der Verlauf der Grenzstraße (östlicher Straßenzug) zwischen zwei bekannten römischen Fundplätzen bei der Rekonstruktion durchgezogen. Der Abgleich mit der geologischen Auenkartierung zeigt jedoch, dass diese Verbindung nicht plausibel ist. Sie wäre mitten durch den Rhein gelaufen. Eingeengt zwischen älteren Terrassenstufen (olivgrüne Farben) muss der Rhein in römischer Zeit seinen Korridor dort gehabt haben, wo sich auch der nachrömische Rhein (rote Farbe) ausbreitete. Welchen Verlauf die Straße aber genommen haben könnte, ob außen am Mäander vorbei oder ihn schneidend, hängt vom Verlandungsalter der Ilvericher Altrheinschlinge ab. Hier setzt die geologische Karte mit einer Alterseinschätzung zwischen Späteisenzeit und Hochmittelalter ein großes Fragezeichen. Als Eckpunkte für eine Präzisierung stehen uns aber zwei archäologische Hinweise zur Verfügung: Sicher ist dieser Rheinarm schon im Mittelalter verlandet, denn in seinem Feuchtgebiet liegt die vor 1000 n. Chr. erbaute Niederungsburg „Haus Meer". Eine in das 2./3. Jahrhundert datierende römische Trümmerstelle im Mäanderinneren (s. Abb. 5) legt es nahe, dass diese Schlinge römerzeitlich nicht mehr zum aktiven Fluss gehörte und der tatsächliche Rheinlauf zur Römerzeit schon in dem Korridor östlich des Durchbruchs lag.

An dieser Stelle kommt die dritte beteiligte Disziplin, die Archäobotanik ins Spiel. Nur mit ihrer Hilfe lassen sich das Verlandungsalter und damit der Zeitpunkt des Durchbruchs näher präzisieren. Glücklicherweise stand uns noch Probenmaterial aus den Bohrungen im Rahmen des Baus der Autobahn A44 (Eröffnung 2002) zur Verfügung. Dieses Autobahnteilstück musste das wertvolle Feuchtbiotop der Altrheinrinne untertunneln. 46 Pollenproben – vor allem aus den untersten Verlandungssedimenten – wurden untersucht. Demnach beginnt die Verlandung in der Bronzezeit. Indizien dafür sind die geschlossene Buchenkurve, noch relativ hohe Lindenwerte und niedrige Werte für Kräuter und Gräser, die zeigen, dass die eisenzeitliche Grünlandwirtschaft mit Wiesen und Weiden noch nicht begonnen hatte. Noch bis in die Eisenzeit hinein bestanden viele offene Wasserflächen; dies belegt das Vorkommen von Wasserpflanzen wie Seerose, Seekanne, Tausendblatt und der heute im Gebiet verschollenen Wassernuss. Spätestens bei der Anlage der Niederungsburg „Haus Meer" (vor 1000 n. Chr.) war der Verlandungsvorgang abgeschlossen und es existierte hier nur noch sumpfiges Gelände. Eine solche Sumpfsituation muss man auch schon für die vorangegangene Römerzeit annehmen.

Mit den vorhandenen Daten kann nun über eine neue Rekonstruktion des römischen Straßenverlaufs nachgedacht werden. Auf jeden Fall hat die Straße den weiterhin sumpfigen Altarm queren müssen und so bestehen Chancen auf die Erhaltung eines ausgebauten Übergangs (Bohlenweg, Brücke etc.) im feuchten Milieu.

Mithilfe der Archäobotanik nähern wir uns auch wieder dem zweiten Ziel, einzelne Rinnen besser zu datieren, um damit weitere römische Rheinabschnitte zu fassen. Der Geologische Dienst Nordrhein-Westfalen stellte dafür die Original-Zähltabellen von allen, zum Teil noch aus den 50er-Jahren des letzten Jahrhunderts stammenden, Pollenprofilen aus Altarmen im Rheintal zur Verfügung. Diese Daten werden zur Zeit im archäobotanischen Labor des ur- und frühgeschichtlichen Instituts der Universität zu Köln neu ausgewertet. Die Herausforderung besteht darin, die einzelnen oft nur sehr kurzen Abschnitte in die Pollenkurve des Niederrheins einzupassen.

Neue Möglichkeiten eröffnen sich auch durch die Nutzung digitaler Geländemodelle. Neben dem bereits erwähnten Geländemodell mit 50 m Abstand zwischen den Höhenpunkten, steht auch das DGM5 des Landesvermessungsamtes NRW zur Verfügung.[18]

---

[16] Gerlach et al., Rhein 101–102.
[17] Dapeng-Zhou, Jungquartäre.
[18] http://www.lverma.nrw.de/produkte/landschaftsinformation/hoehenmodelle/gelaendemodelle/dgm5/DGM5.htm

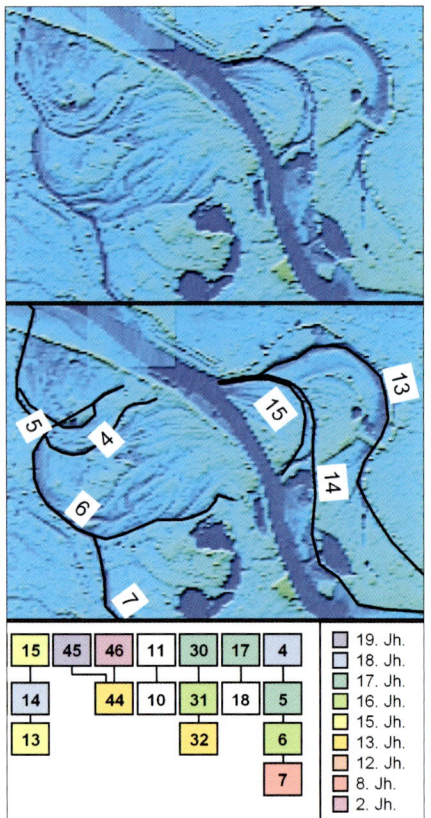

Abb. 7 Oben: Ausschnitt aus dem DGM50, in dem die Altarme nördlich von Kalkar erkennbar sind. Mitte: Vektorisierte Mäander mit ihren Nummern. Unten: Harris-Matrix-Darstellung der chronologischen Beziehungen zwischen den Altarmen. Lage des Kartenausschnitts s. Abb.1 und 6.

Im DGM5 haben die Höhenpunkte einen Gitterabstand von 10 m, die Genauigkeit wird mit ±50 cm angegeben. Diese Höhenpunkte wurden durch unterschiedliche Verfahren gewonnen, da aber längs der dicht besiedelten Rheinschiene die Daten in der Regel bereits auf Laserscan-Befliegungen beruhen, dürfte die Genauigkeit in diesem Gebiet noch etwas höher liegen.

Die Reliefdarstellungen auf der Grundlage der DGMs erlauben nicht nur eine zeitsparende Kartierung der einzelnen Rinnengenerationen am Schreibtisch, sondern auch in vielen Einzelfällen eine Aussage zur relativen Abfolge der Altarme. Somit besteht die Möglichkeit, diese relative Abfolge zu visualisieren, ähnlich wie bei der relativ-chronologischen Analyse archäologischer Schichten mit der so-genannten Harris-Matrix. Hierfür wurde das PC-Programm STRATIFY eingesetzt, das außerdem eine Einfärbung je nach Zeitstellung unterstützt.[19] Damit ergibt sich die Möglichkeit, Widersprüche zwischen der vorläufigen Datierung der Altarme und ihrer relativen Abfolge zu entdecken und die Datierungen entsprechend zu korrigieren. Ein Beispiel dazu zeigt Abb. 7: Die Altarme wurden durchnummeriert und die chronologischen Beziehungen im GIS festgehalten. In der Harris-Matrix-Darstellung wird für jeden Altarm ein Kästchen gezeichnet und chronologische Beziehungen durch Verbindungslinien wiedergegeben, sodass die jeweils jüngsten Altarme einer Beziehungskette oben und die ältesten unten angeordnet werden. Zusätzlich wurden die Datierungen aufgrund der Literaturrecherchen zugewiesen. Die Datierungen in den ausgewerteten Arbeiten zu den Altrheinarmen überschreiten häufig die Jahrhundertgrenzen, doch für die Aus-

wertung in Form einer Harris-Matrix wurde ein Jahrhundert ausgewählt und das Kästchen, das einen Altarm repräsentiert, entsprechend eingefärbt. Bei der Beziehungskette 7-6-5-4 erkennt man auf den ersten Blick, dass die chronologische Reihenfolge aufgrund der Jahrhundertangaben mit den relativ-chronologischen Beobachtungen übereinstimmt. Anders sieht es bei der Beziehungskette 13-14-15 aus – hier sind sowohl Altarme 13 und 15 dem 15. Jahrhundert zugeordnet, während für 14 die Datierung 18. Jahrhundert eingetragen wurde. Bei näherer Betrachtung zeigt sich, dass hier Widersprüche zwischen den Datierungsangaben unterschiedlicher Quellen vorliegen, die aufgelöst werden müssen.

An dieser Stelle können nur erste Erkenntnisse präsentiert werden, da die Arbeiten noch laufen. Es zeigte sich aber wieder einmal, dass eine Datenquelle allein kein plausibles Ergebnis liefern kann, es kommt darauf an, die einzelnen Fachinformationen kritisch gegeneinander abzuwägen. Wir erhoffen uns am Ende eben nicht die Rekonstruktion eines imaginären „römischen Rheinlaufs", sondern die Eingrenzung einer möglichst präzisen Zone, in der die Archäologie gezielt nach römischen Grenzanlagen suchen kann.

Wir bedanken uns ganz herzlich bei den studentischen und technischen Mitarbeitern/Mitarbeiterinnen Julia Gerz, Reiner Lubberich, Felix Rötzel und Alexander Thieme, die all die Daten gesammelt, aufbereitet und in Tabellen und GIS eingepflegt haben.

Prof. Dr. rer.nat. Renate Gerlach,
r.gerlach@lvr.de
Dr. Thomas Becker,
t.becker@denkmalpflege-hessen.de
Dipl. Math. Irmela Herzog, i.herzog@lvr.de
alle: Landschaftsverband Rheinland,
Rheinisches Amt für Bodendenkmalpflege,
Endenicher Str. 133, 53115 Bonn.
Dr. Jutta Meurers-Balke, Labor für Archäobotanik, Ur- und Frühgeschichtliches Institut, Universität zu Köln, Wexertal 125, 50931 Köln, jutta.meurers@uni-koeln.de

19 www.stratify.org; Herzog, Datenstrukturen.

Literaturverzeichnis

BECKER, Straßensystem
T. Becker, Untersuchungen am Straßensystem entlang der römischen Reichsgrenze. Archäologie im Rheinland 2006 (Bonn 2007) 105–107.

DAPENG-ZHOU, Jungquartäre
Dapeng-Zhou, Jungquartäre Talgeschichte des mittleren Niederrheins. Dissertation Univ. Düsseldorf 2000, Math-Nat.-Fakultät.

GECHTER, Grenze
M. Gechter, Die Grenze in Deutschland – Der niedergermanische Limes in Nordrhein-Westfalen. In: S. Jilek (Hrsg.), Grenzen des römischen Imperiums. Zaberns Bildbände zur Archäologie (Mainz 2006) 123–132.

GERLACH ET AL., Rhein
R. Gerlach, Th. Becker, J. Meurers-Balke, A. Thieme, Wo war der Rhein zur Römerzeit? Ein Beitrag zum Rhein-Limes-Projekt. Archäologie im Rheinland 2006 (Bonn 2007) 100–102.

GRAAFSTAL, Logistiek
E.P. Graafstal, Logistiek, communicatie en watermanagement. Over de uitrusting van de Romeinse rijksgrens in Nederland. Westerheem 51.1, 2002, 2–24.

HERZOG, Datenstrukturen
I. Herzog, Datenstrukturen zur Analyse archäologischer Schichten. Arch. Inf. 26/2, 2003, 457–461.

HOPPE, Flussverlagerungen
C. Hoppe, Die großen Flussverlagerungen des Niederrheins in den letzten zweitausend Jahren und ihre Auswirkungen auf Lage und Entwicklung der Siedlungen. Forschungen zur deutschen Landeskunde 189 (Bonn-Bad Godesberg 1970).

KLOSTERMANN, Rheinstromverlagerungen
J. Klostermann, Rheinstromverlagerungen bei Xanten während der letzten 10000 Jahre. – Natur am Niederrhein 1, Heft 1 (Krefeld 1986).

KRAUS, Wacht
K. Kraus, Die Wacht am Rhein zur Römerzeit Archäologie im Rheinland 1996 (Bonn 1997) 90–91.

PETRIKOVITS, Vetera II
Harald von Petrikovits, Die Legionsfestung Vetera II. In: Bonner Jahrbücher 159, 1959, 89–133.

SCHELLER, Duisburg
H. Scheller, Der Rhein bei Duisburg im Mittelalter. Duisburger Forschungen 1 (Duisburg 1957) 45–86.

SCHIRMER, Rheinterrassen
W. Schirmer, Holozäne Rheinterrassen im Dormagener Mäander. In: W. Schirmer (Hrsg.), Rheingeschichte zwischen Mosel und Maas. deuqua-Führer 1 (Hannover 1990) 259–262.

SCHIRMER, Breaks
W. Schirmer, Breaks within the late Quaternary river development of Middle Europe. Aardkundige Medelingen, 1991, 6 (Leuven 1991) 115–120.

SCHNEIDER, Handelswege
J. Schneider, Heer- und Handelswege Heft 1–10 (Düsseldorf 1891).

STRASSER, Veränderungen
R. Strasser: Veränderungen des Rheinlaufs zwischen Wupper- und Düsselmündung seit der Römerzeit. Geschichtlicher Atlas der Rheinlande, Beiheft I/6 (Köln 1989).

Abbildungsnachweis

Abb. 1 Grundlage: Digitale Geologische Karte 1:100000, Geologischer Dienst NRW, verändert RAB; Abb. 2 Schneider, nach Hoppe, Flussverlagerungen, Abb. 21; Abb. 3 RAB; Abb. 4 Schirmer, Breaks, S.116, verändert RAB; Abb. 5 Grundlage der Kartierung: Dapeng-Zhou, Jungquartäre, verändert RAB; Abb. 6 RAB; Abb. 7 RAB.

DIE GRABUNG IM RÖMISCHEN ZIVILVICUS VON BONN AUF DEM GELÄNDE DES WCCB – EINE ERSTE ÜBERSICHT

Von Cornelius Ulbert

Der sogenannte zivile Vicus von Bonn liegt unmittelbar am Rheinufer, der Grenze des Römischen Reiches und der Provinz *Germania Inferior*.

Seine Ausdehnung deckt sich weitgehend mit dem ehemaligen Regierungsviertel, das nach dem Wegzug der Regierung neu gestaltet wird. Die dadurch bedingten umfangreichen Bautätigkeiten werden vom Rheinischen Amt für Bodendenkmalpflege beim Landschaftsverband Rheinland begleitet und ermöglichen neue Einblicke in diese unter Schutz gestellte (BN 41) große römische Zivilsiedlung.

In diesem Rahmen wurde im Vorfeld des Neubaus des World Conference Center Bonn (WCCB) von Mai 2006 bis Juni 2007 eine Großgrabung möglich, die eine zusammenhängende Fläche von ca. 3,7 ha im Kernbereich des Vicus umfasste (Abb. 1)[1].

Geschichte

Etwa gleichzeitig mit dem im heutigen Stadtzentrum von Bonn gelegenen, in claudischer Zeit zunächst in Holz und nach dem Bataveraufstand ab 70 n. Chr. in Stein ausgebauten Legionslager entstanden südlich davon die *canabae legionis*[2]. Etwa 3 km südlich des Legionslagers – von den Canabae durch ein Gräberfeld getrennt[3] – entwickelte sich ab der Mitte des 1. Jahrhunderts eine zweite Ansiedlung, der sogenannte zivile Vicus von Bonn (Abb. 2)[4]. Inwieweit es sich dabei um einen eigenständigen Vicus oder um die Ausdehnung der Canabae handelt, ist noch zu klären.[5]

Aufgrund von 135 Einzelfundstellen, Baubeobachtungen und einigen bereits erfolgten größeren Grabungen wird der Vicus auf eine Größe von 80 ha geschätzt.[6] Die bislang bekannten Bauten liegen auf der hochwasser-

Abb. 1 Blick vom „Langen Eugen" auf das Grabungsgelände.

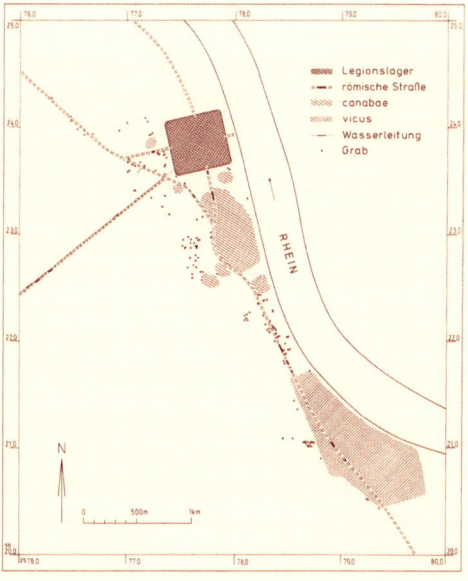

Abb. 2 Lage des Vicus zum Legionslager und den Canabae.

---

1 Die Grabung wurde im Rahmen einer Verursachermaßnahme vom Investor SMI-Hyundai finanziert, der auch zusammen mit der Stadt Bonn und dem Land Nordrhein-Westfalen die Translozierung des Bades übernahm. Das Grabungsteam bestand insgesamt aus über 50 Mitarbeitern. Die Projektleitung lag bei Frau J.-N. Andrikopoulou-Strack, die Grabungsleitung hatte der Verfasser inne.
2 Gechter, Bonn, 35–180.
3 Kaiser, Gräber, 469 ff.
4 Andrikopoulou-Strack, Vicus, 421 ff.
5 Rüger, Germania Inferior, 74 f.
6 Andrikopoulou-Strack, Vicus, 422.

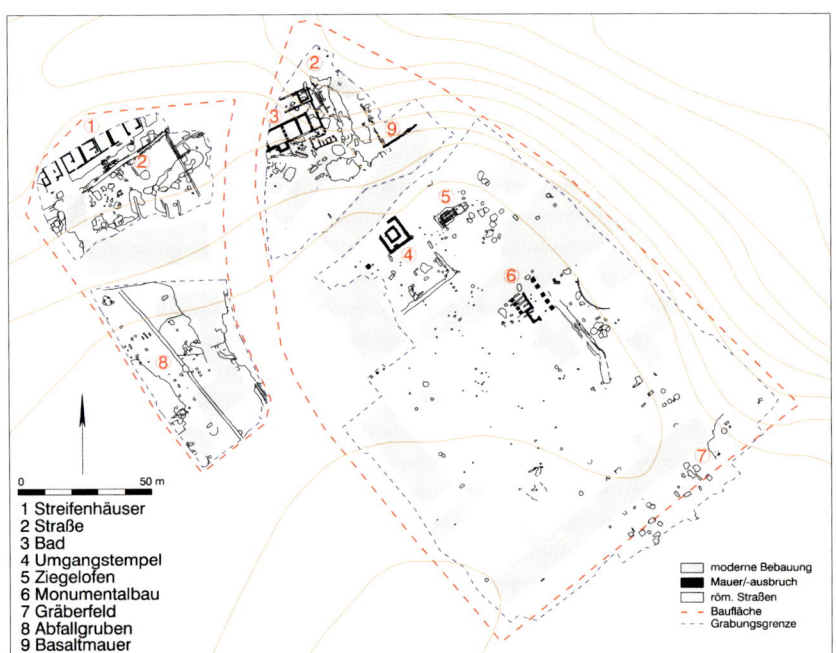

Abb. 3 Gesamtplan der WCCB-Grabung.

1 Streifenhäuser
2 Straße
3 Bad
4 Umgangstempel
5 Ziegelofen
6 Monumentalbau
7 Gräberfeld
8 Abfallgruben
9 Basaltmauer

moderne Bebauung
Mauer/-ausbruch
röm. Straßen
Baufläche
Grabungsgrenze

freien Niederterrasse beiderseits der römischen Fernstraße Koblenz–Köln, der heutigen Bundesstraße 9. Im Westen wird der Vicus von der Gumme, einem eiszeitlichen Altarm des Rheins begrenzt, nach Osten hin reichen die Fundmeldungen bis unmittelbar an den Rhein. Im Westen, an der heutigen Reuterstraße, liegt ein Gräberfeld.

Die Grabungsfläche war von zwei Geländemerkmalen geprägt: Der größte Teil des Areals lag auf einer leichten Anhöhe, während im Norden eine markante, etwa 200 m breite Rinne, wie ein Hohlweg das Steilufer in Ost-West-Richtung durchschneidet. Die Entstehung der Rinne – natürlich oder anthropogen – konnte bislang nicht hinreichend geklärt werden. Durch ihr gemäßigtes Gefälle bietet sie theoretisch eine befahrbare Verbindung vom Rhein zur Vicushauptstraße und lässt an einen Hafen am Fluss denken. Das Gelände war zwar durch mehrere moderne Gebäude gestört, andererseits aber als Park der ehemaligen Parlamentarischen Gesellschaft genutzt worden, weshalb eine relativ gute Fund- und Befunderhaltung vorherrschte. Eine besondere Herausforderung war der Bereich der Rinne, der, wie sich während der Grabung herausstellte, im Zusammenhang mit dem Bau des Regierungsviertels aufgefüllt worden war. So kamen beispielsweise das Bad und die Streifenhäuser erst in einer Tiefe von 4 m, z. T. unter zweifacher neuzeitlicher Bebauung zu Tage.

Die folgenden Ausführungen sollen einen ersten Überblick über die äußerst vielfältigen Grabungsergebnisse bieten. Endgültige Aussagen können natürlich erst nach einer eingehenderen Bearbeitung erfolgen.

Vorgeschichte

Vor allem die Geländekuppe wurde bereits im mittleren Neolithikum als Siedlungsplatz aufgesucht. Zwei Siedlungsgruben enthielten rössenzeitliche Funde, die nicht nur eine sporadische sondern eine dauerhaftere Besiedlung des Geländes andeuteten.

Etwas zahlreicher und weit gestreuter waren die Befunde aus der mittleren Eisenzeit. Sie beschränken sich ebenfalls nur auf die höher gelegenen Areale der Kuppe und das noch hochwasserfreie Gelände südlich davon. Auch hier kann man von einer dauerhaften Besiedlung ausgehen, da es sich bei vielen Befunden um Vorratsgruben handelt. Bemerkenswert ist ein Kreisgraben auf dem höchsten Punkt der Kuppe, etwa an gleicher Stelle an der später der römische Monumentalbau errichtet wurde. Ein anderer außergewöhnlicher Befund war eine Grube mit mehreren Tierskeletten, darunter auch die Panzerschuppen eines Störs. Das daraus geborgene Keramikensemble enthielt u. a. eine scheibengedrehte keltische Schale mit Omphalosboden, die für das Rheinland eine Besonderheit ist.

Danach gibt es bis zur römischen Besiedlung in der 2. Hälfte des 1. Jahrhunderts eine Siedlungsunterbrechung auf dem Gelände.

Römische Zeit

Straßen (Abb. 3)

Wichtigster neuer Befund zur Struktur des Vicus war eine Straße, die innerhalb der Rinne vom Rhein zur Vicushauptstraße verläuft. Sie wurde nördlich des Bades und südlich der Streifenhäuser erfasst. Beim Bad war sie mindestens 10 m breit und wies mehrere übereinander liegende Kiesbeläge auf, in denen z. T.

deutliche Fahrspuren zu erkennen waren. In der kleineren Baugrube konnten Kiespflasterung und Straßengräbchen nur ganz im Osten nachgewiesen werden. Dennoch ist der auf Abb. 8 dargestellte Verlauf der Straße aufgrund des begleitenden Kanals und der Front der Streifenhäuser wahrscheinlich. Ihre Breite dort betrug etwas mehr als 6 m. Allerdings kann sie nicht immer dort verlaufen sein, da sich in ihrem Trassenverlauf mehrere ältere Gruben befanden. Für eine Verlegung der Straße spricht, dass sie nur auf einer Seite Bebauung aufwies und dass beispielsweise die Werkstatt des Töpfers und eine seiner Tongruben unmittelbar an der Straße aufgefunden wurden (s. u.). Denkbar ist, dass sie ursprünglich in der Sohle der Rinne verlief, also auf der anderen Seite der Streifenhäuser vorbeiführte und vielleicht aufgrund eines Hochwassers, für das es Indizien gibt, weiter nach oben verlegt wurde. Dies deuten auch die Fahrspuren vor dem Bad an, die eher in nordwestliche Richtung weisen.

Eine weitere Straße zweigt östlich des Bades rechtwinklig nach Südosten ab und führt den Hang zum Tempel hinauf, wo sie sich verliert.

Kanäle

Zu den öffentlichen Einrichtungen gehören vermutlich auch zwei Wasserleitungen, deren Funktion bislang nicht zufriedenstellend geklärt werden konnte. Die eine konnte über eine Länge von 70 m verfolgt werden und lag mindestens 1,3 m unter dem ehemaligen Laufhorizont. Sie bestand aus trocken verlegten unbearbeiteten Grauwackebruchsteinen und -platten und besaß über weite Strecken nicht einmal einen Boden. Bei einem lichten Querschnitt von 0,2 m konnten zudem an keiner Stelle Dichtungsmaterial oder Reste einer hölzernen Leitung (Deichelringe) festgestellt werden.

Öffentliche Gebäude
Gallo-römischer Umgangstempel

Der mit insgesamt 10,7 × 9,7 m eher kleine Umgangstempel stand am nördlichen Rand der Anhöhe über der Rinne. Von ihm sind nur noch die Ausbruchgräben erhalten.

Abb. 4 Geniusstatuette aus Bronze.

Lediglich an der Nordecke waren noch Reste der gemauerten Fundamente vorhanden. Im Westen war er durch die moderne Bebauung gestört.

Im Zusammenhang mit dem Heiligtum ist vermutlich auch eine ungewöhnlich hohe Konzentration von Münzen und anderen Metallgegenständen (Abb. 4) zu sehen, die am Abhang beiderseits der Straße zwischen dem Tempel und dem Bad gefunden wurden.[7]

Monumentalbau

Schwieriger ist die Deutung der 12 × 16 m großen Reste eines Monumentalbaus, der auf dem höchsten Punkt der Anhöhe stand. Erhalten sind fünf quadratische 1,5 m große, dem Rhein zugewandte Sockelfundamente vor einer Nischenmauer und vier kleinere Fundamente dahinter. Der Rest war modern gestört. In die Aufweitung zwischen zwei der großen Sockelfundamente lässt sich eine

---

[7] Während der Grabung wurde die gesamte Fläche mit einem Metalldetektor kontrolliert.

Abb. 5 Rekonstruktionsversuch des Monumentalbaus.

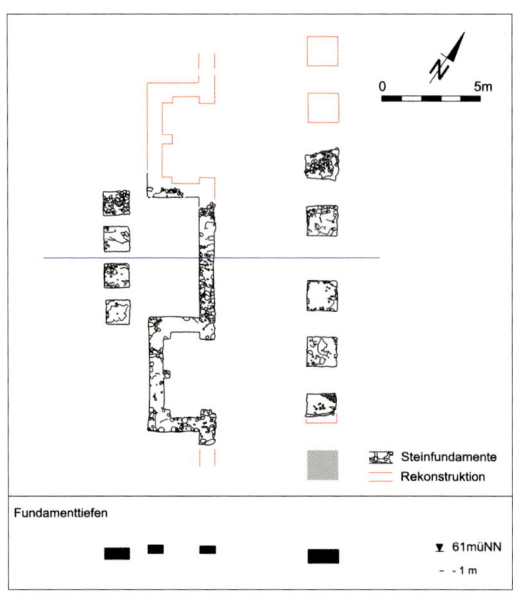

Abb. 6 Das öffentliche Badegebäude am nördlichen Rand der Grabung.

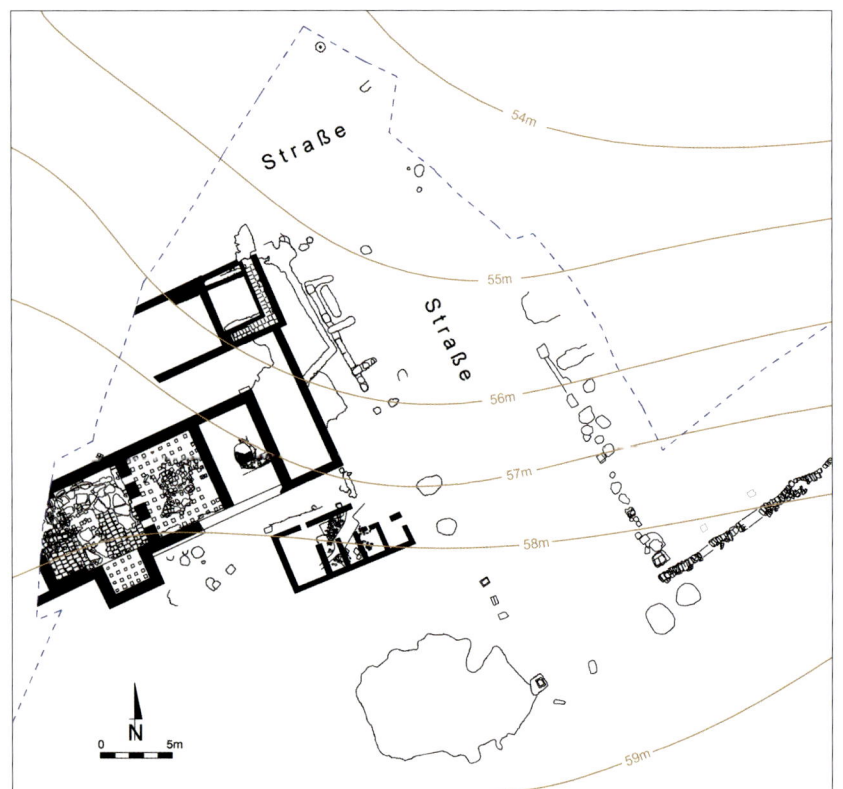

Symmetrieachse legen (Abb. 5), sodass die Ergänzung einer zweiten Nische im Norden plausibel erscheint. Es gibt verschiedene andere Anhaltspunkte dafür, dass der Bau in seiner Längsausdehnung nicht sehr viel größer gewesen sein kann. Dass diese Achse das Zentrum der Anlage bildete, bestätigt eine Ost-West orientierte spätrömische Bestattung, die genau in ihrer Flucht vor dem Bau lag. Dies bedeutet, dass der Bau im 4./5. Jahrhundert als solcher, zumindest als Ruine, noch erkennbar gewesen sein muss, obwohl der Vicus zu dieser Zeit längst verlassen war. Die hier vorgeschlagene Interpretation ist, dass es sich um eine weithin sichtbare monumentale Toranlage mit einer Säulenportikus gehandelt hat.

Dafür, dass sich auf der Kuppe ein freier Platz befand, zu dem der Torbau gehörte, spricht die ausgesprochene Befundarmut dort. Außerdem gibt es einige wenige Indizien für eine bauliche Eingrenzung des Platzes: Dies sind zwei quadratische Fundamente, eines davon unter der äußeren Tempelmauer, das andere südwestlich davon und zwei (Ausbruch-?) Gruben am Rand des Platzes. Die exponierte Lage auf der Anhöhe und etwas abseits der Hauptstraße gelegen sprechen dafür, dass sich dort ein Tempelbezirk befunden hat.

Bad

Das dritte öffentliche Gebäude war eine Badeanlage, die verkehrsgünstig an der Kreuzung der Straßen vom Rhein und zum Tempel lag (Abb. 6). Das Reihenbad konnte fast vollständig freigelegt werden und besaß die drei üblichen Baderäume (*caldarium*, *tepidarium* und *frigidarium*). Die beiden Ersten wurden durch eine Hypokaustanlage beheizt, deren *praefurnium* außerhalb der Baugrube lag. Abgesehen von der Latrine ist die Deutung der anderen Räume um den Kernbau aufgrund ihres Erhaltungszustandes noch unsicher. Das Bad wurde einmal grundlegend um- und ausgebaut. Davon zeugen das nachträglich angesetzte rechteckige Badebecken am *caldarium* sowie andere Mauern in denen ganze Beckenteile sekundär verbaut worden waren. Zu der Badeanlage gehörte vermutlich auch ein separat gelegenes kleines Gebäude südlich davon.

Gewerbliche und private Einrichtungen

Auf der großen Grabungsfläche gab es eine Reihe von Befunden, die sich wie ein Gürtel um die Kuppe ziehen. Zu ihnen gehören Gruben, z. T. mit rechteckigen Holzeinbauten und einer auffallenden Grünfärbung ihrer Verfüllung. Ein anderer Befund war eine rechteckige 2,6 × 1,8 m große, 0,7 m tief erhaltene Grube mit einem 2,2 m langen und nur 0,5 m breiten schlauchartigen Fortsatz an der Südwestecke. An ihrem Rand lagen mehrere größere unbearbeitete Steine. In den Boden des Rechtecks eingetieft befanden sich mehrere flache Mulden und genau in der Mitte eine 0,9 × 0,7 m große und 0,5 m tiefe Eingrabung. Die Verfüllung bestand aus Brandschutt mit verkohlten Holzbalken und schwach angeziegeltem Lehmverputz.

Für die Interpretation dieser Befunde gibt es meines Erachtens zwei Möglichkeiten: Entweder der rezente Bodenabtrag in diesem Bereich war so stark, dass Baubefunde nicht mehr erhalten waren. Dann könnte es sich um Latrinen und einen Keller (obwohl der Eingang sehr schmal ist) handeln. Oder es sind Gruben, die zu einem noch nicht näher bestimmten Handwerkerzweig (Gerber, Flachsverarbeitung?) gehören. Alle erwähnten Befunde gehören fast ausnahmslos zu den frühesten Spuren der römischen Besiedlung auf dem Gelände.

Ziegelofen

Auf der Anhöhe in der Nähe des Tempels wurde ein Ziegelbrennofen aufgedeckt (Abb. 7). Sein Standort, am Abhang zum Rhein, wurde sicherlich absichtlich gewählt, um die Hangwinde beim Feuern auszunutzen. Die Anlage war inklusive der Arbeitsgrube 10,5 m lang und 3,5 m breit. Der 3 × 3,5 m große Unterbau des Brennraums war bis kurz unter die Tenne erhalten. Er bestand aus einem mit quadratischen Ziegelplatten ausgelegten Hauptzug, von dem durch sechs Rippen gebildet, sieben Seitenzüge abgingen. Die Rippen waren aus *tegulae* aufgebaut, der Boden der Seitenzüge war mit *imbrices* befestigt. Von der verstürzten Tenne sind größere Fragmente erhalten, auf denen ausschließlich Abdrücke

Abb. 7 Der Ziegelbrennofen.

von *imbrices* zu erkennen waren. Außerdem befanden sich im Versturz die trichterförmig mit Lehm ausgestrichenen Pfeifen der Lochtenne. Der obertägige Teil des Ofens, der Brennraum, war aus luftgetrockneten, rechteckigen, häxelgemagerten Lehmziegeln errichtet, die *in situ* am Rand des Ofens erhalten waren. Zudem konnten mehrere Exemplare aus dem Versturz in der Arbeitsgrube geborgen werden.[8] Die 1,5 m tiefe Arbeitsgrube, in der sich noch eine Schicht aus ungebrannten *imbrices* erhalten hatte, besaß im hinteren Teil einen muldenartigen Absatz. Ungeklärt ist die Funktion einer rechteckigen mit Bruchsteinen und Lehmziegeln ausgekleideten Grube an der Stirnseite des Ofens, die zweifellos zu der Anlage gehört.

Abgesehen von zwei Bruchstücken aus den großen Abfallgruben wurden auf dem Gelände keine gestempelten Ziegel gefunden. Sie fehlen auch völlig im Ziegelofen, sodass man davon ausgehen kann, dass er privat betrieben wurde.

Nachdem der Ofen unbrauchbar geworden war – er war völlig überfeuert und ausgeglüht – wurde er einplaniert um Platz für den Tempelbezirk zu schaffen.

---

8 Die Verwendung von Lehmziegeln beim römischen Ziegelofenbau scheint nicht ungewöhnlich zu sein; vgl. z. B. Fischer, Ziegelei.

Abb. 8 Die Steinfundamente der Streifenhäuser (2./3. Jahrhundert n.Chr.).

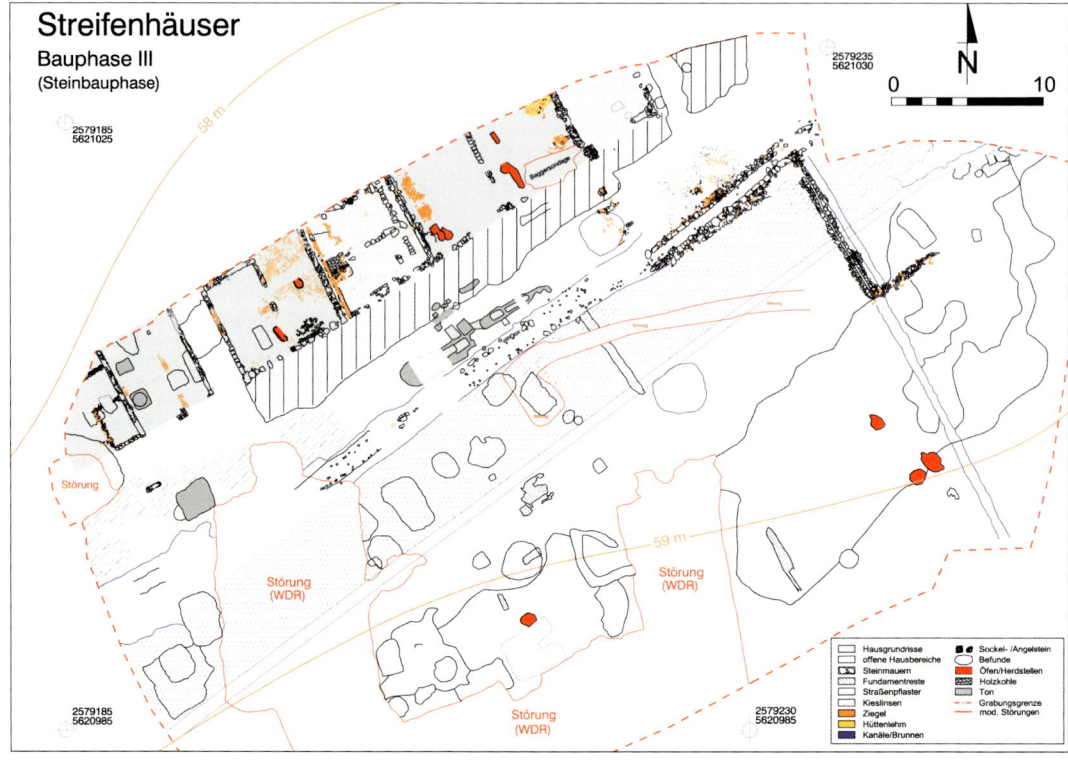

Streifenhäuser

Die Streifenhäuser lagen auf halber Höhe der Rinne nördlich der Straße, die vom Rhein zur Hauptstraße führte (Abb. 8). Sie konnten auf einer Länge von 7 m untersucht werden und standen auf 6 bis 7 m breiten Parzellen. Zwischen der Straße und den Häusern befand sich als nördliche Straßenbegrenzung ein Kanal und unmittelbar vor den Häusern eine breite streifenförmige dunkle Verfärbung, bei der es sich vermutlich um die *porticus* handelt.[9] Die Südseite der Straße war unbebaut, es gab aber zahlreiche Gruben und Ofenstellen.

Bei den Gebäuden lassen sich mindestens drei Bauphasen unterscheiden: Zwei Holzbauphasen, die beide in der 2. Hälfte des 1. Jahrhunderts errichtet wurden und eine mit gemauerten Steinfundamenten aus dem 2./3. Jahrhundert. Ganz in Stein scheinen die Gebäude nicht ausgebaut worden zu sein.

■ Von der jüngsten Bauphase konnten fünf Gebäude erfasst werden, die sich z.T. über zwei Parzellen erstreckten. Zwischen zweien verlief eine bekieste Gasse. Ihre, nur 0,3 bis maximal 0,4 m breiten, die Dachlast tragenden Längsseiten waren gemauert und bis zu 1 m tief fundamentiert. Zuoberst diente eine Ausgleichsschicht aus Tuffen oder Ziegeln als Auflage für einen Schwellbalken, auf dem das Fachwerk errichtet wurde. Die gerade gerichteten Maueroberkanten besaßen ein verhältnismäßig starkes Gefälle von Süd nach Nord.

Der Unterbau für die leichter gebauten Schmalseiten bestand aus einzelnen unbearbeiteten Unterlegsteinen oder aus Kies-/Ziegelstickungen, mit Schwellen und Angelsteinen. In die Mitte jeder Wand war ein bearbeiteter Sockelstein als Unterlage für den Giebelpfosten eingelassen. Im Inneren, vor allem bei den zwei Parzellen umfassenden Häusern, verlief in der Mitte eine einlagige Steinreihe als Basis für Holz- oder Fachwerkkonstruktionen. Quer verlaufende Raumteiler, die innerhalb der Baugrube gerade noch erfasst werden konnten, waren in ähnlicher Weise fundamentiert. Keller wurden nicht gefunden, dafür zahlreiche Herdstellen, Öfen und Gruben, deren

9 Eine ähnliche Situation findet sich in Schwarzenacker (Kolling, Schwarzenacker, Abb. 2).

Deutung und Zuweisung zu den einzelnen Bauphasen es einer eingehenderen Bearbeitung bedarf.

Dem Befund nach war nur eines der Häuser mit Ziegeln eingedeckt, die anderen müssen Dächer aus organischem Material besessen haben. Es gibt Hinweise darauf, wie z. B. ein zurückversetzter Sockelstein eines Giebelpfostens, dass zwei der Häuser in den ergrabenen Abschnitten nicht oder nur leicht bedacht waren, was damit zusammenhängen könnte, dass dort Werkstätten von feuergefährlichen Handwerkern (Glasbläser, Schmied) betrieben wurden.

Auch wenn ihre Länge nicht ermittelt werden konnte, handelt es sich bei den Gebäuden um giebelständige Fachwerkhäuser mit Satteldächern und Eingängen an der der Straße zugewandten Schmalseite, sodass man sie als Streifenhäuser bezeichnen kann.

■ Bei den Gebäuden der jüngeren Holzbauphase handelt es sich um Pfostenbauten, bei denen die mindestens 1 m tief in den Boden eingegrabenen, z. T. mit Unterlegsteinen unterstützten Holzpfosten exakt unter den späteren Steinkonstruktionen lagen. Wie Giebelpfosten in der Mitte der Schmalseite und im Inneren der Häuser belegen, handelt es sich ebenfalls um Häuser mit einem Satteldach.

■ Von den ältesten Holzbauten konnten nur Abschnitte von schmalen und geraden Gräbchen dokumentiert werden, die auf Ständerbauten hinweisen. Hausgrundrisse ließen sich nicht mehr rekonstruieren.

Handwerk

Trotz des nur kleinen ergrabenen Ausschnittes der erbrachten die Streifenhäuser eine Fülle von Informationen zum Handwerk im Vicus. Die Zuweisung zu den einzelnen Bauphasen steht noch aus. Weitere Hinweise stammen von den zahllosen Funden aus zwei großen Abfallgruben südlich der Streifenhäuser.

Töpferei

Der direkte Nachweis eines Töpfers gelang im westlichen der fünf Häuser. Hier konnten die in die Erde eingelassene Achse und die Laufspur der Schwungscheibe einer Töpferscheibe als Verfärbung im Boden nachgewiesen werden. Unmittelbar daneben befand sich eine rechteckige Grube mit frischen Tonresten. Vor dem Haus lag eine weitere, deutlich größere Grube, die noch 0,1 m hoch mit frischem Ton verfüllt war. Zwei Geräte – ein Modellierstäbchen aus Bein und ein Glätter in Form eines sekundär verwendeten Deckelknaufs – stammen aus der weiteren Umgebung des Töpferhauses. Ein Töpferofen wurde nicht gefunden, was aber an der Störung durch das ehemalige WDR-Hauptstadtstudio liegen kann, die auf die Parzelle des Töpfers hineinreicht.

Offensichtlich wurde im Vicus auch glasierte Keramik hergestellt, wie der Fund einer grünglasierten Brennhilfe nahelegt.[10]

Glasbläser (Abb. 9)

Im mittleren Haus wurden mehrere Fragmente von verschiedenen Glashäfen und etwas Rohglas gefunden. Obwohl die Gefäße der Form Niederbieber 104 entsprechen, waren es wohl Spezialanfertigungen, da sie an der Außenseite tiefe Rillen aufwiesen. Dort haftete auch verziegelter Lehm, der zeigt, dass die Gefäße entweder zur Isolierung in Lehm eingepackt oder fest im Ofen

Abb. 9 Produktionsabfälle des Glasbläsers.

10 Henrich, Kleinfunde, 89.

installiert waren. Die nur noch sehr schlecht erhaltenen Reste einer größeren Feuerstelle könnten auf einen entsprechenden Ofen hindeuten.

Schmied

Schon während der Grabung war aufgrund von Metall- und Schlackefunden, eines tönernen Blasebalgaufsatzes und vor allem von über 200 kg kleinteiligen Eisenschrotts in dem Kanal vor dem östlichen Haus vermutet worden, dass dort ein Schmied arbeitete. Die Metallfunde zusammen mit zahlreichen Hammerschlagproben, die während der Grabung systematisch aus den meisten Befunden entnommen wurden, wurden an der Universität Fribourg analysiert.[11] Hierbei stellte sich heraus, dass in den beiden östlichen Häusern geschmiedet wurde. Im einen war vermutlich ein Grobschmied tätig, während im Nachbarhaus Feinarbeiten ausgeführt wurden, bei denen geschweißt und gelötet wurde.

Weitere Hinweise auf Metallverarbeitung im Vicus stammen aus den großen Abfallgruben. Daraus wurden mehrere Gusstiegelfragmente von Buntmetallhandwerkern geborgen.

Mühle

Während der Grabung wurden im Bereich der Streifenhäuser ungewöhnlich viele, z. T. große Fragmente von abgenutzten Kraftmühlsteinen gefunden.[12] Sie lagen in Gruben, waren aber auch als Uferrandbefestigung in dem Kanal vor den Streifenhäusern verbaut. Der zwischen 1 und 1,3 m breite Kanal war im westlichen Abschnitt mit Holzbrettern oder Flechtwerk befestigt, wovon in regelmäßigen Abständen Stakenlöcher am Rand des Kanals zeugen. Im östlichen Abschnitt war er durch Trockenmauerwerk gefasst. Es stellt sich daher die Frage, ob dort nicht eine Wassermühle betrieben worden sein kann.

Der einzige dafür in Frage kommende Befund ist eine Gruppe von Bodenverfärbungen am nördlichen Ufer des Kanals, genau in einem Abschnitt wo das sonst mit organischem Material befestigte Ufer durch Steine und zwei Mühlsteinfragmente ersetzt wurde. Es handelt sich um mehrere rechteckige und längliche, z. T. tiefe (Pfosten-?) Gruben, die sich auf einer Länge von ca. 10 m am Ufer des Kanals aufreihen. Auf der anderen Seite des Kanals konnten keine Befunde dokumentiert werden. Vergleicht man die erhaltenen Reste mit den Wassermühlen von Hagedorn[13] und Avenches[14] – allerdings mit Holzerhaltung – so ergeben sich in sofern Parallelen zu Bonn, als auch dort auf einer Seite des Mühlengerinnes ein langes Holzgerüst stand.

Bestattungen

Insgesamt wurden auf dem Grabungsareal 26 Gräber freigelegt. Die ältesten Brandbestattungen stammen aus dem 1. Jahrhundert und wurden unmittelbar vor oder möglicherweise unter den Streifenhäusern der Holzbauphase angetroffen. Drei Tuffkisten- und ein Ziegelplattengrab aus dem 3. Jahrhundert reihten sich am Westrand der Straße, die vom Bad zum Tempel führt. Ein isoliertes Kindergrab aus dem 2./3. Jahrhundert befand sich in der Nähe der großen Abfallgruben.

Diese Beispiele zeigen ein weiteres Mal, dass im Bonner Vicus Tote auch innerhalb der Siedlung beerdigt wurden. Im Gegensatz zu den Gräbern an der Hauptstraße[15] wurden die Toten hier nicht in den Hinterhöfen,

Abb. 10 Tritonshorn als Beigabe einer Brandbestattung.

11 Perret, Hammerschlag, 196ff.
12 Ein vollständiger Mühlstein lag auf der Straße vor dem Bad.
13 Gähwiler u.a., Hagedorn.
14 Castella, Avenches.
15 Kaiser, Gräber, 477ff.

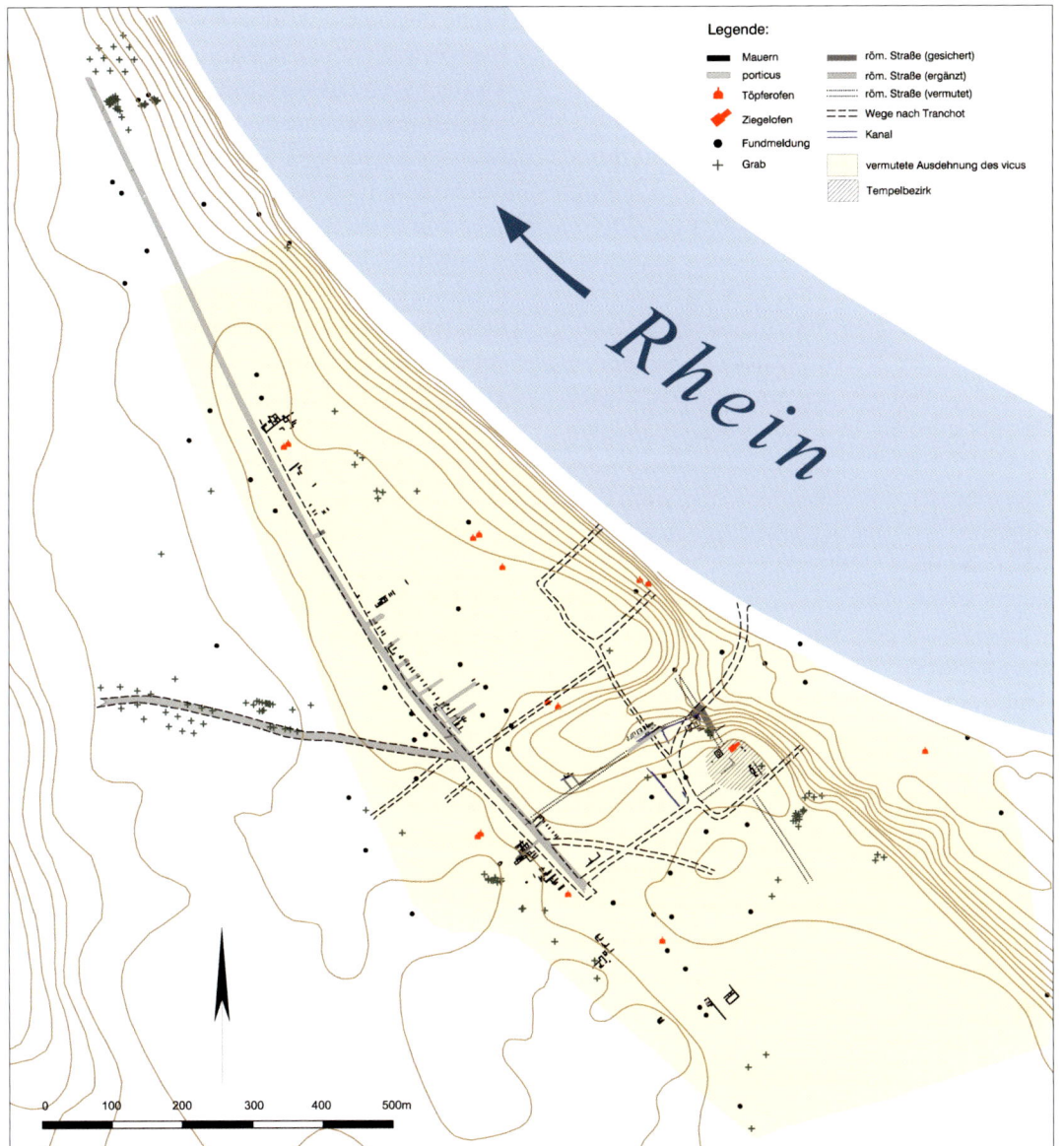

Abb. 11 Übersichtsplan des vicus mit den Grabungsergebnissen und dem Wegesystem nach Tranchot/Müffling (1807–1819).

sondern vor den Häusern vergraben. Letzteres könnte aber auch ein weiterer Hinweis auf die oben erwähnte Verlegung der Straße sein. Die Lage der Gräber an der Straße zum Tempel ist vielleicht religiös zu begründen.

Am südlichen Rand der Baugrube wurden 16 Brand- und Körpergräber aus dem 3. Jahrhundert aufgedeckt, die möglicherweise zu einem größeren Gräberfeld gehören und das südliche Ende des Vicus markieren. Besonderen Reiz erhalten drei der Gräber durch ihre Beigaben: Neben reichem Gagatschmuck wurden einer der Toten vier Münzen beigegeben, die im kleinasiatischen Raum geprägt wurden.[16] Da die Münzen im hiesigen Zahlungsverkehr keine Rolle spielten, handelt es sich wahrscheinlich um Mitbringsel oder Erinnerungsstücke. Ähnliches gilt für ein benachbartes Grab, in dem eine mediterrane Meeresschnecke (*tritonium nudifera*)[17] lag (Abb. 10). Diese Funde lassen einerseits an verwandtschaftliche Beziehungen der Bestatteten denken, andererseits liefern sie mögliche Aufschlüsse über die Bevölkerungszusammensetzung des Vicus.

16 Klages, Münzen, 188.
17 Die Bestimmung der Schnecke verdanken wir Prof. Böhme vom Museum König, Bonn.

Datierung

Nach der vorläufigen Auswertung von 70[18] der insgesamt ca. 400 Fundmünzen[19] und einer ersten Durchsicht der Keramikfunde[20] ergibt sich für den ergrabenen Bereich des Vicus folgender, natürlich vorläufiger Zeitrahmen: Die ersten römischen Siedlungsaktivitäten stammen aus neronisch-vespasianischer Zeit (ca. 50 bis 70 n. Chr.) zu denen die erste Holzbauphase der Streifenhäuser gehört. In domitianische Zeit ist die erste Phase des Bades zu datieren. Gleiches gilt auch für den Ziegelbrennofen, in dem vermutlich die Baukeramik für das Bad gebrannt wurde. An das Ende des ersten Jahrhunderts sind auch die Pfostenbauten der Streifenhäuser zu setzen. Wann die beiden öffentlichen Bauten auf der Kuppe entstanden, ist durch Funde nur schwer zu belegen. Einziger Hinweis ist eine domitianische Münze aus der Grube des Fundamentsockels südwestlich des Tempels. In der 2. Hälfte des 3. Jahrhunderts scheint die Siedlung aufgegeben worden zu sein, da es aus der Zeit danach nur noch sporadisch Funde und Befunde auf dem Grabungsareal gab. Anscheinend handelte es sich eher um eine Auflassung, da keinerlei Spuren einer gewaltsamen Zerstörung gefunden wurden. Der jüngste römische Befund ist das erwähnte Grab vor dem Monumentalbau.

Historische Daten zum Vicus

Abschließend sei noch auf einige historische Hinweise zur Infrastruktur des Vicus eingegangen (Abb. 11). Eine wichtige Frage ist seine Wasserversorgung. Wie erwähnt, wird die Ansiedlung im Nordwesten durch die Gumme von der Wasserzufuhr durch die Bäche des Vorgebirges abgeschnitten. Da nicht nur der Vicus selbst, sondern hier insbesondere auch das Bad und der Kanal, an dem möglicherweise eine Wassermühle gestanden hat, größere Mengen Wassers benötigten, war bislang fraglich woher das Wasser gekommen ist. Auf zwei historischen Karten aus dem 18. Jahrhundert von Belagerungen der Stadt Bonn[21] ist jeweils ein Bach oder ein Kanal eingetragen, der von Süden kommend auf dem Rücken zwischen Gumme und Rhein verläuft, auf dem auch die Vicushauptstraße liegt. Beide münden südlich von Bonn in den Rhein, etwa an der Stelle, wo auch die Rinne liegt. Wie oben erwähnt, lässt diese Geländeformation an einen Hafen am Rhein denken. Auf dem Grabungsgelände gab es keine direkten archäologischen Hinweise darauf, dafür war es zu weit vom Rhein entfernt. Allerdings muss man sich fragen, woher sonst die gut ausgebaute und anscheinend viel befahrene Straße, an der ein öffentliches Bad und Handwerkerhäuser lagen, gekommen sein soll. Vielleicht ist es kein Zufall, dass 1869 der Kaufmann J. Dahm genau an der Rinne eine Dampfschneidemühle errichtete, in der aus Süddeutschland angeflößte Hölzer verarbeitet wurden.[22]

Als Letztes sei noch auf die Karte von Tranchot und Müffling von 1807–1819 hingewiesen. Dort ist nur im Bereich des Vicus ein rechtwinkliges Wegenetz beiderseits der Rinne eingetragen, das möglicherweise auf dem römischen beruht (vgl. Abb. 11). Kartiert ist dort auch die heutige Reuterstraße an der das Gräberfeld im Nordwesten liegt und die man als Ausfallstraße des Vicus deuten könnte.

Dr. Cornelius Ulbert
Rheinisches Amt für Bodendenkmalpflege
(RAB), Endenicher Str. 133, 53115 Bonn
E-Mail: cornelius.ulbert@lvr.de

---

18 Klages, Münzen, 187 ff.
19 Während der Grabung wurde die Fläche systematisch mit einem Metalldetektor abgesucht.
20 Die Bestimmung der Keramik erfolgte durch P. Henrich.
21 Ennen, Bonn, Abb. S. 172 und 192.
22 Sonntag, Villen, 256.

Literaturverzeichnis

ANDRIKOPOULOU-STRACK, Vicus
J.-N. Andrikopoulou-Strack, Der römische Vicus von Bonn, Bonner Jahrb. 196, 1996, 421–468.

CASTELLA, Avenches
D. Castella, Le moulin hydraulique gallo-romain d´Avenches „En Chaplix". Aventicum VI (Lausanne 1994) 31 ff.

ENNEN, Bonn
E. Ennen, Die kurkölnische Residenz Bonn und ihr Umland in einem Jahrhundert der Kriege. In: Geschichte der Stadt Bonn, Bd. 3 (Bonn 1989).

FISCHER, Ziegelei
B. Fischer, Die römische Ziegelei von Neupotz Kreis Germersheim. In: H. Bernhard (Hg.) Archäologie in der Pfalz, Jahresbericht 2001 (Rahden/Westf.) 2003, 95–102.

GÄHWILER u. a., Hagedorn
A. Gähwiler, J. Speck, Die römische Wassermühle von Hagedorn bei Cham ZG. In: Helvetia Archaeologica 22, 34–75.

GECHTER, Bonn
M. Gechter, Das römische Bonn – ein historischer Überblick. In: Die Geschichte der Stadt Bonn, Bd. 1 (Bonn 2001) 35–180.

HENRICH, Kleinfunde
P. Henrich, Leben, Handel und Handwerk im Bonner Vicus – die Kleinfunde. In: Arch. Rheinl. 2006 (Stuttgart 2007) 88–91.

KAISER, Gräber
M. Kaiser, Die römischen Gräber von Bonn und ihr Bezug zur topografischen Entwicklung des Legionslagers, Bonner Jahrb. 196, 1996, 469–488.

KLAGES, Münzen
C. Klages, Vorläufige Auswertung der bislang untersuchten Münzen. In: Ulbert, Bericht.

KOLLING, Schwarzenacker
A. Kolling, Grabungen im römischen Vicus Schwarzenacker. In: Ausgrabungen in Deutschland, Monograph. RGZM 1 (1975) Teil 1, 434–445.

PERRET, Hammerschlag
S. Perret, Metallurgische Untersuchungen. Bericht zur Auswertung der Schlackenbefunde vom Vicus in Bonn In: Ulbert, Bericht.

RÜGER, Germania Inferior
C. B. Rüger, Germania Inferior. Untersuchungen zur Territorial- und Verwaltungsgeschichte Niedergermaniens in der Prinzipatszeit, Bonner Jahrb. Beih. 30 (1968).

SONNTAG, Villen
O. Sonntag, Villen am Bonner Rheinufer, 1819–1914, Bd. 3 (Bonn 1994–1998), 256.

ULBERT, Ausgrabung
C. Ulbert, Ausgrabung im Bonner Vicus – ein erster Überblick über die Befunde in der römischen Zivilsiedlung. In: Arch. Rheinl. 2006 (Stuttgart 2007) 85–88.

ULBERT, Bericht
C. Ulbert u.a., Abschlussbericht der Grabung im Bonner Vicus auf dem Gelände des World Conference Center Bonn (unpubl. Grabungsbericht 2007).

WHITE, Thermen
G. White, Die römischen Thermen des Bonner Vicus. In: Arch. Rheinl. 2006 (Stuttgart 2007) 91–94.

Abbildungsnachweis

Abb. 1, 4, 7, 9 RAB Bonn, M. Thuns; Abb. 2 Andrikopoulou-Strack, Vicus, Abb. 2; Abb. 3, 6 RAB Bonn, K. Lang-Novikov; Abb. 5 RAB Bonn, C. Ulbert; Abb. 8 RAB Bonn, C. Ulbert; Abb. 10 RAB Bonn, P. Krebs; Abb. 11 RAB Bonn, K. Lang-Novikov, C. Ulbert.

NACHGRABUNG UND KONSERVIERUNG DER TÜRME AM LIMES – WACHPOSTEN 1/8 IM RHEINBROHLER WALD

Von Cliff Alexander Jost

Der Wachposten 1/8 liegt im Rheinbrohler Wald auf einem quer zum Rhein gelagerten Bergrücken, der von den Tälern des Bahlsbaches im Norden und des Nassenbaches im Süden eingerahmt wird. Die ehemaligen Limestürme befanden sich auf einem schmalen Plateau des Bergrückens zwischen zwei Erhebungen, dem Steinbrink und dem Beulenberg, etwa 4 km entfernt vom Beginn des Limes am Rheinufer und rund 200 m höher.[1] An dieser markanten Stelle treffen heute noch mehrere Wege zusammen, die vom Rheintal hochkommen und auf die Höhen des Westerwaldes und mit Abzweigungen ins Tal der Wied weiterführen (Abb. 1).

Forschungsgeschichte und Ausgangssituation

Die Reichs-Limeskommission hat hier im Jahr 1894 unter der Leitung des Streckenkommissars G. Loeschcke die Überreste zweier Steintürme und eines Holzturmes festgestellt (Strecke 1, Wachposten 8 im Bezirk „Auf Hottels Buchen").[2] Der östliche der beiden Steintürme gehörte zu den am besten erhaltenen Türmen am Limes im Westerwald, da seine Mauern noch rund 1,5 m hoch erhalten waren (Abb. 2, 3). Den westlichen Steinturm hatte man über die Stelle eines früheren Holzturmes gebaut.

Wie an vielen anderen Turmstellen auch hat die Reichs-Limeskommission nach ihren Untersuchungen die Grabungsschnitte nicht wieder verfüllt, was nicht nur zu Verwitterungsschäden an den frei liegenden Turm-

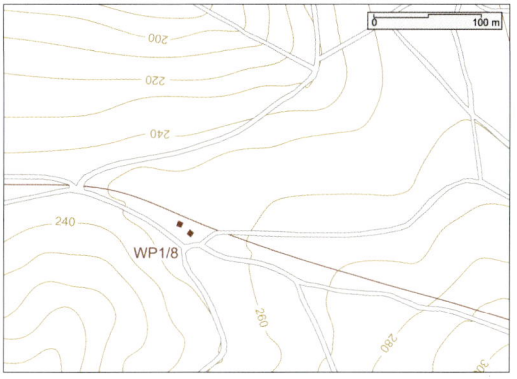

Abb. 1 Lageplan von Wachposten (WP) 1/8 im Rheinbrohler Wald.

Abb. 2 Befundplan der Reichs-Limeskommission von WP 1/8.

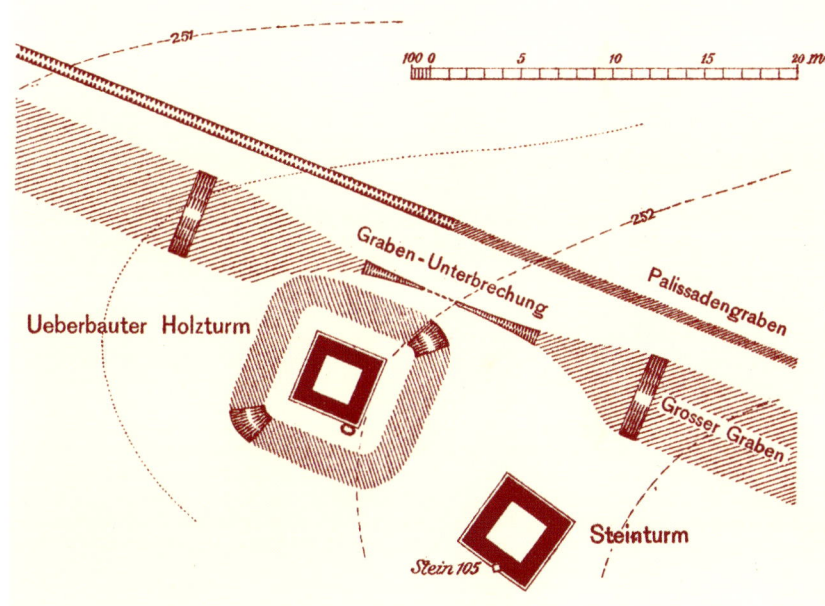

Abb. 3 Östlicher Steinturm von WP 1/8 im Jahr 1894 nach der Freilegung durch die Reichs-Limeskommission.

---

1 Jost, Limes, 34 ff.
2 ORL A, Strecke 1, 65 f. mit Taf. 4,2 u. 8,3.

Abb. 4 Östlicher Steinturm von WP 1/8 im Jahr 1968 unter Bewuchs.

Abb. 5 Östlicher Steinturm von WP 1/8 im Jahr 1976 mit größtenteils von Bewuchs und losem Erdmaterial freigelegten Grundmauern.

mauern geführt hat (Abb. 4). Größere Schäden an den Fundamenten der Türme am Wachposten 1/8 waren vor allem seit den frühen 1970er-Jahren entstanden, als man die an einem Wanderweg gelegenen Überreste der Türme, insbesondere die des besser erhaltenen östlichen Steinturmes immer wieder unsachgemäß freigelegt hat (Abb. 5). Zudem mussten die Schutthügel der beiden Türme als Steinbruch herhalten. Mit den „original-römischen" Bruchsteinen wurde der Limesturm am Rheinufer in Rheinbrohl nachgebaut.

Als die Bestandsaufnahme des Limes für die Antragstellung als Stätte des UNESCO-Welterbes im Jahr 2000 vorgenommen wurde, stellten sich die Überreste der Steintürme am Wachposten 1/8 nur noch als ein ziemlich zerwühlter Komplex mit Grabungsschnitten, alten Abraumhaufen und herumliegenden Bruchsteinen dar. Zusammenhängendes römisches Mauerwerk war kaum noch zu erkennen (Abb. 6).

Eine dauerhafte Sicherung der Turmreste war daher dringend notwendig, zumal der Standort des Wachpostens 1/8 dicht bei einem Rastplatz mit kleiner Hütte liegt und eine der Anlaufstellen am Rheinhöhen- und Limeswanderweg durch den Rheinbrohler Wald ist. Daraufhin wurde mit der Verbandsgemeinde Bad Hönningen und der Ortsgemeinde Rheinbrohl vereinbart, die baulichen Relikte der Türme zu konservieren und anschließend in einen kleinen archäologischen Park zu integrieren. Vorher war jedoch eine Nachgrabung der Turmstelle, verbunden mit neuen Methoden der Dokumentation, durch

die zuständige archäologische Fachbehörde (Generaldirektion Kulturelles Erbe, Direktion Archäologie, Außenstelle Koblenz) erforderlich (Abb. 7). Sie erfolgte in jeweils kurzen Kampagnen mit längeren Unterbrechungen im Wesentlichen im Frühjahr und Herbst 2005 und noch einmal im Spätherbst 2006.[3]

Die archäologische Nachgrabung

Mit der archäologischen Nachgrabung sollten der heutige Erhaltungszustand der Befunde erkundet, die alten Ausgrabungsergebnisse der Reichs-Limeskommission überprüft und eine neue detaillierte und steingetreue Aufnahme der noch vorhandenen Befundstrukturen angefertigt werden. Vorgabe war es, die noch verbliebene archäologische Substanz möglichst im Boden zu erhalten. Demgemäß sollten hauptsächlich die alten Grabungsschnitte der Reichs-Limeskommission aber auch die späteren Eingrabungen seit den 1970er-Jahren wieder freigelegt und dokumentiert werden. Darüber hinaus sollten nur sehr vorsichtig Erweiterungen dort vorgenommen werden, wo Unklarheiten in der Dokumentation und bei der Befundinterpretation durch die Reichs-Limeskommission auftreten würden. Die archäologischen Befunde am Wachposten 1/8 liegen unmittelbar unter einer nur 0,05 m dicken Waldhumusschicht. Der Untergrund besteht aus einem Tonschiefer-Verwitterungshorizont. Bruchsteinschutt von den Mauern der Türme wurde vor allem noch um den östlichen Steinturm herum angetroffen. Allerdings handelte es sich fast ausschließlich um bereits durch die Reichs-Limeskommission verlagertes Abraummaterial.

Im Ganzen sind die Störungen am Wachposten 1/8 wesentlich umfangreicher und gehen tiefer, als es die Eintragung der Grabungsschnitte im ORL erwarten ließ. Sowohl der westliche als auch der östliche Steinturm waren außen und innen offenbar schon durch die Reichs-Limeskommission vollständig freigelegt worden. Am Ringgraben des

Holzturmes befinden sich alte Grabungsspuren in der West- und Ostecke sowie auf der gesamten Nordseite, wobei diese mit der großflächigen Eingrabung durch die Reichs-Limeskommission im Bereich der Unterbrechung des Limesgrabens zusammenhängen.

Abb. 6 Östlicher Steinturm von WP 1/8 im Jahr 2000 während der Bestandsaufnahme des Limes für den UNESCO-Welterbeantrag.

Abb. 7 Östlicher Steinturm von WP 1/8 während der Nachgrabungen im Jahr 2006.

Den Palisadengraben nördlich der westlichen Turmstelle hatte man in seinem Verlauf nach Westen hin freigelegt.

Trotz dieser umfangreichen Störungen ergaben die Nachgrabungen aber noch viele aufschlussreiche archäologische Ergebnisse,

---

[3] Für einen ersten Vorbericht zu den Nachgrabungen am WP 1/8: Jost, Limes-Wachposten 1/8.

Abb. 8 Gesamtplan der Grabung mit Limesdurchgang, Holzturm, älterem westlichem Steinturm und jüngerem östlichem Steinturm. Die Störungen durch die früheren Grabungen der Reichs-Limeskommission sind schraffiert dargestellt.

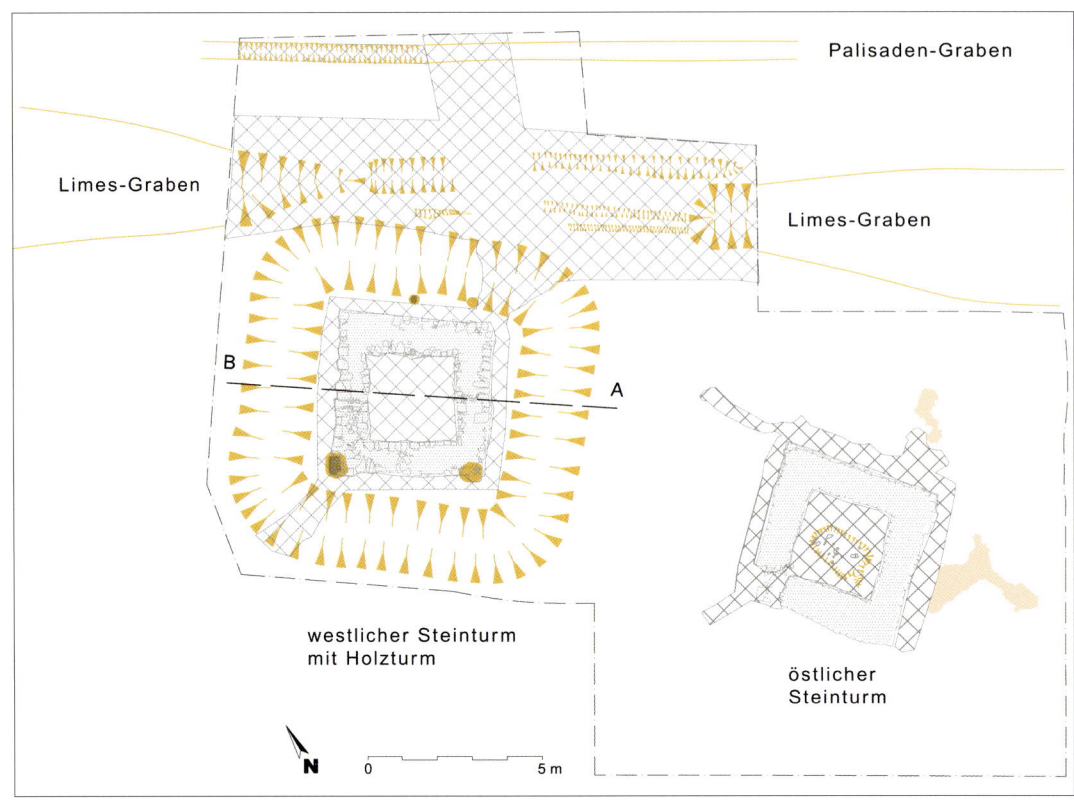

Holzturm

Zuerst stand an diesem Platz ein viereckiger Holzturm mit Seiten von rund 4,25 m Länge. Vier starke Eckpfosten bildeten das Gerüst für den oberen Aufbau des Turmes. Umgeben war der Holzturm von einem Graben, der vielleicht als leichtes Annäherungshindernis, vor allem aber zur Trockenhaltung der Turmstelle diente. Größe und Form des Holzturmes am Wachposten 1/8 entsprechen dem herkömmlichen Schema der bekannten Holztürme am nördlichen Limes. Aufgrund seiner Abmessungen zählt er zu den etwas kleineren Holzturmanlagen.[4]

Die Pfostengrube für den südlichen Eckpfosten des Holzturmes hatte bereits die Reichs-Limeskommission festgestellt. Die Pfostengrube hatte einen Durchmesser von ca. 0,6 m und lag unmittelbar an und teilweise unter der Südecke des westlichen Steinturmes. Um Angaben über die Abmessungen und die Form des Holzturmes und des Umfassungsgrabens zu erhalten, wurde bei der Nachgrabung ein Profilschnitt (Abb. 8, Profil A–B) quer über die Grabenseiten von Südost nach Nordwest angelegt und zudem unter der Westecke des Steinturmes gezielt nach einem zweiten Eckpfosten gesucht. Hier konnte im Planum eine runde Pfostengrube mit einem Durchmesser von 0,5 m bestimmt werden, die noch eine viereckige Pfostenspur mit Seitenlängen von 0,3 bis 0,35 m erkennen lässt. Auf eine weitergehende Untersuchung wurde verzichtet, um den archäologischen Befund nicht weiter zu zerstören. Aus diesem Grund wurde auch nach den beiden vorauszusetzenden nördlichen Eckpfosten des Holzturmes nicht weiter gesucht.

Der Holzturm war von einem Graben in Form eines Vierecks mit abgerundeten Ecken umgeben, wie er häufig bei den Holztürmen am nördlichen Abschnitt des Limes vorkommt.[5] Die Länge der Seiten beträgt 9 m, gemessen von Mitte zu Mitte des Grabens.

---

[4] ORL A, Strecke 1, bes. 51–53; Baatz, Wachttürme am Limes, bes. 16–20.

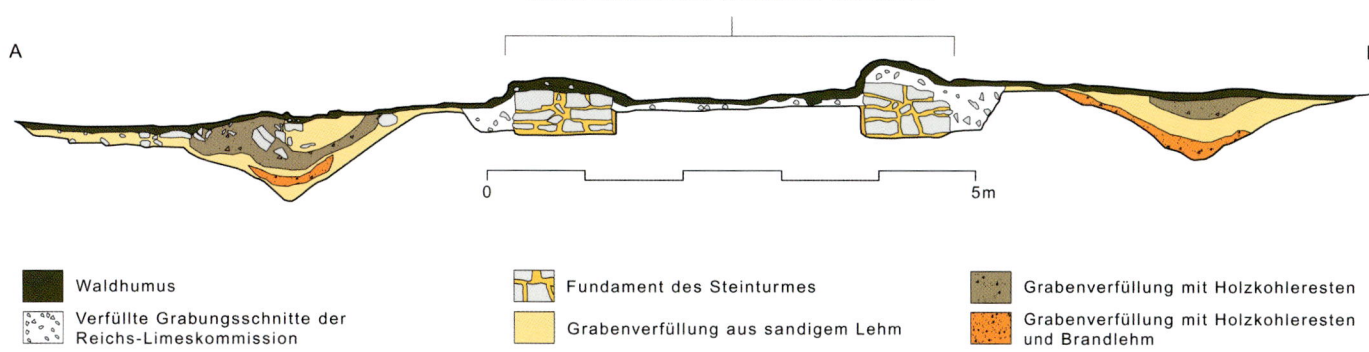

Eine Unterbrechung im Graben als Zugang konnte nicht beobachtet werden. Im Profil zeichnet sich der Umfassungsgraben noch deutlich als Spitzgraben mit v-förmigem Querschnitt ab (Abb. 9). Bei einer oberen Breite von 2 bis 2,4 m reicht er noch 0,7 bis 0,94 m tief in den anstehenden Boden. Die Verfüllung besteht aus einem sandig-lehmigen, mit Tonschiefer- und Grauwackeschutt durchsetzten Boden und eingefallenen Brandschuttschichten mit Holzkohle- und Brandlehm-resten. Vor allem in der unteren Verfüllung wurden zahlreiche größere Brandlehmbrocken angetroffen und Holzkohlereste auf der Grabensohle. Keramisches Fundmaterial stammt fast ausnahmslos aus der oberen Lage der Verfüllung des Grabens und fand sich zusammen mit dem Abbruchschutt vom westlichen Steinturm, der sich offenbar in Mulden angesammelt hatte, die im zugeschütteten Spitzgraben durch Absacken der Einfüllung entstanden waren. Diese Funde stehen somit wohl in Zusammenhang mit dem jüngeren Steinturm an dieser Stelle.

Westlicher Steinturm

Über die Stelle des Holzturmes wurde nach der Mitte des 2. Jahrhunderts ein Steinturm mit viereckigem Grundriss von 4,4 × 4,3 m gebaut. Seine Mauern haben im Mittel eine Dicke von 0,90 m im Aufgehenden und ein zwischen 0,05 und 0,10 m vorspringendes Fundament. Der Turm hat mit rund 2,5 × 2,5 m eine ziemlich kleine Innenfläche, was aber genau der mittleren Flächengröße der Steintürme an dieser nördlichsten Limesstrecke zwischen Rhein und Wied entspricht.[6] Die Seite des westlichen Steinturmes ist parallel zum Verlauf des Limes ausgerichtet. Der Turm steht dicht hinter dem Limes. Seine Außenmauer ist nur ca. 4 m von der Mittellinie des Limesgrabens entfernt, der hier aber unterbrochen ist, und 7,5 m vom Palisadengraben.

Vom Steinturm, dessen Mauern zur Zeit der Reichs-Limeskommission noch 0,55 m hoch standen, ist heute nur noch das Fundament vorhanden und stellenweise die unterste Steinlage der aufgehenden Mauer (Abb. 10). Zum Teil sind die Mauerreste des Turmes in die außen entlang der Mauern geführten Grabungsschnitte der Reichs-Limeskommission nachgerutscht. Das Fundament des Turmes reicht 0,3 m tief in den Boden. Wenige noch vorhandene Reste von

Abb. 9 Profilschnitt über den westlichen Steinturm und durch die West- und Ostseite des Umfassungsgrabens vom Holzturm.

Abb. 10 Westlicher Steinturm von WP 1/8 während der Nachgrabungen im Jahr 2006.

5 ORL A, Strecke 1, 51, Taf. 4–6, 11–14, 16–19, Strecke 2, Taf. 5–7; vgl. Becker, Wachttürme, 12 mit Anm. 30.
6 ORL A, Strecke 1, bes. 44; Becker, Wachtturmgrundrisse, bes. 70–71 mit Abb. 3–4.

Kalkmörtel weisen auf eine Kalk-Lehm-Mörtel-Bindung hin.

Im Zusammenhang mit der Erbauung bzw. Instandhaltung des westlichen Steinturmes stehen offenbar auch zwei Pfostengruben vor der Nordostmauer des Turmes, die in den aufgefüllten Umfassungsgraben des älteren Holzturmes eingelassen waren. Sie könnten von einem Baugerüst stammen oder als Stützpfosten gedient haben, weil der Turm vielleicht baufällig geworden war. Die Pfostengrube vor der Mitte der Nordostmauer hat einen Durchmesser von 0,3 m und eine Tiefe von noch 0,3 m. Die Verfüllung weist schräg gestellte Keilsteine und eine Pfostenstandspur von ca. 0,16 m Breite auf. Die zweite Pfostengrube nahe der Ostecke des Turmes hat einen Durchmesser von 0,3 m und eine Tiefe von noch 0,22 m. Eine Pfostenstandspur konnte hier nicht beobachtet werden.

Nachdem man den westlichen Steinturm wegen Baufälligkeit oder Zerstörung endgültig aufgab, wurde ein neuer Steinturm etwas weiter südöstlich versetzt ebenfalls dicht hinter dem Limes errichtet. Für den Bau des neuen Turmes hatte man offenbar die Mauersteine des alten als Baumaterial wieder verwendet, was auch erklärt, weshalb die Reste des älteren Steinturmes schlechter erhalten sind als die des später gebauten östlichen Steinturmes.

Östlicher Steinturm

Der östliche Steinturm liegt 8,5 m von der Südecke des westlichen Steinturmes entfernt. Er hat eine quadratische Grundfläche mit Seiten von etwa 4,4 m Länge und eine Mauerdicke im Aufgehenden von 0,9 m. Seine Innenfläche ist mit 2,6 × 2,6 m nur wenig größer als die des westlichen Steinturmes. Sein Fundament reicht mit 0,6 m jedoch doppelt so tief in den anstehenden Boden. Es springt zwischen 0,06 m und 0,1 m nach außen vor.

Im Bereich der Südwestseite des Turmes, wo ein Abraumhaufen aus der Zeit der Reichs-Limeskommission die Mauer bedeckt und dadurch geschützt hat, stehen die Mauerreste heute noch etwa 1,5 m hoch aufrecht, wenn auch in den oberen fünf Steinlagen stark nach Südwesten hin gekippt. Sonst ist die Mauer ab dem Fundamentabsatz noch zwischen etwa 0,4 und 0,9 m hoch erhalten (Abb. 11–13). Vollständig abgebrochen ist die Westecke des Turmes, und zwar offensichtlich schon seit der Zeit der Reichs-Limeskommission, die hier vermutlich nach einem Pfostenloch eines älteren Holzturmes gesucht hatte.

Gebaut war der Turm wie auch sein westlicher Vorgänger aus Grauwacke-Bruchsteinen, einem vor Ort gewonnenen Sandstein mit Quarzit- und Feldspatanteilen. Verwendet wurde ein Lehmmörtel mit Kalkzuschlag, wobei der Kalk heute durch den umgebenden sauren Boden größtenteils herausgelöst und nur noch anhand weniger Spuren nachweisbar ist. Reste eines Außenverputzes konnten nicht festgestellt werden, wie es auch keine eindeutigen Hinweise auf eine Dachdeckung gab, etwa in Form von Dachschiefer oder Ziegeln, was auf eine Eindeckung mit Holzschindeln hindeuten könnte.

Wegen der umfangreichen früheren Grabungen und Freilegungen waren im Innenraum des Turmes keine ungestörten archäologischen Fundschichten mehr vorhanden. Auf der Sohle ließ sich eine mit Lehm und einzelnen Bruchsteinen verfüllte muldenförmige Vertiefung feststellen, bei der es sich aber wohl um eine moderne Eingrabung handelte. Außerhalb der Mauern fanden sich Reste einer römischen Benutzungsschicht nur noch nordöstlich und östlich vom Steinturm vor allem in Form vereinzelter Spuren von Verziegelungen im Lehm, die sich hier unter Bruchsteinschuttresten des Turmes erhalten hatten. An der Südostseite des Turmes konnte auf einer Länge von 0,6 m ein hellerer, tonig-lehmiger Streifen mit einer durchschnittlichen Breite von 0,3 m und einer Tiefe von etwa 0,2 m beobachtet werden, der in einem Abstand von 0,7 m parallel zur Südostmauer verlief. Möglicherweise lässt sich der Befund als Trauferinne deuten, die durch vom Dach fallendes Regenwasser entstanden sein könnte. Hieraus wäre ein Dachüberstand des Turmes zwischen 0,7 m und 1 m zu rekonstruieren, was darauf hindeuten würde, dass dieser Steinturm wohl keinen äußeren Umgang besessen hat.

Limes mit Durchgang

Die Türme am Wachposten 1/8 standen unmittelbar hinter einer 9,25 m breiten Unterbrechung im Limesgraben. Auch der Wall muss an dieser Stelle aufgrund seines geringen Abstandes zu den beiden Steintürmen unterbrochen gewesen sein. Es handelt sich um einen der vielen kleinen Durchgänge im Limes für die militärische Überwachung des Gebietes im Vorfeld des Limes, die besonders für die Limesstrecken 1 und 2 in Westerwald und Taunus charakteristisch sind.[7] Die eigentliche natürliche Wegtrasse durch den Limes hindurch befand sich jedoch rund 100 m westlich der Turmstelle (vgl. Abb. 1), wo ein römscher Durchlass im Limes nicht mehr nachgewiesen werden kann, aber vermutet wird.[8]

Der Limes zog bei seinem Aufstieg aus dem Rheintal bei Arienheller in östliche Richtung auf den Kamm des Geländerückens zwischen den Tälern des Bahlsbaches und des Nassenbaches über die Höhen von Dielsberg, Steinbrink und Beulenberg bis zum sogenannten Marsfeld, einem flachen Geländesattel, auf dem sich der Wachposten 1/10 befand. Hier erreichte der Limes die Wasserscheide zwischen Rhein und Wied und bog nach Süden um. Im Bereich des Wachpostens 1/8 sind die Überreste von Wall und Graben des Limes eingeebnet und nicht mehr sichtbar, sein ehemaliger Verlauf wurde aber durch die Untersuchungen der Reichs-Limeskommission ermittelt. So wurde insbesondere der Palisadengraben direkt westlich der Turmstelle untersucht. Während die Palisade offenbar vor dem Wachposten 1/8 nicht unterbrochen ist, hatte die Reichs-Limeskommission im Limesgraben eine Lücke mit einem rinnenartigen Auslauf der beiden Limesgrabenenden dokumentiert (Abb. 2). Nach dem Ausheben der alten Grabungsschnitte der Reichs-Limeskommission wurde indes ein etwas abweichender Befund festgestellt; denn beide Limesgrabenenden sind noch eindeutig nachzuweisen. In der Lücke dazwischen lassen sich jedoch die Reste von drei parallel zueinander verlaufenden Gräbchen erkennen, bei denen es sich vermutlich um die Überbleibsel von Absperrungen mit Holzzäunen handelt. Das nördli-

[7] ORL A, Strecke 1, 31, Strecke 2, 13; Hodgson, Gates and Passage, bes. 184–185.
[8] Vgl. ORL A, Strecke 1, 23.

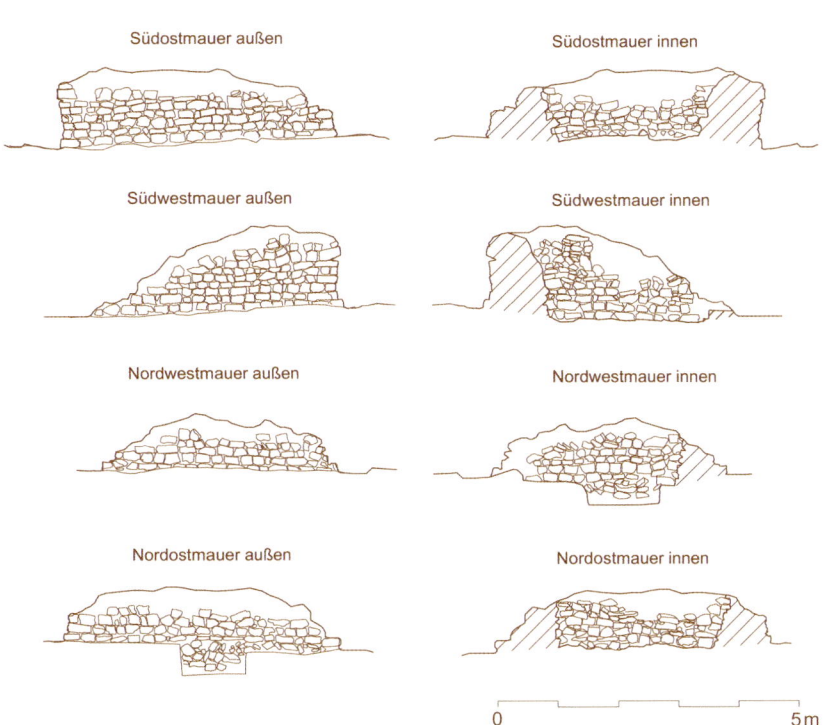

Abb. 11 Aufmaß der Außen- und Innenmauern des östlichen Steinturmes von WP 1/8.

Abb. 12 Östlicher Steinturm von WP 1/8 mit steingenauer fotogrammetrischer Aufnahme der Nordostmauer außen.

Abb. 13 Östlicher Steinturm von WP 1/8 mit steingenauer fotogrammetrischer Aufnahme der Nordostmauer außen. Detailfoto mit Fundament.

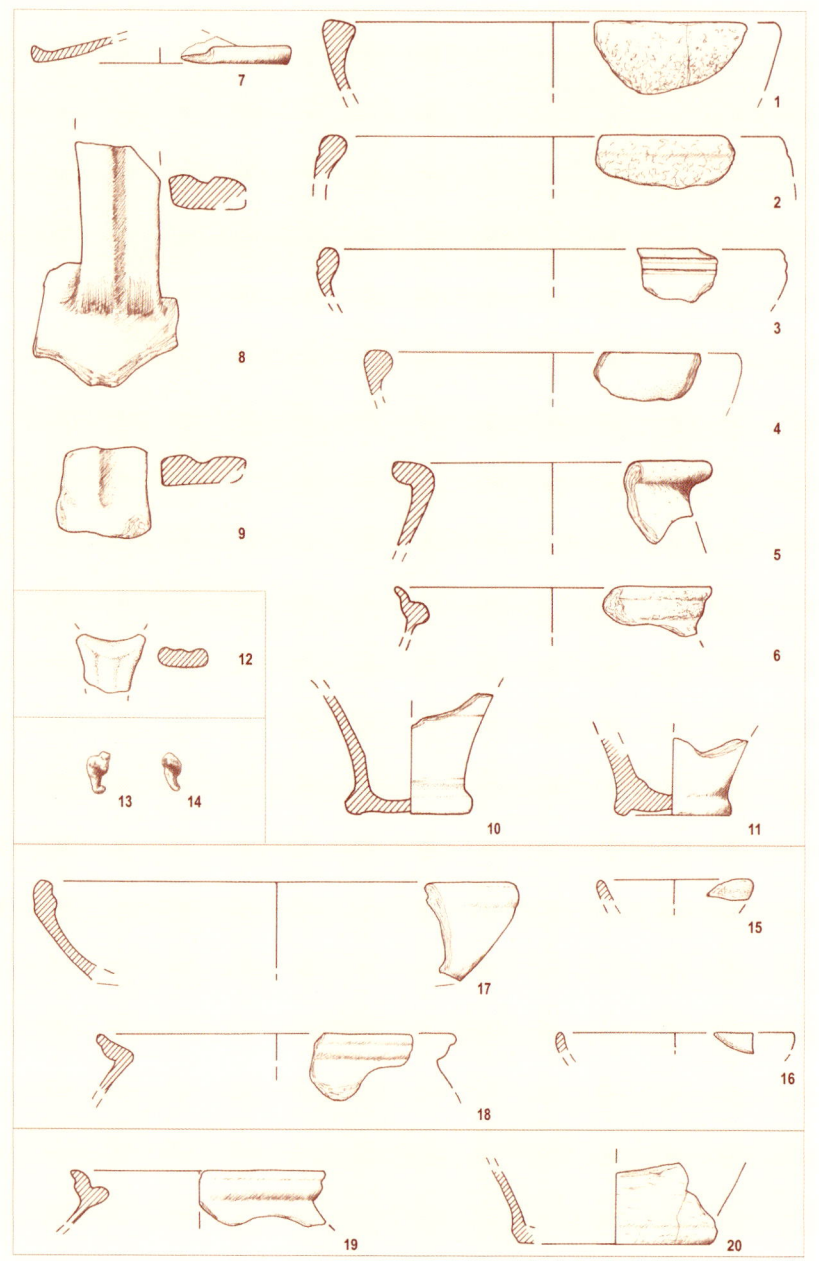

Abb. 14 Fundinventar der Nachgrabungen am Wachposten 1/8 im Rheinbrohler Wald.

Zaungräbchen zeitlich zueinander, zum Limesgraben und zum Palisadengraben stehen, lässt sich aufgrund der hier besonders umfangreichen Störungen durch die früheren Grabungen und der daraus resultierenden fehlenden Schichtanbindungen leider nicht mehr klären.

Fundmaterial

Die Nachgrabungen am Wachposten 1/8 lieferten eine Reihe von Funden, die das Fundmaterial ergänzen, das aus den Grabungen der Reichs-Limeskommission bekannt ist.[9] Die Funde machen einen zeitlich geschlossenen Eindruck und lassen sich am ehesten in das späte 2. Jahrhundert datieren. Hauptsächlich angetroffen wurden Bruchstücke einfacher Gebrauchskeramik von rauwandig-tongrundiger und glattwandig-tongrundiger Ware wie Teller, Töpfe und Einhenkelkrüge. Terra sigillata liegt lediglich in Form zweier kleiner, nicht näher bestimmbarer Randbruchstücke, eines Bodenbruchstücks und eines kleinen Wandbruchstücks vor (Abb. 14). Bei den Funden aus dem Bereich des östlichen Steinturmes handelt es sich bis auf wenige kleine und zudem äußerst schlecht erhaltene Scherben meist um verlagerte Fundstücke aus dem Abraum der Reichs-Limeskommission, wie auch die Sandsteinplatte mit Inschriftfragment (s. Beitrag Th. Becker) aus dem Abraumschutt vor der Südostwand des Steinturmes stammt.

Eine größere Anzahl von Keramikfunden konnte bei der Anlage des Profilschnittes durch den Umfassungsgraben des Holzturmes geborgen werden. Während aus der unteren Verfüllschicht des Grabens vor allem Brandlehmbrocken, teilweise mit anhaftenden Putzresten und Flechtwerkabdrücken, geborgen wurden, stammt das keramische Fundmaterial fast ausschließlich aus der oberen Einfüllung des Grabens, die erst nach Absackungen innerhalb des primär eingefüllten Bodens entstanden war. Diese Funde gelangten demnach erst nach Auflassen des Holzturmes, offenbar während der Nutzung des westlichen Steinturmes in den Graben.

che Gräbchen entspricht offenbar der durch die Reichs-Limeskommission vollständig ausgegrabenen auslaufenden Rinne des Limesgrabens, deren ursprüngliche Breite rund 0,4 bis 0,5 m betragen haben dürfte, heute aber nicht mehr exakt feststellbar ist. Die beiden schmaleren, 0,25 bis 0,3 m und 0,1 bis 0,2 m breiten Gräbchen südlich davon wurden, um sie im Boden zu erhalten, lediglich im Planum untersucht. Hier zeichneten sich vereinzelte Keilsteinsetzungen ab. Wie die drei

9 ORL A, Strecke 1 und 2, 169 mit Taf. 24 Fig. 35 u. Taf. 25 Fig. 30 u. 66.

Konservierung der Turmstelle

Trotz der vielen modernen Störungen, die dem archäologischen Befund durch die vorausgegangenen Ausgrabungen und Freilegungen zugefügt worden waren, lieferten die Nachgrabungen am Wachtposten 1/8 zusätzliche Erkenntnisse, mit denen sich Bauweise und Baugeschichte der Türme an diesem Standort neu beurteilen lassen.

Mit der Verbandgemeinde Bad Hönningen und der Ortsgemeinde Rheinbrohl war schon im Vorfeld der Nachgrabungen vereinbart worden, dass die noch vorhandenen Befundstrukturen der Wachtürme und des Limes am Wachposten 1/8 konserviert, in eine kleine Parkanlage integriert und mit Informationstafeln erläutert werden sollen. Wachposten 1/8 wird dann für die Besucher des im Sommer 2008 neu eröffneten Informationszentrums zum Welterbe Limes in Rheinbrohl-Arienheller ein weiterer Infopunkt am Limeswanderweg durch den Rheinbrohler Wald.

Inzwischen konnte das Grundstück mit dem Wachposten 1/8 durch die Ortsgemeinde Rheinbrohl aus Privatbesitz erworben werden. Im Frühjahr 2008 werden die originalen Fundamente und unteren Steinlagen der Türme wieder gänzlich mit Erdreich zugedeckt, um sie vor Witterungseinflüssen und Vandalismus zu schützen. Auf dieser Erdschicht wird exakt über dem römischen Turmmauerwerk ein neues Turmfundament mit einigen Steinlagen wieder angelegt, wobei auch die römischen Befundstrukturen im Umfeld der Türme mit neuem Erdreich abgedeckt werden, um sie und die Fundstücke darin in ihrem wichtigen Befundzusammenhang zu erhalten.

Fundinventar der Nachgrabungen am Wachposten 1/8 im Rheinbrohler Wald

Aus Umfassungsgraben

Randbruchstück eines Tellers mit nach innen verdicktem Rand, Oberfläche sehr stark abgenutzt und angegriffen, rauwandig-tongrundige Ware, hellgraubrauner Ton, Randdurchmesser ca. 20 cm, Inv.-Nr. 05.44.49.6 (Abb. 14.1); Randbruchstück eines Tellers mit nach innen verdicktem und außen leicht gekehltem Rand, Oberfläche stark angegriffen, rauwandig-tongrundige Ware, hellockerfarbener Ton, Randdurchmesser ca. 20 cm, Inv.-Nr. 05.44.49.7 (Abb. 14.2); Randbruchstück eines dünnwandigen Tellers mit innen verdicktem und außen doppelt gekehltem Rand, rauwandig-tongrundige Ware, gelblicher Ton, Inv.-Nr. 05.44.49.8 (Abb. 14.3); Randbruchstück eines Tellers mit innen verdicktem Rand, rauwandig-tongrundige Ware, dunkelgrauer Ton, Randdurchmesser ca. 22 cm, Inv.-Nr. 05.44.6.4 (Abb. 14.4); Randbruchstück eines Kochtopfes mit horizontal abgeflachtem, nach außen gezogenem Rand, rauwandig-tongrundige Ware, altrosafarbener Ton, Randdurchmesser ca. 14 cm, Inv.-Nr. 05.44.49.9 (Abb. 14.5); Randbruchstück eines dünnwandigen Kochtopfes mit gekehltem Rand, rauwandig-tongrundige Ware, hellorangebrauner Ton, Randdurchmesser ca. 14 cm, Inv.-Nr. 05.44.49.5 (Abb. 14.6); Randbruchstück eines Gefäßdeckels mit nach oben gezogenem, abgerundetem Rand, rauwandig-tongrundige Ware, graubrauner Ton, Randdurchmesser ca. 18 cm, Inv.-Nr. 05.44.47.1 (Abb. 14.7); Bruchstück eines Bandhenkels mit Teil der aufgehenden Wand eines Kruges, rauwandig-tongrundige Ware, altrosafarbener Ton, Inv.-Nr. 05.44.49.3 (Abb. 14.8); Bruchstück eines Bandhenkels eines Kruges, rauwandig-tongrundige Ware, hellaltrosafarbener Ton, Inv.-Nr. 05.44.49.4 (Abb. 14.9); Bodenbruchstück eines Kruges, glattwandig-tongrundige Ware, weißgrauer Ton, Bodendurchmesser 6 cm, Inv.-Nr. 05.44.49.2 (Abb. 14.10); Bodenbruchstück eines Kruges, glattwandig-tongrundige Ware, weißgrauer Ton, Bodendurchmesser 6,3 cm, Inv.-Nr. 05.44.51.3 (Abb. 14.11); 4 Wandbruchstücke wohl eines Gefäßes, glattwandig-tongrundige Ware, weißgrauer Ton, Inv.-Nr. 05.44.46.2; 4 Wandbruchstücke wohl eines Gefäßes, Oberfläche stark angegriffen und abgenutzt, glattwandig-tongrundige Ware, weißgrauer Ton. Inv.-Nr. 05.44.48.3; 2 Wandbruchstücke eines Gefäßes, Oberfläche stark angegriffen, rauwandig-tongrundige Ware, rötlich grauer

Ton, Inv.-Nr. 05.44.45.1; 46 Wandbruchstücke verschiedener Gefäße, glattwandig-tongrundige und rauwandig-tongrundige Ware, Inv.-Nr. 05.44.48.4, 49.12-13, 51.4; Holzkohleproben, Inv.-Nr. 05.44.46.1, 48.5, 49.11, 51.2, 52.2; Brandlehmstücke, zum Teil mit anhaftenden Putzresten und Flechtwerkabdrücken, Inv.-Nr. 05.44.19.1, 45.2, 46.3, 48.1–3, 49.10, 51.1, 52.1.

Bereich westlicher Steinturm

Funde beim Erstellen des Planums: Henkelfragment mit Wandansatz eines Kruges mit Bandhenkel, Oberfläche sehr stark angegriffen, glattwandig-tongrundige Ware, weißgrauer Ton, Inv.-Nr. 05.44.20.2 (Abb. 14.12); Wandbruchstück, rauwandig-tongrundige Ware, rötlich grauer Ton, Inv.-Nr. 05.44.59.1; Wandbruchstück, glattwandig-tongrundige Ware, rötlich grauer Ton, Inv.-Nr. 05.44.20.1; 4 kl. Wandbruchstücke eines Gefäßes, rauwandig-tongrundige Ware, schwarzgrauer Ton, Inv.-Nr. 05.44.19.2; Brandlehm, Inv.-Nr. 05.44.15.1, 20.1, 59.1; 13 größtenteils angeglühte Quarzsteine, Inv.-Nr. 05.44.59.2. Aus der Pfostengrube vor der Mitte der Nordostseite, so genannte St. 55: Bruchstück eines eisernen Nagels, Inv.-Nr. 05.44.55.1 (Abb. 14.14). Aus Pfostengrube nahe der Ostecke, sogenannte St. 57: Bruchstück der Bodenplatte eines Tellers, rauwandig-tongrundige Ware, rötlich grauer Ton, Bodendurchmesser ca. 20 cm, Inv.-Nr. 05.44.57.2; Bruchstück eines eisernen Nagels, Inv.-Nr. 05.44.57.3 (Abb. 14.13); Brandlehm, Inv.-Nr. 05.44.57.1; Basaltstein, Inv.-Nr. 05.44.57.4.

Bereich östlicher Steinturm

Aus Abraum der Reichs-Limeskommission: kleines Randbruchstuck eines Terra Sigillata-Gefäßes, Randdurchmesser ca. 12 cm, Inv.-Nr. 05.44.6.1 (Abb. 14.16); kleines Wandbruchstück eines Terra Sigillata-Gefäßes, Inv.-Nr. 05.44.6.2; kleines Wandbruchstück eines Bechers mit Griesbewurf, gefirnisste Ware, Inv.-Nr. 05.44.6.3; Eisenfragment, Inv.-Nr. 05.44.6.6; Bruchstück einer Sandsteinplatte mit Inschrift, Inv.-Nr. 05.44.6.5 (vgl. S. 43, Abb. 1). Funde beim Erstellen des Planums: kleines Randbruchstück eines Terra Sigillata-Gefäßes, Inv.-Nr. 05.44.17.1 (Abb. 14.15); Rand- und Wandbruchstück eines Tellers mit innen verdicktem und gekehltem Rand, rauwandig-tongrundige Ware, graugelber bis ocker-farbener Ton, Randdurchmesser ca. 24 cm, Inv.-Nr. 05.44.17.2 (Abb. 14.17); Randbruchstück eines Kochtopfes mit nach außen gezogenem profiliertem Rand, rauwandig- tongrundige Ware, rötlich grauer Ton, Randdurchmesser ca. 18 cm, Inv.-Nr. 05.44.22.1 (Abb. 14.18); Bodenbruchstück eines Standringes einer Terra Sigillata-Schüssel, Inv.-Nr. 05.44.22.4; Bruchstück der Bodenplatte eines Kochtopfes, rauwandig-tongrundige Ware, grauer Ton, Inv.-Nr. 05.44.17.4; Wandbruchstück aus dem unteren Wandungsbereich mit Bodenansatz eines Kochtopfes, rauwandig-tongrundige Ware, grauer Ton, Inv.-Nr. 05.44.17.3; 2 Wandbruchstücke eines Gefäßes, rauwandig-tongrundige Ware, weißgrauer Ton, Inv.-Nr. 05.44.17.5; Wandbruch- stück, rauwandig-tongrundige Ware, grauer Ton, Inv.-Nr. 05.44.39.1; 9 Wandbruchstücke verschiedener Gefäße, rauwandig-tongrundige Ware, Inv.-Nr. 05.44.22.2; Brandlehm, Inv.-Nr. 05.44.22.3.

Aus Limesgraben vor WP 1/8

Randbruchstück eines Kochtopfes mit Herzprofil, rauwandig-tongrundige Ware, gelblichgrauer Ton, Randdurchmesser ca. 13 cm, Inv.-Nr. 05.44.54.1 (Abb. 14.19); Bodenbruchstück eines Kochtopfes, rauwandig-tongrundige Ware, weißer Ton, Bodendurchmesser ca. 10 cm, Inv.-Nr. 05.44.54.4 (Abb. 14.20); 14 Wandbruchstücke verschiedener Gefäße, rauwandig-tongrundige Ware, Inv.-Nr. 05.44.54.2; Roteisenstein, Inv.-Nr. 05.44.54.3.

Dr. Cliff Alexander Jost
Generaldirektion Kulturelles Erbe,
Direktion Landesarchäologie,
Außenstelle Koblenz
Niederberger Höhe 1, 56077 Koblenz
E-Mail: info@archaeologie-koblenz.de

Literaturverzeichnis

BAATZ, Wachttürme am Limes
D. Baatz, Die Wachttürme am Limes. Kleine Schriften Limesmuseum Aalen 15. (Stuttgart 1976).

BECKER, Wachttürme
Th. Becker, Die Wachttürme am Taunuslimes zwischen Zugmantel und Saalburg. (Ungedr. Magisterarbeit Freiburg 1998).

BECKER, Wachtturmgrundrisse
Th. Becker, Überlegungen zur kleinräumigen Gliederung des Limes am Beispiel des Obergermanischen Abschnitts. Aussagemöglichkeiten von Wachtturmgrundrissen. In: LIMES IMPERII ROMANI. Beiträge zum Fachkolloquium „Weltkulturerbe Limes" November 2001 in Lich-Arnsburg. Saalburg-Schriften 6, 2004, 67–74.

ORL A, Strecke 1 und 2
E. Fabricius, F. Hettner, O. von Sarwey, Der obergermanisch-raetische Limes des Römerreiches. Abt. A, Bd. I 1, Strecke 1 und 2 (Berlin, Leipzig 1936).

HODGSON, Gates and Passage
N. Hodgson, Gates and Passage Across the Frontiers: The Use of Openings Through the Barriers of Britain, Germany and Raetia. In: Zsolt Visy (Hrsg.), LIMES XIX. Proceedings of the XIXth International Congress of Roman Frontier Studies held in Pécs, Hungary, September 2003 (Pécs 2005) 183–188.

JOST, Limes
C. A. Jost, Der Römische Limes in Rheinland-Pfalz. Archäologie an Mittelrhein und Mosel 14. 2. Auflage (Koblenz 2006).

JOST, Limes-Wachtposten 1/8
C. A. Jost, Nachgrabung und Konservierung der Türme am Limes-Wachtposten 1/8 im Rheinbrohler Wald. Der Limes I. 2007. 2, 4 f.

Abbildungsnachweis

Abb. 1 GDKE, Dir. Archäologie Koblenz, A. Schmidt; **Abb. 2** ORL A, Strecke 1 und 2, Taf. 4.2; **Abb. 3** ORL A, Strecke 1 und 2, Taf. 8.3; **Abb. 4** H. Preißing, Rengsdorf; **Abb. 5** H. Preißing, Rengsdorf; **Abb. 6** GDKE, Dir. Archäologie Koblenz, C. A. Jost; **Abb. 7** GDKE, Dir. Archäologie Koblenz, F. Brüninghaus; **Abb. 8** GDKE, Dir. Archäologie Koblenz, A. Schmidt; **Abb. 9** GDKE, Dir. Archäologie Koblenz, A. Schmidt; **Abb. 10** GDKE, Dir. Archäologie Koblenz, F. Brüninghaus; **Abb. 11** GDKE, Dir. Archäologie Koblenz, A. Schmidt; **Abb. 12** GDKE, Dir. Archäologie Koblenz, A. Schmidt; **Abb. 13** GDKE, Dir. Archäologie Koblenz, A. Schmidt; **Abb. 14** GDKE, Dir. Archäologie Koblenz, M. Meinen.

EIN INSCHRIFTENFRAGMENT VOM WACHTURM 1/8 BEI RHEINBROHL. ZUR „INSCHRIFTENAUSSTATTUNG" DER WACHTÜRME AM OBERGERMANISCH-RAETISCHEN LIMES[1]

Von Thomas Becker

Funde von Inschriften – seien es Bau-, Weihe- oder Grabinschriften – stellen am Obergermanisch-Raetischen Limes keine Seltenheit dar. Allein im ORL sind 412 Einzelfunde aufgeführt, wobei die Zahl durch immer wieder zutage tretende Neufunde seitdem deutlich erweitert wurde.[2] Betrachtet man sich die Fundumstände der Inschriften, so fällt die Konzentration der Stücke bei Kastellplätzen auf. Nur ganz wenige Stücke stammen aus den Streckenbeschreibungen der Reichs-Limeskommission und damit vermeintlich von der Grenzlinie selbst, wobei sich bei der Überprüfung der einzelnen Fundumstände auch hier noch der Großteil zu Kastellen, die im Rahmen der Streckenbeschreibungen besprochen wurden, zuweisen lässt.[3] Lediglich acht vollständige oder fragmentierte Steine stammen von der Strecke selbst, hinzu kommen noch fünf später gefundene Fragmente. Dieses starke Missverhältnis wird noch verstärkt durch die Verteilung der Inschriften auf die einzelnen Streckenabschnitte. Fünf der Inschriften sind von Wachtürmen des Odenwaldlimes (Strecke 10) bekannt, dessen ungewöhnliche Inschriftenhäufigkeit und außergewöhnliche Bauornamentik in der Forschung hinlänglich besprochen wurde und im deutlichen Kontrast zur übrigen Grenze steht.[4] Der Umstand der „Inschriftenlosigkeit" am restlichen Obergermanisch-Raetischen Limes bedarf einer näheren Betrachtung, da er im klaren Gegensatz zu den Kastellplätzen steht. Der Neufund eines Inschriftenfragments vom Wachturm 1/8 (s. Beitrag Jost) soll als willkommener Anlass für eine Untersuchung des Inschriftenbestandes von den Türmen und der Strecke des Limes dienen.

Die Inschrift von WP 1/8

Bei der als Sicherungsmaßnahme durchgeführten Ausgrabung durch das Amt Koblenz der Generaldirektion Kulturelles Erbe, Direktion Archäologie, konnte im Schutt der östlichen jüngeren Turmstelle das Fragment einer Inschrift geborgen werden (Abb. 1). Der Stein misst 19 cm in der Länge, 15 cm in der Breite und hat eine Stärke von 1,4 bis 2,2 cm. Keine der Außenkanten weist eindeutige Bearbeitungsspuren auf und auch die Rückseite des Steins ist unregelmäßig gebrochen. Es ist folglich davon auszugehen, dass das Fragment zu einem größeren Stein gehörte und an allen Seiten noch zu ergänzen ist. Das Rohmaterial ist eine nicht näher bestimmte Sandsteinart.

Auf dem Fragment sind vier Zeilen mit Buchstabenresten erhalten, deren Höhe variieren: (Zeile 1) >3,2 cm, (Zeile 2) 6,4 cm, (Zeile 3) 4,9 cm, (Zeile 4) 3,2 cm. Deutlich ist über und unter der Zeile 2 eine dünne eingemeißelte

Abb. 1 Wachturm 1/8. Inschriftenfragment aus Sandstein.

---

[1] Ich danke ganz herzlich Herrn Dr. C. A. Jost, Amt Koblenz der Direktion Archäologie in der Generaldirektion Kulturelles Erbe Rheinland-Pfalz, für die Überlassung der Inschrift zur Publikation. Für Hinweise zur Lesung gebührt mein Dank Herrn Dr. M. Scholz, RGZM Mainz, und Herrn Dr. M. Reuter, LVR/APX Xanten.
[2] Zu den Funden der Reichs-Limeskommission vgl. Oldenstein, Fundindex 39–43. Dieser schlüsselt die Inschriftenfunde nach ihrer Klassifizierung auf: Kaiserinschriften (26), Bauinschriften (21), Pediturasteine (13), Grabinschriften (44), Weihungen (224), Benefiziarierinschriften (27), Meilensteine (3) und nicht zuweisbare Fragmente (78). Eine vollständige Übersicht über die immer wieder auftretenden Neufunde gibt es aktuell nicht. Es sei hier aber beispielhaft für die verschiedenen Ergänzungen zum CIL auf Finke, Inschriften verwiesen.
[3] Oldenstein, Fundindex 39–43 nennt aus den Streckenbeschreibungen des ORL (Abtl. A) insgesamt 18 Inschriften, wovon sich zehn originär Kastellplätzen und Kleinkastellen zuweisen lassen.
[4] Baatz, Hesselbach 128–134.

Abb. 2 Fortuna-Weihung von der Saalburg. Deutlich ist der Stein als ursprünglich freistehender Altar zu identifizieren.

berücksichtigt das Trennungszeichen, mit dem das Gentiliz abgekürzt wird, bleibt am Beginn der dritten Zeile nur Platz für zwei, maximal drei Buchstaben, sodass ein relativ kurzes Cognomen zu rekonstruieren ist. Hier bieten sich verschiedenste Cognomina an[5], wobei eine abschließende Rekonstruktion offen bleiben muss. In der vierten Zeile befindet sich ein Wortrest, der als Blocksatz eingerückt ist und somit auch für eine relativ schmale Rekonstruktion der fehlenden linken Inschriftenseite spricht. Das Wort lässt sich zweifelsfrei als *praefectus* ergänzen.

Betrachtet man sich den Ductus der Inschrift und den Nominativ des Dedikanten, so handelt es sich um eine Weiheinschrift. Ein vom Aufbau ähnliches Stück stellt die Fortuna-Weihung des L. Sextius Victor, Praefekt der *cohors II Raetorum civium Romanorum equitata*, von der Saalburg dar[6] (Abb. 2), die wahrscheinlich als frei stehender Altar zu rekonstruieren ist. Die Position des E in Zeile 1 der vorliegenden Inschrift könnte mit der gebotenen Vorsicht als Dativ einer weiblichen Gottheit als Adressat gedeutet werden. Dies engt den Kreis der möglichen Adressaten deutlich auf Fortuna, Minerva und Victoria ein. Zumindest handelt es sich hierbei um die weiblichen Gottheiten, denen am Limes am häufigsten Weihungen gestiftet wurden.[7]

Linie als Orientierung für die Buchstabenhöhe erkennbar. Die Inschrift ist wie folgt zu lesen:

[—-]
Zeile 1   [—-]L oder E[.]
Zeile 2   [.]·VLP(ius)·
Zeile 3   [..]SIVS
Zeile 4   [PR]AEF(ectus)
[—-]

Der Buchstabe in Zeile 1 kann aufgrund des Bruches entweder als L oder als E interpretiert werden. In der zweiten Zeile befindet sich das Gentiliz Ulpius, das rückschließend aus der Zeile 3 im Nominativ zu rekonstruieren ist. Der vorhandene dreieckige Trenner vor dem Gentiliz deutet auf ein weiteres Wort am Anfang dieser Zeile hin. In der Zeile 3 befindet sich der Rest des Cognomens, für dessen Auflösung mehrere Varianten möglich sind. Nimmt man jedoch die gängige Abkürzung des Praenomens mit einem Buchstaben an, mit dem die zweite Zeile beginnt, und

Der in der Inschrift als Dedikant genannte (Marcus) Ulpius …sius weist sich aufgrund seiner Tria Nomina als römischer Ritter aus. Sein Gentiliz Ulpius gibt als Terminus post quem für die Entstehung die Regierungszeit des Kaisers Traian an, während diese Gentiliz bei römischen Rittern erstmals für das Jahr 141 n. Chr. nachgewiesen werden kann.[8] Diese Person ist bislang aus antiken Schriftquellen und von Inschriften nicht namentlich bekannt.[9] Als Kommandeur einer Einheit im Range eines Praefekten führt er eine Auxiliareinheit, sodass davon auszugehen ist, dass er eine der in der Umge-

---

5   Moscy, Nomenclator 367–368.
6   CIL XIII 7445.
7   Stoll, Skulpturenausstattung 613
8   Devijver, Prosopographia I 797–805, bes. 798 U 3.
9   vgl. Devijver, Prosopographia I 797–805; Devijver, Prosopographia II 2259–2260.

bung stationierten Truppen befehligt hat. Betrachtet man die dort am Limes stationierten Truppen, werden im 2. und 3. Jahrhundert die *cohors I Flavia Hispanorum equitata* und die *cohors I Raetorum equitata civium Romanorum* in Remagen sowie die *cohors VII Raetorum equitata* in Niedernberg von Praefekten kommandiert.[10] Der *cohors XXVI voluntariorum civium Romanorum* in Heddesdorf steht nachweislich genauso ein Tribunus vor wie den beiden im Kastell Niederbieber stationierten Numeri.[11] Während das Kastell Bendorf zum Zeitpunkt der Entstehung der Inschrift bereits aufgelassen war, ist für das Kastell Bad Ems aufgrund der Größe von einem Numerus oder einer Vexillation auszugehen, der normalerweise kein Praefekt vorstand.[12] Dabei scheint eine Weihung eines niedergermanischen Praefekten am obergermanischen Grenzbereich eher unwahrscheinlich, sodass der stiftende Praefekt möglicherweise der Niederberger *cohors VII Raetorum equitata* zuzuweisen ist. In jedem Fall muss es sich um einen Ritter während seiner *militia prima* des *cursus honorum* handeln, da keine höherrangigen Einheiten für eine *militia secunda* (*cohors miliaria*) oder *tertia* (*ala quingenaria*) in diesem Limesabschnitt zu finden sind.

Zusammenfassend kann anhand der erarbeiteten Details folgender Rekonstruktionsvorschlag für die gesamte Inschrift gegeben werden (Abb. 3):

[DEAE]
[FORT]
VNA]E
[M(arcus)·VLP(ius)·
[..]SIVS
[PR]AEF(ectus)
[COH VII]
[RAET(orum)]
[V(otum) S(olvit) L(ibens) L(aetus)
M(erito)]

Der Stein erweist sich somit als langschmale Inschrift, die vielleicht in Anlehnung an die oben genannte Fortuna-Weihung von der Saalburg oder die am Wachturm 10/37 „Schneidershecke" gefundene Weihung an Jupiter als schmaler Altar zu rekonstruieren ist.

Abb. 3 Wachturm 1/8. Rekonstruktionsversuch der Inschrift.

Inschriften von Wachtürmen und der Strecke des Obergermanischen Limes

Das Inschriftenfragment einer Weihung vom Wachturm 1/8 soll im Folgenden in den Zusammenhang von Inschriftenfunden anderer Wachturmstellen bzw. der Strecke gestellt werden. Wie bereits ausgeführt, umfasst diese Betrachtung nicht den Bestand der Bauinschriften des Odenwaldlimes, da ihre Interpretation unstrittig ist und sie im Vergleich zur übrigen Strecke in ihrer Art und Häufigkeit eine Ausnahme darstellen. Auf die umfangreiche Auseinandersetzung in der Wissenschaft wurde ja bereits verwiesen.[13]

Wachposten 4/14 „Friedberger Burgwald"

Bei der Untersuchung der Turmstelle durch die Reichs-Limeskommission fand der Streckenkommissar 1892 an der Westseite des Steinturms drei Inschriftenfragmente aus Sandstein.[14] Sie wurden bereits durch die Reichs-Limeskommission und auch in der späteren

---

10 Remagen: CIL XIII 7792; 7796; 7797; 7800. Niedernberg: CIL XIII 7735.
11 CIL XIII 7741; 7743.
12 Oldenstein-Pferdehirt, Hilfstruppen 335 Abb. 9; Schönberger, Truppenlager 460; Reuter, Numeri 410.
13 Baatz, Hesselbach 128–134; Reuter, Numeri 442–460.
14 ORL A II,1 Str. 4–5 65; 202 Abb. 6; Finke, Inschriften 73 Nr. 221–223. – Die Stücke befinden sich heute im Hessischen Landesmuseum Darmstadt.

Forschung als Bruchstücke der Bauinschrift der Turmstelle interpretiert.[15] Die Stücke weisen folgende Charakteristika auf (Abb. 4):

a) 20 × 30 × 10,5 bis 12,0 cm großes Sandsteinfragment, auf dessen Vorderseite die Reste von zwei Inschriftenzeilen zu erkennen sind. Die Buchstabenhöhe beträgt jeweils 8,5 cm. Die untere Kante des Fragments scheint aufgrund des graden Abschlusses eine Originalkante des Steins zu sein, die Rückseite weist ebenfalls eine grobe Glättung auf.

[—-]N[—-]
[—-]NID[—-]

Die zweite Zeile wird mit dem im Kastell Kapersburg stationierten und inschriftlich dort belegten Numerus NID(ensium) in Verbindung gebracht.

b) 10 × 7,5 × ? cm großes Sandsteinfragment, auf dessen Vorderseite der Rest einer Inschriftenzeile zu erkennen ist. Die Buchstabenhöhe beträgt ca. 3,5 cm. An keiner Stelle des Fragments konnte eine Originalkante nachgewiesen werden, die Rückseite ist ebenfalls unbearbeitet. Dafür zeigen sich auf der oberen Bruchkante Bearbeitungsspuren.

[—- LEG X]XII P[PF—-]

Die Zeile wird nach der in Mainz stationierten Legio XXII Primigenia pia fidelis entsprechend aufgelöst.

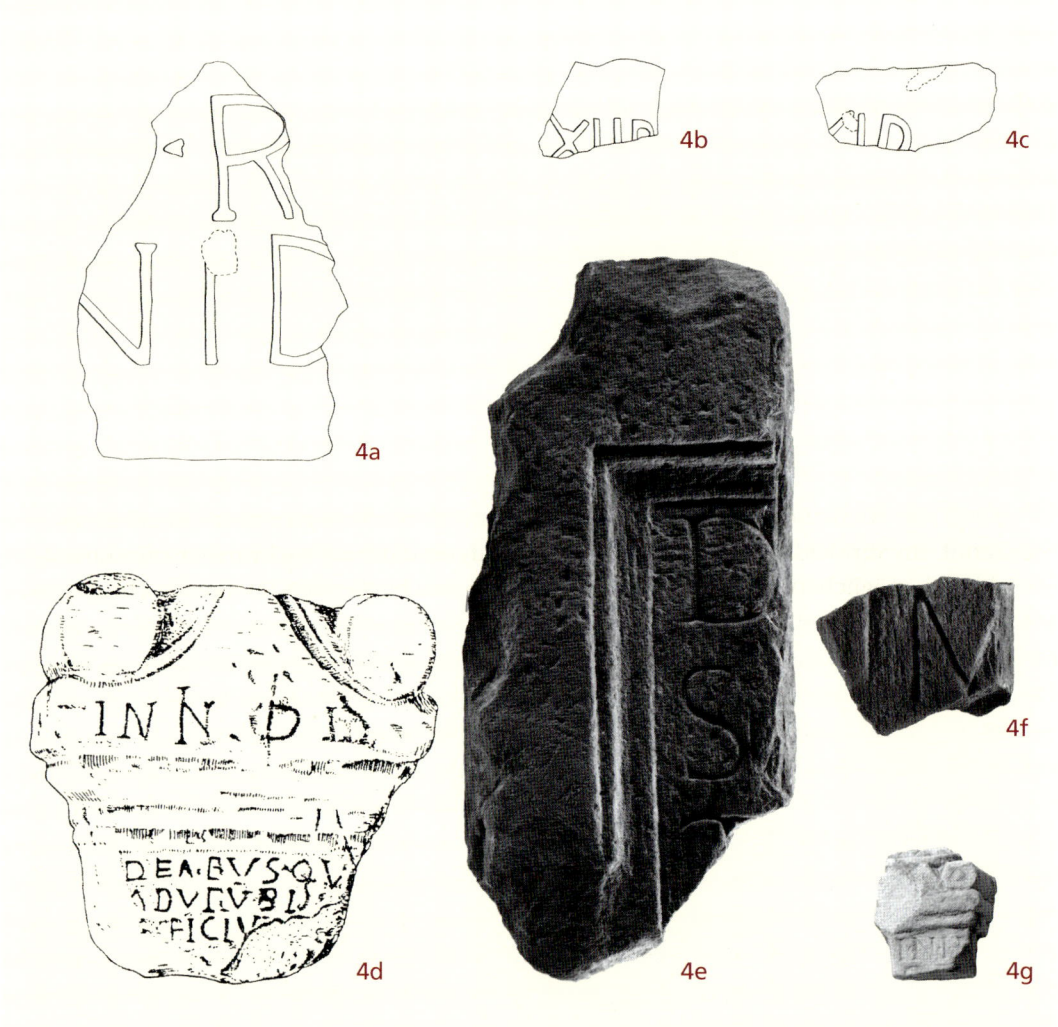

Abb. 4 Inschriftenfragmente von Wachturmstellen am Obergermanischen Limes. a–c WP 4/14; d KK Degerfeld e–f WP 7/33; g WP 12/13.

c) 16,5 × 8 × 11,3 cm großes Sandsteinfragment, auf dessen Vorderseite der Rest einer Inschriftenzeile zu erkennen ist. Die Buchstabenhöhe beträgt noch 3,5 cm. An keiner Stelle des Fragments konnte eine Originalkante nachgewiesen werden, die Rückseite ist ebenfalls unbearbeitet. Dafür zeigen sich auf der oberen Bruchkante Bearbeitungsspuren sowie eine Brandrötung.

[—-]VID[—-]

Die geringen Buchstabenreste lassen keine Lesung bzw. Interpretation zu.

Bemerkenswert sind bei den erhaltenen Fragmenten die unterschiedliche Stärke der Steine und die variierende Buchstabenhöhe. Die gerade Unterkante von Fragment a legt einen originären Abschluss der Inschrift an dieser Stelle nahe. Weiterhin fallen die an den Fragmenten beobachteten Bearbeitungsspuren an der Bruchkante auf.

Im Graben des Kastelles Butzbach-Degerfeld

Bei der Untersuchung des Kleinkastells Degerfeld durch die Reichs-Limeskommission konnte aus dem äußeren Graben der Anlage ein Altar geborgen werden.[16] Ein Zusammenhang mit dem Kastell wurde allerdings vom Streckenkommissar, wahrscheinlich aufgrund des Adressats der Weihung, in Zweifel gezogen.

d) 30,75 × >30 cm großer Altar, Material unbekannt. Im Stirnfeld Weiheformel, im Textfeld drei, möglicherweise vier Buchstabenreihen erkennbar. Buchstabenhöhe im Stirnfeld ca. 3, im Textfeld ca. 2,3 cm.

I N H D D
DEABVS·QV
ADVRVBIS
[—-]FICIV[S]
[—-]

Die Verfüllung des Grabens der jüngeren Steinbauphase des Kastells fand nach Erkenntnissen aus den neueren Grabungen 1964 bis 1966 über einen längeren Zeitraum statt.[17] Da die genaue Fundstelle und die Lage innerhalb des Grabens durch die verschiedenen Verfüllschichten nicht mehr ermittelt werden kann, ist der Einlagerungszeitpunkt während der Nutzung des Kastells bis Anfang des 3. Jahrhunderts oder danach während der langsamen Verfüllung des Grabens unklar. Aufgrund der Erhaltung des Altars ist kaum von einer sekundären Verwendung als Baumaterial auszugehen.

Die Weiheformel weist die Inschrift in das 3. Jahrhundert. Nach der Umzeichnung ist in der dritten Zeile der Lesung im ORL mit [—-]FICIVS als im CIL bzw. bei Heichelheim mit [—-]ITICIVS zu folgen, zumal ein Name mit letztgenannter Endung bislang nicht nachweisbar ist. Dagegen könnte das [—-]FICIVS zu Cornificius oder Fuficius aufgelöst werden[18], wobei dem Letztgenannten aufgrund des geringen Platzes auf dem Altar und der größeren Verbreitung dabei der Vorzug zu geben wäre.[19]

Die Stiftung eines Altars für die Wegegottheiten im Umfeld des Kleinkastells erscheint entgegen der Meinung des Streckenkommissars nicht unbedingt unwahrscheinlich. Immerhin lässt sich ein Zuweg von Südosten vom Kohortenkastell nachweisen.[20] Bei den Ausgrabungen der 1960er-Jahre fanden sich nordöstlich vor dem Kastell zwei befestigte Wege, die auf das einzige Tor des Kleinkastells zuführten und von denen der südlichere sicherlich mit dem Zuweg vom Kohortenkastell identisch ist. Aufgrund der Beobachtungen am südwestlich anschließenden Streckenabschnitt des Limes ist ein grenzbegleitender Weg nachgewiesen[21], der sich allerdings im Norden des Kleinkastells nicht mehr nachweisen, sicherlich aber vermuten lässt. Schließlich ist der Übergang über die Grenze im Umfeld des Kleinkastells zu suchen, wenn er auch bis-

---

15 ORL, ebd. 65. Klee, Limes 93. Reuter, Numeri 516–519.
16 CIL XIII 7431. ORL A II, 1 Strecke 4–5 89 Taf. 6.4b; Heichelheim, Quadruviae 717. Das Stück befindet sich nach Aussage des Limeswerks im Landesmuseum in Darmstadt.
17 Jorns/Meier-Arendt, Degerfeld 19.
18 Mocsy, Nomenclator 352.
19 Ebd. 130.
20 ORL A II, 1 Strecke 4–5 Taf 6.3a.
21 Ebd. Taf. 5.4b.

lang archäologisch nicht nachgewiesen werden konnte. Die Position des Kleinkastells hat ohne eine Querungsmöglichkeit der Grenze an dieser Stelle keinen Sinn.[22] Folglich wäre am Kleinkastell eine Kreuzungssituation von vier Wegen gegeben und damit eine Aufstellung einer Weihung an die Wegegottheiten anzunehmen.

Bei Wachposten 7/33 Lindig-Nord

Bei Suchschnitten, die im Auftrag des Forstamts Walldürn 1971 von Bundeswehrsoldaten angelegt und vom Landesdenkmalamt Baden-Württemberg begleitet wurden, konnte etwa 10 bis 20 m nördlich der Turmstelle 7/33 eine als Werkplatz für Steinbearbeitung interpretierte Steinkonzentration beobachtet werden.[23] Die Ausdehnung des Befundes ist unbekannt, aber Absprengungen von zugeschlagenen Handquadern belegen dies deutlich. Unter dem roten Sandsteinmaterial fanden sich drei Architekturfragmente, wobei sich auf zwei Stücken Inschriftenreste befinden (Abb. 4).

e) 23 × 53 × 10 cm großes Fragment, Außenkanten ungeglättet. Rückseite unbearbeitet, Inschriftenfeld durch Rahmen abgesetzt, drei Zeilen mit jeweils einem Buchstaben erhalten, Buchstabenhöhe 8 cm

```
D[—-]
S[—-]
T[—-]
[—-]
```

f) 13 × 10 × 4 cm großes Fragment, Außenkante ungeglättet, Rückseite wohl weggebrochen, Inschriftenfeld durch Rahmen abgesetzt, eine Zeile zum Teil erhalten, Buchstabenhöhe noch 7,5 cm

```
[—-]
M[—-]
[—-]
```

Aufgrund des verwendeten Steinmaterials und der gleichen Buchstabenhöhe gehören beide Fragmente zusammen mit einem weiteren Fragment mit Profilierung (19 × 17 × 9 cm), das keine Buchstabenreste zeigt, wohl zu einer einzigen Inschrift. Die starke Fragmentierung verhindert eine exakte Rekonstruktion des Inhalts, doch schränkt der Buchstabe D in der ersten Zeile des Fragments e die Interpretation zumindest ein. Denkbar ist zum einen eine mit der üblichen Formel *Dis Manibus* beginnende Grabinschrift, welche entweder ausgeschrieben die ganze Zeile füllte oder in Blocksatz geschrieben die Abkürzung DM an Zeilenbeginn und -ende erwarten ließe. Für beide Ausführungen lassen sich Beispiele finden.[24] Möglich wäre allerdings auch eine Weihung an eine unbestimmte Gottheit (D[EO —-]; D[EA —-]) oder die Göttergemeinschaft (DIIS DEABVSQVE [—-]). Diese Anrede lässt sich zumindest für Obergermanien in der Mehrzahl am Inschriftenbeginn für männliche Gottheiten (Attis, Hercules, Mars, Merkur, Sol Invictus, Sucellus), aber auch für wenige weibliche (Fortuna, Proserpina, Sirona) belegen.

Auffällig sind bei dieser Inschrift auch die nur grob bearbeitete Außenkante und das durch ein Profil abgesetzte Inschriftenfeld. Die Profilierung ist sowohl für frei stehende Steine (Altäre, Grabsteine) wie auch für eingebaute Inschriften belegt. Die muschelartigen Aussprengungen an der linken Kante von e könnten Beschädigungen sein, wie sie häufiger an Altären nachzuweisen sind.[25] Eine abschließende Entscheidung für eine frei stehende oder eingebaute Inschrift kann daher nicht getroffen werden.

Die Fundumstände, die starke Fragmentierung und die Spuren einer Umarbeitung sprechen für eine geplante Wiederverwendung als Baumaterial.

Feldwache 12/13 „Klosterfeld"

Im Bereich der Feldwache im Klosterfeld (Größe 10,5 × 10,5 m) konnte bei „Schürfungen" in den 1970er-Jahren das Oberteil eines kleinen Altars aus Schilfsandstein (Abb. 4) geborgen werden.[26] Das bestimmte Material des Weihesteins steht im deutlichen Kontrast zu dem laut ORL für den Bau der Feldwache verwendeten Kieselsandstein (Fleinstein)[27]:

g) 8,4 × > 9,5 cm × ? messendes Altarfragment. Erhalten sind zwei Inschriftenzeilen mit einer Buchstabenhöhe von ca. 1,8 cm[28]:

INHD[D]
[—-]
[—-]

Die erste Zeile lässt sich eindeutig als Weiheformel *In honorem domus divinae* auflösen, während die zweite Zeile aufgrund der fehlenden Observationsmöglichkeit schwierig zu deuten ist. Bis auf die moderne Beschädigung im oberen Altarbereich und dem etwas unregelmäßigen Bruch durch das Inschriftenfeld scheint das Stück unbeschädigt zu sein. Hinweise für eine sekundäre Nutzung liegen offensichtlich nicht vor.

Inschriften von Wachtürmen und der Strecke des Raetischen Limes

Im Gegensatz zu den Beispielen vom obergermanischen Limesabschnitt sind aus Raetien bislang keine Inschriften direkt römischen Wachtürmen zuzuordnen. Von der Turmstelle 13/43 „Im Mittlach" liegen zwei Fragmente von vergoldeten Bronzebuchstaben vor. Sie befanden sich in dem Durchgang, der als Lücke zwischen dem Turm und der Fortführung der Mauer gebildet wird. Dort konnten nach dem Bericht des Streckenkommissars Balken dokumentiert werden, zwischen denen sich die Buchstaben befanden.[29] Unklar bleibt bei dieser Beschreibung zwar der Erhaltungszustand der Balken, doch spricht die Beschreibung eindeutig für eine Anbringung an dieser Holzkonstruktion, die vom Streckenkommissar sicherlich mit Recht als Rest einer Torkonstruktion angesprochen werden.

An der Strecke in der Nähe des Wachturms 15/39 „Nördlich Laimerstadt" konnte ein Bruchstück einer Steininschrift geborgen werden. Da es sich um einen Altfund handelt, sind die Fundumstände nicht eindeutig überliefert, doch scheint das Stück im Umfeld eines Feldkreuzes (Wetter-/Etterkreuz) gefunden worden zu sein. In diesem Bereich sollen zwei römische Straßen von Süden auf den Grenzverlauf treffen, sodass von einer Torsituation auszugehen ist.[30] Die Lesung wird durch die spätere Überarbeitung des Steins erschwert, es wurde auch über einen nachrömischen Ursprung der Inschrift nachgedacht.[31] Aufgrund der vorliegenden Informationen ist eine abschließende Interpretation des Stückes nicht möglich, doch könnte die vermutete Wegkreuzung mit aller größter Vorsicht in Richtung einer Weihung an die Wegegottheiten gedeutet werden.

Andere Steindenkmäler von Wachtürmen und der Strecke

Betrachtet man sich die vorgestellten Inschriften entlang des Obergermanisch-Raetischen Limes, so fällt zumindest für einige Stücke ein kultischer Zusammenhang auf. Vor einer Interpretation bedarf es einer Überprüfung, inwieweit andere Steindenkmäler Hinweise auf Kultpraktiken am Limes außerhalb der Kastellplätze liefern. Dass mit solchen Funden zu rechnen ist, belegt eindeutig die Skulpturengruppe von der Wachturmstelle 10/37 am Odenwaldlimes.[32]

An der Turmstelle 12/9 „Bemberlesstein" konnten bei Restaurierungsarbeiten in den 1970er-Jahren zwei Skulpturenfragmente

---

22 Jorns/Meier-Arendt, Degerfeld 14.
23 Fundber. Baden-Württemberg 5, 1980, 254.
24 Lehner, Steindenkmäler Nr. 631, 647, 671, 878 als Beispiele für eine Ausschreibung der Formel. Die Beispiele für eine Abkürzung sind an gleicher Stelle zahlreich vertreten und werden daher hier nicht extra aufgelistet.
25 Schillinger-Häferle, Inschriften 54–55 Nr. 20 sind diese Beschädigungen deutlich zu sehen. Weitere Beispiele finden sich Ebd. 58–59 Nr. 22.
26 Fundber. Baden-Württemberg 2, 1975, 176–177. Das Stück befindet sich in Privatbesitz, ist dort aber heute nicht mehr auffindbar.
27 ORL A VI Str. 12 34.
28 Die Maßangaben gehen auf das in den Fundber. angegebene Maß der Höhe von 9,5 cm und den Abbildungsmaßstab von „knapp 1 : 3" zurück. Bei diesem Maßstab wäre der Altar allerdings nur knapp 7,6 cm hoch, während der Bildmaßstab bei einer realen Höhe von 9,5 cm 1 : 3,65 wäre. Die angegebenen Maße wurden aufgrund letztgenannten Verhältnisses bestimmt.
29 ORL A VI Str. 13 47; 73.
30 CIL III 5916; ORL A VII Str. 15 75; Vollmer, Inscriptiones 85, Nr. 269A. Das Stück soll sich heute im Museum in Regensburg befinden.
31 ORL A VII Str. 15 75.
32 Baatz, Hesselbach 135–142.

geboren werden.³³ Es handelt sich um Teile einer wohl vollplastischen, unterlebensgroß gearbeiteten Statue aus Schilfsandstein. Die erhaltene Länge eines Fragmentes beträgt 19,5 cm, das als linke Hand zu erkennen ist, die ein Füllhorn hält. Außerdem schließen sich an die Hand Gewandteile eines Faltenwurfs an. Bei dem zweiten Fragment handelt es sich um den Teil einer Extremität, aufgrund der extrem verjüngenden Form wohl um einen nackten Unterschenkel oder einen Unterarm. Aufgrund der erhaltenen linken Hand mit Füllhorn und Mantelrest ist einerseits an eine Fortuna-Statue zu denken.³⁴ In Zusammenhang mit dem anderen Fragment scheint aber eher eine Genius-Statue in Frage zu kommen, wobei es sich dann um die fast nackte Darstellung mit seitlich herunterhängendem Mantel handeln würde.³⁵ (Abb. 5) Auffällig bei diesen beiden Statuenfragmenten ist die Vergesellschaftung mit mittelalterlichen Scherben und einer wohl mittelalterlichen oder neuzeitlichen, beigabenlosen Bestattung, die eine sekundäre Verlagerung der Statue zumindest möglich erscheinen lassen.³⁶

Das im Rotenbachtal bei Schwäbisch Gmünd gefundene Oberteil eines Altars aus Stubensandstein ist ebenfalls in diese Reihe der Steindenkmäler vom Limes einzuordnen.³⁷ Das Stück weist auf der Vorderseite den Rest einer strahlenförmigen Verzierung auf, der nicht näher zu deuten ist. Es wurde im Limeswerk eine Deutung als Schleifrillen von Werkzeugen vorgeschlagen. Möglicherweise handelt es sich damit um eine nachträgliche Nutzung, sodass das Stück als inschriftenloser Altar zu deuten wäre. Solche Weihungen mit wahrscheinlich aufgemalter Inschrift lassen sich nur selten an den Kastellplätzen des Obergermanisch-Raetischen Limes belegen, sind aber in geringer Zahl durchaus nachweisbar.³⁸

Inschriften von Wachtürmen und der Strecke des Hadrianswalls

Um die am Obergermanisch-Raetischen Limes beobachteten Inschriften aus Wachtürmen und Feldwachen besser interpretieren zu können, bedarf es auch einer Betrachtung der Situation an anderen Grenzabschnitten. Hier bietet sich Hadrianswall in Großbritannien an, der große Ähnlichkeiten in der Grenzverteidigung und der guten Aufarbeitung des Inschriftenmaterials besitzt. Dort konnten an den Wachtürmen, Milecastels und der Strecke selbst insgesamt 293 Inschriften nachgewiesen werden, wobei diese Aufzählung nicht die Inschriften der Kastellplätze umfasst.³⁹ Es handelt sich hierbei mit wenigen Ausnahmen um einfache Bauinschriften bzw. Markierungen der Abschnitte einzelner Bauabteilungen. In diesen Zusammenhang sind sicherlich auch einige Steine mit Zahlzeichen oder einzelnen Buchstaben zu setzen, bei denen es sich wahrscheinlich um markiertes Baumaterial handelt. Da diese Inschriftengruppe sich sehr von den am Obergermanisch-Raetischen Limes vorgefundenen Inschriften unterscheidet, werden sie aus einer weiteren Betrachtung herausgenommen. Bei den übrigen Steinen lassen sich in der funktionellen Ansprache sowohl Weihungen (19) als auch Grabsteine (7) belegen, während bei wenigen Exemplaren die Ansprache aufgrund der starken Fragmentierung ausbleiben muss.

Betrachtet man sich die Fundumstände der Weihungen und Grabsteine, so fällt bei denen mit gesicherten Fundumständen (22) auf, dass keiner der Stücke aus Wachtürmen geborgen wurde. Alle stammen entweder aus dem Wall selbst, aus Milecastles oder aus dem Umfeld südlich der Grenze. Einige wurden sekundär verlagert in neueren Baukontexten entdeckt. Die an der Grenzlinie gefundenen Grabsteine stammen alle aus sekundärer

---

33 Fundber. Baden-Württemberg 2, 1975, 177. Die Stücke befinden sich in Privatbesitz, sind dort aber heute nicht mehr auffindbar.
34 Haug/Sixt, Inschriften 475 Nr. 333d; 547 Nr. 589.
35 Ebd. 496 Nr. 580. Der Typus des vollbekleideten Genius (Ebd. 593f. Nr. 418+419) kommt dabei nicht in Frage.
36 Fundber. Baden-Württemberg 2, 1975, 178.
37 ORL A VI Str. 12 94; Haug/Sixt, Inschriften 134 Nr. 74.

38 Haug/Sixt, Inschriften 132 Nr. 71 (Altar); 263 Nr. 152 (Grabstein).
39 Collingwood/Wright, Inscriptions Nr. 1309–1315, 1323–26, 1353–1394, 1406–1422, 1438–1446, 1497–1519, 1564–1575, 1632–1682, 1754–1774, 1843–1871, 1930–1975, 2010–2024, 2031–2037, 2049, 2050, 2054, 2055.

Abb. 5 Rekonstruktion einer Geniusstatue anhand der beiden im Wachturm 12/9 gefundenen Fragmente.

Verwendung.⁴⁰ Bei den Weihungen ist die Verteilung dagegen ein wenig differenzierter. So findet sich auch hier die Zweitverwendung im Befund oder lässt sich zumindest aufgrund des Inschriftenkontextes vermuten.⁴¹ Bei einem Altar kann eine Aufstellung innerhalb der Milecastles in Betracht gezogen werden, ein anderer stammt aus wohl primärer Position an einer Quelle südlich eines Milecastles.⁴² Eine in ihrer Funktion nicht näher anzusprechende Inschrift stammt vom Wall nahe dem Turm 46b.⁴³

Die Inschriften sind in den meisten Fällen stark fragmentiert, was eine sekundäre Verwendung mittels Zerschlagung und Umarbeitung zu Mauersteinen in den meisten Fällen nahelegt.

Zusammenfassend ist zu beobachten, dass zum einen die Wachtürme bei der Setzung der Bauinschriften zugunsten der Strecke ausgespart wurden. Man kann vermuten, dass die Baulose, die den einzelnen Baueinheiten entlang des Grenzverlaufs zugewiesen wurden, die Türme beinhalteten und daher die Markierung des Bauloses entlang der Mauer vorgenommen wurde. Zum anderen fanden sich aber auch in den Türmen keine Weihungen oder Grabinschriften im primären oder sekundären Kontext. Weiterhin ist für die Milecastles eine primäre Inschriftensetzung für die Gruppe der Weihungen und Grabsteine auch nur in einem Fall belegt, ein zweiter findet sich zumindest im näheren Umfeld eines Milecastle. Alle weiteren Inschriften stammen aus sekundärem Kontext oder sind von der Strecke selbst.

Inschriftenfunde von Wachtürmen – ein Interpretationsversuch

Die vorausgegangene Zusammenstellung zeigt vordergründig, dass Unterschiede zwischen dem Limes und dem Hadrianswall zu beobachten sind. Am Hadrianswall finden sich im Gesamtbestand der Inschriften vom Streckenverlauf keinerlei aus den Wachtürmen. Die große Zahl an Bauinschriften und Bauabschnittsmarkierungen, aber auch die deutlich geringere Menge von Weihe- und Grabinschriften konnte ausschließlich in den Milecastles und von der Strecke selbst geborgen werden.

Im Gegensatz dazu sind vom Obergermanisch-Raetischen Limes immerhin aus drei Wachtürmen bzw. deren Umfeld Inschriftenreste überliefert, die sich jedoch nur auf den obergermanischen Abschnitt der Grenze konzentrieren. Zwei weitere Inschriften stammen aus Kleinkastellen bzw. Feldwachen und ein Altar von der Provinzgrenze zwischen Obergermanien und Raetien. Vom raetischen Abschnitt sind lediglich zwei Inschriften von möglichen Übergangssituationen über die Grenze belegt. Aus den Wachtürmen selbst gibt es keine überlieferten Inschriftenreste.

Untersucht man die Inschriften in ihrem Überlieferungscharakter, so liegen die aus den Wachtürmen in stark fragmentiertem Zustand vor. An einem Teil der Stücke von den Turmstellen 4/14 und 7/33 lassen sich Verbrennungs- und sekundäre Bearbeitungsspuren beobachten. Dagegen scheinen die beiden Inschriften aus den Kleinkastellen und der Altar aus dem Rotenbachtal keine Spuren einer sekundären Verwendung aufzuweisen, will man nicht die Schleifspuren auf letztgenanntem Stück römisch datieren. Alle drei Altäre sind lediglich in der Mitte durchbrochen. Auch das Inschriftenmaterial vom Odenwaldlimes liegt in deutlich unterschiedlichem Erhaltungszustand vor. Mit Ausnahme der Inschrift vom Wachturm 10/19 und einer inschriftenlosen Tabula vom Turm 10/32 liegen alle Exemplare von Türmen (10/22, 10/32, 10/33, 10/35) in annähernd

---

40 Collingwood/Wright, Inscriptions Nr. 1639 (in diocletianischer Erneuerung des Südtores von Mc 38), 1641 (östl. Turm 39a in moderner Wallerneuerung), 1667 (in Mc 42 als heartstone wiederverwendet), 1871 (in sekundärer Verwendung im severischen Südtor von Mc 49).
41 Collingwood/Wright, Inscriptions Nr. 1314 (bei oder nahe Mc 3: Iul(ius) Max/imus sac(erdos) / d(ei) I[...]/ o[...]/pe[c(unia) sua]/ cu[ravit]/...), 1421 (im Mc im Kontext des 2. Jh.: Matrib(us) / templ(um) / cum ara / vex(illatio) coh(ortis) / I Vard(ullorum) / instante P(ublio) D[.....] V[......] / v(otum) s(olvit) l(ibens) m(erito), 1955, 1956 (im Fundament des Mc 52), 1961 (in einem Cottage östl. Mc 55), 1963 (in Low Wall östl. Mc 55), 2015 (im Fundament des Walls westl. Mc 59), 2024 (beim Anlegen eines Drainagegrabens durch die Mauer nahe Mc 65), 2050 (auf dem Wall bei Dykesfield südwestl. Mc 73).

vollständigem Zustand vor.[44] Imposant ist in diesem Zusammenhang vor allem der Altar aus dem Heiligtum am Wachturm 10/37, der unbeschädigt im Umfeld der Turmruine geborgen werden konnte.[45]

Der Charakter der Inschriften unterscheidet sich deutlich zwischen den Kleinkastellen und den Türmen. Bei den Inschriften aus den Kleinkastellen und dem Altar aus dem Rotenbachtal handelt es sich jeweils um Weihungen. Der Charakter der Inschriften aus den Wachtürmen ist dagegen indifferent. Handelt es sich bei dem Neufund vom WP 1/8 gesichert um eine Weihung, sind für die anderen beiden Fundorte neben dieser Ansprache auch die Funktion als Bauinschrift (4/14) bzw. Grabinschrift (7/33) denkbar.

Fasst man diese Beobachtungen zusammen, so scheint es sich bei den aufgeführten Inschriften von Wachtürmen am Limes um sekundär als Steinmaterial genutzte Fragmente zu handeln. Eine primäre Nutzung an den Wachtürmen, wie sie für die Bauinschriften an den Türmen des Odenwaldlimes oder der Weihung vom Heiligtum am Wachposten 10/37 nachgewiesen ist, kann für die Inschriften aus den drei Turmstellen nicht belegt werden. Dieser Schluss deckt sich mit der Beobachtung vom Hadrianswall, wo sich in den Wachtürmen keine Inschriften nachweisen lassen. Dagegen wurden sowohl in den Kleinkastellen und Feldwachen des Obergermanisch-Raetischen Limes wie auch in den Milecastles des Hadrianswalles gelegentlich Weihungen aufgestellt. Diese sind zum Teil von unteren und mittleren Offizierschargen, die möglicherweise als Kommandeure der abgeordneten Detachements fungiert haben könnten.[46]

Rückblickend auf den Charakter der jeweiligen Inschriften wäre es denkbar, dass die Steine vor ihrer Umarbeitung und sekundären Verwendung als Weihungen oder Bauinschriften an den Turmstellen aufgestellt bzw. angebracht waren. Da das Fragment der Weihung von WP 1/8 aus dem jüngeren der beiden Steintürme stammt, wäre eine Aufstellung am älteren Steinturm oder gar am Holzturm vorstellbar. Doch stellt sich primär die Frage, ob der Dedikant der Inschrift, der *praefectus* der *cohors* (*VII Raetorum ?*), eine Weihung in solcher Entfernung zu seinem eigentlichen Truppenkommando stiften würde. Hinweise für eine weitergehende Kultpraxis, wie sie durch die Skulpturenfunde am Wachturm 10/37 belegt wird, liegen an der Turmstelle 1/8 nicht vor, sodass die Weihung singulär an diesem Platz steht.

Bei den drei Fragmenten vom Wachturm 4/14 wäre aufgrund der Nennung der beiden Einheiten (*numerus nidensium*, *legio XXII primigenia*) eine Deutung als Bauinschrift ebenso denkbar wie die als Weihung. Entsprechend wurde in der Forschung auch bereits argumentiert.[47] Die nachgewiesenen sekundären Bearbeitungsspuren und die mit ca. 2,6 km relativ kurze Entfernung zum Kastell Kapersburg, dem Stationierungsort des *numerus n[idensium]*[48], legen jedoch eine ursprüngliche Aufstellung dort oder möglicherweise auch im benachbarten Kleinkastell Kaisergrube (0,3 km)[49] nahe. Der für die Inschriftenfragmente verwendete Sandstein findet sich jedenfalls auch bei den Inschriften des Kastells Kapersburg wider.

Die Interpretation der Fragmente von Turmstelle 7/33 ist aufgrund der Fundlage im Bereich des Werkplatzes eindeutig. Obwohl

---

42 Collingwood/Wright, Inscriptions Nr. 1870 ([...] / [Deo sanc/to Si]l[v]an[o] / [F]lavius / Marcel / linus dec(urio) / v(otum) s(olvit) l(ibens) m(erito); 1665 (Deo Apol/l(i)n(i) Melonis / Senilis dupl(icarius) / Ger(mania) Sup(eriore) / (votum) s(usceptum) s(olvit) / l(aetus) l(ibens) m(erito)).
43 Collingwood/Wright, Inscriptions Nr. 1850 ([...] / DVV[...] / STERV[...] / BERTO[...] / [...]).
44 ORL A V, Str. 10 Taf. 5.2c; 7.2f+g; 8.2d; 9.3d; 15.2o. Auch die zahlreichen Architekturfragmente liegen durchweg in unbeschadetem Zustand vor: z.B. ebd. Taf. 8.2e–i; 15.2
45 Ebd. 85, Abb. 11.
46 Leider ist aufgrund der raren Inschriften- und Überlieferungssituation aus den Lagern dieser geringen Größe die Kommandostruktur unbekannt, sodass diese beiden Inschrif-

ten vielleicht hierzu einen ersten Hinweis geben könnten.
47 Finke, Inschriften 73; Baatz, Wachttürme 31; Klee, Limes 93; kritisch dazu Reuter, Numeri 517–518.
48 zuletzt Reuter, Numeri 517–518.
49 ORL A II,1 Str. 4–5, 66–67. Leider liegt nicht ausreichend Fundmaterial aus dem Steinkastell vor, um Aussagen über die Besetzungszeit des Lagers treffen zu können. Der Sesterz des Antoninus Pius, das unbestimmte Mittelerz und das eine Sigillata-Fragment mit Stempel des Anisatus (Pont-des-Rèmes, Heiligenberg oder Trier) stammen als einzige datierbare Funde aus der 2. Hälfte des 2. Jahrhunderts. Eine vorzeitige Aufgabe des Kleinkastells und damit eine Wiederverwendung von Steinmaterial wäre folglich denkbar, auf der dünnen Datierungsgrundlage aber letztlich nicht zu entscheiden.

die exakte Ansprache des Charakters der Inschrift aufgrund der starken Fragmentierung offen bleiben muss, kann ein Transport vom Kastell Walldürn, das in einem Abstand von knapp 3 km zum Fundort liegt, vermutet werden.

Zusammenfassend ist davon auszugehen, dass an den Wachtürmen des Obergermanisch-Raetischen Limes nicht mit einer primären Inschriftenausstattung zu rechnen ist. Eine Ausnahme bildet hier sicherlich der Odenwaldlimes, wo eine regelhafte Ausstattung der Türme mit Bauinschriften nachgewiesen werden konnte. Dabei ist die Anzahl der nachgewiesen Inschriften so groß[50], dass diese wohl weniger eine Kennzeichnung von Bauabschnitten darstellt, sondern die Türme generell mit Bauinschriften ausgestattet waren. Diese Beobachtung steht im vermeintlichen Widerspruch zum Hadrianswall, wo die Bauinschriften am Wall und nicht an den Türmen angebracht waren. Da für eine Anbringung einer Bauinschrift am Odenwaldlimes nur die Wachtürme in Frage kamen, scheint eine mögliche Alternativanbringung vorzuliegen. Der Unterschied in der Bauausführung zwischen dem Odenwaldlimes und dem übrigen Grenzverlauf und die zugrundeliegenden Ursachen wurde schon mehrfach diskutiert, sodass hier nicht näher auf diesen Punkt eingegangen werden soll.[51] Allerdings hat die Untersuchung gezeigt, dass es sich bei dem Fehlen von Inschriften von der restlichen Strecke offensichtlich um keine Überlieferungslücke[52], sondern um eine unterschiedliche Bautradition handelt.

Auch für eine Kultpraxis an den Wachturmstellen, wie sie der Befund von WP 10/37 an der Schneidershecke belegt und wie sie aufgrund der Skulpturfragmente am WP 12/9 ebenfalls vermutet werden kann[53], bieten die vorgelegten Inschriftenfragmente keinen gesicherten Hinweis. Es erscheint wenig wahrscheinlich, dass der als Stifter auf der Inschrift von WP 1/8 genannte Praefekt so weit entfernt von seinem eigentlichen Stationierungsort eine Weihung an Fortuna stiftet. Es könnte hier noch der Beginn der Landgrenze am Rhein als markanter Punkt für eine Aufstellung angenommen werden, wenn man nicht einen Transport der Weihung als Baumaterial von einem der Kastelle im Süden vermuten will. Immerhin wäre das nächstgelegene Auxilarkastell Niederbieber ca. 10 km entfernt, das nächste Kastell mit einem Praefekten als Kommandant in Niederberg über 25 km. Gegen eine ursprüngliche Aufstellung und einen späteren Abtransport als Baumaterial vom Kastell Bendorf, das wohl in traianischer, spätestens hadrianischer Zeit aufgegeben wurde[54], spricht das spätere Auftreten des Gentiliz Ulpius, also die Datierung der Inschrift nach der Kastellaufgabe.

Generell wäre zu überlegen, wie wahrscheinlich eine Aufstellung einer Weihung an einem Wachturm am Limes ist. Bislang entziehen sich zwar die Dienststrukturen auf den Wachtürmen am Obergermanisch-Raetischen Limes mangels entsprechender Quellen unserer Kenntnis und auch von anderen Grenzen mit Wachturmsicherung oder Abkommandierung von kleineren Soldatengruppen auf Außenposten liegen kaum Informationen über die Dauer des Dienstes vor Ort vor. Die zum Teil großen Fundmengen, die bei der Untersuchung von Wachtürmen geborgen wurden, lässt allerdings vermuten, dass die Besatzungen über einen längeren Zeitraum Dienst auf den Türmen hatten.[55] Ansonsten wäre ein deutlich geringeres Fundspektrum von den Türmen zu erwarten, wie es beispielsweise von Plätzen entlang der Straße Berenike-Edfu/Apollinopolis Magna im südlichen Ägypten belegt ist, wo von einer lediglich bedarfsbedingten Besetzung der Wachtürme ausgegangen wird.[56] Der Aufenthalt ist dabei wohl nicht so lang gewesen, dass eine Motivation für eine Stiftung einer Weihung vor Ort anzunehmen wäre. Dies zeigt sich im Vergleich mit der Häufung der

---

50 Vgl. Anm. 44.
51 Baatz, Hesselbach 128–134; Schallmayer, Odenwaldlimes 45.
52 Baatz, Wachtürme 30–31.
53 Zu den Fundumständen und den mittelalterlichen Befunden vgl. Anm. 36.
54 Oldenstein-Pferdehirt, Hilfstruppen 335–336; Schönberger, Truppenlager 460 D 30.
55 Schallmayer, WP 5/4 78–79; Becker, Wachtürme.
56 Sidebotham, Frontier 503–505.

Stiftungen von Benefiziariern an ihren Stationierungsorten, an denen von einer halbjährlichen und damit sicherlich deutlich längeren Abkommandierung und stärkeren Identifikation mit dem Ort auszugehen ist.[57] Folglich sind Weihungen, die an Wachtürmen von den Besatzungen gestellt wurden, auch nicht zu erwarten.

Diese Überlegung wird ergänzt durch die Beobachtung, dass die Weihungen aus den Kleinkastellen vom Obergermanisch-Raetischen Limes wie vom Hadrianswall nie von einfachen Soldaten, sondern immer von höheren Chargen oder Teileinheiten gestiftet wurden. Möglicherweise hängt dies mit einer gewissen finanziellen Potenz als Voraussetzung für die Aufstellung einer Weihung zusammen, ist aber auch eventuell mit einer längeren Abordnung vom eigentlichen Truppenstandort in das jeweilige Kleinkastell zu erklären. Beide Überlegungen können auf die Türme nicht übertragen werden, sodass bei den Wachtürmen keine Weihungen zu erwarten wären.

Zusammenfassung

Der Inschriftenbestand aus den Kleinkastellen und Wachtürmen sowie von der Strecke des Obergermanisch-Raetischen Limes steht im Focus der vorausgehenden Untersuchung. Anlass für die Überlegungen ist ein Neufund bei der Ausgrabung der Turmstelle 1/8 östlich von Rheinbrohl, die als Weihung, möglicherweise an Fortuna, des (M) Ulpius ..sius, Praefekt einer unbekannten Einheit, aufzulösen ist. Die Inschrift kann als Teil eines Altars rekonstruiert werden, der stark zerschlagen wurde.

Der Inschriftenfund erweitert die Anzahl der Funde außerhalb der Auxiliarkastelle entlang des Limes auf sieben Fragmente von vier Fundorten am obergermanischen Abschnitt des Limes. Vom Raetischen Limes sind Hinweise auf eine Bronzeinschrift an einem Übergang und eine nicht näher zu interpretierende Inschrift (verlorener Altfund) überliefert. Ergänzt wird das Bild noch durch den Altar von der Provinzgrenze im Rotenbachtal, der ursprünglich wohl eine aufgemalte Inschrift trug.

Bei den Inschriftenfunden aus den Türmen lassen sich eine starke Fragmentierung und Spuren einer sekundären Überarbeitung beobachten. Verglichen mit den Inschriften vom Hadrianswall und den Türmen und Kleinkastellen des Odenwaldlimes zeigt sich, dass dort entweder Inschriften kaum vorhanden sind oder aber selten eine Fragmentierung aufweisen. Es liegt folglich der Schluss nahe, dass die Inschriften aus den Wachtürmen am Obergermanischen Limes in sekundärer Verwendung an die Turmstellen kamen. Dies bestätigt sich auch bei der Überprüfung der Inschriftencharaktere, und der Möglichkeiten einer Kultpraxis an den Wachturmstellen. Der Unterschied in der Inschriftenausstattung am Obergermanisch-Raetischen Limes verglichen mit dem Odenwaldlimes, vor allem das Fehlen von Bauinschriften, erklärt sich sicherlich in der besonderen Ausstattung des frühen Streckenabschnitts mit Inschriften und Bauelementen. Ob dabei an der übrigen Grenze keine Bauinschriften an den Türmen angebracht wurden oder diese heute aufgrund organischen Materials nicht mehr nachweisbar sind, lässt sich abschließend nicht klären.

Thomas Becker M.A.
Landesamt für Denkmalpflege Hessen
Schloss Biebrich, 65203 Wiesbaden
E-Mail: t.becker@denkmalpflege-hessen.de

---

[57] Steidl, Obernburg 86.

Literaturverzeichnis

BAATZ, Hesselbach
D. Baatz, Kastell Hesselbach und andere Forschungen am Odenwaldlimes. Limesforschungen 12 (Berlin 1973).

BAATZ, Wachttürme
D. Baatz, Die Wachttürme am Limes. Kleine Schriften zur Kenntnis der römischen Besetzungsgeschichte Südwestdeutschlands 15 (Stuttgart 1976).

BECKER, Wachttürme
Th. Becker, Die Wachttürme zwischen den Kastellen Zugmantel und Saalburg (unpubl. Magisterarbeit, Freiburg 1998).

CIL
Berlin-Brandenburgische Akademie der Wissenschaften (Hrsg.), Corpus Inscriptionum Latinarum Bd. I–XVII (Berlin 1862 ff.).

COLLINGWOOD/WRIGHT, Inscriptions
R. G. Collingwood, R. P. Wright, The Roman Inscriptions of Britain I (Oxford 1965).

DEVIJVER, Prosopographia I
H. Devijver, Prosopographia Militarum Equestrium 2. Symbolae Ser. A, Vol. 3 (Leuven 1977).

DEVIJVER, Prosopographia II
Ders., Prosopographia Militarum Equestrium Suppl. 1. Symbolae Ser. A, Vol. 3 (Leuven 1987).

FINKE, Inschriften
H. Finke, Neue Inschriften. Ber. RGK 17, 1927, 1–107.

HAUG/SIXT, Inschriften
F. Haug, G. Sixt, Die römischen Inschriften und Bildwerke Württembergs, (Stuttgart 1914).

HEICHELHEIM, Quadruviae
F. M. Heichelheim, RE 24 Quadruviae (Stuttgart 1963) 714–720.

JORNS/MEIER-ARENDT, Degerfeld
W. Jorns, W. Meier-Arendt, Das Kleinkastell Degerfeld in Butzbach, Kr. Friedberg (Hessen). Saalburg-Jahrb. 24, 1967, 12–32.

KLEE, Limes
M. Klee, Der Limes zwischen Rhein und Main (Stuttgart 1989).

LEHNER, Steindenkmäler
H. Lehner, Die antiken Steindenkmäler des Provinzialmuseums in Bonn (Bonn 1918).

MOCSY, Nomenclator
A. Moscy, Nomenclator provinciarum Europae Latinarum et Galliae Cisalpinae. Dissertationes Pannonicae III.1 (Budapest 1983).

OLDENSTEIN, Fundindex
J. Oldenstein, Der Obergermanisch-Raetische Limes des Roemerreichs. Fundindex (Mainz 1982).

OLDENSTEIN-PFERDEHIRT, Hilfstruppen
B. Oldenstein-Pferdehirt, Die römischen Hilfstruppen nördlich des Mains. Jahrb. RGZM 30, 1983, 303–348.

ORL
E. Fabricius, F. Hettner, O. von Sarwey (Hrsg.), Der Obergermanisch-Raetische Limes des Roemerreiches. Abteilungen A und B. Lieferungen I–LVI (Berlin/Leipzig 1894 ff.).

REUTER, Numeri
M. Reuter, Studien zu den numeri des Römischen Heeres in der Mittleren Kaiserzeit. Ber. RGK 80, 1999, 357–569.

SCHALLMAYER, Odenwaldlimes
E. Schallmayer, Der Odenwaldlimes (Stuttgart 1984).

SCHALLMAYER, WP 5/4
E. Schallmayer, Archäologische Ausgrabungen an WP 5/4 „An der alten Rüdigheimer Hohle" bei Ravolzhausen, Gemeinde Neuberg. In: A. Thiel (Hrsg.), Forschungen zur

Funktion des Limes. Beiträge zum Welterbe Limes 2 (Bad Homburg 2007) 57–81.

SCHILLINGER-HÄFERLE, Inschriften
U. Schillinger-Häferle, Lateinische Inschriften. Quellen für die Geschichte des Römischen Reiches. Kleine Schriften zur Kenntnis der römischen Besetzungsgeschichte Südwestdeutschlands 28 (Stuttgart 1982).

SCHÖNBERGER, Truppenlager
H. Schönberger, Die römischen Truppenlager der frühen und mittleren Kaiserzeit zwischen Nordsee und Inn. Ber. RGK 66, 1985, 321–497.

SIDEBOTHAM, Frontier
S. E. Sidebotham, The Roman frontier in the eastern desert of Egypt. In: W. Groenman-van Waateringe u.a. (Hrsg.), Roman Frontier Studies 1995. Proceedings of the XVIth International Congress of Roman Frontier Studies. Oxbow Monograph 91 (Oxford 1997) 503–509.

STEIDL, Obernburg
B. Steidl, Die Station der beneficiarii consularis in Obernburg am Main. Vorbericht über die Ausgrabungen 2000/2002. Germania 83, 2005, 68–94.

STOLL, Skulpturenausstattung
O. Stoll, Die Skulpturenausstattung römischer Militäranlagen an Rhein und Donau. Der Obergermanisch-Rätische Limes. Pharos – Studien zur griechisch-römischen Antike I (St. Katharinen 1992).

VOLLMER, Inscriptiones
F. Vollmer, Inscriptiones Baivariae Romanae sive Inscriptones Prov. Raetiae (München 1915).

Abbildungsnachweis

Abb. 1 Generaldirektion Kulturelles Erbe, Direktion Archäologie, Amt Koblenz, M. Neumann; Abb. 2 Saalburgmuseum, E. Löhnig; Abb. 3 Gerneraldirektion Kulturelles Erbe, Direktion Archäologie, Amt Koblenz, M. Meinen; Abb. 4 a–c Zeichnung Th. Becker; d–e Regierungspräsidium Karlsruhe. f Landesamt für Denkmalpflege Baden-Württemberg, Esslingen; Abb. 5 Foto: Landesamt für Denkmalpflege Baden-Württemberg, Esslingen; Rekonstruktion: N. Vogt, Bonn.

GEOPHYSIKALISCHE PROSPEKTION AM LIMES IN HESSEN

Von Egon Schallmayer

Bei der Verleihung des Gütesiegels „Welterbe" legt die UNESCO ein besonderes Augenmerk darauf, dass das zu diesen Ehren gelangte Monument möglichst in seinem Status quo erhalten und der Nachwelt übergeben werden soll.[1] Dies gilt natürlich auch für den Obergermanisch-Raetischen Limes, der in dem zurückliegenden Jahrhundert seit den Forschungen der Reichs-Limeskommission durch Eingriffe verschiedenster Art und aus unterschiedlichen Anlässen erhebliche Verluste in seiner Substanz erleiden musste. Um dies für die Zukunft weitestgehend auszuschließen, ist eine nachhaltige bodendenkmalpflegerische Praxis notwendig, die eine hohe Akzeptanz für den Schutz und die Erhaltung der einstigen römischen Reichsgrenze in politischer und gesellschaftlicher Öffentlichkeit erreichen muss. Voraussetzung dazu ist eine gute Vermittlungsarbeit im Bereich der archäologischen Denkmalpflege und der archäologischen Museen auf der Grundlage neuester Forschungsergebnisse. Dabei sind allerdings bei der Gewinnung neuer Erkenntnisse im Sinne des Erhaltungsanspruchs der UNESCO von den für das Denkmal Verantwortlichen in erster Linie zerstörungsfreie Methoden einzusetzen.[2] Wo immer dies möglich ist, sollten die einzelnen Limesabschnitte und Limesanlagen in den öffentlichen oder zumindest in solchen Besitz überführt werden, der es möglich macht, die jeweiligen Areale aus landwirtschaftlicher Nutzung und Bebauung herauszunehmen und sie als archäologische Reservate für die Zukunft zu erhalten. Aktuelle Forschungsergebnisse lassen sich durch die Neubetrachtung alter Grabungsdokumentationen und wissenschaftlicher Darstellungen vor dem Hintergrund eines nunmehr über 150-jährigen fortschreitenden Erkenntnisfortschritts gewinnen. Dazu sind allerdings die einschlägigen archäologischen Archive so zu erschließen, dass mit den in ihnen verborgenen Schätzen erneut wissenschaftlich gearbeitet werden kann.[3] Es gibt mittlerweile zahlreiche Beispiele, wo sich – ohne den Spaten ansetzen zu müssen – alleine durch die Beschäftigung mit den Altakten wichtige neue Erkenntnisse gewinnen ließen.[4]

Schließlich verfügen wir im Rahmen geophysikalischer Prospektionsmethoden über ein Instrumentarium, das es erlaubt, zerstörungsfreie Forschung am Objekt zu betreiben mit weitreichenden weiterführenden wissenschaftlichen Aussagemöglichkeiten. Vor allem die Geomagnetik, die Geoelektrik und das Bodenradar bieten – kombiniert nach den jeweils vor Ort herrschenden Verhältnissen angewandt – hervorragende Chancen des wissenschaftlichen Erkenntnisfortschritts, wobei durch eine noch engere Zusammenarbeit zwischen Archäologen und Geophysikern die Aussagen der gewonnenen Messbilder verfeinert werden können.[5] In vielen Fällen lassen sich die archäologischen Einzelheiten alleine schon in den geophysikalischen Auf-

---

1 Entsprechend die Formulierungen im Managementplan des Welterbe-Antrags, vgl. A. Thiel, Verpflichtung und Chance für die Denkmalpflege. Die Aufnahme des Limes in die Welterbe-Liste der UNESCO. Denkmalpflege in Baden-Württemberg 34, 2005, 118–124. – T. Becker, S. Bender, M. Kemkes, A. Thiel, Der Limes zwischen Rhein und Donau. Archäol. Informationen Baden-Württemberg 44 (Stuttgart 2001). – D. J. Breeze, S. Jilek u. A. Thiel, Frontiers of the Roman Empire (Edinburgh – Esslingen – Wien 2005). – D. J. Breeze, A. Thiel, The challenge of presentation. Visible and invisible parts of the Frontiers of the Roman Empire World Heritage Site in the United Kingdom and Germany (Amsterdam 2005).
2 S. Pfnorr u. E. Schallmayer, Zum Schutz eines verborgenen Weltkulturerbes. Zerstörungsfreie Bestandsaufnahme und Forschung am hessischen Limes. In: Posselt, Zickgraf, Dobiat, Geophysik und Ausgrabung 253–262.
3 T. Fischer, W. Löhlein, J. Obmann, E. Schallmayer, Erfassung und Erschließung des Archivs und der Sammlungen des Saalburgmuseums. Saalburg-Jahrbuch 50, 2000 (Bad Homburg 2001) 195f.
4 Vgl. etwa C. S. Sommer, Der Saalburg-Vicus. Neue Ideen zu alten Plänen. In: E. Schallmayer (Hrsg.), Hundert Jahre Saalburg. Vom römischen Grenzposten zum europäischen Museum (Mainz 1997) 155–165. – Kühn und Schallmayer, Landwehr. – E. Schallmayer, Neue Forschungen am Limes. Denkmalpflege und Kulturgeschichte H. 3, 2005, 17–21.
5 Posselt, Zickgraf, Dobiat, Geophysik und Ausgrabung.

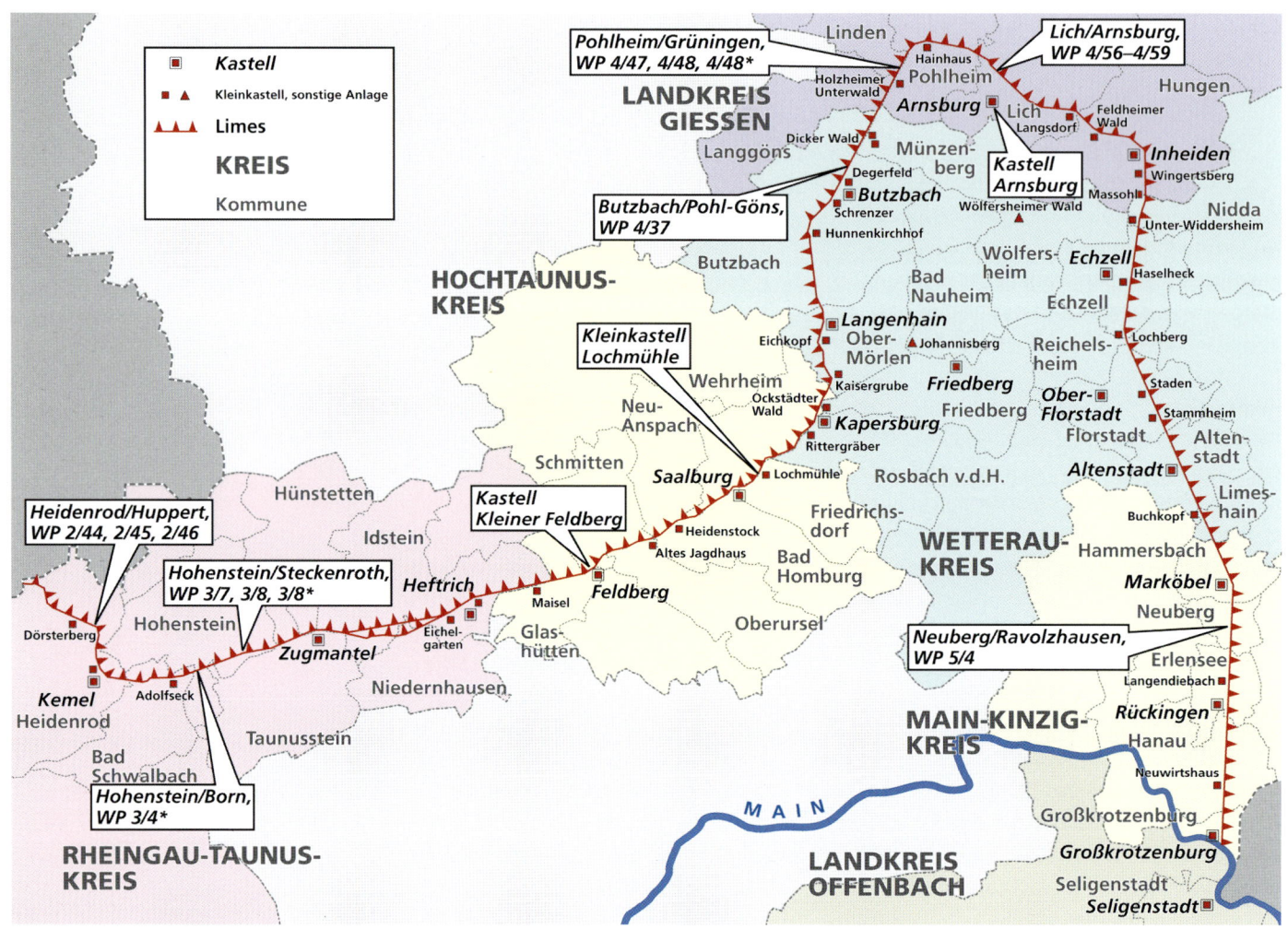

Abb. 1 Geophysikalische Untersuchungen am Limes in Hessen.

nahmen erkennen und deuten. Eine den Befund zerstörende großflächige Ausgrabung kann unterbleiben und zur Befundüberprüfung genügt der „begrenzte archäologische Eingriff". Im Folgenden werden einige der bisher am Limes in Hessen durchgeführten geophysikalischen Prospektionen (Abb. 1) und deren Ergebnisse vorgestellt.[6]

WP 2/44 „Im Gewann Dicker Busch bei Huppert",
heute Flur „Judenborn" bzw. „Am Römerwachtturm" bei Heidenrod-Huppert, Rheingau-Taunus-Kreis

Forschungssituation
Die Stelle wird 1898 von H. Lehner beschrieben und im ORL erwähnt Fabricius an der Stelle herumliegende Steine und eine kleine Erhebung (Abb. 2).[7] Die Turmstelle ist heute nicht mehr sichtbar.

Untersuchungsanlass und -zeit
Da sowohl die Turmstelle als auch der Limesabschnitt im Gelände nicht mehr erkennbar sind, wurde im September 2004 durch den Heimatverein Heidenrod e. V. eine geomagnetische und geoelektrische Untersuchung im Bereich der Turmstelle vorgenommen. Die Prospektion sollte den vermuteten Verlauf des Pfahlgrabens verifizieren und den Standort des Wachturmes genau lokalisieren. Der Pfahlgraben selbst, d. h. Wall und Graben, war nämlich an dieser Stelle nie ausgebaut worden. Vielmehr bestand der Limes auf der Strecke zwischen WP 2/35 „Am Laufenselder Weg" und WP 2/47 „Bei der Oberförsterei Erlenhof" nur aus der Palisade,

deren Gräbchen allerdings durch die Reichs-Limeskommission mehrfach festgestellt worden ist.[8]

Untersuchte Areale und Flächen

Untersucht wurde eine 50 × 100 m (5000 m²) große Fläche mittels Geomagnetik und innerhalb dieser Fläche noch einmal ein kleineres Areal von 30 × 30 m (900 m²) mittels Geoelektrik. Die Untersuchungsstelle liegt ca. 400 m nördlich der Ortsmitte von Huppert.

Ergebnis

Deutlich im Messbild der Geomagnetik (Abb. 3) erkennbar ist eine von Nordwest nach Südost verlaufende lineare Struktur, die als Palisadengräbchen zu deuten ist, während sich ein moderner Feldweg am unteren Bildrand durch mehrere, nahezu Westost gerichtete, parallele Streifen zu erkennen gibt. An diese in der Bildmitte angelehnt erscheint als negativ magnetische Anomalie – kenntlich an der schwarzen Prägung – das Geviert des Steinturmes WP 2/44. Der Turm – dessen Seitenlänge bereits im ORL mit 4,5 m angegeben wird – liegt mit seiner Nordseite parallel zum Palisadenverlauf ausgerichtet etwa 10 m hinter der Grenzlinie. Die das Mauerviereck umgebende helle, d.h. positive Anomalie könnte auf einen den Turm umgebenden Kreisgraben hindeuten, der im ORL noch nicht bekannt war. Allerdings sind Kreisgräben bisher an diesem Abschnitt der Strecke 2 noch nicht beobachtet worden. Insgesamt zeichnet sich das Messbild in der Geomagnetik durch eine Vielzahl von Anomalien aus, die zum großen Teil geologischen Ursprungs sind und vermutlich auf eiszeitliche Schotterdecken zurückzuführen sind. Lediglich bei einer positiven Anomalie 15 m nordwestlich des Turmes könnte es

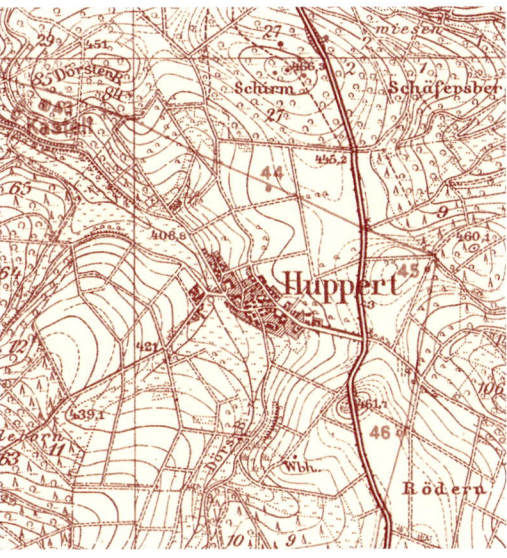

Abb. 2 WP 2/44 „Im Gewann Dicker Busch bei Huppert", Heidenrod-Huppert, Rheingau-Taunus-Kreis, nach ORL.

sich – aufgrund der hohen Magnetisierung – auch um einen archäologischen Befund handeln. Ein ebenso starker magnetischer Bereich wurde im Innern des Turmgevierts festgestellt. Beide Befunde dürften mit starker Hitzeeinwirkung in Zusammenhang stehen. Im Falle des Turmes ließ sich an einen Brand denken, der zur Zerstörung des Baus geführt hat, während bei der „Brandstelle" westlich davon mit einer Feuerstelle, vielleicht ein Backofen vergleichbar dem Befund von WP 5/4 Ravolzhausen vorliegen könnte.[9]

WP 2/45 „Auf dem Elbert bei Huppert",

wo der Limes – hier nur als Palisade ausgeführt, Wall und Graben fehlen – von westlicher Richtung kommend scharf nach Süden umbiegt, und

WP 2/46 „Im Gewann Rödern bei Huppert",

wo die Reichs-Limeskommission einen Wachposten angenommen hat.

Forschungssituation

Der Steinturm der Turmstelle 2/45 wurde 1898 von Pallat nachgewiesen. Er ist heute schlecht erhalten.[10] Der Standort von WP 2/46 wurde 1897 ebenfalls von Pallat durch „Tastungen" gesucht aber nicht gefunden. Im April 1910 besuchte Ernst Fabricius die

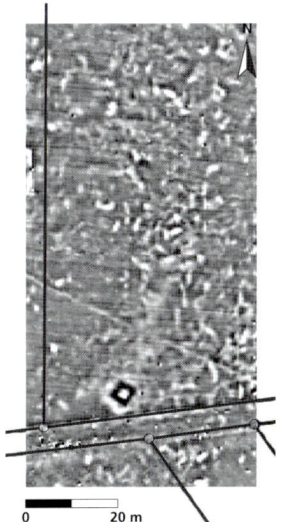

Abb. 3 WP 2/44 „Im Gewann Dicker Busch bei Huppert", Heidenrod-Huppert, Rheingau-Taunus-Kreis. Geomagnetisches Messbild.

---

6 Die Untersuchungen wurden allesamt von der Firma Posselt & Zickgraf Prospektionen GbR, Darmstadt/Marburg, durchgeführt. Den vielfältigen Auftraggebern dieser naturwissenschaftlichen Untersuchungen ist an dieser Stelle für die Bereitstellung finanzieller Mittel sehr herzlich zu danken.
7 Limesblatt Sp. 844. – ORL Abt. A, Strecke 2 S. 76.
8 ORL Abt. A, Strecke 2 S. 13.
9 Schallmayer, Ausgrabungen an WP 5/4.
10 Limesblatt Sp. 844 XI. – ORL Abt. A, Strecke 2, 76 f.

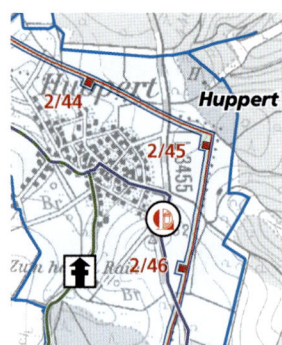

Abb. 4 WP 2/45 „Auf dem Elbert bei Huppert" und WP 2/46 „Im Gewann Rödern bei Huppert", Heidenrod-Huppert, Rheingau-Taunus-Kreis, nach LEP Hessen.

Abb. 5 WP 2/45 „Auf dem Elbert bei Huppert", Heidenrod-Huppert, Rheingau-Taunus-Kreis. Geomagnetisches Messbild.

Abb. 6 WP 2/46 „Im Gewann Rödern bei Huppert", Heidenrod-Huppert, Rheingau-Taunus-Kreis. Geomagnetisches Messbild.

Stelle, wo er 35 m westlich des nach Süden ziehenden Gewannweges und etwa 15 m hinter dem Palisadengräbchen die Turmstelle anhand umherliegender Steine in einem ansonsten in dieser Gegend steinfreien Boden zu erkennen glaubte (Abb. 4).[11]

Untersuchungsanlass und -zeit

Da der Limesverlauf im Bereich der beiden Turmstellen von der Reichs-Limeskommission nicht sicher lokalisiert werden konnte, von WP 2/45 nur der Steinturm bekannt war, und WP 2/46 nur als angenommen angesehen wurde, erfolgten im Dezember 2006 und Februar 2007 im Auftrag des Heimatvereins Heidenrod e. V. geomagnetische Untersuchungen. Ziel der Messungen war das Aufspüren archäologischer Befunde – sofern vorhanden – um auf diese Weise Aussagen zum Limesverlauf und zur genauen Lage der Wachposten zu erhalten.

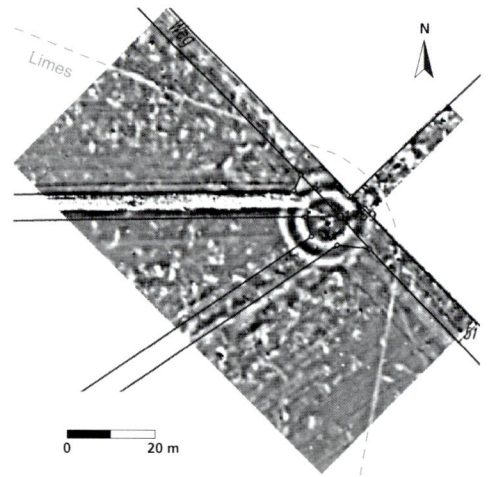

Untersuchte Areale und Flächen

Untersucht wurden insgesamt 1,77 ha Fläche, wobei an WP 2/45 5 200 m^2 und an dem angenommenen WP 2/46 12 500 m^2 prospektiert wurden. Pro 1 000 m^2 wurden 10 000 Messpunkte aufgenommen.

Ergebnis

Der Wachposten 2/45 gibt sich im Messbild durch die Konturen von zwei Ringgräben sehr schön zu erkennen (Abb. 5). Der äußere Graben umschreibt einen Kreis von etwa 22 m Durchmesser. Im Zentrum des zweifachen Grabenbefundes liegt ein Holzturm. Man meint die Pfostenstellungen der Eckpfosten noch im Messbild erkennen zu können. Vom Steinturm, den Pallat vor über hundert Jahren festgestellt hatte, ergaben sich im Messbild keine Spuren. Allerdings lassen sich Steinfundamente mittels Geomagnetik nicht immer sicher lokalisieren, darüber hinaus ist mit dem Ausbrechen der Steinfundamente nach den Untersuchungen der Reichs-Limeskommission zu rechnen. Hingegen konnte der Limes ebenfalls sehr deutlich festgestellt werden. Er erreicht die Turmstelle, von Nordwesten kommend, und biegt dann in einem Winkel von genau 104° nach Süden. Der Richtungswechsel vollzieht sich dabei jedoch nicht in Form eines scharfen Knicks – wie im ORL angezeigt – sondern als sanft geschwungener Bogen. Mithilfe der Geomagnetik ist also an WP 2/45 zu dem bereits bekannten Steinturm – jetzt nicht mehr lokalisiert – der Holzturm festgestellt worden. Der Limesverlauf ist in seiner Kontur zu korrigieren.

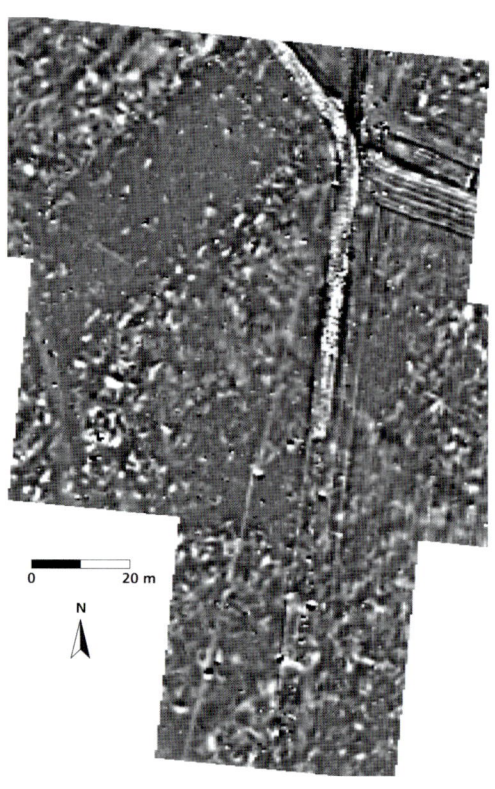

Im Bereich des vermuteten WP 2/46 konnte im Messbild keine Turmstruktur sicher identifiziert werden (Abb. 6), wobei hier sicherlich nochmals die verschiedenen Graustufenraster des aufgenommenen Messbildes beurteilt werden müssten. Denn die von geologisch-bodenkundlichen Phänomenen hervorgerufene magnetische „Unruhe" – die das Bild ja erkennen lässt – erschwert die Interpretation (Tonschiefer und Feinquarzite des Unterdevon sowie Fließerden des Pleistozän) und Steinbauten sind im Messbild der Geomagnetik nicht immer sicher festzustellen. Allerdings ließ sich an dieser Stelle der Verlauf des Limes über eine Strecke von mehr als 100 m sicher nachweisen. Es handelt sich nur um das Palisadengräbchen. Wall und Graben waren nicht erkennbar, daher tatsächlich nicht vorhanden.

Älterer Limesverlauf zwischen WP 3/4* „Auf der Südseite des Noll" und WP 3/5* „Auf dem nach Norden geneigten Rücken des Sangerts"
bei Hohenstein-Born bzw. Taunusstein-Watzhahn, Rheingau-Taunus-Kreis

Forschungssituation
Die beiden Wachtürme wurden von der Reichs-Limeskommission 1896 und 1901 untersucht (Abb. 7).[12] Es handelt sich um zwei Holztürme mit zwei jeweils die Turmplattform umgebenden Ringgräben (Abb. 8). Die Abmessungen von Holzturm WP 3/4* konnten mit 2,6×2,8 m festgestellt werden. An beiden Türmen stellte sich heraus, dass der innere Ringgraben bei der Anlage des äußeren mit dessen Aushubmaterial verfüllt worden ist, womit sich eine relativchronologische Abfolge der beiden Gräben ergibt. In dem äußeren Graben von WP 3/5* fand sich denn auch viel Brandschutt, der von der Zerstörungsphase herrühren dürfte. Während an dieser Turmstelle nicht nach dem Vorhandensein des Palisadengräb-

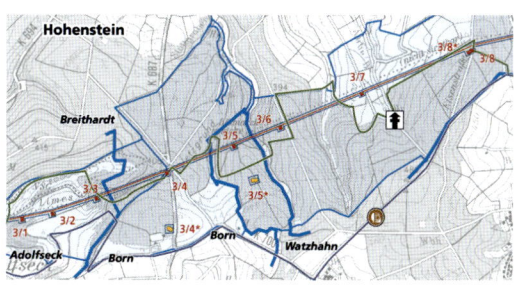

Abb. 7 WP 3/4* „Auf der Südseite des Noll" und WP 3/5* „Auf dem nach Norden geneigten Rücken des Sangerts" bei Hohenstein-Born, Rheingau-Taunus-Kreis, nach LEP Hessen.

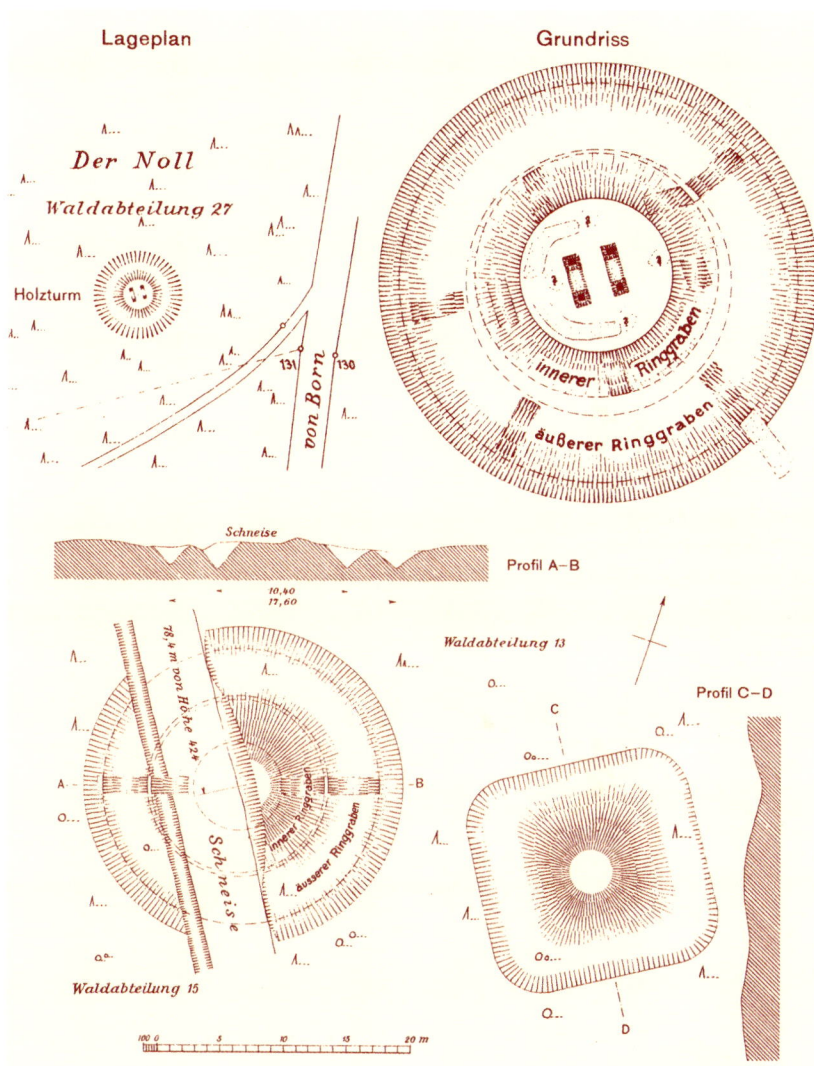

chens gesucht worden war, hatte man an WP 3/4* nur an dessen Südwestseite, d. h. in die falsche Richtung Nachforschungen nach der Palisade unternommen.[13] Die durch die beiden beschriebenen Wachturmstellen ausgewiesene ältere Limeslinie hat so lange bestanden, bis sich mindestens zwei, wenn nicht drei Holztürme nacheinander ablösten.[14]

Abb. 8 WP 3/4* „Auf der Südseite des Noll" und WP 3/5* „Auf dem nach Norden geneigten Rücken des Sangerts" bei Hohenstein-Born, Rheingau-Taunus-Kreis, nach ORL.

---

11 Ebda. 77.
12 Arch. Anzeiger 1896, 179c (Jacobi) und 1902, 67 (Wehner) dort ist irrtümlich von zwei Hügeln die Rede.
13 ORL Abt. A, Strecke 3, 54f.
14 Baatz, Limes 118.

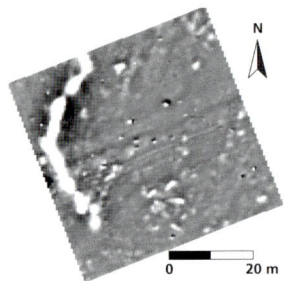

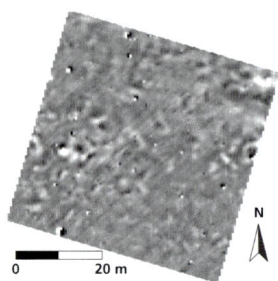

Abb. 9 WP 3/4* „Auf der Südseite des Noll" und WP 3/5* „Auf dem nach Norden geneigten Rücken des Sangerts" bei Hohenstein-Born, Rheingau-Taunus-Kreis. Geomagnetisches Messbild.

Abb. 10 WP 3/7 „An der alten Hahner Straße" und WP 3/8 und 3/8* „An der Eisenstraße" bei Hohenstein-Steckenroth, Rheingau-Taunus-Kreis, nach LEP Hessen.

Untersuchungsanlass und -zeit

Da der genaue Verlauf des Palisadengräbchens der älteren Limeslinie im Gelände an diesem Streckenabschnitt bisher noch nicht nachgewiesen worden war, wurde im Auftrag der Gemeinde Hohenstein im Herbst 2006 eine geophysikalische Untersuchung mittels zweier Flächen durchgeführt.

Untersuchte Areale und Flächen

Die untersuchten Flächen liegen etwa 0,8 km nördlich bzw. 1,2 km nordöstlich der Ortsmitte von Hohenstein-Born und wurden auf der anzunehmenden Linie des ehemaligen Palisadenverlaufs angelegt. Beide Flächen waren jeweils knapp 2400 m² groß. Die Einmessung der zu untersuchenden Areale erfolgte anhand der Informationen aus den Ortsakten der Archäologischen Denkmalpflege in Wiesbaden.

Ergebnis

Das Messbild (Abb. 9) der geomagnetischen Prospektion zeigt in beiden Flächen zahlreiche positive Anomalien, die in ihrer überwiegenden Zahl als die Wiedergabe bodenkundlich-geologischer Phänomene zu deuten sind. Auch die breite, unregelmäßig bogenförmige Struktur am Westrand der Fläche 1 deutet weniger auf eine archäologische Erscheinung als vielmehr auf eine tektonische Verwerfung. Tatsächlich liegt das Messgebiet im Bereich einer hier verlaufenden tektonischen Grenze. Durch die Bildmitte von Fläche 1 ziehen sich mehrere Linien von Südwest nach Südost, hinter denen sich in der Hauptsache die Strukturen eines rezenten Feldweges verbergen dürften. Südlich dieses Weges konnte allerdings „eine schmale lineare positive Anomalie", nördlich von ihm ein weiterer „linearer Bereich leicht erhöhter Messwerte" beobachtet werden. Beide Strukturen könnten zum Limes gehören, wobei man in der schmalen durchgängigen Linie südlich den Verlauf des Palisadengräbchens sehen könnte. Zu fragen bleibt aber, was sich hinter dem breiten Band nördlich des Weges verbirgt. Vielleicht zeichnet sich hier der eigentliche Limesverlauf ab, oder aber wir haben es mit mehreren Limesanlagen zu tun, etwa mit zwei Palisaden oder gar einem Graben? Nur 10 bis 15 m unterhalb des so ermittelten Limesverlaufs zeichnen sich in der Mitte der Fläche vier unregelmäßige positive Anomalien ab, deren rechteckige Anordnung nach Ansicht der Geophysiker möglicherweise auf die Reste eines Wachturmes deuten könnte. Es könnte sich dabei nur um einen zweiten Holzturm handeln. Fläche 2 weist keine Anomalien auf, die mit hinreichender Wahrscheinlichkeit als archäologische Befunde gedeutet werden könnten. Der Limes dürfte somit nicht in dieser Fläche liegen.

Verlängert man die Limeslinie aus Fläche 1 nach Osten weiter, so fluchtet sie annähernd 180 m südlich von WP 3/5* vorbei. Die Limespalisade muss daher zwischen den beiden Wachposten in eine mehr nördliche Richtung verschwenkt worden sein. Dies legt auch eher die Tatsache nahe, dass in Fläche 2 keinerlei Anhaltspunkte für den Verlauf der römischen Grenze vorliegen. Da der Gesamtbefund somit etwas unsicher bleibt, müsste zukünftig jeweils im unmittelbaren nördlichen Vorfeld der Turmstellen prospektiert werden.

WP 3/7 „An der alten Hahner Straße" und WP 3/8 und 3/8* „An der Eisenstraße"
bei Hohenstein-Steckenroth, Rheingau-Taunus-Kreis

Forschungssituation

Grabungen an beiden Turmstellen (Abb. 10) fanden im Jahr 1901 durch das Saalburgmuseum statt. Dabei haben die Untersuchungen an WP 3/7 „keine sicheren Überreste des

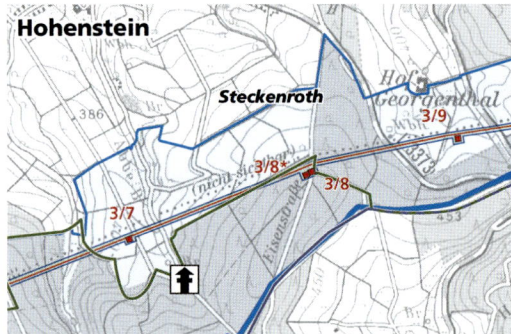

Steinturmes und auch keine einwandfreien Graben- und Gräbchenschnitte ergeben." Für das Limeswerk wurden später lediglich die Suchschnitte eingemessen (Abb. 11).[15]

Bei WP 3/8 sind nach der Beschreibung des ORL „Überreste eines Steinturmes überhaupt nicht nachgewiesen und von einem etwaigen Holzturmhügel nur ganz unsichere Spuren vorhanden." Den Steinturm vermutete Fabricius aus topografischen Gründen 100 m weiter westlich. Die Ausgrabungen H. Jacobis stellten östlich der Eisenstraße und nördlich eines hier nach Osten abzweigenden Weges den Limesgraben und südwestlich des Steckenrother Pfades das Palisadengräbchen fest. Scherbenfunde, darunter auch Sigillata, deuteten die Nähe eines Wachpostens an. Der Holzturm zeichnete sich im Winkel zwischen der Eisenstraße und dem von Steckenroth kommenden Pfad schon damals als flache Erhebung ab (Abb. 12).[16]

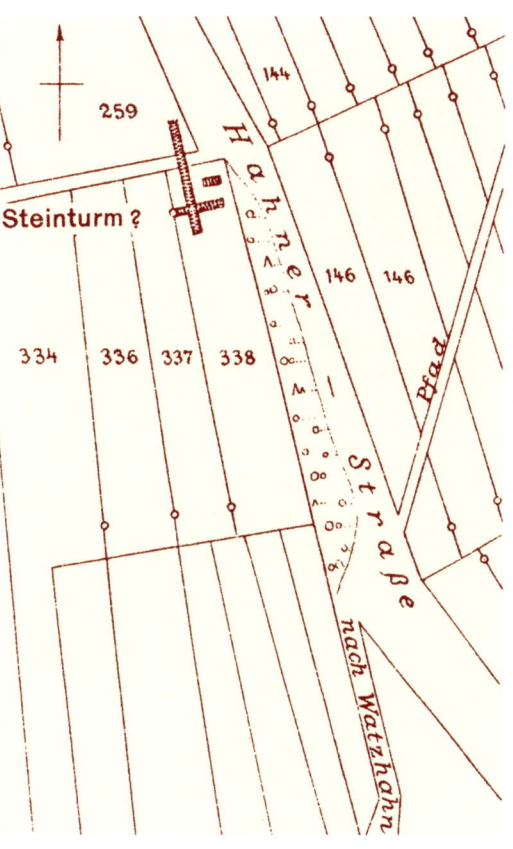

Abb. 11 WP 3/7 „An der alten Hahner Straße" bei Hohenstein-Steckenroth, Rheingau-Taunus-Kreis, nach ORL.

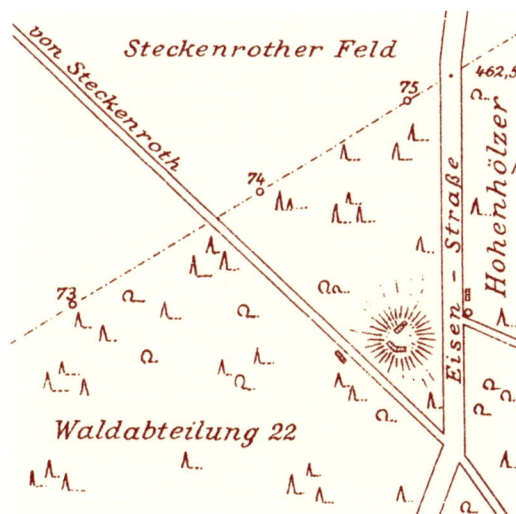

Untersuchungsanlass und -zeit
Da die bisherige Befundlage an beiden Turmstellen erkennbar unzureichend war und weil der genaue Limesverlauf an dem Streckenabschnitt der beiden Wachposten nicht sichtbar ist und somit in seinem Verlauf nicht sicher identifiziert werden konnte, erfolgte

15 ORL Abt. A, Strecke 3 S. 56.
16 Ebda. 56 f. und 40, wo vermutet wird, dass an dieser Stelle sogar ein kleines Kastell in Form einer sogenannten Feldwache gestanden haben könnte.

bereits im Sommer 2003 im Auftrag der Gemeinde Hohenstein eine Prospektion, bei der Geomagnetik und Geoelektrik eingesetzt wurden.

Untersuchte Areale und Flächen
Untersucht wurden zwei Flächen, die westliche bei WP 3/7 war 100 × 50 m, also 5 000 m² groß und wurde mittels Geomagnetik untersucht, die östliche bei WP 3/8 war 20 × 20 m, d. h. 400 m² groß und wurde geoelektrisch prospektiert. Die erste Fläche liegt ca. 2 km südlich, die zweite 1,5 km südöstlich der Ortsmitte von Steckenroth.

Ergebnis
Im Untersuchungsareal bei WP 3/7 wurden Palisade und Graben des Limes – gekennzeichnet durch parallel von West nach Ost durch die Fläche verlaufende deutliche lineare Anomalien – festgestellt (Abb. 13). Der Verlauf des Limes konnte hier wo er im Gelände nicht sichtbar ist – somit auf eine Länge von 50 m exakt festgelegt werden. In

Abb. 12 WP 3/8 und WP 3/8* „An der Eisenstraße" bei Hohenstein-Steckenroth, Rheingau-Taunus-Kreis, nach ORL.

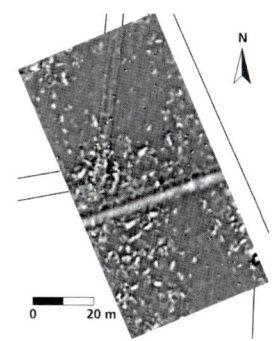

Abb. 13 WP 3/7 „An der alten Hahner Straße" bei Hohenstein-Steckenroth, Rheingau-Taunus-Kreis. Geomagnetisches Messbild.

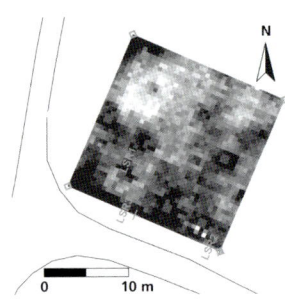

Abb. 14 WP 3/8 und WP 3/8* „An der Eisenstraße" bei Hohenstein-Steckenroth, Rheingau-Taunus-Kreis. Geoelektrisches Messbild.

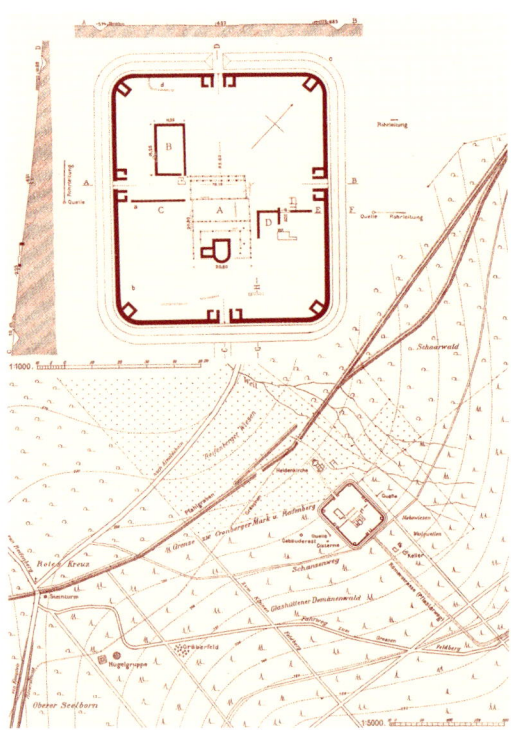

Abb. 15 Kastell „Kleiner Feldberg" bei Schmitten-Niederreifenberg, Hochtaunuskreis, nach ORL.

der Südwestecke der Fläche ergaben sich zudem Anomalien, die auf den Standort des Wachturmes hinweisen könnten. Damit wäre der im ORL geschilderte Befund gesichert worden.

In Fläche 2, die östlich der Eisenstraße und nördlich eines nach Südosten abziehenden Seitenweges auf geoelektrischem Wege detektiert wurde, und zwar dort wo nach ORL der große Graben innerhalb eines Grabungsschnittes erfasst worden war – im Plan eingetragen –, ließen sich die Konturen eines Steinturmes von ca. 4,8 × 5 m Größe durch die hier angezeigten Anomalien erkennen (Abb. 14). Damit ist der an dieser Stelle schon im ORL vermutete Steinturm lokalisiert.

Die Turmstelle 3/8 stellt sich nach diesen Untersuchungen nunmehr wie folgt dar: Die im ORL beschriebene „flache, unregelmäßige Erhebung, die man für einen Holzturmhügel halten könnte" und die sich bei der Begehung des Limes durch S. Bender tatsächlich als „flacher Hügel im Hochwald von 13,6 m Durchmesser, auf der Südseite ist der Hügel nicht deutlich konturiert" zu beschreibend herausstellte[17] – so im Limesentwicklungsplan – darf als Holzturm wie im ORL-Plan eingezeichnet angesehen werden, dem nordöstlich jenseits der Eisenstraße ein weiterer „Hügel im Hochwald von 17,3 m Durchmesser und 0,5 m Höhe, mit Spuren von Bodeneingriffen, im Osten flacher Graben, südwestlicher Randbereich wird von einem Weg überschnitten" vorgelagert ist. Diesen hatte D. Baatz in seiner Limeskartei bereits festgehalten. Leicht nördlich dieses Hügels wurde das Rastergeviert des Steinturmes in der Geoelektrik festgestellt.

Schon früher wurde angenommen, dass an der Stelle des WP 3/8 die ältere Limeslinie mit der jüngeren zusammenlaufen würde. Dem dürfte der Befund Recht geben. Die beiden Holzturmhügel gehörten demnach zu der älteren Linie und müssten konsequenterweise mit WP 3/8* bezeichnet werden. Entweder hat also die hier 1901 angelegte Sondage den Ringgraben des zweiten Holzturmes oder möglicherweise den des Steinturmes erfasst, nicht jedoch den Limesgraben, der hier zu nahe an dem Wachturm zu liegen käme. Vermutlich ist seinerzeit daher der Limes nur in dem westlich des „von Steckenroth kommenden Pfades" angelegten Schnittes angetroffen worden.

Kastell „Kleiner Feldberg"
bei Schmitten-Niederreifenberg, Hochtaunuskreis

Forschungssituation

Der Forschungsstand zum Numeruskastell „Kleiner Feldberg" (Abb. 15) beruht auf den Ausgrabungen von Louis Jacobi aus dem Jahr 1905 und den Untersuchungen seines Sohnes Heinrich in den Jahren 1926–1928 sowie den Darstellungen von Ernst Fabricius im Streckenband des ORL – 1936 erschienen –, der Folgendes schreibt: „Seitdem hat die 1923 von der französischen Besatzung vorgenommene Abholzung des ganzen Waldes auf dem Nordabhang des Kleinen Feldberges das Kastell nicht bloß seines Schmuckes beraubt, sondern auch die wohlkonservierte Ruine selbst verwüstet und stark beschädigt. Nach

17 Bender, Limesentwicklungsplan Hessen RÜD-47.

dem Abzuge der Besatzung musste die Direktion der Saalburg 1926–1928 eine gründliche Instandsetzung des Kastells vornehmen lassen". Dabei wurden allerdings „keine größeren Gebäude oder Spuren der Lagerteilung mehr gefunden" und „ein weiterer Aufschluss über das Kastellinnere nicht gewonnen."[18] Als Bauten bekannt waren die in Holzfachwerk errichteten *principia* mit steinerner cella und Nebenraum, ein als *horreum* gedeutetes Steingebäude in der nordwestlichen *praetentura* sowie Mauerreste rechts neben dem Stabsgebäude, die möglicherweise zum *praetorium* gehört haben könnten. Das nach Nordwesten abfallende Kastellgelände war in der linken Kastellhälfte durch die Stützmauer C gesichert.

Untersuchungsanlass und -zeit
Zu Beginn der erneuten Sanierung des Kastells, die im Vorfeld der Anmeldung des Obergermanisch-Raetischen Limes als UNESCO-Welterbe durchgeführt und durch das Kulturinvestitionsprogramm der Hessischen Landesregierung finanziert wurde, erfolgte im Juli 2004 im Auftrag des Saalburgmuseums eine geophysikalische Prospektion. Diese zielte einerseits auf die Klärung der Frage ab, inwieweit in nicht ausgegrabenen Bereichen des Kastells noch archäologische Strukturen vorhanden waren, die den bekannten Befundplan ergänzen konnten. Andererseits galt es, die genaue Lage des Bades zu ermitteln, da der Grundriss im Lauf der Sanierungsarbeiten im Gelände nachgelegt werden sollte.[19]

Untersuchte Areale und Flächen
Das gesamte Kastellgelände – genau 5 880 m² – wurde zunächst geomagnetisch, sodann gezielte Teilbereiche, d. h. die östliche Kastellhälfte mit 2 720 m² Größe sowie das Areal des Badegebäudes – rund 1 000 m² – geoelektrisch untersucht. Im Anschluss erfolgte zur Überprüfung der erhobenen geophysikalischen Befunde die Ausgrabung einer kleinen Fläche (8 × 3 m) westlich der *principia* sowie eines weiteren gleichgroßen Areals im Nordteil des Kastells, wie auch im Bereich des

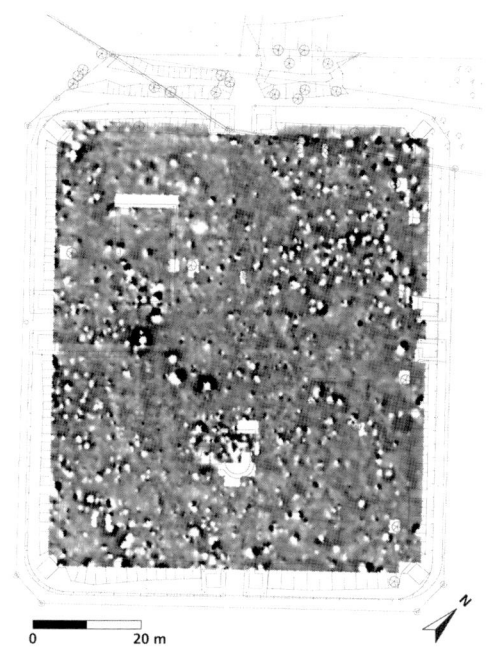

Abb. 16 Kastell „Kleiner Feldberg" bei Schmitten-Niederreifenberg, Hochtaunuskreis. Geomagnetisches Messbild.

Badegebäudes zur Abschätzung möglicher Zerstörungen bei den Bodeneingriffen im Rahmen der Sanierungsmaßnahmen. Schließlich konnte die genaue geodätische Einmessung der Mauern des Badegebäudes, der „Heidenkirche", durchgeführt werden.[20]

Ergebnis
Die geomagnetischen Untersuchungen (Abb. 16) zeigten im Messbild Anomalien, die es nur ansatzweise zulassen, archäologische Strukturen zur Ergänzung der alten Grabungspläne zu verifizieren. Immerhin ließen sich westlich der *principia* parallel zu deren Außenseite ausgerichtete lineare Strukturen erahnen, in denen sich offenbar eine gräbchenartige und eine durch eine Reihung von Pfostenstellungen ausgewiesene Flucht abzeichneten. Tatsächlich fand sich in der hier angelegten Testfläche der dem Hangverlauf folgende Rest einer 30 bis 40 cm breiten Gräbchenstruktur und östlich davon, in

---

18 ORL Abt. A Strecke 3 S. 75; Abt. B Nr. 10. – Saalburg-Jahrb. 7, 1930, 80 f. mit Wiedergabe eines Bildes vom verwüsteten Kastell.
19 Zuletzt E. Löhnig, E. Schallmayer, Zum Abschluss der Sanierung der Kastelle Kleiner Feldberg und Kapersburg. Hessenarchäologie 2005 (Stuttgart 2006) 7–80.
20 E. Löhnig, E. Schallmayer, Sanierungsmaßnahmen im Feldberg-Kastell. Hessenarchäologie 2004 (Stuttgart 2005) 93–96.

Abb. 17 Kastell „Kleiner Feldberg" bei Schmitten-Niederreifenberg, Hochtaunuskreis. Geoelektrisches Messbild.

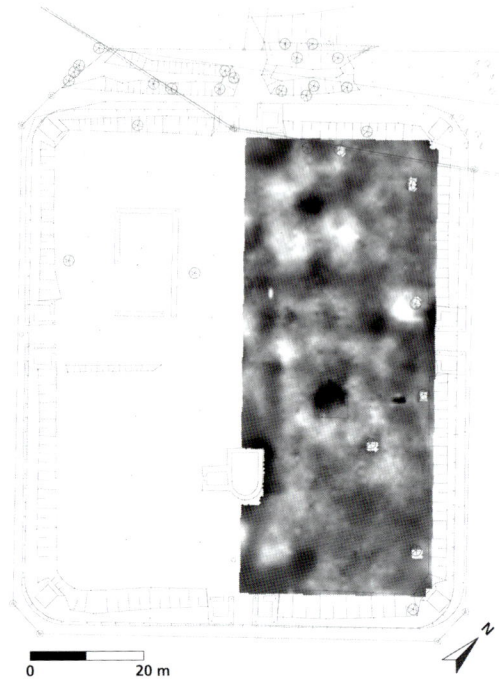

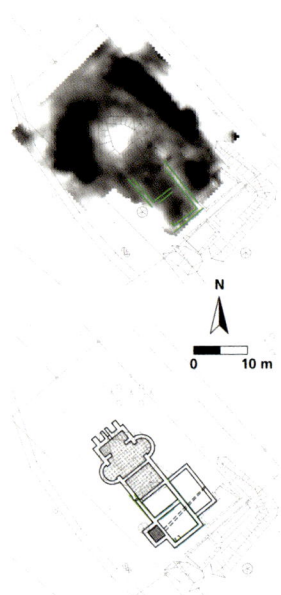

Abb. 18 Kastell „Kleiner Feldberg" bei Schmitten-Niederreifenberg, Hochtaunuskreis. Kastellbad „Heidenkirche". Geoelektrisches Messbild und Umzeichnung.

einem Abstand von etwa 1,2 m zwei Pfostenstandspuren. Westlich des Gräbchens ergab sich in einem Abstand von 1,3 m eine weitere Gräbchenstruktur. Mit aller gebotenen Vorsicht lassen sich in diesen Befunden die Reste von Mannschaftsbaracken sehen, deren Wandgräbchen nur noch wenige Zentimeter tief erhalten waren.

Deutlicher zeichneten sich die Pfostenstellungen der Exerzierhalle des Stabsgebäudes sowie die westliche und östliche Außenwand der Armamentariaflügel ab.

In der Nordwestecke hatte die Geoelektrik mehrere massive Anomalien gezeigt (Abb. 17). Bei der Testgrabung hier ergaben sich im archäologischen Befund nur noch Schotterlagen ohne klar umrissene Grenzen, die in wechselnder Stärke Hang abwärts planiert worden waren. Es handelt sich allem Anschein nach um jene Planierschichten, die entstanden, als in den 1920er-Jahren nach den Verwüstungen durch die französischen Holzeinschläge die Kastellanlage durch Heinrich Jacobi wiederhergestellt wurde. Allem Anschein nach waren die verbliebenen Wurzelstöcke der Bäume tiefgründig ausgehoben – worauf die vielen positiven Anomalien der Geoelektrik hindeuten könnten –, das restliche Kastellgelände „bis auf den Grund" wie es heißt ausgegraben und anschließend kräftig planiert worden.

Die geoelektrische Prospektion im Bereich des Bades (Abb. 18) – hier wurde ausschließlich Geoelektrik eingesetzt – ließ Nordwest-Südost verlaufende Mauern sowie nördlich davor eine große positive Anomalie erkennen, die auf das *praefurnium* der Anlage hinwies. Zusammen mit den noch sichtbaren Mauerresten gelang dadurch eine genaue Lokalisierung der Gesamtanlage, die allerdings in den Jahren seit ihrer Entdeckung sehr stark unter Substanzverlust gelitten hatte. Um das Mauerwerk sanieren zu können, wurde eine nur die oberen Schichten berührende Ausgrabung unternommen.[21] Dabei zeigte sich, dass schon in früheren Zeiten bei der Konservierung des Bades „neues" Mauerwerk auf die antiken Mauern aufgesetzt wurde, um diese besser sichtbar zu machen. Lediglich dieses Mauerwerk wurde – ohne die Originalsubstanz anzugreifen – wieder hergerichtet (Abb. 19).

Kleinkastell „Lochmühle"
bei Friedrichsdorf-Köppern, Hochtaunuskreis

Das Kastell liegt unmittelbar nördlich der L 3041 von Neu-Anspach nach Rodheim vor dem Eingang des Freizeitparks „Lochmühle", ca. 80 m südlich des Erlenbachs, der das Köpperner Tal durchzieht, und etwa 40 m hinter dem Limes. Die Anlage sperrte in der Antike den Talgrund (Abb. 20).

Forschungssituation

Die 22 × 18 m (ca. 400 m²) große Anlage wurde bereits von Rossel beschrieben, von Cohausen 1871 freigelegt, aber wieder zugeschüttet, und nochmals von Louis Jacobi 1894 gegraben.[22] Der Eingang befand sich nach Ausweis einer 3,2 m breiten Unterbrechung des 1,6 m breiten Trockenmauerwerks

21 P. Knierriem, E. Löhnig, Die „Heidenkirche" am Feldberg-Kastell. Hessenarchäologie 2005 (Stuttgart 2006) 80–82.
22 Rossel, Grenzwehr 13, Cohausen, Grenzwall 105, 19 mit Taf. XII, Fig. 1; Jacobi, Saalburg 4 mit Taf. III, Fig. I; Arch. Anz. 1893, 184; ORL Abt. A Strecke 3, 152 f. mit Taf. 11,3.

Abb. 19 Kastell „Kleiner Feldberg" bei Schmitten-Niederreifenberg, Hochtaunuskreis. Kastellbad „Heidenkirche" nach der Sanierung.

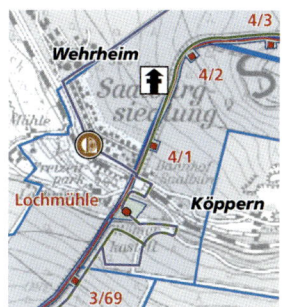

Abb. 20 Kleinkastell „Lochmühle" bei Friedrichsdorf-Köppern, Hochtaunuskreis, nach LEP Hessen.

der Umwehrung an der nordwestlichen Schmalseite des Kastells. Vor der Wehrmauer verlief ein Graben. Bei den Ausgrabungen befanden sich hinter dem Eingang ein Steinpflaster und im hinteren Kastellteil eine Feuerstelle. Jacobi beschrieb „verschiedene Feuer- oder Kochstellen, rohe Steinfundamente von Holzbaracken und Reste von Lehmstakung".[23] Im Herbst 1927 war die Umfassungsmauer noch 0,5 m hoch erhalten (Abb. 21).

Untersuchungsanlass und -zeit

Im Herbst 2004 erwarb die Freizeitpark Lochmühle GmbH das gesamte Kastellgelände mit umgebendem Areal in der Absicht, das Gebiet in den Freizeitpark zu integrieren, wozu eine Einzäunung erfolgte. In Abstimmung mit der Archäologischen Denkmalpflege wurde das Kleinkastell mittels eines archäologischen Rundweges, der das Kastellinnere allerdings nicht berührt, erschlossen. Das Kastellgelände selbst wurde der besseren Sichtbarkeit wegen ausgestockt. Da der Freizeitpark vor allem von Familien mit Kindern im Alter zwischen 4 und 12 Jahren besucht wird, erfolgt an den einzelnen Informationsstationen eine kindgerechte Vermittlung der Römerzeit durch spielerische Module. Für Erwachsene stehen selbstverständlich die üblichen Informationstafeln bereit. Die Gesamtmaßnahme wurde von den Betreibern des Freizeitparks finanziert (Abb. 22). Der Zugang des Kastellgeländes durch den Limeswanderer ist nach Anmeldung an der Kasse des Parks kostenfrei möglich. Vor der

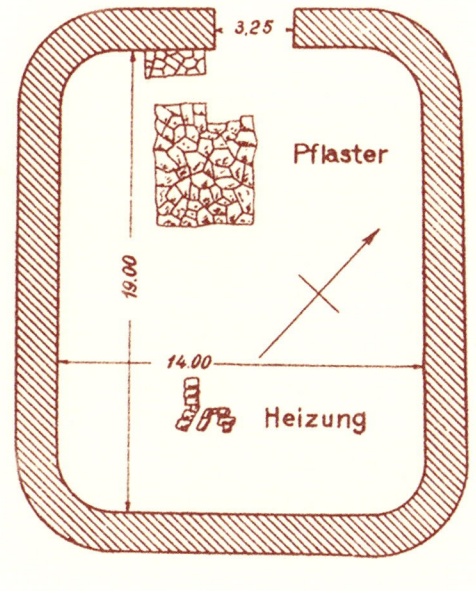

Abb. 21 Kleinkastell „Lochmühle" bei Friedrichsdorf-Köppern, Hochtaunuskreis, nach ORL.

[23] Limesblatt Sp. 324.

Abb. 22 Kleinkastell „Lochmühle" bei Friedrichsdorf-Köppern, Hochtaunuskreis. Archäologischer Rundweg für Kinder und Erwachsene.

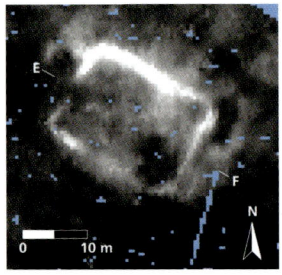

Abb. 23 Kleinkastell „Lochmühle" bei Friedrichsdorf-Köppern, Hochtaunuskreis. Geoelektrisches Messbild.

Anlage des Rundweges erfolgte im Herbst 2004 die geophysikalische Prospektion des Kastellgeländes und seiner unmittelbaren Umgebung. Ziel der Untersuchung war die exakte Lokalisierung der obertägig nur stellenweise sichtbaren Wall- und Grabenstrukturen durch eine Tachymeteraufnahme des Areals sowie die Detektion von obertägig nicht sichtbaren archäologischen Strukturen innerhalb und im direkten Umfeld der Kastellanlage.

Untersuchte Areale und Flächen

Mittels Geomagnetik wurde eine Fläche mit 1876 m², mithilfe der Geoelektik eine solche mit 2313 m² Größe untersucht, anschließend ein Gelände mit 3600 m² geodätisch eingemessen.

Ergebnis

Während die Geomagnetik ein sehr diffuses Bild erkennen ließ, das durch positive Anomalien lediglich den Kastellbereich grob abbildet bzw. durch zahlreiche kleinere Bereiche hoher magnetischer Intensität auf einzelne Metallobjekte zurückzuführen sein könnte, zeigt die Geoelektrik die Wehrmauer des Kleinkastells, besonders dessen Nordostecke und Nordseite, in aller Deutlichkeit (Abb. 23). Die Prospektoren sehen hier eine bessere Erhaltung des Mauerwerks als an den übrigen Kastellseiten. Möglicherweise ist hier aber auch nur ein breiter Mauerversturz zum Hang zu gegeben. Im Inneren zeigen sich auffällige Bereiche vor der Nordostecke des Kastells, unmittelbar hinter dem Kastelltor und entlang der südlichen Innenmauer. Vielleicht gehört die letztgenannte Struktur zu einem hier gelegenen Gebäude – zu erwarten wäre eine Mannschaftsbaracke – während die flächige Anomalie hinter dem Eingang das schon 1871 aufgedeckte Pflaster nachweisen dürfte. In der Nordostecke könnte ein eigener Bau gestanden haben.

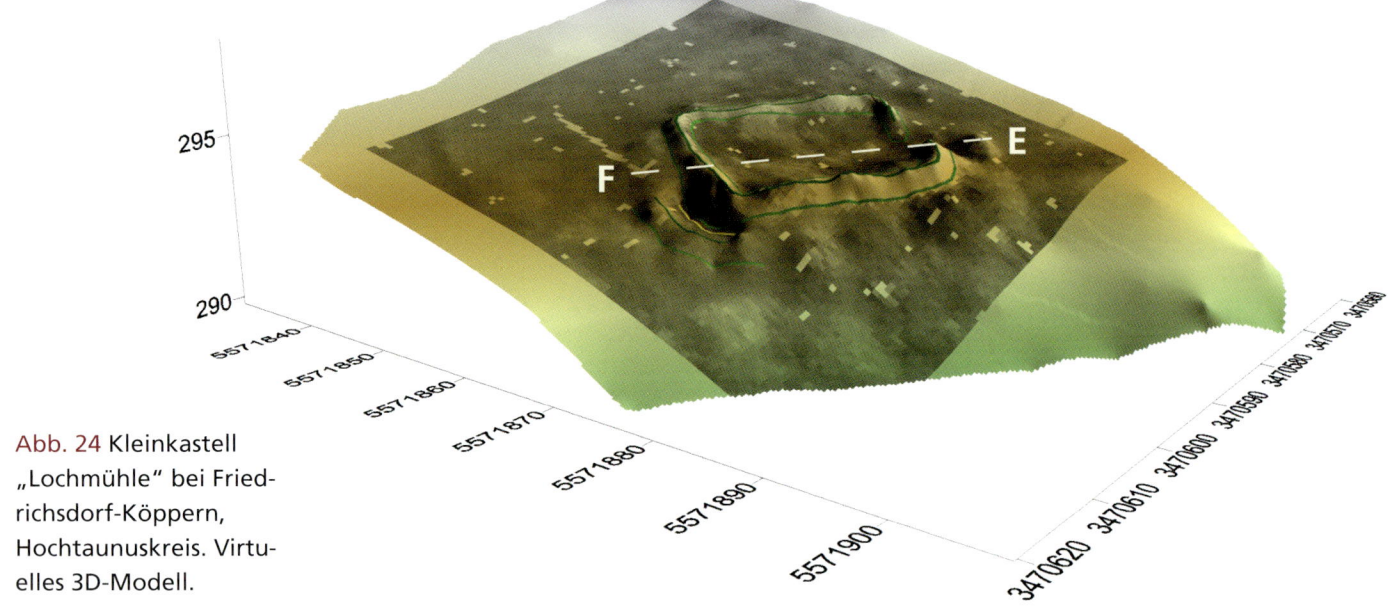

Abb. 24 Kleinkastell „Lochmühle" bei Friedrichsdorf-Köppern, Hochtaunuskreis. Virtuelles 3D-Modell.

Als heller Bereich (= negative Anomalie) ist der Kastellgraben an nahezu allen Kastellseiten erkennbar.

Das auf der Grundlage der topografischen Aufnahme angefertigte dreidimensionale virtuelle Geländemodell (Abb. 24) lässt sehr gut die Erhaltung der Kastellmauer erkennen. Deutlich ist die Unterbrechung durch das Haupttor und ein davor gelegener kleiner Hügel zu erkennen, der sich auch in der Geoelektrik deutlich abgezeichnet hat, aber wohl rezenter Natur ist.

Insgesamt ergibt sich in der Kombination der verwendeten Messmethoden das Bild eines zwar nicht besonders eindrucksvoll erhaltenen aber dennoch deutlich erkennbaren und mit mehreren Innenbauten versehenen Kleinkastells, in dessen unmittelbarer Umgebung keine nennenswerten massiven Bauspuren vorhanden gewesen sind. Von einem regelrechten Lagerdorf dürfte also nicht auszugehen sein. Die Geophysiker betonen, dass alle bei ihren Messungen erfassten Strukturen recht nahe unter der heutigen Oberfläche liegen und deutliche Verfallserscheinungen aufweisen. Durch die Übernahme des Kleinkastells in die Pflege des Freizeitparks Lochmühle ist der Bestand der Anlage im Zustand des Status quo allerdings gewährleistet.

WP 4/47 „Westlich von Punkt 273,4 NN", WP 4/48 „Im Krötenpfuhl" und WP 4/48a „Vor dem Hengel"
bei Pohlheim-Grüningen, Landkreis Gießen

Forschungssituation

WP 4/47 (Abb. 25) wurde von Kofler 1894 gesucht, der im Umfeld aber nur Scherben fand. Fabricius besuchte 1910 die Stelle und fand 110 m nördlich von der Spitze der Holzheimer Gemarkung, „gerade auf dem höchsten Punkt, den der Pfahl erreicht" einen Platz, an dem „in dem sonst steinfreien Boden sehr viele Steine umherliegen".[24]

WP 4/48 wurde im ORL wegen der Entfernung zwischen den gesicherten WP 4/47 und 4/49 von 1700 m im Bereich des Flurgewanns „Im Krötenpfuhl" angenommen. Hier fand Kofler an dem „von Leihgestern in der Richtung auf Dorf Güll" führenden Weg, „der bei Punkt 271,2 den Limes kreuzt" ein eigenartiges rundes Turmgebäude (Abb. 26), das er wegen des rein römischen Fundmaterials an dieser Stelle als Limesturm ansprach. Der Bau bestand „aus einem 0,8 m tief fundamentierten runden Kern mit 5,7 m äußerem und 3,65 m innerem Durchmesser, um den sich, etwas weniger tief fundamentiert, eine zweite Mauer hufeisenförmig herumlegt, die auf der dem Pfahl annähernd parallel laufenden Westseite rechteckig abschließt".[25] Die Anlage befindet sich ca. 20 m hinter dem Limes. Schon Fabricius vermutete, dass es sich bei dem Bau um eine mittelalterliche Warte handeln könnte.

WP 4/48 a wurde wegen der trotz Einschub von WP 4/48 immer noch großen Entfernung zu WP 4/49 „etwa auf der Höhe zwischen dem Ober-Stein- und dem Wart-Berg angenommen."[26] Hier hatte Kofler „hinter dem Pfahlgraben römische Gefäße gefunden und 1896 einen Turm entdeckt." Fabricius vermerkt allerdings, dass genaue Angaben über Erhaltungszustand und Größe nicht vorhanden seien. Die genauere Lokalisierung und Befunddarstellung der genannten Wachposten standen also noch aus.

Abb. 25 WP 4/47 „Westlich von Punkt 273,4 NN", WP 4/48 „Im Krötenpfuhl" und WP 4/48 a „Vor dem Hengel" bei Pohlheim-Grüningen, Landkreis Gießen, nach LEP Hessen.

Abb. 26 WP 4/48 „Im Krötenpfuhl" bei Pohlheim-Grüningen, Landkreis Gießen, nach ORL.

---

24 ORL Abt. A Strecke 4 u. 5, S. 103.
25 Ebda. S 104.
26 Ebda.

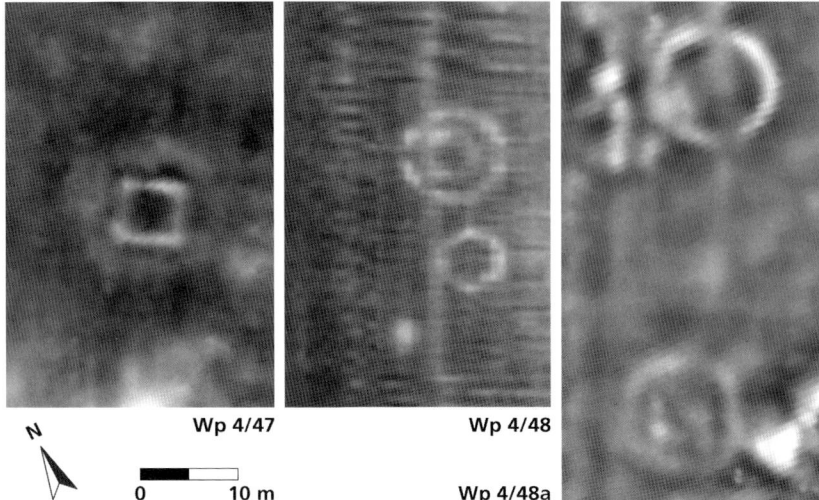

Abb. 27 WP 4/47 „Westlich von Punkt 273,4 NN", WP 4/48 „Im Krötenpfuhl" und WP 4/48 a „Vor dem Hengel" bei Pohlheim-Grüningen, Landkreis Gießen. Geoelektrische Messbilder.

Untersuchungsanlass und -zeit

Im März und August 2005 gab der Oberhessische Geschichtsverein Gießen e. V. eine geophysikalische Prospektion an den beschriebenen Stellen in Auftrag. Dabei war klar, dass diese Limesstrecke eine Überprägung durch eine mittelalterliche Landwehr, die sogenannte „Solmser Landwehr" erfahren hatte.[27] Ziel der Untersuchung waren die Bestimmung der genauen Lage der Türme im Gelände und die Detektion ihres direkten Umfeldes hinsichtlich weiterer Strukturen, die der römischen Grenzbefestigung angehört haben könnten.

Untersuchte Areale und Flächen

Die Limesstrecke verläuft hier in nordost-südwestlicher Richtung ca. 1 bis 1,5 km westlich an Grüningen vorbei. In einem regelmäßigen Abstand von ca. 650 m befinden sich die WP 4/47 bis 48 a im ORL-Kartenwerk eingetragen. Die untersuchten Flächen besaßen dieser Reihenfolge nach 1080 m², 1810 m² und 2110 m², also insgesamt 5000 m². Da der geologische Untergrund unter dem Lößboden basaltische Gesteinsschichten aufweist, wurde auf den Einsatz der Geomagnetik nach einer Testmessung (2400 m²) bei WP 4/48 a, die nicht so ergebnisreich war, verzichtet.

Ergebnis

Bei WP 4/47 (Abb. 27) zeigt sich ein quadratisches Steinturmfundament mit ca. 5 × 5 m Größe inmitten einer weiteren runden Struktur, die wohl als Ringgraben zu interpretieren ist. Eine weitere Anomalie unmittelbar hinter der Südostecke des Turmes könnte vielleicht ein Nebengebäude oder die Reste eines Holzturmes andeuten.

Bei WP 4/48 ist deutlich der von Kofler beschriebene Steinbau zu erkennen, daneben aber ein viereckiges Mauerwerk mit ca. 5 × 5 m Größe, sicherlich der gesuchte Steinturm des Limes, von dem die im ORL genannten römischen Funde stammen dürften, die Kofler bei Ausgrabung des mittelalterlichen Wartturmes fand.

Im Messbild von WP 4/48 a ist eine dem Befund von WP 4/48 sehr ähnliche Erscheinung zu erkennen. Bei der kreisrunden Struktur im nördlichen Teil der Fläche, die von einer linearen Anomalie durchschnitten wird, könnte es sich ebenfalls um die Reste eines Wartturmes handeln, während in der kreisrunden Erscheinung im südlichen Bereich der Fläche der Kreisgraben zu einem Limesturm zu sehen ist, der sich innerhalb des Kreises als Mauergeviert abzeichnet. Ein unmittelbar darunter durch die Flächenkante angeschnittener Befund ließe sich als Kreisgraben wohl eines älteren Holzturmes deuten. Sowohl WP 4/48 als auch WP 4/48 a werden von zahlreichen Anomalien begleitet, so bei ersterer ein rechteckiger „Fleck" südlich der Türme, bei letzterer unmittelbar im südlichen und östlichen Umfeld. Es dürfte sich dabei um Befunde wie Erdkeller oder Grubenhäuser mit Backöfen handeln, wie sie ähnlich bei WP 5/4 am östlichen Wetteraulimes bekannt geworden sind, wenn sie nicht zur mittelalterlichen Landwehr gehören, denn beide Turmstellen werden von parallelen, geradlinigen Strukturen, die in nordost-südwestlicher Richtung verlaufen, durchzogen. Die Prospektoren sehen in diesen Linien eher rezente Erscheinungen, also die die Landwehr begleitenden Wege oder später den Ackerrain begleitende Trampelpfade und Pflugspuren.

---

27 D. Wolff, Die Überformung des Limes im Mittelalter durch die Anlage von Landwehren. In: Schallmayer, Limes imperii Romani 147–161, bes. 154 ff.

Dass die Limeslinie an einigen Abschnitten in Taunus und Wetterau von mittelalterlichen Landwehren als Grenzzug weiter benutzt wurde, ist seit langem bekannt und hat sich auch archäologisch in jüngster Zeit erneut feststellen lassen, wie das Beispiel des Limesschnittes in der Nähe des Kleinkastells „Holzheimer Unterwald" zu erkennen gibt.[28] Dort konnte gemeinsam mit den Bodenkundlern der Universität Gießen festgestellt werden, dass der eigentliche Wallkern des Pfahlgrabens später mit neuem Erdmaterial, das nicht aus dem Limesgraben stammen konnte, erhöht worden ist. Im Mittelalter hatte man die Limeslinie erneut für die Anlage einer Grenze, dieses Mal der Solmser Landwehr wieder verwendet.

Bei einer kleinen Grabung im Jahr 2006 im Bereich von WP 4/37 „Am Griedeler Wald bei Butzbach" (Abb. 28) ließ sich erkennen, dass die Überformung des Limes durch diese mittelalterlichen und frühneuzeitlichen Maßnahmen neue Zustände schaffen konnte. Hier lag der „Stumpfe Turm" (im Plan Nr. 2), ein Wartturm der Solmser Landwehr unmittelbar hinter dem großen Graben, der als Landwehrgraben leicht östlich hinter dem eigentlichen Limes verlief.[29] Nördlich des „Stumpfen Turmes" hatte die Reichs-Limeskommission einen Steinturm angenommen, was aber nach den neuen Untersuchungen nicht stimmen kann, da WP 4/37 – Steinturm östlich der Landwehr, zwischen dieser und dem Pfahlgraben zu liegen kommt (im Plan Nr. 1). Bei der vermeintlichen Steinturmstelle des ORL (Abb. 29) muss es sich also um eine zur Landwehr gehörende Struktur handeln. Bei dem dort im Plan mit Fragezeichen eingetragenen Begleitweg dürfte dies ebenso der Fall sein und würde die ähnlichen, die Kreisgrabenstrukturen von WP 4/48 und WP 4/48 a durchschneidenden Linien als frühneuzeitliche Zutat erklären.

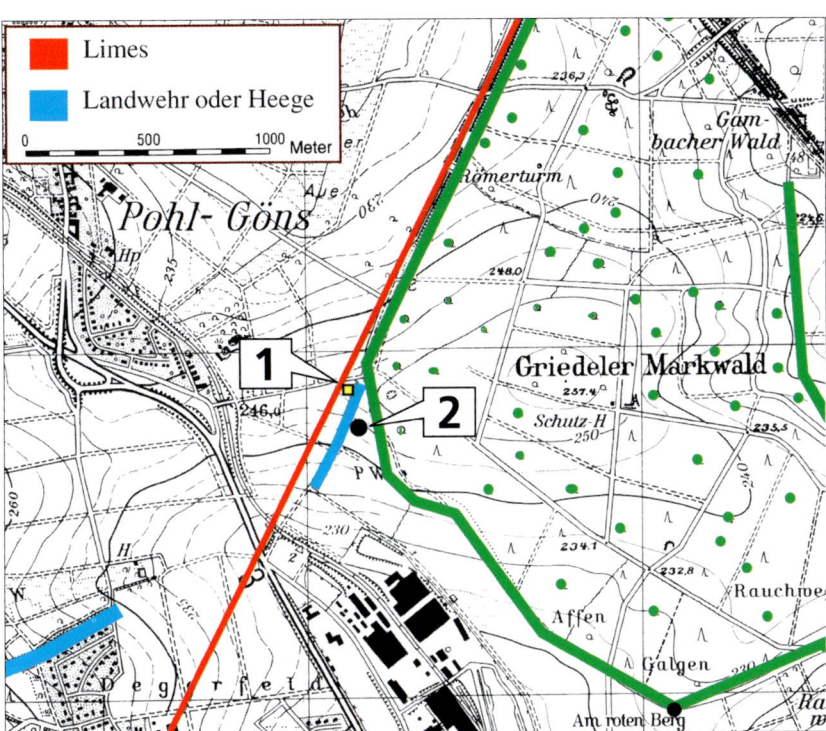

Abb. 28 WP 4/37 „Am Griedeler Wald" bei Butzbach, Wetteraukreis, nach Schunk-Larrabee, Schunk.

Zwei Militärlager südwestlich von Kastell Arnsburg
am Hof Güll, bei Lich-Muschenheim, Landkreis Gießen

Forschungssituation
Im Sommer 1986 wurden bei Luftbildbefliegungen die Strukturen zweier neuer römischer Marschlager festgestellt, der neue Befund wurde im Zuge der Arbeiten zum Aufnahmeantrag Limes an die UNESCO

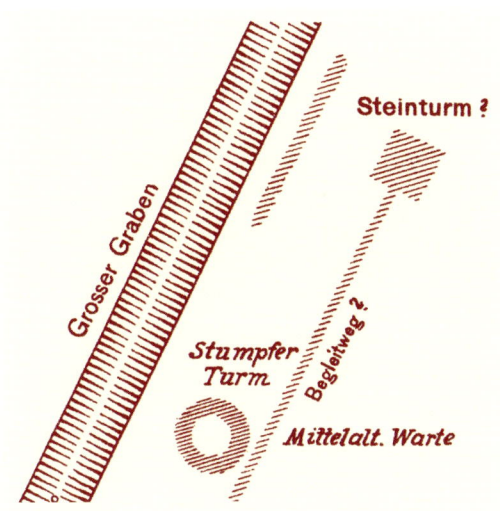

Abb. 29 WP 4/37 „Am Griedeler Wald" bei Butzbach, Wetteraukreis, nach ORL.

---

28 Kühn und Schallmayer, Landwehr.
29 G. Schunk-Larrabee, W. Schunk, Standort des römischen Steinturms (WP 4/37) am Griedeler Wald bei Butzbach. Hessenarchäologie 2006 (Stuttgart 2007) 85 f.

Abb. 30 Militärlager südwestlich von Kastell Arnsburg bei Lich-Muschenheim, Landkreis Gießen. Luftbild von O. Braasch mit einmontierten geomagnetischen Messbildern. Gestrichelt: Lagerumwehrungen.

gesichtet und kurz vorgestellt (Abb. 30).[30]
Im Luftbild war im Westen ein von Nord nach Ost umbiegender dunkler Streifen zu erkennen, der offenbar von einem von Süd nach Ost und wieder nach Süden umbiegenden zweiten Streifen überschnitten wurde. Von Letzterem war noch die südliche Umbiegung nach Osten zu erkennen, sodass ein Lager in Form eines leicht verschobenen Rechtecks mit ca. 230 × 240 m Seitenlänge, d. h. ca. 5,6 ha Innenfläche rekonstruiert werden konnte. Die Anlage erhielt die Bezeichnung Lager 2, die zuvor beschriebene Struktur wurde als Teil eines Lagers 1 aufgefasst.

Untersuchungsanlass und -zeit
Im Winter 2002 beauftragte die Archäologische Denkmalpflege eine geophysikalische Untersuchung, die in zwei Flächen durchgeführt wurde. Angewandt wurde die Geomagnetik, obgleich durch die rezente Störung einer Bahnlinie, die deutlich erkennbar das gesamte Luftbild in einem großen Bogen durchzieht, und durch die nur leichte Lößdecke über Basaltuntergrund mit Beeinträchtigungen der Messungen zu rechnen war.

Untersuchte Areale und Flächen
Beide Flächen liegen ca. 4,5 km südwestlich von Lich, unmittelbar östlich des Hofes Güll an einem schwach geneigten Oberhang (Fläche 1 = Abb. 30 oben rechts) bzw. am Übergang vom Mittel- und Unterhang (Fläche 2 = Abb. 30 unten links), der durch eine deutlich ausgeprägte Geländestufe gekennzeichnet ist. Sie erstrecken sich über ein Areal von jeweils 5 000 m², sodass letztlich genau ein Hektar prospektiert wurde.

Ergebnis
In Fläche 1 gab sich der Lagergraben des Lagers 2 als schwache lineare Struktur zu erkennen. Diese trat weniger als eigenständige Anomalie, sondern eher als Unterbrechung im stark magnetisierenden geologischen Untergrund in Erscheinung. Die Umbiegung der Struktur nach Süden lässt sich entgegen der Berichtsaussagen der Geophysiker deutlich erkennen. Eine weitere, im Abstand von 10 bis 15 m annähernd parallel zu dieser verlaufende Anomalie könnte noch zur Umwehrung gehört haben.

In Fläche 2, die über dem Kreuzungspunkt der ehemaligen Bahnlinie mit den Grabenstrukturen beider Lager angelegt wurde, konnte der Verlauf der antiken Gräben trotz massiver rezenter Störungen dokumentiert werden. Die Südwestecke von Lager 2 scheint sich in der unteren Flächenhälfte anzudeuten, sodass die Rekonstruktion der Lagergröße an Richtigkeit gewinnt. Die Gräbchenstruktur von Lager 1 durchzieht in der Flächenmitte leicht gebogen das Messbild. Obwohl also in Anbetracht der für die Geomagnetik eher ungünstigen geologischen Voraussetzungen eine Interpretation der Messbilder als schwierig prognostiziert wurde, können die Gräben der neuen Lager auch durch diese geophysikalische Methode sehr gut abgebildet werden. Zur weiteren Verdichtung der Ergebnisse insbesondere in Bezug auf Spuren einer etwaigen Innenbebauung müssen weitere Prospektionen abgewartet werden.

Kastell Arnsburg
bei Lich-Muschenheim, Landkreis Gießen

Forschungssituation

Das schon altbekannte Kastell (Abb. 31) für die als Besatzung aufeinander folgenden *cohortes II Aquitanorum equitatata, I Aquitanorum veterana equitata* und *V Dalmatarum* wurde im Herbst 1893 von der Reichs-Limeskommission, Friedrich Kofler, untersucht. Der 185 × 161 m = 3 ha großen Anlage ging an gleicher Stelle ein Holz-Erde-Kastell voraus, von dem allerdings nur wenig bekannt ist. Von der Innenbebauung des Steinkastells ließen sich seinerzeit die *principia*, ein rechts daneben gelegenes *horreum* und ein in der rechten Praetenturaseite gelegenes großes Gebäude, möglicherweise das *praetorium* feststellen. Die *portae praetoria, principalis dextra* und *sinistra* besaßen eine doppelte Durchfahrt, die *porta decumana* besaß nur eine. Neben den Ecktürmen konnten noch 10 Zwischentürme festgestellt werden. Das Lagerdorf des Kastells erstreckt sich vor allem nach Westen, Osten und Süden. An der nach Süden führenden Straße lag ein Bad, beidseits der Straße der Kastellvicus, an den sich ein Gräberfeld anschloss. Ein weiteres Bad lag im Osten vor der *porta praetoria*. Hier auch ein großes Gebäude, das als Unterkunftshaus gedeutet wird. Südöstlich des Kastells wurde am Rand des Lagerdorfs ein Amphitheater im Luftbild entdeckt.[31] Das gesamte Kastellgelände ist abgesehen von dem unvollständig gebliebenen und nur im Chorbereich errichteten Kirchenbau der Benediktiner aus der Mitte des 12. Jahrhunderts inmitten der *praetentura* und einem kleinen, zu Hof Güll gehörenden Friedhofsareal in der Nordostecke völlig unbeeinträchtigt von Bauten und liegt als ehemalige Ackerfläche, jetzt stillgelegt, in offener Flur. Im Jahr 2005 wurden das Gelände des Kastells und große Teile des Lagerdorfs – insgesamt ca. 8 ha Fläche – durch die Archäologische Gesellschaft in Hessen e.V. mit Unterstützung des Landes Hessen angekauft. Mittlerweile wurden ein archäologischer Rundweg mit Beschilderung angelegt und die nach den Ausgrabungen der Reichs-Limeskommission durch den Oberhessischen Geschichtsverein Gießen vorgenommene Restaurierung von Teilen der Nordmauer und der nordwestlichen Kastellecke erneut saniert.

Untersuchungsanlass und -zeit

Luftbildaufnahmen, die in den 1980er-Jahren aufgenommen wurden, ließen die Kastell-

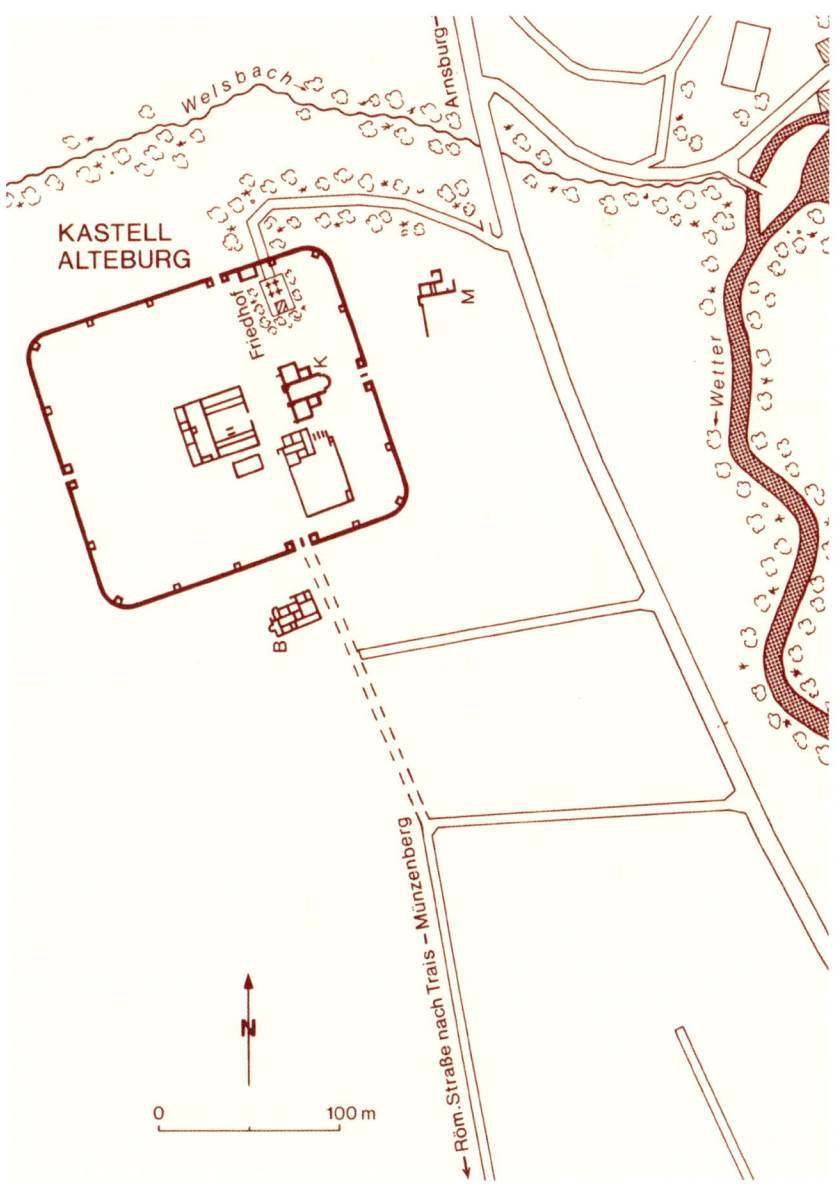

Abb. 31 Kastell Arnsburg bei Lich-Muschenheim, Landkreis Gießen, nach ORL.

30 S. Bender, Schon wieder römische Lager – Neue Befunde nördlich des Kastells Arnsburg bei Lich-Muschenheim. Hessenarchäologie 2001 (Stuttgart 2002) 72 f.
31 ORL Abt. B Nr. 16. – RiH2 228–230. – S. Bender, Ein Amphitheater im Lagerdorf des Kastells Arnsburg – Wiederentdeckung und Deutung einer Entdeckung. Hessenarchäologie 2004 (Stuttgart 2005) 100–103.

Abb. 32 Kastell Arnsburg bei Lich-Muschenheim, Landkreis Gießen. Virtuelles 3D-Modell mit Eintragung der geophysikalisch gemessenen Flächen.

Abb. 33 Kastell Arnsburg bei Lich-Muschenheim, Landkreis Gießen. Geomagnetisches Messbild.

strukturen, vor allem die Umwehrung und die steinernen Innenbauten mit aller Deutlichkeit hervortreten, ebenso die des Lagerdorfs und einer sich nordwestlich unterhalb des Kastellplateaus befindlichen, ausgedehnten römischen Villenanlage. Nachdem nun das gesamte Areal sozusagen in öffentlichen Besitz überführt worden ist, wird nach und nach eine systematische geophysikalische Prospektion des ganzen Geländes vorgenommen, um auf zerstörungsfreiem Wege weitere Einzelheiten der Innenbebauung gewinnen zu können. Da der Bodenuntergrund im Kastellbereich aus tertiären Vulkaniten (Basalt) besteht (in der geologischen Karte die dunkelgelben, längsgestreiften Flächen), was sich vor allem auf die geomagnetische Messmethode ungünstig auswirken kann, andererseits aber besonders im Lagerdorfbereich äolische Ablagerungen (= Löß, in der geologischen Karte die hellgelbe Fläche) vorkommen, sollte mit Versuchsflächen getestet werden, welche Methode an welcher Stelle am besten anspricht.

Untersuchte Areale und Flächen

Daher wurden im November 2006 auf Veranlassung des Vorstandes der Archäologischen Gesellschaft in Hessen e. V. zwei Testflächen (Abb. 32) angelegt, und zwar Fläche 1, 5 × 50 m = 2 500 m² messend, über der *porta praetoria* des Kastells und Fläche 2, 100 × 50 m = 5 000 m² groß, über einem etwa 100 m südlich der Südostecke des Kastells im Lagerdorf gelegenen Bereich. In Fläche 1 wurde zudem ein kleineres Areal von 20 × 40 m = 800 m² Größe mittels Bodenradar untersucht. Mithilfe des Bodenradars lassen sich gegenüber der Geomagnetik und Geoelektrik weitergehende Informationen besonders zur Tiefenlage der angetroffenen Befunde und damit zu deren Erhaltungszustand gewinnen.

Ergebnis

Man erkennt, dass die Geomagnetik auf dem „Basaltgelände" von Fläche 1 über der *porta praetoria* (Abb. 33) lediglich die geologischen Formationen abbildet, archäologische Einzelheiten sind so gut wie gar nicht zu erkennen. Dagegen lassen sich die Strukturen im Lagerdorf, allem Anschein nach die von Streifenhäusern mit Stein- und Holzkellern, in der lößbedeckten Fläche 2 sehr schön erkennen. Man sieht, wie der Steinkeller unter dem *porticus* eines Streifenhauses zu liegen kommt und sich unmittelbar darüber leicht zurückgesetzt wohl ein Holzkeller abzeichnet.

Die Aufnahme des Bodenradars (Abb. 34) in Fläche 1 zeigen die Konturen der *porta praetoria* sehr schön. Hier nicht gezeigte weitere Graustufenrasterbilder machen darüber hinaus deutlich, dass sich das Mauerwerk des Haupttores vor allem in den Tiefenstufen 0,4 bis 1,4 m abzeichnet. Dies entspricht in etwa dem Bericht im ORL, wo beschrieben wird, dass die Fundamentmauern der Umwehrung insgesamt noch bis in eine Tiefe von 1,2 m angetroffen werden konnten.

Schließlich zeichnen sich die antiken Baustrukturen in der geoelektrischen Messung (Abb. 35) der beiden Flächen besonders gut ab.

Insgesamt zeigen die Ergebnisse der geophysikalischen Messungen am Kastell Arnsburg, dass mit der kombinierten Anwendung verschiedener geophysikalischer Methoden weiterführende Erkenntnisse zur Ergänzung des Kastell- und Lagerdorfplans zu erzielen sind, ohne dass das Bodendenkmal durch großflächige Ausgrabungen zerstört wird.

Abb. 34 Kastell Arnsburg bei Lich-Muschenheim, Landkreis Gießen. Bodenradar-Messbild.

Abb. 35 Kastell Arnsburg bei Lich-Muschenheim, Landkreis Gießen. Geoelektrisches Messbild.

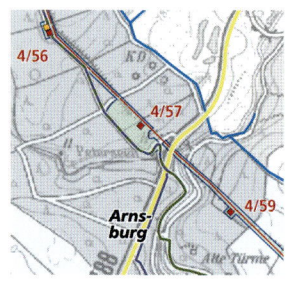

Abb. 36 Limesabschnitt bei WP 4/56 „Am Kolhäuser Kopf", WP 4/57 „Auf dem Seeberg" und WP 4/58 „Amtswiese" bei Lich-Arnsburg, Landkreis Gießen, nach LEP Hessen.

Abb. 37 Limesabschnitt bei WP 4/56 „Am Kolhäuser Kopf", WP 4/57 „Auf dem Seeberg" und WP 4/58 „Amtswiese" bei Lich-Arnsburg, Landkreis Gießen, nach Schönberger.

Zwischen WP 4/56 „Am Kolhäuser Kopf"
und dem vermuteten

WP 4/57 „Auf dem Seeberg" bzw. „Im Lauterbachswäldchen"
und im Bereich des ebenfalls angenommenen

WP 4/58 „Amtswiese"
unmittelbar östlich der Wetter gegenüber den „Peterseen" bei Lich-Arnsburg, Landkreis Gießen.

Forschungssituation
Der Limesverlauf ist bis unmittelbar nordwestlich des Wettertales im Gelände sehr gut erhalten. Im westlichen Talgrund der Wetter konnte erst Fabricius 1919 den genauen Ver-

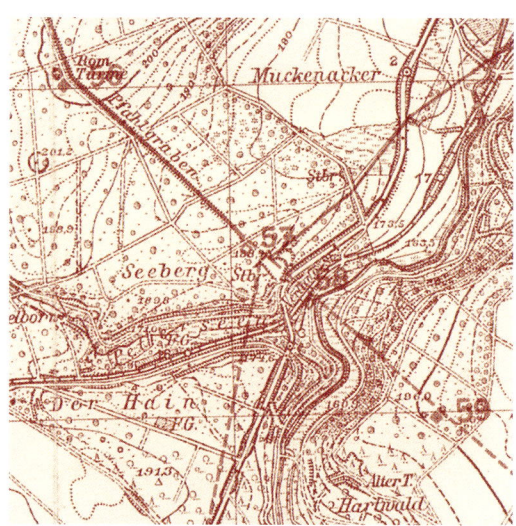

lauf nachweisen, ohne aber den in der Nähe vermuteten WP 4/57 „Auf dem Seeberg" auffinden zu können. Der Pfahl zog von der Höhe des „Seebergs" geradlinig in das Wettertal hinunter, dessen Grund er bei der sogenannte „Amtswiese" in der Flussaue erreicht. Der hier zu ergänzende WP 4/58 ließ sich bis

32 ORL Abt. A Strecke 4 S. 112, 117.
33 H. Schönberger, Untersuchungen am Limes bei Kastell Arnsburg. Saalburg-Jahrb. 22, 1965, 14–16.
34 S. Bender, Die Doppelpalisade am Limes im Vorfeld des Kastells Arnsburg. In: Schallmayer Limes – Imperii Romani 47–54. – E. Schallmayer, Untersuchungen an WP 4/70/71 „Hehlingsgrund" bei Hungen. Hessenarchäologie 2005 (Stuttgart 2006) 85–87.

heute noch nicht auffinden. Oberhalb des Talgrundes ist der Limeswall auf eine größere Strecke wieder gut erkennbar und WP 4/59 auch durch die Untersuchungen von Fabricius 1919 nachgewiesen (Abb. 36).[32]

Untersuchungsanlass und -zeit
Der Verlauf des Limes lässt sich im Bereich des Übergangs über die Wetter also nur anhand der Ausrichtung der Gesamtanlage und der Untersuchungen H. Schönbergers im Jahr 1952 rekonstruieren (Abb.37).[33] Es stellte sich die Frage, ob die Grenzanlagen im Auengelände überhaupt ausgebaut worden waren. Darüber hinaus sollte im Bereich des angenommenen WP 4/57 untersucht werden, ob hier eine einfache oder doppelte Palisadenreihe vorhanden war. Letztere war bei Luftbildaufnahmen südöstlich der Wetter bei Birklar an WP 4/61 „Auf dem Weinberg" und bei Ausgrabungen des WP 4/70/71 „Hehlingsgrund" bei Hungen im Jahr 2005 festgestellt worden.[34] Darüber hinaus sollten unmittelbar östlich der Wetter im Bereich des hier angenommenen WP 4/58, die Limeslinie wieder aufgenommen und den Resten der Turmstelle nachgespürt werden. Im November und Dezember 2005 wurden an beiden genannten Stellen im Auftrag der Archäologischen Denkmalpflege geophysikalische Untersuchungen durchgeführt.

Untersuchte Areale und Flächen
Fläche 1 (Abb. 38) wurde in einer Größe von 75 × 30 m = 2250 m² westlich des Wettertals, etwa 2,5 km südwestlich von Lich unterhalb des „Kolnhäuser Kopfes" gelegen, untersucht, Fläche 2 (Abb. 39) in einer Größe von 65 × 40 m = 2700 m² unmittelbar östlich der Wetter unterhalb der B 488 im Talgrund und etwa 2,5 km südwestlich von Lich entfernt, prospektiert, jeweils mittels der Geomagnetik. Die angetroffenen Strukturen wurden anschließend geodätisch eingemessen.

Ergebnis
In Fläche 1 zeichnete sich der Limeswall entlang der westlichen Flächenkante als durchgängige lineare Anomalie ab, und zwar nur

die nördliche Flanke des Walls, da dieser zur Hälfte im Messbild zu liegen kam – man erkennt das an den Profilaufnahmen. Auffallend ist daneben vor allem der lineare Bereich negativer Messwerte, die den Verlauf des Limesgrabens nachvollziehen lassen, und darauf nördlich folgende positive Anomalien wechselnder Intensität, die als Anzeiger für das Palisadengräbchen gedeutet werden können. Da eine weitere Struktur dieser Art im Messbild nicht beobachtet werden kann, ist davon auszugehen, dass sich in diesem Bereich keine zweite Palisade wie bei Birklar oder Hungen befand. Ebenso ließ sich kein Hinweis auf einen innerhalb der Fläche gelegenen Wachpostenstandort finden. Dies war allerdings auch nicht zu erwarten, da das gemessene Areal nur bis zur Mitte des Limeswalls reichte und nicht mehr das Gelände hinter dem Limes einschloss. Hier müsste also zukünftig bei einer weiteren Messung auf dem Areal hinter dem Wall Klarheit geschaffen werden.

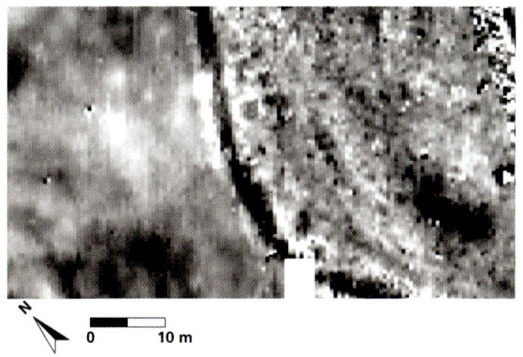

In Fläche 2 scheint sich die römische Grenzbefestigung auf den ersten Blick nicht abzuzeichnen. An einigen Stellen lassen sich jedoch Unregelmäßigkeiten im Verlauf der bodenkundlich-geologischen Strukturen erkennen. Diese werden möglicherweise von einer sehr schwachen, linearen, etwa Nordwest-Südost ausgerichteten Anomalie verursacht. Ob es sich dabei um den Limes handelt, kann allein aufgrund der geomagnetischen Messergebnisse nicht sicher beurteilt werden, zumal Ausrichtung und Lage der Strukturen – wenn sie denn zum Limes gehörten – einen leichten Knick der Grenzlinie im Bereich des

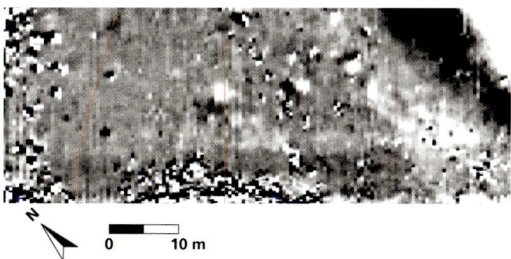

Wetterübergangs andeuten würden. Die Stelle müsste also nochmals großräumiger mittels Geoelektrik oder Borkernanalysen untersucht werden.

WP 5/4 „An der Alten Rüdigheimer Hohle"
bei Neuberg-Ravolzhausen, Main-Kinzig-Kreis

Die geomagnetische Untersuchung der Wachturmstelle und ihrer unmittelbaren Umgebung von WP 5/4 „In der alten Rüdigheimer Hohle" bei Neuberg-Ravolzhausen am östlichen Wetteraulimes (Abb. 40) schuf die Voraussetzungen für den weiteren grabungstechnischen und denkmalpflegerischen Umgang mit dem Gelände, das innerhalb eines Neubaugebietes „Am Limes III" zu liegen kam.[35] Hier konnte die gezielte Anlage von Grabungsflächen erfolgen, bei denen schöne neue Erkenntnisse zutage kamen. Darüber hinaus ließen sich ohne weitere Zerstörungen Holz- und Steinturmstelle sowie der Verlauf des Limes als Grünflächen in das Neubaugebiet integrieren. Bei den Verhandlungen mit allen Beteiligten, die zu einem guten Ergebnis führten, war die Vorlage der geophysikalischen Messbilder außerordentlich hilfreich. Die im Boden verborgenen archäologischen Befunde ließen sich dadurch auch für den Nichtfachmann einsichtig nachvollziehen.

Vermutete Wachturmstelle am Mainlimes bei Seligenstadt –
Klein-Welzheim, Kreis Offenbach

Aufgrund einiger römischer Lesefunde, die auf dem Ackergelände im Bereich des Flurgewann „Storchhecke" südlich von

Abb. 38 Limesabschnitt bei WP 4/56 „Am Kolhäuser Kopf", WP 4/57 „Auf dem Seeberg" und WP 4/58 „Amtswiese" bei Lich-Arnsburg, Landkreis Gießen. Geomagnetisches Messbild Fläche 1 (zwischen WP 4/56 und 4/57).

Abb. 39 Limesabschnitt bei WP 4/56 „Am Kolhäuser Kopf", WP 4/57 „Auf dem Seeberg" und WP 4/58 „Amtswiese" bei Lich-Arnsburg, Landkreis Gießen. Geomagnetisches Messbild Fläche 2 (im Bereich von WP 4/58).

35 Schallmayer, Ausgrabungen an WP 5/4.

Abb. 40 WP 5/4 „An der alten Rüdigheimer Hohle" bei Neuberg-Ravolzhausen, Main-Kinzig-Kreis. Geomagnetisches Messbild.

Kleinwelzheim im Winter 1989 aufgelesen wurden, vermutete man an dieser Stelle den Standort eines Wachturms des Mainlimes.[36] Eine hier im Jahr 2006 durchgeführte geomagnetische Prospektion, die sich immerhin über ein Areal von ca. 8 ha erstreckte, ergab allerdings keinerlei Aufschlüsse, die auf einen Limesturm hinwiesen. Ein solcher muss – zumindest an dieser Stelle – ausgeschlossen werden.

Fazit

Wie die aufgeführten Beispiele, die in den nächsten Jahren noch ergänzt werden sollen, zeigen, lassen sich durch systematische und klar definierte Aufnahmen des Limes und seiner Anlagen mittels geophysikalischer Prospektionsmethoden zerstörungsfrei neue Erkenntnisse zum Aussehen des Bodendenkmals gewinnen. Die an vielen Stellen noch unvollständig gebliebenen Erkenntnisse der Reichs-Limeskommission können durch die neu gewonnenen Details zu den einzelnen Limesabschnitten und -anlagen ergänzt werden. Die genaue Lokalisierung ermöglicht detailliert den verstärkten Schutz des UNESCO-Welterbes. Bodeneingriffe werden vermieden, bzw. dort, wo sie sich aus übergeordneten Gründen nicht vermeiden lassen, können sie auf „gezielte archäologische Eingriffe" minimiert werden. Zukünftig sollte daher ein besonderes Augenmerk auf der Anwendung dieser die Denkmalsubstanz erhaltenden Methoden liegen. Die mittels der geophysikalischen Untersuchungen am ganzen Limes in Deutschland gewonnenen neuen Erkenntnisse sollten – einer Anregung

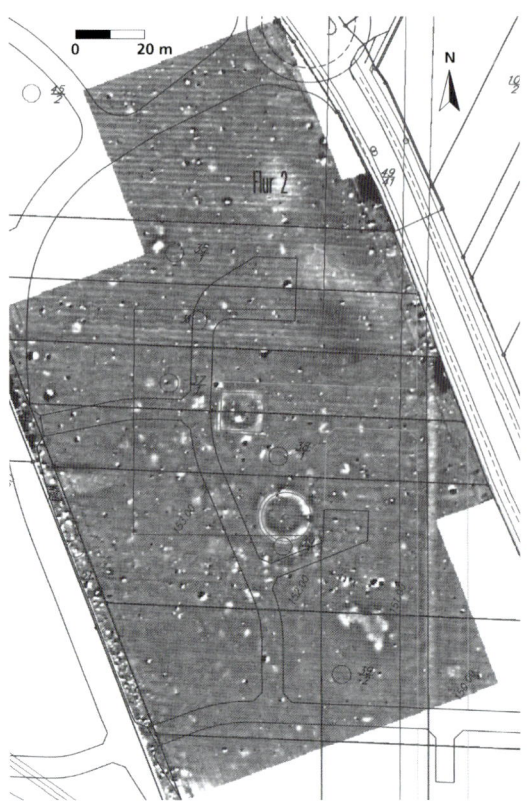

aus dem Lager der naturwissenschaftlichen Prospektionsunternehmen entsprechend – in einen „Atlas der geophysikalischen Untersuchungen am Obergermanisch-Raetischen Limes" münden, der die Ergebnisse des von der Reichs-Limeskommission erarbeiteten Limeswerks (ORL) ergänzt.

Prof. Dr. Egon Schallmayer
Archäol. und Paläontol. Denkmalpflege,
Schloss Biebrich – Ostflügel,
Landesamt für Denkmalpflege Hessen
65203 Wiesbaden
E-Mail:
e.schallmayer@denkmalpflege-hessen.de

---

36 Fundber. Hessen 31, 1991, 348. – Bender, Limesentwicklungsplan Hessen OF-6.

Literaturverzeichnis:

BAATZ, Limes
Der römische Limes. Archäologische Ausflüge zwischen Rhein und Donau. Berlin 2000.

BENDER, Limesentwicklungsplan Hessen
S. Bender, Limesentwicklungsplan Hessen. Maßnahmenkatalog zur Bewahrung, Forschung, Präsentation und Erschließung der ehemaligen römischen Reichsgrenze in Hessen (Wiesbaden 2005).

COHAUSEN, Grenzwall
C. A. von Cohausen, Der römische Grenzwall in Deutschland (Wiesbaden 1884).

JACOBI, Saalburg
L. Jacobi, Das Römerkastell Saalburg bei Homburg vor der Höhe (Homburg v. d. H. 1897)

KÜHN UND SCHALLMAYER, Landwehr
P. Kühn u. E. Schallmayer, Limes und Landwehr – neue Forschungen zum Verständnis eines Bodendenkmals. Hessenarchäologie 2005 (Stuttgart 2006) 88–91.

ORL
E. Fabricius, F. Hettner, O. von Sarwey (Hrsg.), Der Obergermanisch-Raetische Limes des Roemerreiches. Abteilungen A und B. Lieferungen I–LVI (Berlin/Leipzig 1894 ff.).

POSSELT, ZICKGRAF, DOBIAT, Geophysik und Ausgrabung
M. Posselt, B. Zickgraf u. C. Dobiat (Hrsg.), Geophysik und Ausgrabung. Einsatz und Auswertung zerstörungsfreier Prospektion in der Archäologie. Internationale Archäologie: Naturwissenschaft und Technologie 6 (Rahden/Westf. 2007).

RiH
D. Baatz, F.-R. Herrmann, Die Römer in Hessen. 2. Aufl. (Stuttgart 1989).

ROSSEL, Grenzwehr
Karl Rossel, Die römische Grenzwehr im Taunus (Straßburg 1872).

SCHALLMAYER, Ausgrabungen an WP 5/4
E. Schallmayer, Archäologische Ausgrabungen an WP 5/4 „An der alten Rüdigheimer Hohle" bei Ravolzhausen, Gemeinde Neuberg. In: A. Thiel (Hrsg.), Forschungen zur Funktion des Limes. 3. Fachkolloquium der Deutschen Limeskommission 17./18. Februar 2005 in Weißenburg i. Bay. Beiträge zum Welterbe Limes 2 (Stuttgart 2007) 56–81.

SCHALLMAYER, Limes imperii Romani
E. Schallmayer (Hrsg.), Limes imperii Romani. Beiträge zum Fachkolloquium „Weltkulturerbe Limes" November 2001 in Lich-Arnsburg. Saalburg-Schriften 6 (Bad Homburg. d. H. 2004)

Abbildungsnachweis

Abb. 1 Limesentwicklungsplan Hessen (G. Preuß); Abb. 2 ORL Strecken 2–4; Abb. 3 Posselt u. Zielgraf Prospektionen GbR; Abb. 4 Limesentwicklungsplan Hessen (G. Preuß); Abb. 5, 6 Posselt u. Zielgraf Prospektionen GbR; Abb. 7 Limesentwicklungsplan Hessen (G. Preuß); Abb. 8 ORL Strecken 2–4; Abb. 9 Posselt u. Zielgraf Prospektionen GbR; Abb. 10 Limesentwicklungsplan Hessen (G. Preuß); Abb. 11, 12 ORL Strecken 2–4; Abb. 13, 14 Posselt u. Zielgraf Prospektionen GbR; Abb. 15 ORL Abt. B Nr. 10; Abb. 16–18 Posselt u. Zielgraf Prospektionen GbR; Abb. 19 E. Schallmayer; Abb. 20 Limesentwicklungsplan Hessen (G. Preuß); Abb. 21 ORL Strecken 2–4; Abb. 22 E. Schallmayer; Abb. 23, 24 Posselt u. Zielgraf Prospektionen GbR; Abb. 25 Limesentwicklungsplan Hessen (G. Preuß); Abb. 26 ORL Strecken 2–4; Abb. 27 Posselt u. Zielgraf Prospektionen GbR; Abb. 28 Nach G. Schunk-Larrabee; Abb. 29 ORL Strecken 2–4; Abb. 30 Posselt u. Zielgraf Prospektionen GbR; Abb. 31 ORL Abt. B Nr. 16; Abb. 32–35 Posselt u. Zielgraf Prospektionen GbR; Abb. 36 Limesentwicklungsplan Hessen (G. Preuß); Abb. 37 ORL Strecken 2–4; Abb. 38–40 Posselt u. Zielgraf Prospektionen GbR.

COHORTES TREVERORUM AM TAUNUSLIMES? ZUR BESATZUNG DER KASTELLE ZUGMANTEL UND HOLZHAUSEN

Von Marcus Reuter

Im Jahr 1909 erschien in der Reihe „Der Obergermanisch-Raetische Limes des Roemerreiches" der umfangreiche Band zum Kastell Zugmantel[1], wo zwischen den Jahren 1894 und 1908 an Lager und Vicus großflächige Ausgrabungen vorgenommen worden waren. Der Stützpunkt war zunächst als 0,7 ha große Holz-Erde-Schanze angelegt worden (Abb. 1) und wurde später auf eine Größe von 1,1 ha erweitert. Noch im 2. Jahrhundert erfolgte ein weiterer Ausbau des Lagers auf 1,7 ha (Abb. 2), das nun mit einer steinernen Wehrmauer umgeben wurde, bevor dann im frühen 3. Jahrhundert die letzte Vergrößerung auf schließlich 2,1 ha Grundfläche stattfand (Abb. 3)[2].

Während die Besatzungen der älteren Kastellanlagen noch unbekannt sind – wahrscheinlich bestanden diese aus kleineren wechselnden Detachements[3] – glaubten L. Jacobi und der Bearbeiter des Fundmaterials, W. Barthel, die Garnisonstruppe des jüngsten Lagers sicher identifizieren zu können: „Als Besatzung ist für die Zeit des Severus Alexander und des Maximinus eine Kohorte von Treverern bezeugt. Auf der Inschrift vom Jahr 223 nannte sie sich [coh…] Treveror[um Severi]ana Alexandriana e{q}(quitata) [sic!], auf derjenigen von 237/38 [coh…] Trev(erorum) Max[iminia]na, die Ordnungszahl ist auf beiden Steinen zerstört".[4]

In den beiden zitierten Inschriften ist allerdings nicht nur die Ordnungszahl, son-

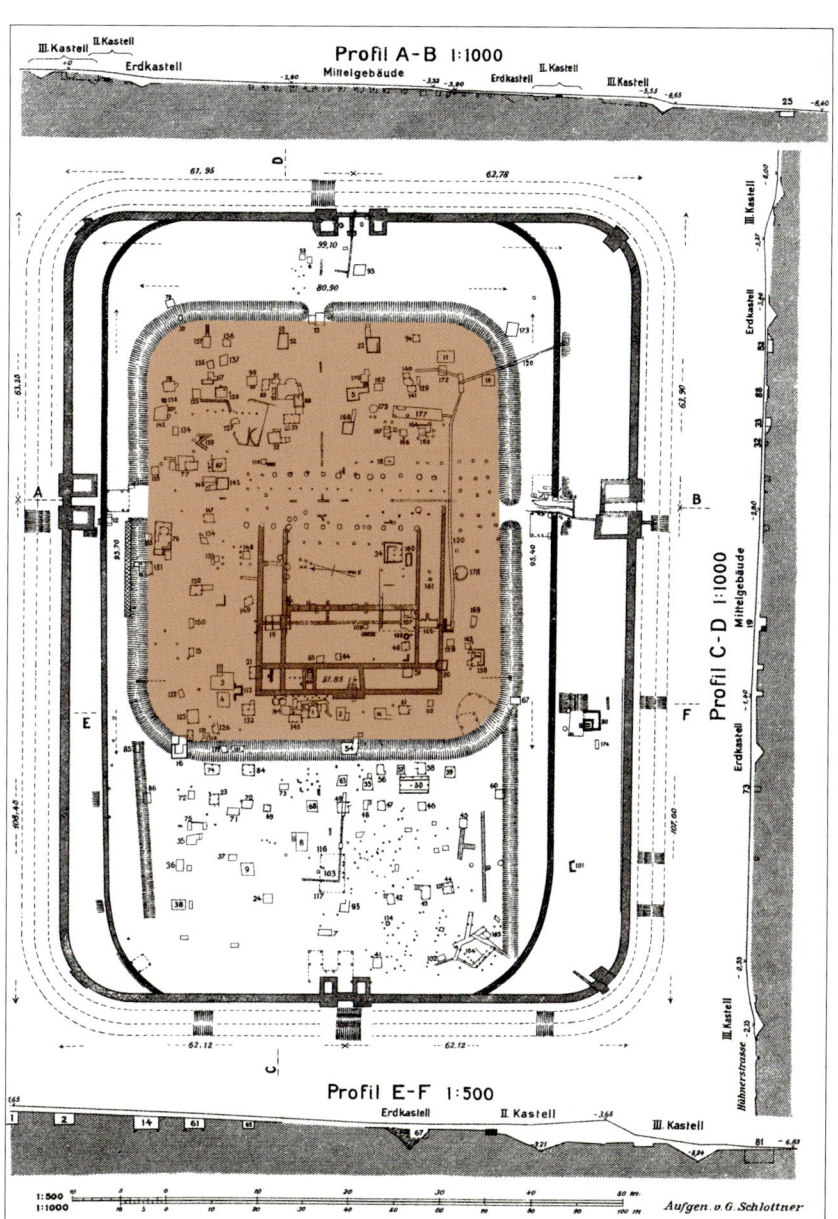

Abb. 1 Kastell Zugmantel, älteste Bauphase (o. M.).

dern auch die Angabe zur Truppenorganisation der Treverer zerstört. Dass diese tatsächlich als Kohorte formiert waren, lässt auch aus dem übrigen epigrafischen Material des Platzes allerdings nicht sicher erschließen. Trotz des fragmentarischen Zustandes der

---

1 L. Jacobi, Das Kastell Zugmantel. ORL Abt. B Nr. 8 (Heidelberg 1909).
2 Über die absolut chronologische Einordnung der einzelnen Bauphasen bestehen differierende Auffassungen; diese Problematik ist jedoch für die vorliegende Fragestellung ohne Belang. Verwiesen sei hier nur auf die Arbeiten von Sommer, Kastellvicus und Kastell 471–483 sowie auf Kortüm, Datierung 35.
3 Darauf deuten zumindest mehrere Graffiti hin, die u.a. *vexillarii* sowie *exploratores* nennen; vgl. M. Reuter, Studien zu den *numeri* des römischen Heeres in der Mittleren Kaiserzeit. Ber. RGK 80, 1999, 553.
4 Jacobi, Zugmantel 40 u.106.

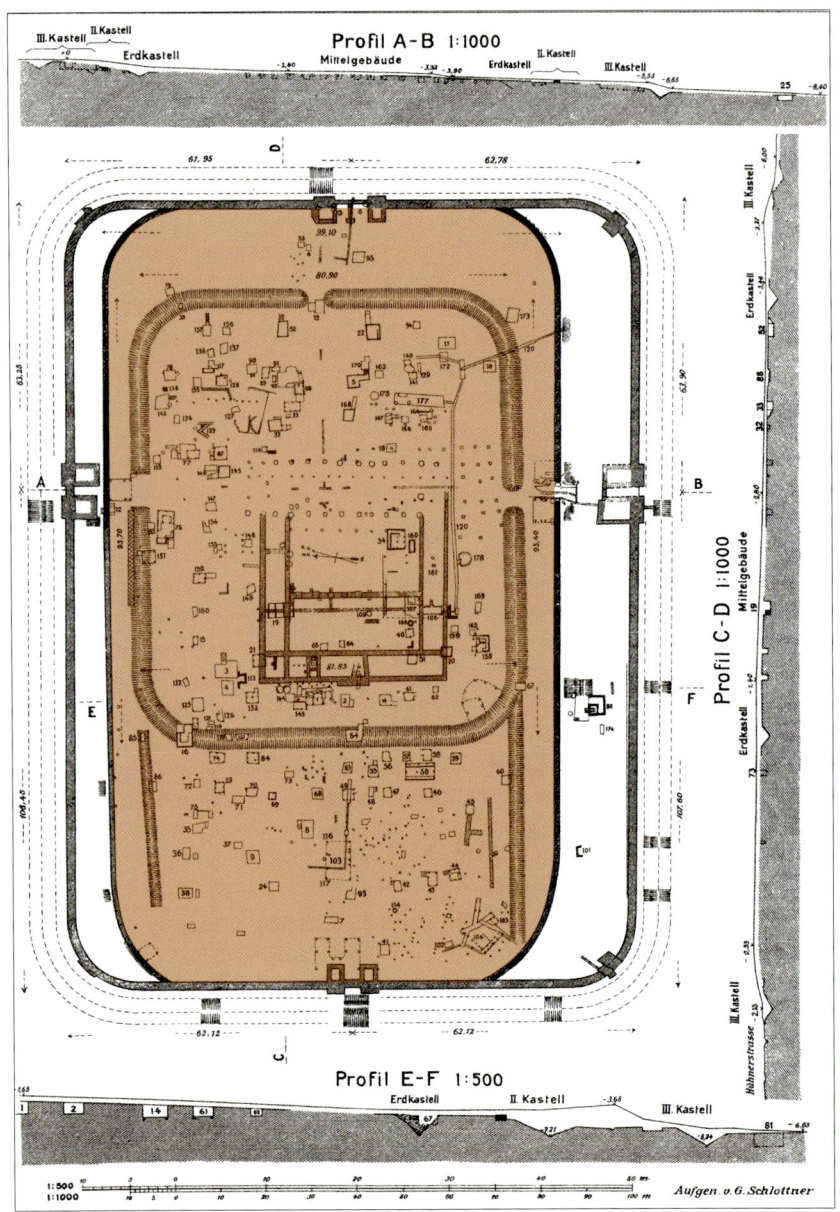

Abb. 2 Kastell Zugmantel, Steinkastell 1 (o. M.).

mit dem Verweis auf den westlich benachbarten Stützpunkt in Holzhausen: „Wir kennen nur eine *cohors II Treverorum* als Besatzung des Nachbarkastells Holzhausen, die dort auf der Bronzebuchstabeninschrift von 213 *c[oh. II A]nton[in]iana Tre(verorum)* und auf einem Stein *[c]oh. II Seve[ria]na T[r]ev[eror]um* heisst"[5]. Da eine weitere Trevererkohorte in der römischen Armee nirgends bezeugt war, schien die Vermutung berechtigt, das Zugmantelkastell als Garnison der *cohors I Treverorum* anzusprechen. Diese Annahme schien sich mit der Entdeckung von sieben kleineren Fragmenten einer Dolichenus-Inschrift mit mutmaßlicher Nennung der Treverkohorte endgültig zu bestätigen[6]. Seither gilt die Existenz einer *cohors I Treverorum equitata* im Kastell Zugmantel bzw. einer *cohors II Treverorum* im Kastell Holzhausen ab spätseverischer Zeit als zweifelsfrei erwiesen.[7]

Obwohl die von L. Jacobi und W. Barthel 1908 vorgeschlagenen Textrekonstruktionen einige Schwächen aufweisen, wurden die daraus gezogenen Schlussfolgerungen seither nie mehr kritisch hinterfragt. Bei einer erneuten Beschäftigung mit den Inschriftfragmenten stellten sich jedoch einige Zweifel ein, ob aus dem vorhandenen Material tatsächlich auf die Existenz einer *cohors I Treverorum equitata* im Zugmantelkastell geschlossen werden kann. Dies gilt in gleichem Maße auch für die Treverer-Inschriften vom Kastell Holzhausen, die L. Pallat im Jahr 1904 veröffentlicht hat[8]. Im Folgenden sollen daher die betreffenden epigrafischen Zeugnisse aus beiden Kastellen noch einmal kurz vorgestellt werden und die daraus resultierenden Erkenntnisse für die Besatzungsgeschichte der Lager diskutiert werden.

Inschriften gingen L. Jacobi und W. Barthel noch einen Schritt weiter und postulierten eine *cohors I Treverorum* als Besatzung des Zugmantelkastells. Sie begründeten die Anwesenheit einer ersten Treverkohorte

---

[5] Ebda. 40.
[6] H. Jacobi, Das Heiligtum des Juppiter Dolichenus auf dem Zugmantel. Saalburg-Jahrbuch VI, 1914–24, 168–183; bes. 172 f. Zur Inschrift und ihrer Deutung weiter unten.
[7] Siehe z. B. die einschlägigen Formulierungen bei: E. Stein, Die kaiserlichen Beamten und Truppenkörper im römischen Deutschland unter dem Prinzipat (Wien 1932) 218: „Als *equitata* erscheint die Kohorte in CIL XIII 7612 vom Jahr 223; [...]"; D. Baatz in: RiH 502: „Als Besatzung ist in dieser Zeit die *cohors I Treverorum equitata* auf Inschriften bezeugt"; B. Oldenstein-Pferdehirt, Die römischen Hilfstruppen nördlich des Mains. Jahrb. RGZM 30, 1983, 342: „Gleiches gilt für die *coh. I. Treverorum*, die das nur 2,1 ha große letzte Steinkastell vom Zugmantel erbaut hat. Ihre Bauinschrift datiert in das Jahr 223."; Schönberger, Truppenlager 461: „Besatzung die *coh. I Treverorum equ.* [sic!], die aus einem *num. Treverorum* hervorging"; Baatz, Limes 120: „Als Besatzung ist seit der Zeit Caracallas die *cohors I Treverorum equitata* bezeugt; [...]"; zuletzt: Spaul, Cohors 188 (*cohors II Treverorum*).
[8] Pallat, Holzhausen.

Kastell Zugmantel

Nr. 1
Fo. unbek. (gef. beim Abtransport von Steinmaterial aus dem Kastell am 6.05.1778)
    Dat. 2. Hälfte 2. Jahrhundert. (?)
    Lit. ORL Zugmantel 106 f.; CIL XIII 7613.

PEDAT(ura) TREVEROR
VM P(edum) LXXXXVI
SVB CVR(a) AGENTE CRES
CENTIN(i)O RESPECTO C(enturione)
LEG(ionis) VIII AVG(ustae)
(Abb. 4 oben)

Kommentar:
Die Inschrift, die von der Wehrmauer des Steinkastells 1 stammt, stellt die bislang älteste Erwähnung von Treverern am Taunuslimes dar. Von derselben Lagerumwehrung liegt ein zweiter Pedaturastein vor, dessen Inschrift einen 72 Fuß langen Bauabschnitt einer *centuria Leubacci* nennt (Abb. 4 unten), die ebenfalls unter dem Oberkommando des Legionscenturionen Crescentinius Respectus stand. Der Offizier war also entweder speziell für die Gesamtleitung des Wehrmauerbaus von der Straßburger Legion in den Taunus abkommandiert worden oder er fungierte – meines Erachtens wahrscheinlicher – als regulärer *praepositus* der Zugmantel-Garnison. Die Besatzung hätte in diesem Fall aus mehreren Centurien sowie einem Kontingent an Treverern bestanden[9]. Dafür spricht auch der

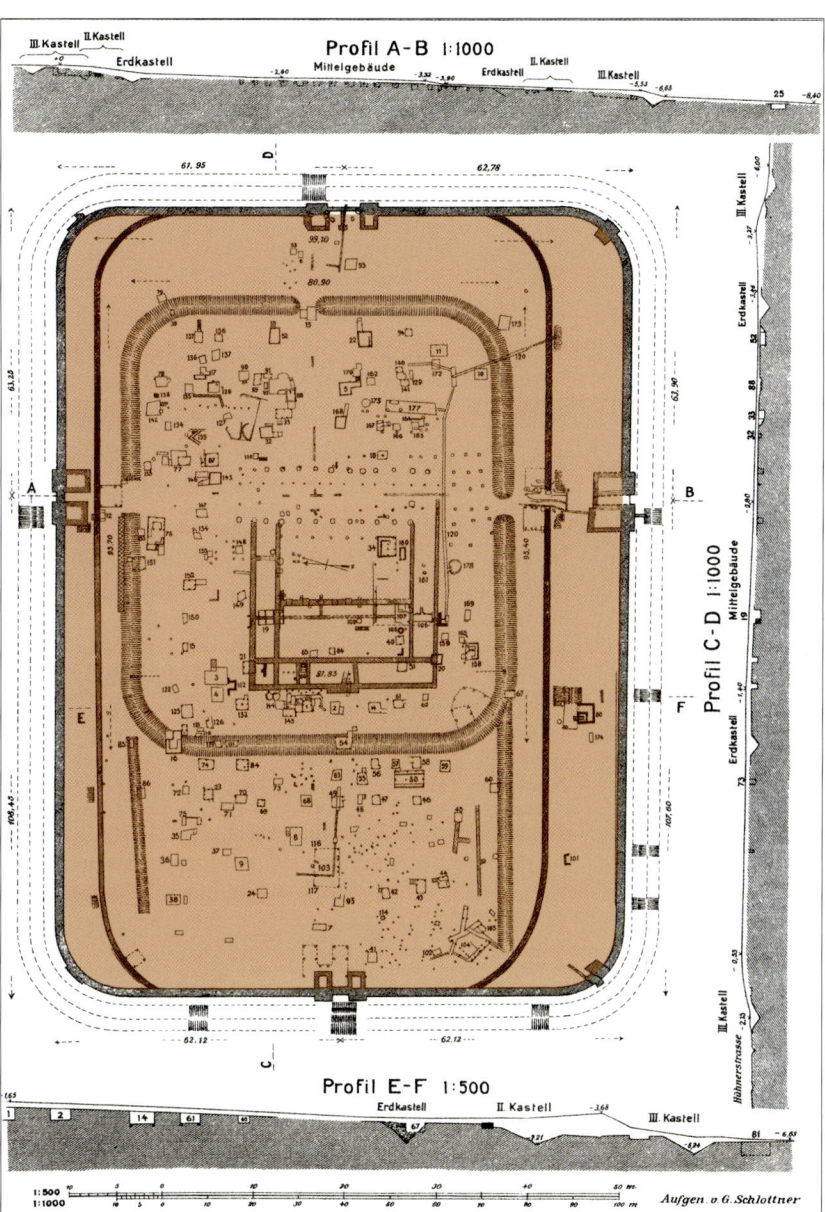

Abb. 3 Kastell Zugmantel, Steinkastell 2 (o. M.).

Abb. 4 Die beiden pedatura-Steine der Treverer und der *centuria Leubacci* nach Vorlage ORL (o. M.).

[9] Anders W. Barthel a.a.O. (Anm.1) 108: „Die Treverer sind doch wohl die Mannschaft der in der Inschrift Nr. 1 genannten Kohorte; die Centurie des Leubaccius wird von einem Nachbarkastell zu ihrer Unterstützung detachiert worden sein."

Abb. 5 Die Fragmente der Dolichenus-Inschrift vom Zugmantel nach Vorlage H. Jacobi (o. M.).

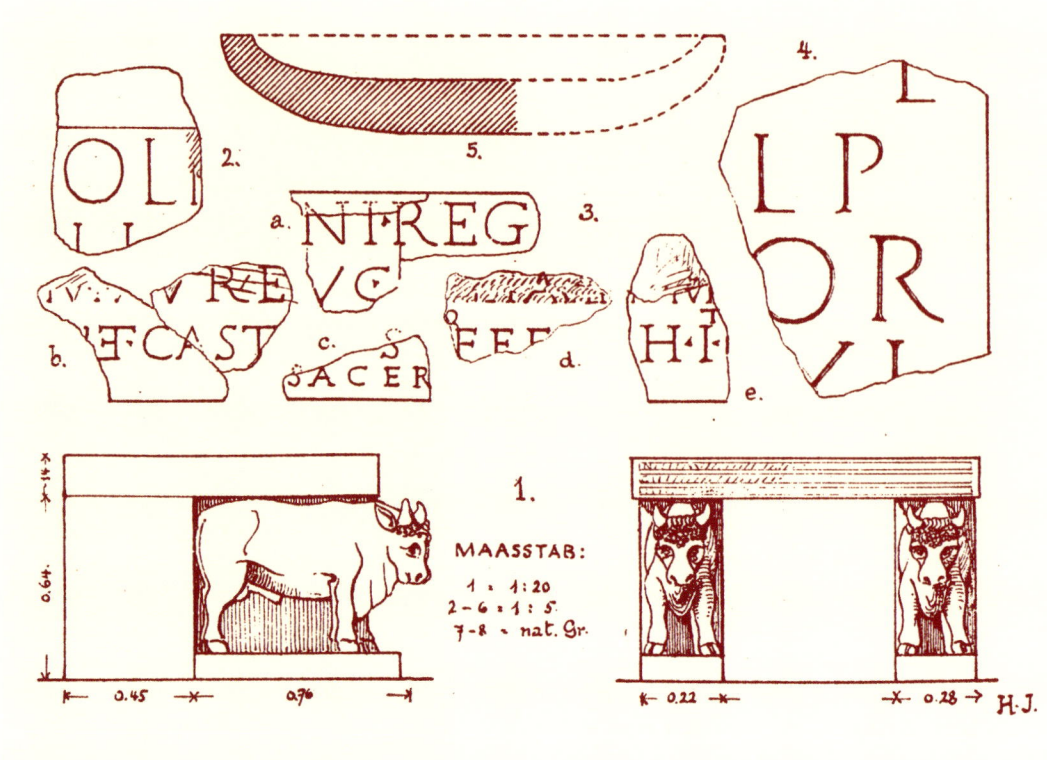

Umstand, dass der 96 Fuß lange Bauabschnitt der Treverer nur etwa ein Zehntel der gesamten Wehrmauer des Kastells darstellt. Die Treverer bildeten also wohl nicht die vollständige Lagerbesatzung. Da deren Bauabschnitt zudem nur unwesentlich länger war als derjenige der *centuria Leubacci*, wird deren personeller Umfang ohnehin kaum mehr als ca. 100 Mann betragen haben. Für ein Kastell von 1,7 ha Größe war diese Kopfzahl sicher zu gering, sodass neben den Treverern weitere Unterabteilungen im Lager anzunehmen sind. Da das Steinkastell 1 kein eigenes Stabsgebäude besaß, spricht viel für die Annahme, dass die Besatzung keine taktisch selbstständige Truppe war[10].

Nr. 2

Fo. im Brunnen des Dolichenums
    Dat. 222–235 n. Chr.
    Lit. H. Jacobi, Das Heiligtum des Juppiter Dolichenus auf dem Zugmantel. Saalburg-Jahrbuch VI, 1914–24, 168–183 u. H. Finke, Neue Inschriften aus dem römischen Germanien und den angrenzenden Gebieten.

1. Nachtrag zum CIL XIII. Ber. RGK 17, 1927, 80, Nr. 240,2.

Z 1 [I(ovi) O(ptimo) M(aximo) D]OLI[CHENO ET IVNO]NI REG[INAE PRO SAL(ute) IMP(eratoris)]
Z 2 [CAES(aris) M(arci) A]VRE[LII SEVERI ALEXANDRI [A]VG(usti) [ET IVLIAE MAMAEAE AVG(ustae) MAT(ris)]
Z 3 [AVGVST]I ET CAST[R(orum) —- PRA]EFE[C(tus) CO]H(ortis) I T[R(everorum)]
Z 4 [—- SVB] SACER[D(ote) —-]
(Abb. 5)

Kommentar:

Angesichts der nur wenigen kleinteiligen Fragmente scheint eine zuverlässige Rekonstruktion des ursprünglichen Textes kaum durchführbar (vgl. Abb. 5). Auch die Ergänzung einer der *cohors I Treverorum* anhand

---

10 In diesem Sinne bereits M. Reuter, Studien zu den numeri des römischen Heeres in der Mittleren Kaiserzeit. Ber. RGK 80, 1999, 551–553.

einzelner Buchstaben beruht allein auf der (unbewiesenen) Annahme, dass eine solche Truppe im Zugmantelkastell in Garnison lag.

Nr. 3

Fo. unbek. (gef. beim Abtransport von Steinmaterial aus dem Kastell am 14.04.1780)
    Dat. 223 n.Chr. (?)
    Lit. ORL Zugmantel 106 Nr. 1; CIL XIII 7612

IMP(eratori) CAES(ari) [[M(arco)
AVR(elio) SE
VERO ALEXANDRO]] PIO
FELICI AVG(usto) [P]ONTIFICI MA
XIMO TRIB(unicia) POTEST[A]T[E]
CO(n)S(uli) P(atri) P(atriae)
PRO[CO(n)S(uli) —-]
TREVEROR[VM [[SEVERI
ANA ALEXANDRIANA]] —-]
EQ(uitata?) DEVOTA [NVMINI EIVS]
MVRVM A SO[LO FEC(it? erunt?) —-]
MAXIMO ET [AELIANO CO(n)S(ulibus)]
(Abb. 6)

Kommentar:

Unter Severus Alexander war eine militärische Formation, die das Ethnikon „Treverorum" in ihrem Namen führte, am Neubau der Lagermauer des Zugmantelkastells beteiligt[11]. Ob diese Truppe für die Errichtung der gesamten Lagerumwallung zuständig war oder – wie schon einige Jahrzehnte zuvor – nur einen Teilabschnitt der Mauer ausführte, lässt sich aus den vorhandenen Textresten nicht mehr sicher erschließen.

H. Lehner glaubte, die militärische Organisationsform der Treverer aus beiden ersten Buchstaben in der achten Zeile (EO oder EQ?) erschließen zu können, die er im Sinne von „EQ(uitata)" deutete und daraus auf die Existenz einer *cohors Antoniniana(?) Treverorum Severiana Alexandriana equitata* [sic!] folgerte[12]. Seine Textrekonstruktion wurde einige Jahre später von W. Barthel leicht modifiziert, der hier eine *cohors [.] Treverorum Severiana Alexandriana equitata* rekonstruierte[13].

Abb. 6 Bauinschrift für die Lagermauer von Steinkastell 2 nach Vorlage ORL (o. M.).

Der in Zeile 5 zur Verfügung stehende Platz ist allerdings erheblich größer als die von W. Barthel vorgeschlagene Ergänzung Raum beansprucht: „CO(n)S(uli) P(atri) P(atriae) PRO[CO(n)S(uli) COH(ors) .]". Statt der sieben Buchstaben standen dort aber wohl mindestens 8 bis 9 Lettern (vgl. Abb. 6)[14]. War der Begriff *cohors* demnach hier vollständig ausgeschrieben worden? Solche Beispiele finden sich in der römischen Militärepigrafik allerdings nur sehr selten. Es erscheint daher sinnvoll, auch alternative Möglichkeiten für die Textrekonstruktion von Zeile 5 in Betracht zu ziehen. Dass vor der Angabe *Treveror[um]* tatsächlich der Begriff *[cohors]* genannt war, ist keinesfalls zwingend; die Treverer könnten auch in einer anderen Truppenform organisiert gewesen sein.

---

11 Entgegen der allgemein üblichen Datierung in das Jahr 223 n.Chr. sind hier – aufgrund der unvollständig erhaltenen Konsulatsangabe – auch die Jahre 233 n.Chr. (*Maximo et Paterno cos.*) oder 234 n.Chr. (*Maximo et Urbano cos.*) möglich.
12 H. Lehner in: Korrespondenzblatt d. Westdeutschen Zeitschrift 1899, 30.
13 W. Barthel a.a.O. (Anm. 1) 106.
14 Aus diesem Grund schlug H. Lehner bei dieser Textpassage eine Ergänzung zu *[CO(n)S(uli) coh(ors) Ant(oniniana)]* vor.

Abb. 7 Rekonstruktionsvorschlag der Inschrift des Statuensockels für Maximinus Thrax nach Vorlage ORL (o. M.).

Nr. 4
Fo. sekundär verbaut in Keller 203
    Dat. 237 n. Chr.
    Lit. ORL Zugmantel 192 Nr. 1; CIL XIII 11971

[IMP(eratori) CAES(ari) C(aio) IVL(io)]
[VERO MAXIMINO P(io)]
[FEL(ici) AVG(usto) PONTIFICI]
[MAX(imino) GERM(anico) M]A[X(imo)]
DAC[ICO] MAX(imo) SARM[A]
TIC[O] MAX(imo) TRIBVNIC(iae)
[POT(estatis) III? I]MP(eratori) V[—
P(atri) P(atriae)] CO(n)S(uli)
PROCO(n)S(uli) [—]
TREV(erorum) MAX[IMINIA]NA
DEVOT(a) NV[MINI ET]
M(aiestati) EIIV[S]
(Abb. 7)

Kommentar:
Die zu einer Statuenbasis gehörenden Fragmente stellen den jüngsten sicher datierten Nachweis der Treverer am Taunuslimes dar. Auch hier ist die Angabe über deren militärische Organisationsform verloren; die fehlende Passage wurde von W. Barthel zu *[coh(ors)] Treverorum* ergänzt. Der Text weist jedoch an der betreffenden Stelle in Zeile 8 – vor der Angabe *Trev(erorum)* – wiederum eine auffallend große Lücke von mindestens 6 Buchstaben auf (vgl. Abb. 7). Wie schon bei der zuvor besprochenen Bauinschrift (Nr. 3) stellen sich auch hier Zweifel ein, ob an der betreffenden Stelle zwingend der Begriff *coh(ors)* zu ergänzen ist.

Kastell Holzhausen

Nr. 5
Fo. im Bereich der *porta principalis dextra*
    Dat. 213 n. Chr.
    Lit. ORL Holzhausen 35 f.

1 [IMP(eratori) CAES(ari) M(arco) AVR(elio) ANTONINO PIO] F[E]LICI
2 [PART(hico)] MAX(imo) BRIT(annico) MA[X(imo) GER(manico) MAX(imo) P]ONT(ifici) MAX(imo)
3 TRIB(unicia) POT(estate) XVI IMP(eratori) III CO(n)[S(uli) IIII PROCO(n)S(uli) P(atri) P(atriae)]
4 INVICTISSIMO AVG(usto) C[OH(ors) II (?) A]NTON[IN]IANA
5 TRE(verorum) D[EVO]TA AC DICAT[A M]A(i)[ESTA]TI EIVS
(Abb. 8–10)

Kommentar:
Von der ehemals über der Toreinfahrt des Kastells angebrachten Ehreninschrift wurden insgesamt 23 Kalksteinplattenfragmente mit Befestigungslöchern für Bronzebuchstaben gefunden. Teilweise befanden sich die Bronzelettern noch *in situ*. Obwohl nur zu einem kleineren Teil erhalten (Abb. 8), wurde im ORL eine (oben wiedergegebene) vollständige Textrekonstruktion vorgelegt, nach der in den letzten beiden Zeilen u. a. eine *cohors II (?) Antoniniana Treverorum* genannt worden sein soll. Bei der Wiederherstellung des Textes

---

15 So finden sich z.B. in der Umzeichnung zu Beginn der letzten Zeile die Buchstaben „TREDPVTA"; in der fotografischen Wiedergabe sind in der betreffenden Textpassage dagegen nur die Buchstaben „TRED[...]A" erkennbar.
16 Die Begutachtung fand am 2.05.2007 statt. An dieser Stelle sei Frau Dr. M. Klee und Frau I. Böhmer, die mir den Zugang zur Inschrift ermöglichten, für Ihre freundliche Unterstützung sehr herzlich gedankt.

spielten die Befestigungslöcher der einzelnen Bronzelettern eine wichtige Rolle, da man aus deren genauer Position die ursprünglich vorhandenen Buchstaben zu erschließen können glaubte (Abb. 9). Anhand der fotografischen Wiedergabe der originalen Bruchstücke und deren Befestigungslöcher lässt sich der im ORL publizierte Rekonstruktionsvorschlag aber nicht ohne weiteres nachvollziehen[15].

Tatsächlich liegen die Dinge im vorliegenden Fall etwas komplizierter: Die Holzhausener Kalksteinplatte zeigt nämlich bei genauerer Betrachtung an ihrem linken Rand deutliche Scharierspuren von einer abgearbeiteten Randleiste, wo nachträglich der Bronzebuchstabe „T" (und eventuell auch das folgende „R"?) befestigt wurde (Abb. 8). Der Inschrifttext wurde also während seiner Bestehenszeit mindestens einmal inhaltlich verändert! Wie eine Autopsie der Originalfragmente im Museum Wiesbaden durch den Verfasser zeigte[16], waren auch an anderen Stellen des Textes Änderungen vorgenommen worden, da zwei deutlich voneinander unterscheidbare Arten von Dübelungsarten in der Kalksteinplatte vorhanden waren (Abb. 10).

Eine zuverlässige Rekonstruktion der (mindestens zwei) antiken Textversionen ist angesichts des fragmentarischen Zustandes – zumindest für den hier interessierenden unteren Bereich der Inschrift – momentan

Abb. 8 Die Holzhausener Lagertorinschrift im Originalzustand nach Vorlage ORL (o. M.).

Abb. 9 Umzeichnung und Ergänzung der Holzhausener Lagertorinschrift nach Vorlage ORL (o. M.).

Abb. 10 Moderne Detailaufnahme von der rechten unteren Ecke der Holzhausener Lagertorinschrift. Im Bereich des Buchstabens „A" am rechten Bildrand sind deutlich zwei ältere Dübellöcher erkennbar (o. M.).

Abb. 11 Mars-Weihung aus dem Kastell Holzhausen nach Vorlage ORL (o. M.).

Abb. 12 Fragment einer Statuenbasis (?) für Severus Alexander aus dem Kastell Holzhausen nach Vorlage ORL (o. M.).

Abb. 13 Umzeichnung und grafische Rekonstruktion der Inschrift von Abb. 12 nach Vorlage ORL (o. M.).

kaum möglich[17]. Für die Frage nach der Existenz einer Trevererkohorte im Kastell Holzhausen bietet das Denkmal keine verwertbaren Informationen.

Nr. 6
Fo. vor dem südöstlichen Tor der *porta praetoria*
    Dat. severisch
    Lit. Pallat, Holzhausen 37 f.; CIL XIII 7615; STOLL, Skulpturenausstattung 345–47

[IN H(onorem)] D(omus) D(ivinae)
DEO MARTI
C[—-]I TREVERORVM
SIG(num) [MA]RTIS DE SVO
INST[ITVER]VNT L(aetus) L(ibentes)
M(erito)
INSTANTE TI[—-] C(enturione)
L[EG(ionis)]
(Abb. 11)

Kommentar:
Die unvollständig erhaltene Weiheinschrift eines Marsbildnisses nennt als Stifter *C[—-] Treverorum* unter dem Kommando eines namentlich unbekannten Legionscenturionen. L. Pallat ergänzte die Textpassage zu *C(oh(ors) Ant(oniniana)?] Treverorum*[18]. Dass diese Lesung sicher unzutreffend ist, zeigt das Prädikat „instituerunt" (Plural!) in Zeile 4: Demnach handelte es sich hier um eine Gruppe von Dedikanten, die entweder einen Teil oder sogar die Gesamtheit der Treverer umfasste. Im ersten Fall wäre eine Textrekonstruktion wie z.B. *C[orn(icularii)] Treverorum* zu erwägen. Wenn das Marsbildnis jedoch von sämtlichen Treverern im Lager gestiftet wurde, so wäre an Lösungen wie z.B. *exploratores Treverorum*, *veredarii Treverorum*, o.Ä. zu denken – die Nennung einer Kohorte scheidet hier jedoch aus grammatikalischen Gründen aus.

Nr. 7
Fo: hinter dem Eingang des nordwestlichen Turmes der *porta praetoria*
    Dat. 1. Hälfte 3. Jahrhundert n. Chr.
    Lit. ORL Holzhausen 37; CIL XIII 7618; O. Stoll, Die Skulpturenausstattung römischer Militäranlagen an Rhein und Donau. Der Obergermanisch-Raetische Limes (St. Katharinen 1992) 343 f.

[—-]
[POT]ESTAT[E CO(n)S(uli)]
[P(atri)] P(atriae)] PROCO(n)[S(uli) —-]
[.]OM II[—-]
[.]NA T[—-]
[.]VM[—-]
(Abb. 12, 13)

Kommentar:
Nach O. Stoll stammt das Fragment, zu dem wahrscheinlich noch ein weiteres Bruchstück zu rechnen ist[19], von einer Statuenbasis für Severus Alexander. In unserem Zusammenhang von Interesse sind hier vor allem die in den Zeilen 3 bis 4 erhaltenen Buchstabenreste, die L. Pallat (unter Bezug auf das zweite – nicht unmittelbar anpassende! – Fragment) zu *[c]oh(ors) II S[e]ver[i]ana T[reveror]um* ergänzte (Abb. 13)[20]. Der offerierten Lesung im Sinne von *[c]oh(ors)* steht allerdings das im ORL wiedergegebene Foto des Fragmentes entgegen, wo anstelle des von L. Pallat benö-

---

17 Die Fragmente wurden (offenbar schon bald nach ihrer Auffindung) mit Gips zu einer massiven Platte vergossen. Dabei spachtelte man stellenweise auch kleinere Partien der originalen Oberfläche zu, sodass ein Teil der römischen Dübellöcher nicht mehr erkennbar ist. Eine wissenschaftliche Beschäftigung erscheint erst nach einer vollständigen Freipräparierung der Originalsubstanz sinnvoll.
18 Pallat, Holzhausen 37.
19 In diesem Sinne auch Pallat, Holzhausen 37.
20 In diesem Fall wäre die mutmaßliche Trevererkohorte in Holzhausen erst unter Severus Alexander konstituiert worden.

tigten „H" deutlich der Buchstabe „M" erkennbar ist, sodass sich statt [.]OH die Buchstabenfolge [.]OM ergibt (Abb. 12).

Fazit

Bislang lässt sich in keinem einzigen Fall sicher belegen, dass die in den Kastellen Zugmantel und Holzhausen stationierten Treverer tatsächlich in Form einer Kohorte organisiert waren. Die für eine solche Annahme herangezogenen bzw. ergänzten Inschriften lassen entsprechende Rückschlüsse nicht zu; in mehreren Fällen ist die Nennung einer *cohors* sogar mit Sicherheit auszuschließen. Damit soll hier jedoch nicht grundsätzlich die Möglichkeit negiert werden, dass die Treverer im 3. Jahrhundert in einer (oder zwei?) Kohorten organisiert gewesen sein könnten – zur Klärung dieser Frage kann hier nur ein künftiger glücklicher Inschriftenfund weiterführen.

Für die in Holzhausen und am Zugmantel in Garnison liegenden Treverer möchte man jedoch eher an eine andere irreguläre militärische Organisationsform denken, zumal beide Kastelle auch von ihrer Größe her keineswegs in das übliche Schema der bekannten Alen- und Kohortenlager passen. Die im Kastell Kapersburg nachgewiesenen *veredarii*, die *Brittones gentiles*, die *dediticii* und *officiales Alexandriani* oder die *exploratores Stu[—-]* im Kastell Walldürn seien hier nur stellvertretend als Beispiele für die Vielgestaltigkeit von kleineren irregulären Formationen am Obergermanischen Limes genannt. In diesem Milieu ist wahrscheinlich auch die militärische Organisationsform der Treverer zu suchen – auch wenn bislang noch ein konkreter Nachweis aussteht.

Dr. Marcus Reuter
Archäologischer Park
Trajanstraße 4, 46509 Xanten
E-Mail: marcus.reuter@lvr.de

Literaturverzeichnis

BAATZ, Limes
Der römische Limes. Archäologische Ausflüge zwischen Rhein und Donau. (Berlin 1993).

KORTÜM, Datierung
K. Kortüm, Zur Datierung der römischen Militäranlagen im obergermanisch-raetischen Limesgebiet. Saalburg-Jahrb. 49, 1998, 5–65.

PALLAT, Holzhausen
L. Pallat, Das Kastell Holzhausen. ORL Abt. B Nr. 6 (Heidelberg 1904).

RiH
D. Baatz, F.-R. Herrmann, Die Römer in Hessen. (Stuttgart 1982).

SCHÖNBERGER, Truppenlager
H. Schönberger, Die römischen Truppenlager der frühen und mittleren Kaiserzeit zwischen Nordsee und Inn. Ber. RGK 66, 1985, 321–497.

SOMMER, Kastellvicus und Kastell
C.-S. Sommer, Kastellvicus und Kastell. Untersuchungen zum Zugmantel im Taunus und zu den Kastellvici in Obergermanien und Rätien. Fundber. BW 13, 1988, 457–707.

SPAUL, Cohors
J. Spaul, Cohors. The evidence for and a short history of the auxiliary infantry units of the Imperial Roman Army. BAR Int. Ser. 841 (Oxford 2000).

Abbildungsnachweis

Abb. 1–3 Vorlage ORL/H. Stelter (Xanten); Abb. 4 Vorlage ORL; Abb. 5 H. Jacobi, Saalburg-Jahrb. III, 1914–24; Abb. 6–9 Vorlage ORL; Abb. 10 I. Böhmer (Wiesbaden); Abb. 11–13 Vorlage ORL.

BEMERKUNGEN ZUR LIMESPALISADE

Von Dietwulf Baatz

Als in den letzten Jahren der Antrag auf Anerkennung des Limes als Weltkulturerbe vorbereitet wurde, hat die Diskussion über die Annäherungshindernisse erneut begonnen. Dabei kam auch die Limespalisade ins Gespräch. Neue Erkenntnisse über dieses Annäherungshindernis wurden durch Ausgrabungen und durch die Anwendung heutiger Methoden gewonnen, die der Reichs-Limeskommission (RLK) noch nicht zur Verfügung standen. Vor allem die Luftbildprospektion und die Dendrochronologie sind in diesem Zusammenhang zu nennen. Was die beiden Verfahren zur Baugeschichte des Limes – speziell der Palisade – leisten können, ist allerdings bei Weitem nicht ausgeschöpft.

In dem 1915 erschienenen ersten Streckenband des Limeswerkes hat Ernst Fabricius eine knappe Zusammenfassung seiner Auffassung von der Abfolge der Grenzhindernisse gegeben. Er wandte sich vor über neunzig Jahren gegen eine damals vertretene Hypothese, wonach die Palisade am Obergermanischen Limes durch Wall und Graben ersetzt worden sei und wies auf Folgendes hin: „Auf der ganzen Strecke zieht der große Graben stets dicht hinter der Palisade. Es gibt keine einzige Stelle wo das (Palisaden-) Gräbchen nicht 1 bis 2 m vom äußeren Grabenrand gefunden worden wäre. ... Niemals kommt es auf unserer Strecke vor, dass das Gräbchen durch den Pfahl verdrängt oder von ihm überschnitten worden wäre" ... „In Raetien, wo die Steinmauer die Palisade wirklich ersetzt hat, wird das Gräbchen öfter von der Mauer überschnitten." Dieser grundlegende Unterschied des Obergermanischen gegenüber dem Raetischen Limes wird vor allem durch die zahlreich an Strecke 14 beobachteten Überschneidungen des Palisadengräbchens durch die Mauer belegt; die Limesmauer hat dort die Palisade zweifellos ersetzt. Am Obergermanischen Limes sind nach seiner Auffassung um 180 n. Chr. Wall und Graben als zusätzliches Annäherungshindernis entstanden. Aufgrund seiner Beobachtungen kam Fabricius zu der Auffassung, dass die Palisade beim Bau des Pfahlgrabens (Wall und großer Graben) weiterhin bestanden hätte.[1] Eine wichtige Rolle spielt in seiner Argumentation der Befund an der Limesverlegung im Scharwald nördlich vom Feldbergkastell, auf den unten näher eingegangen wird.

Der Schlussfolgerung von Fabricius hat E. Schallmayer aufgrund der Ausgrabungsergebnisse in Marköbel widersprochen, indem er auf die alte These, die Palisade sei durch Wall und Graben ersetzt worden, wieder zurückgriff: „Man darf daher annehmen, dass die Palisade bei Marköbel wohl schon um 160/170, bestenfalls um 180 n. Chr. nicht mehr vorhanden war. ... Als Zeitpunkt für die Ablösung der Palisade durch Wall und Graben am Obergermanischen Limes und durch die Mauer am Raetischen Limes bietet sich vielleicht ein Datum am Ende der Markomannenkriege an, also die Jahre um 180 n. Chr. Palisade, Wall und Graben bestanden demzufolge zeitlich nicht nebeneinander her. Damit ist das aus allen Schulbüchern vertraute Bild des späteren Ausbauzustandes am Limes zu korrigieren".[2]

Hier soll nun zunächst die Chronologie der Palisade betrachtet werden, wie sie sich aus den verschiedenen Verlegungen des Obergermanischen Limes ergibt.

Lokale und großräumige Verlegungen des Obergermanischen Limes

Mehr oder weniger umfangreiche Abschnitte des Obergermanischen Limes sind während seines Bestehens verlegt bzw. korrigiert worden. Die Änderungen reichten von kleinen lokalen Korrekturen bis zur Verschiebung langer Grenzstrecken. Sie stellen eine Beson-

---

[1] E. Fabricius, ORL A Strecken 1–2 (Berlin 1915) 41 f.
[2] Schallmayer, Marköbel 17; vgl. auch Schallmayer, Wachturmstelle 28.

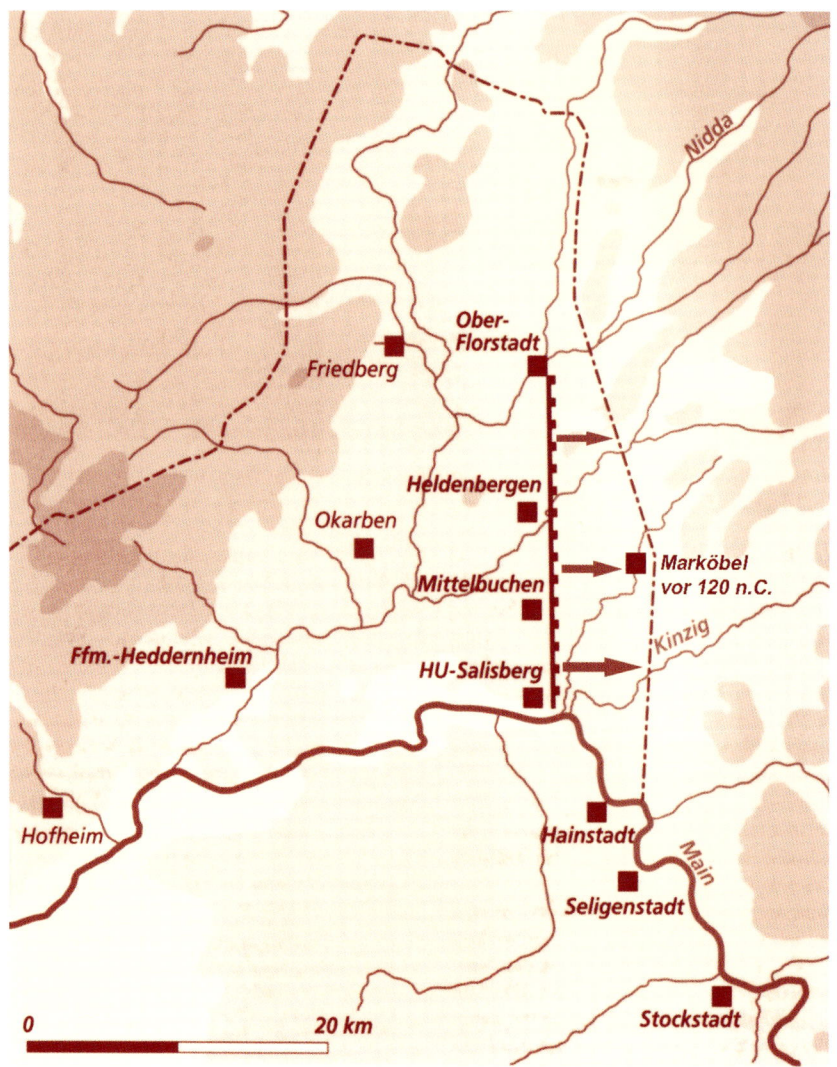

Abb. 1 Östlicher Wetteraulimes. Verlegung der Strecke Hanau-Salisberg – Ober-Florstadt am Anfang des 2. Jahrhundert (nach M. Reuter 2004).

derheit des Obergermanischen Limes dar; so ist z. B. am Raetischen Limes Entsprechendes nicht zu beobachten. Die Verlegungen sind angenähert datierbar. Dadurch ergibt sich eine Möglichkeit, die Baugeschichte der Grenzhindernisse zu verfolgen.

Limesverlegung vor dem Bau der Palisade: östlicher Wetteraulimes

Bereits vor dem Bau der Palisade, also vor ca. 120 n. Chr., ist der Abschnitt des östlichen Wetteraulimes von Hanau-Salisberg bis Oberflorstadt auf etwa 33 km Länge nach Osten vorverlegt worden (Abb. 1).[3] Er ist ein frühes Beispiel für eine Limesverlegung am Obergermanischen Limes. Die ältere Strecke Hanau-Salisberg bis Oberflorstadt war noch nicht mit der Palisade versehen, während diese an der jüngeren Strecke Groß-Krotzenburg – Oberflorstadt durchgehend zu beobachten war. Die Verlegung der Strecke erfolgte also nach ca. 90 n. Chr. (Baubeginn des Wetteraulimes), jedoch vor dem Bau der Palisade um 120 n. Chr.

Wichtige Informationen zu diesem Datum lieferte die schon erwähnte Ausgrabung in Marköbel. Hier gelang für den Obergermanischen Limes die erste und bisher einzige genaue Datierung der Palisade durch die Dendrochronologie. Die Palisadenhölzer sind im Winterhalbjahr 119/120 und im Sommer 120 geschlagen und sogleich verwendet worden.[4] Hinweise auf spätere Reparaturen gab es hier nicht. Das gewonnene Datum bestätigte und präzisierte den bisher angenommenen Zeitansatz für den Bau der Palisade, der auf einer ungenauen Angabe in der Vita Hadrians beruhte (SHA Hadr. 12,6). Bei seiner Inspektionsreise im Jahr 122 besuchte der Kaiser auch die Provinz Obergermanien und konnte sich von der Fertigstellung des zwei Jahre zuvor errichteten, vielleicht damals schon 250 km langen Bauwerks überzeugen.

Bei der Ausgrabung in Marköbel ist hinter der Palisade der große Limesgraben beobachtet worden; der aus seinem Aushub errichtete Limeswall ist nicht erhalten. Geht man von der Datierung von Wall und Graben in die Zeit um 180 aus (Schönberger 1985, 409),[5] so erscheint es ausgeschlossen, dass die im Jahr 120 errichtete und nicht reparierte Palisade sechzig Jahre später noch gestanden haben kann. Man muss sogar damit rechnen, dass sie schon erhebliche Zeit vorher, etwa um 160, wegen Baufälligkeit ihren Zweck nicht mehr erfüllen konnte. Der Limes bei Marköbel wäre danach jahrzehntelang bis um 180 ohne aktives Grenzhindernis gewesen und die um 180 neu errichteten Grenzhindernisse Wall und Graben hätten die Palisade, die längst unbrauchbar geworden war, auch nicht unmittelbar abgelöst.

3 Reuter, Östlicher Wetteraulimes.
4 Schallmayer, Marköbel 15 f.
5 Schönberger, Truppenlager 409.

Es erhebt sich die Frage, ob diese Schlussfolgerungen aus dem Grabungsbefund von Marköbel zutreffen und ob sie auf den gesamten Obergermanischen Limes übertragen werden können. Sie beruhen ja nur auf den wenigen Metern der Grenzstrecke, die in Marköbel untersucht worden sind. Ist die Palisade auch an allen anderen Obergermanischen Limesabschnitten nicht repariert worden? Hat sie nirgends mit Wall und Graben gleichzeitig bestanden?

Lokale Limesverlegungen nach dem Bau der Palisade: Taunus und westlicher Wetteraulimes

Vom Beginn der Strecke 3 am Aarübergang bei Adolfseck bis zum Westabschnitt der Strecke 4 bei WP 4/49 auf dem Sandberg wurde der Limes um 145 n. Chr. an mehreren Stellen räumlich begrenzt verlegt (Abb. 2). Dabei ist jedesmal die am ursprünglichen Abschnitt vorhandene Palisade an dem neuen Abschnitt wiedererrichtet worden. Die Verlegungen lassen sich als lokale Korrekturen des Limesverlaufs interpretieren. Stets wurde dabei die ursprüngliche, dem Gelände angepasste und daher gewundene Trassierung des Limes durch eine geradlinige Strecke ersetzt. Das hat die Sichtverhältnisse längs des Limes wesentlich verbessert und damit die Überwachung der Grenzlinie erleichtert.[6] Die Nähe der germanischen Siedlungsgebiete an der mittleren Lahn mag zu einer gewissen Gefährdung des Grenzabschnitts geführt und die Korrekturen notwendig gemacht haben.

Folgende Grenzabschnitte sind verlegt worden (Angabe der ungefähren Länge in Klammern):

1. WP 3/1 bis 3/14 (8,5 km)
2. WP 3/18 bis 3/29 (6,3 km)
3. WP 3/33 bis zum Kastell Feldberg (7,7 km)
4. WP 3/47 bis 3/51 (2 km)
5. WP 4/14 bis zum Usatal (3,5 km)
6. WP 4/31 bis WP 4/33 (1,6 km)
7. Kleinkastell Degerfeld bis WP 4/49 (9,3 km)

Die Länge der Abschnitte ließ sich nicht immer genau bestimmen. Als die Verlegungen stattfanden, waren Wall und Graben am Obergermanischen Limes noch nicht vorhanden. Eine Ausnahme bildete lediglich Abschnitt (2.), der unten gesondert besprochen wird. Heute ist daher von den älteren, nachträglich ersetzten Limesabschnitten im Gelände fast nichts mehr zu sehen, nur die Reste einiger Holzturmstellen sind sichtbar geblieben. Das erschwerte der RLK und späteren Bearbeitern das Verfolgen der ursprünglichen Strecken im Gelände, sodass diese nur teilweise bekannt sind. Die obigen Angaben zu den Strecken beruhen daher z. T. auf Schätzungen.

Wie die Ausgrabungen der RLK zeigten, waren die älteren, aufgegebenen Abschnitte ausschließlich mit Holztürmen besetzt, während an den neuen jüngeren Abschnitten nur Steintürme standen. Daraus ergibt sich eine ungefähre Datierung der Verlegungen in die Zeit um 145 n. Chr. in Analogie zum Ersatz der Holztürme durch Steintürme am Odenwaldlimes. Der Bau der Steintürme wird dort durch mehrere Inschriften in die Jahre 145/146 datiert. Wünschenswert wäre allerdings eine Überprüfung bzw. Präzisierung dieser überschlägigen Datierung durch dendrochronologische Untersuchungen von Pfahlresten an den bei der Verlegung neu errichteten Grenzabschnitten. Die Verlegungen

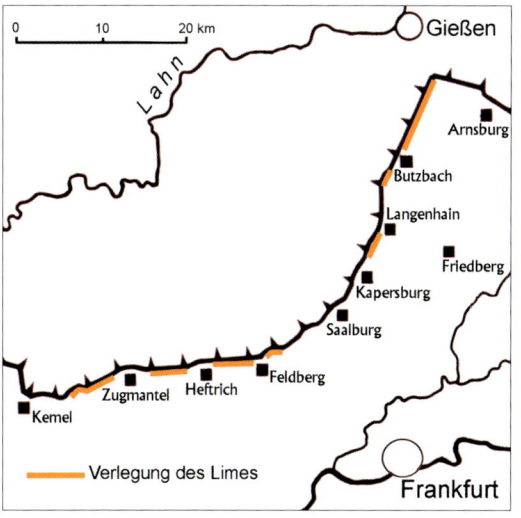

Abb. 2 Lokale Limesverlegungen im Taunus und in der westlichen Wetterau um die Mitte des 2. Jahrhunderts.

6 Baatz, Kleinkastelle 14–16.

müssen auch nicht völlig gleichzeitig erfolgt sein; es wäre eine Maßnahme denkbar, die sich über einige Jahre erstreckte.

Eine Sonderstellung nimmt Abschnitt (**2.**) ein, die Strecke zwischen WP 3/18 „Alte Schanz" und 3/29 „Triangel". Sie überquert die Idsteiner Senke (Abb. 3). Die Strecke war keine „Verdoppelung" des Pfahlgrabens – wie es mitunter heißt – sondern gleichfalls eine lokale Vorverlegung des Limes. Die relative Chronologie der beiden Abschnitte ergibt sich aus der Linienführung des Limes: Sowohl am West- wie auch am Ostende der Streckenverlegung wird die Richtung des nicht verlegten Limes von der südlichen, dem Gelände angepassten Linie weitergeführt. Diese war also ein Teil der ursprünglichen Grenzlinie.

vor dem üblichen Ausbau des Limes mit Wall und Graben. Palisade, Wall und Graben müssen hier wenigstens zeitweise gleichzeitig bestanden haben. Der Grund für den ungewöhnlich frühen Bau von Wall und Graben dürfte in der besonderen naturräumlichen Situation zu sehen sein. Die Idsteiner Senke, die den Taunus durchquert, bot im Altertum wie auch heute eine günstige Verbindung zwischen dem Rheingau und dem germanisch besiedelten Limburger Becken. Um diese Verbindung gut überwachen zu können, ist die Grenze anscheinend schon vor der Mitte des 2. Jahrhunderts mit dem zusätzlichen Hindernis versehen worden.

Der Befund an der Überquerung der Idsteiner Senke wirft jedoch auch Fragen auf. So ist die Palisade an der jüngeren Linie

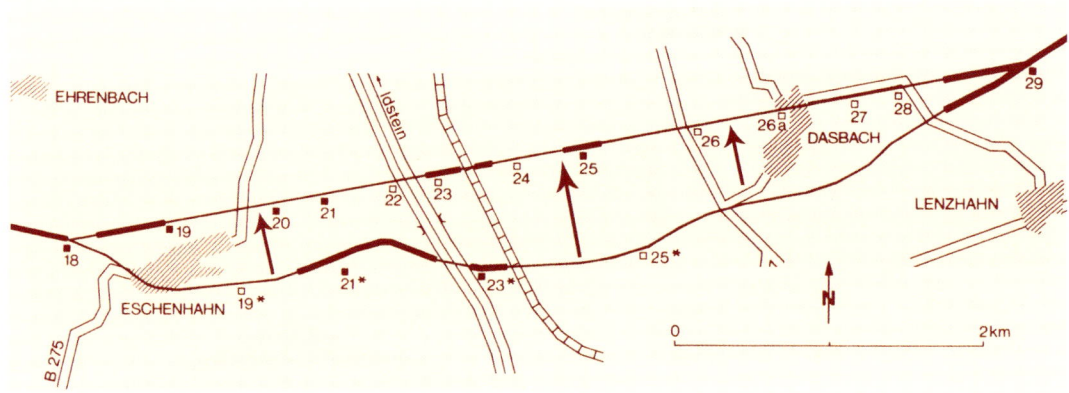

Abb. 3 Taunuslimes, Überquerung der Idsteiner Senke. Verlegung der Stecke zwischen WP 3/18 und WP 3/29.

Einen Anhaltspunkt für die absolute Chronologie bietet wiederum die Beobachtung, dass die ältere südliche Linie nur mit Holztürmen besetzt war, während an der jüngeren, geraden Linie ausschließlich Steintürme standen. Dadurch wird die Verlegung in die Zeit um 145 datiert. Entsprechend den übrigen lokalen Verlegungen konnte die ältere Linie nur solange für die Grenzüberwachung eingesetzt werden wie die Holztürme noch nutzbar und nicht abgängig waren; das war nach der Mitte des 2. Jahrhunderts gewiss nicht mehr der Fall. – Die Besonderheit der älteren Linie besteht darin, dass hier schon vor der Mitte des 2. Jahrhunderts Wall und Graben als Grenzhindernis ausgeführt worden sind, also mehr als ein halbes Jahrhundert

nachgewiesen (z. B. bei WP 3/23). An der älteren Linie ist sie zwar anzunehmen, wurde aber bisher nicht wirklich dokumentiert. Das ließe sich mit einigen wenig aufwendigen Sondagen oder einer gezielten Magnetometer-Prospektion nachholen. Da beide Linien – die ältere wie die jüngere – mehrfach Bachläufe bzw. Feuchtgebiete durchqueren, ist die Möglichkeit der Holzerhaltung gegeben. Eine exakte dendrochronologische Datierung der Palisaden wäre hier ein besonderes Desideratum. – Schließlich ist auf den Befund am Steinturm WP 3/25 Gerlohe hinzuweisen, der an der jüngeren Linie im Limeswall steht. Dieser Befund deutet darauf hin, dass Wall und Graben dort nicht gleich mit der Verlegung, sondern etwas später entstanden sind.

Zusammenfassung

Die Gesamtlänge der teilweise korrigierten Grenzstrecke von der Aar bei Adolfseck bis WP 4/49 auf dem Sandberg beträgt rund 70 km; davon ist mindestens die Hälfte um 145 n. Chr. verlegt worden. Die Palisade ist bei dieser Maßnahme an den jüngeren Abschnitten jeweils neu errichtet worden. So sind bei den lokalen Verlegungen des Limes um 145 mehr als 35 km neue Palisaden entstanden. Die Verlegungen erweisen, dass die Palisade um 145 – also rund 25 Jahre nach ihrer ursprünglichen Errichtung – weiterhin ein notwendiger Bestandteil des Limes war. An den nicht verlegten Strecken dürften zu dieser Zeit bereits erste Schäden an der Palisade entstanden sein. Sie sind vermutlich spätestens gleichzeitig mit den Verlegungen um 145 repariert worden, denn das Nebeneinander neuer Palisaden an den verlegten Abschnitten mit baufälligen an den nicht verlegten erscheint sehr unwahrscheinlich.

Großräumige Vorverlegung des Obergermanischen Limes um 160 n. Chr.; Anschluss an den Raetischen Limes

Bevor der Obergermanische Limes um 160 vorverlegt wurde, waren die ursprünglichen Holztürme bereits durch Steintürme ersetzt worden. Die Palisade diente weiterhin als Grenzhindernis (Abb. 4). Dieser Bauzustand der Grenze – Steintürme und Palisade – wurde für den vorderen Obergermanischen Limes übernommen. Dort ist eine neue Palisadenlinie mit 113 km Länge entstanden (von Miltenberg bis zur Provinzgrenze bei Lorch/Remstal). Gleichzeitig ist der Westabschnitt des Raetischen Limes von der Provinzgrenze mindestens bis Gunzenhausen mit der Palisade versehen worden (87 km Länge). Insgesamt wurde um ca. 160 bis 165 n. Chr. am Limes die enorme Länge von rund 200 km Palisade neu gebaut! Dieses Grenzhindernis war offensichtlich noch immer ein notwendiger Bestandteil des Limes. Das ist entsprechend für die nicht verlegten Strecken in Obergermanien anzunehmen, etwa für den Wetteraulimes. Hier muss die Palisade jedenfalls bis 160 durch Reparaturmaßnahmen aufrechterhalten worden sein. Auch danach wurde sie gewiss mindestens solange beibehalten wie die am vorderen Limes um 160 neu errichtete Palisade. Der Befund von Marköbel fällt in dieser Hinsicht aus dem Rahmen, denn dort zeigte die um 120 n. Chr. errichtete Palisade keine Reparaturspuren, sie war daher schon um 160 n. Chr. – 40 Jahre nach ihrem Bau – kaum noch funktionstüchtig.

Lokale Verlegung des Limes im Scharwald nördlich vom Feldbergkastell (Taunus)

Etwa 200 m nördlich vom Feldbergkastell beginnt im Scharwald eine Verdoppelung des Pfahlgrabens auf ungefähr 500 m Länge.[7] Es handelt sich auch hier um eine lokale Limesverlegung ähnlich den bereits oben besprochenen. Wie bei diesen handelt es sich um eine Vorverlegung und Begradigung des Limes. Die ältere südöstliche Linie war in

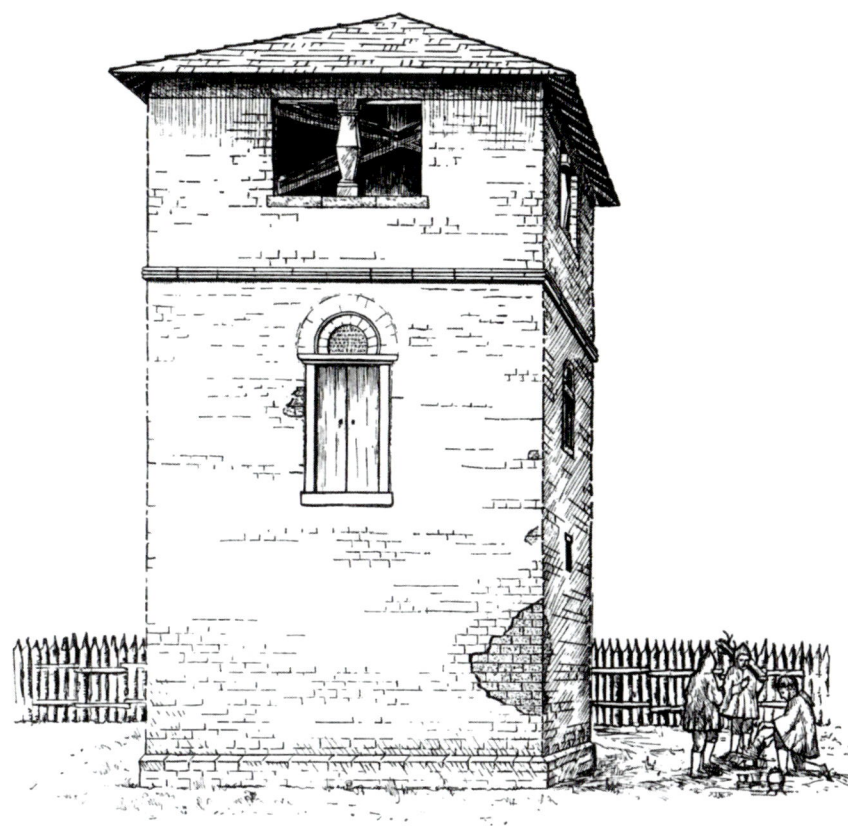

Abb. 4 Bauzustand des Odenwaldlimes mit Steintürmen und Palisade kurz vor der Verlegung um 160.

7 ORL A Str. 3 S. 108–110 Taf. 8,1.

Abb. 5 Limesverlegung nördlich vom Feldbergkastell (Taunus). Nordöstliche Vereinigungsstelle nach L. Jacobi und E. Fabricius (ORL).

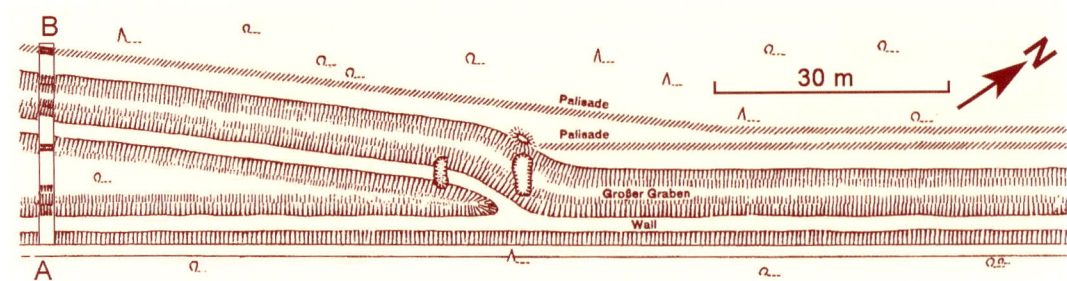

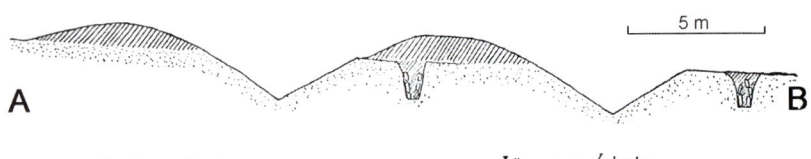

Abb. 6 Limesverlegung nördlich vom Feldbergkastell (Taunus). Schnittprofil A–B, vgl. Abb. 5. (nach Fabricius, Bericht 1898).

einem Bogen dem Gelände angepasst, der jüngere nordwestliche ist gerade geführt worden. An beiden Linien sind Wall, Graben und Palisade beobachtet worden. Die relative Chronologie der beiden Linien ergab sich durch Ausgrabungsbeobachtungen der RLK an der nördlichen Vereinigungsstelle. Dort schneidet der große Graben der vorderen, geraden Linie das Palisadengräbchen der zurückliegenden, gebogenen Linie ab (Abb. 5); außerdem wurde das Palisadengräbchen der gebogenen Linie vom Wall der geraden Linie überdeckt (Abb. 6). Somit war die gerade Linie die jüngere. Diesen Befund sah der Herausgeber des Limeswerkes, E. Fabricius, als einen der Nachweise dafür an, dass am Obergermanischen Limes Palisade, Wall und Graben wenigstens zeitweise gleichzeitig vorhanden waren. Er nahm an, dass die ältere Linie mindestens bis zum allgemeinen Bau von Wall und Graben am Limes bestanden hat, also bis ca. 180 n. Chr. Erst danach kann sie verlegt worden sein, wobei Wall, Graben und Palisade wieder errichtet worden sind.

Forschungsgeschichte

An der Darstellung und Ausdeutung des Befundes durch Fabricius in ORL hat E. Schallmayer Zweifel geäußert: „Möglicherweise hat nämlich Fabricius, der sich ohnehin mit der Theorie der unterirdischen Absteinung der beiden Jacobis nicht anfreunden konnte, bei der redaktionellen Bearbeitung der von diesen beiden eingereichten Streckenberichten die angeblichen Zeugensteine als Verkeilsteine einer Palisade angesprochen und daraus die Palisade auch an der jüngeren Linie ergänzt".[8]

Es erscheint angebracht, einen Blick auf die Forschungsgeschichte zu werfen. Die grundlegende Untersuchung der interessanten Limesverlegung im Scharwald fand 1896 statt. Nicht „beide Jacobis" haben sie unternommen (L. und H. Jacobi), sondern nur L. Jacobi. Nur dieser war Streckenkommissar und hat daher auch den Bericht an die RLK erstattet. Sein Sohn H. Jacobi hat sich erst ab 1898 an der Limesforschung im Taunus beteiligt, hat sich jedoch mit dem Limes im Scharwald nicht befasst. Im folgenden Jahr 1899 ist er als Kgl. preußischer Regierungsbaumeister für den Wiederaufbau der Principia („Praetorium") zur Saalburg versetzt worden. Die Erforschung der Limesverlegung im Scharwald war zu dieser Zeit bereits abgeschlossen.

L. Jacobi hat die Limesverlegung im Scharwald 1896 topografisch eingemessen und dabei auch den Verlauf der Palisadengräben durch zahlreiche Sondagen festgestellt, deren Spuren zum Teil heute noch sichtbar sind. Allerdings deutete er den Bodenbefund der Grabenspur mit den darin befindlichen Verkeilsteinen der Palisade als „Aussteinung der Reichsgrenze".[9] Jacobi hat jedoch die Grabenspur der Palisade – wenn auch mit falscher Deutung – stets zuverlässig aufge-

---

8 Schallmayer, Limespalisade 42.

nommen und sich weder hier noch an anderen Stellen seiner Limesstrecke im Taunus dazu verleiten lassen, sie auch dort sehen zu wollen, wo sie nicht vorhanden war.

Bemerkenswert ist ferner seine folgende Beobachtung: Ab der nordöstlichen Vereinigungsstelle laufen vor dem großen Graben zwei Palisadengräben parallel zueinander nach Nordosten weiter (Abb. 5). Ihr Abstand ist gering, er liegt bei etwa 1 m. Dabei ist der äußere Graben der jüngere, es handelt sich um die Fortsetzung der Palisade vor der jüngeren Linie. Die innere Palisadenspur ist die ältere, sie setzt die Palisade der älteren Linie fort. Jacobi hat die Doppelspur der Palisaden noch 200 m nach Nordosten weiterverfolgt. Offensichtlich ist die ältere abgängige Palisade durch eine neue ersetzt worden, gleichzeitig mit der Limesverlegung. Hier gab es also tatsächlich eine Erneuerung der Palisade! – Gelegentlich sind auch an anderen Stellen des Obergermanischen Limes „Verdoppelungen" der Palisadenspur beobachtet worden. Die durch Luftbilder entdeckte Palisadenverdoppelung am nördlichen Wetteraulimes zwischen WP 4/49 und WP 4/61 ist aber wohl anders zu deuten; dort ist der Abstand der beiden Palisadengräben mit etwa 5 m auch wesentlich größer als im Scharwald.[10]

Zwei Jahre später unternahm Fabricius im August und Oktober 1898 zwei Reisen zum Taunuslimes, die besonders dem Palisadengraben und den Limesverlegungen galten. Im Rahmen dieser Arbeiten befasste er sich auch mit der Limesverlegung im Scharwald, wo er den Schnitt A–B an der nordöstlichen Vereinigungsstelle anlegte (Abb. 5–6). Es ging ihm darum, die zeitliche Abfolge der Limesbauwerke abzuklären und die Palisadengräben genauer zu untersuchen. Anders als Jacobi hat er auch die Grabungsgrenzen des Schnitts dokumentiert, was damals eine grabungstechnische Neuerung war. Das bemerkenswerte Profil des Schnitts A–B veröffentlichte er bereits im nächsten Jahr.[11] In seinem Notizbuch hat er einige knappe Notizen über diese Untersuchung festgehalten (jetzt im Limesarchiv). Danach hat er das Profil am 13. Oktober 1898 aufgenommen (Abb. 7).[12] Die Existenz der Palisadengräben sowohl an der älteren als auch an der jüngeren Linie ist dadurch zweifelsfrei nachgewiesen.

Im Übrigen hat sich Fabricius als Herausgeber des Limeswerkes keineswegs damit begnügt, die eingereichten Berichte der Streckenkommissare redaktionell für den Druck zu bearbeiten; er hat sie auch nicht fantasievoll ergänzt. Vielmehr ist er immer wieder ins Gelände gegangen, um die Ausgrabungen der Streckenkommissare unmittelbar in Augenschein zu nehmen und auch um selbst ergänzend aktiv zu werden.

Sollte es dennoch Zweifel geben, besteht bei der guten Erhaltung des Limes im Scharwald keine Schwierigkeit, die Existenz der Palisadengräben durch einige kleine Sondagen zu überprüfen; ebensogut kann eine zerstörungsfreie Magnetometer-Prospektion erfolgen. Von besonders hohem Interesse wäre es, absolute Daten der Limesverlegung zu erhalten. Die südwestliche Vereinigungsstelle der Verlegung befindet sich am Rand des Quellgebietes der Weil. Dort ist mit dauernd hoher Bodenfeuchtigkeit und entsprechender Holzerhaltung zu rechnen. Es wäre den Versuch wert, an dieser Stelle Palisadenhölzer zu bergen und sie dendrochronologisch zu bestimmen. Tatsächlich stammen

Abb. 7 Eintragung von Fabricius im Tagebuch S. 73 zum 13. Oktober 1898: „Scharwald Profil der beiden Wälle & Gräbchen. – " (Limesarchiv).

---

9 Zu der verfehlten „Versteinungstheorie" Jacobis s. Braun, Absteinung.
10 Bender, Doppelpalisade; mit Diskussion ähnlicher Befunde am Obergermanischen Limes.
11 Fabricius, Bericht 80 Nr. 5 mit Profilzeichnung.
12 Tagebuch 2 von 1898/99 S. 72–73; Skizze des Profils A–B S. 72. – Für die Hilfe bei der Recherche im Limesarchiv danke ich meinem Kollegen C.-M. Hüssen.

aus dem gleichen Quellgebiet gut erhaltene römische Ledersachen und Hölzer, darunter ein Deuchelrohr aus der Zeit „um 170".[13]

Kann der Befund des gleichzeitigen Bestehens von Palisade, Wall und Graben an der kurzen Verlegungsstrecke im Scharwald auf den gesamten Obergermanischen Limes übertragen werden? Eine eindeutige Antwort ist bei dem augenblicklichen Kenntnisstand nicht möglich. Aus den späteren Phasen des Obergermanischen Limes nach 160 gibt es bisher keine sicheren absoluten Datierungen, weder für Wall und Graben noch für die Palisade. Es erscheint mir dringend erforderlich, diesen Mangel im Rahmen eines entsprechenden Forschungsprogramms abzustellen.

Zusammenfassung

PHASE	STRECKE	ZEIT	LÄNGE	BEMERKUNG
1	Östliche Wetterau	zwischen ca. 90 und 120	ca. 30 km	Verlegung noch vor dem Bau der Palisade
2	Taunus und westliche Wetterau	um 145	ca. 35 km	zahlreiche lokale Verlegungen jeweils mit Neubau der Palisade
3	Vorverlegung des Limes Miltenberg–Gunzenhausen	um 160	ca. 200 km	großräumige Verlegung mit Neubau der Palisade
4	Lokale Verlegung am Feldberg (Taunus)	nach 180	0,5 km	lokale Verlegung mit Neubau der Palisade zugleich mit Wall und Graben

Obergermanischer Limes. Verlegungen von Grenzstrecken, Übersicht

Am Obergermanischen Limes sind vier Verlegungshorizonte zu beobachten:

1. Der erste, an der östlichen Wetterau, erfolgte noch vor dem Bau der Palisade um 120.

2. Der zweite fand etwa 25 Jahre danach im Taunus und der westlichen Wetterau statt. Seine Besonderheit besteht darin, dass nicht die Gesamtstrecke verlegt wurde, sondern eine Anzahl lokaler Korrekturen bzw. Begradigungen durchgeführt worden sind. Der wesentliche Grund für diese lokalen Verlegungen dürfte die Absicht gewesen sein, durch die Begradigung ursprünglich dem Gelände angepasster Abschnitte die Überwachung der Grenze zu verbessern.

3. Um 160 ist der gesamte südliche Obergermanische Limes vorverlegt und zugleich der Anschluss an den Raetischen Limes hergestellt worden. Auf der Länge von insgesamt etwa 200 km ist die Palisade neu errichtet worden. Es war eine größere, provinzübergreifende Maßnahme, deren Ursache im Fach diskutiert wird. Schäden an der Palisade der aufgegebenen, etwa 70 km langen Odenwaldlinie, die ca. 40 Jahre nach ihrem Bau eingetreten sein dürften, können bei der Entscheidung mitgewirkt haben.

4. Die chronologisch letzte, bisher fassbare Verlegung fand auf einem kleinen Grenzabschnitt im Taunus statt, nachdem um 180 Wall und Graben als zusätzliche Annäherungshindernisse bereits entstanden waren. Die Palisadengräben an der Limesverlegung im Scharwald sind bei der Untersuchung durch die RLK (L. Jacobi und E. Fabricius) fachgerecht aufgenommen worden. Es kann kein Zweifel daran bestehen, dass die Palisade auch an der jüngeren Linie vorhanden war. Dort sind Palisade, Wall und Graben gleichzeitig erbaut worden; die Palisade ist also nicht durch Wall und Graben ersetzt worden. Die Rekonstruktion nach den Beobachtungen von L. Jacobi und E. Fabricius darf daher auch wie bisher in Fach- und Schulbüchern abgebildet werden (Abb. 8). Weitere Forschungen sind jedoch dringend erforderlich, um für die Spätphase des Obergermanischen Limes in der 1. Hälfte des 3. Jahrhunderts absolute Daten zu erhalten.

Ökologische Probleme und Holzmangel

Ist die Vorverlegung des Obergermanischen Limes um 160 n. Chr. durch Holzmangel verursacht worden, weil an der älteren Linie nicht mehr genügend Bauholz für die Pali-

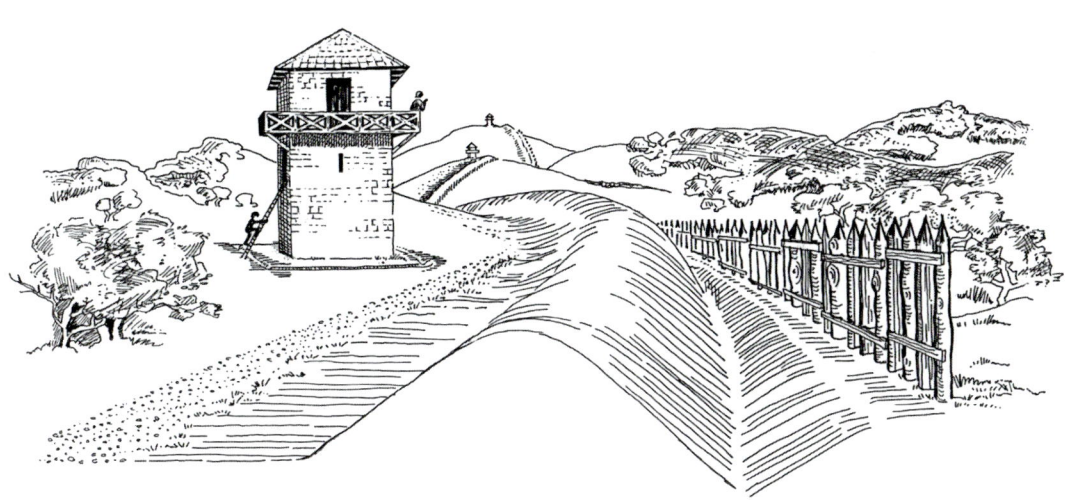

Abb. 8 Taunuslimes, Spätphase. Rekonstruktion des Pfahlgrabens mit Palisade nach den Beobachtungen von L. Jacobi und E. Fabricius 1896/98.

sade zur Verfügung stand? Seit einiger Zeit werden Umweltprobleme der beiden germanischen Provinzen diskutiert. So wird unter anderem eine weiträumige Übernutzung der Wälder und ein daraus resultierender Holzmangel behauptet; sogar von „Raubbau" ist die Rede. Selbst das Ende des Limes um 260 ist damit in Verbindung gebracht worden.[14] In diesem Zusammenhang erwog Schallmayer, ob der vermutete Mangel die großräumige Verlegung des Obergermanischen Limes um 160 verursacht haben könnte. Der Mangel hätte erfordert, „näher an die Ressource Holz zu kommen, indem man die neue Linie an die Grenze zu waldreicheren Gebieten … hin verschoben hat";[15] ferner auch: „Das Ersetzen der Palisade durch Wall und Graben am Limes deutet möglicherweise auf Holzmangel und damit auf damalige ökologische Probleme".[16]

Aus den oben beschriebenen Limesverlegungen lässt sich ein Holzmangel nicht erschließen. Bei den Verlegungen Phase 2 (um 145 n. Chr.) sind im Taunus und in der westlichen Wetterau ca. 35 km Palisade neu errichtet worden. Für diese Maßnahme war das Holz um 145 n. Chr. offensichtlich vorhanden, selbst an der Grenze der dichter besiedelten Wetterau. – Holzmangel kann auch keine Rolle für den Entschluss gespielt haben, um 160 den Obergermanischen Limes vorzuverlegen. Verlegt wurde ja nur der Südabschnitt des Obergermanischen Limes, bestehend aus Odenwaldlimes und Neckarlimes. Der Letztere war ein Flusslimes, an dem ohnehin keine Palisaden standen. Der Odenwaldlimes lief über lange Strecken durch eine der heute noch waldreichsten Mittelgebirgslandschaften der Bundesrepublik. In diesem sehr dünn besiedelten Gebiet auf der Hochfläche des Buntsandsteins hat auch in der Antike kein Holzmangel geherrscht. Kürzlich kam A. Kreuz nach umfassender Durchsicht des botanischen Fundmaterials zu dem kritischen Ergebnis: „Die von archäologischer Seite oft geäußerte Erwartung, dass in den Jahrhunderten um Christi Geburt mit Holzmangel und übernutzten Wäldern zu rechnen sei, lässt sich aufgrund der Holzkohlespektren in unserem Untersuchungsgebiet für keine der archäologischen Gruppen bestätigen".[17] Das schließt lokale Übernutzung in Siedlungsnähe oder am Rand dichter bewohnter Siedlungskammern gewiss nicht aus, doch selbst dort war genug Holz für die Palisade vorhanden, wie das Beispiel Wetterau zeigt.

---

13 Lederschuhe aus „dem durch die nahen Weilquellen erzeugten Sumpf dicht vor dem Osttor" des Feldbergkastells: ORL B Kastell Nr. 10 S. 56 Nr. 10,1 Taf. 5,26–32; hölzerne Deuchelrohre, gleiche Fundstelle: ORL a.O. 56 Nr. 10,4; Datierung: Holstein, Eichenchronologie 116 „um 170".
14 Kuhnen, Limesfall 36–39; 71–75.
15 Schallmayer, Limespalisade 37–42, speziell 42.
16 Schallmayer, Neue Forschungen 16.
17 Kreuz, Landwirtschaft 198–218, speziell 216–218.

Ergebnis

Seit ca. 145 n. Chr. sind am Obergermanischen Limes in mehreren Verlegungsphasen beträchtliche Grenzstrecken mit Palisaden neu entstanden. Kein Zweifel kann daran bestehen, dass das hölzerne Grenzhindernis über 160 n. Chr. hinaus eine wesentliche Komponente des Grenzschutzes bildete und entsprechend aufrechterhalten wurde. Zur genauen Chronologie und den anzunehmenden Reparaturen gibt es jedoch nur völlig unzureichende Informationen. Vom gesamten Obergermanischen Limes kennt man bisher nur die einzige Fundstelle Marköbel mit datierten Palisadenhölzern. Es wäre dringend zu wünschen, erhaltene Palisadenhölzer in den zahlreichen Feuchtgebieten und Wasserläufen aufzuspüren, die der Limes kreuzt, und ihr Alter dendrochronologisch zu bestimmen. Im Limeswerk finden sich bereits Hinweise auf solche Fundstellen; weitere sind später entdeckt worden. Wie erfolgreich ein solches Programm sein kann, zeigen die Untersuchungen von D. Planck und W. Czysz am Westabschnitt des Raetischen Limes zwischen dem Beginn der Strecke im Rotenbachtal und dem Altmühlübergang bei Gunzenhausen.[18]

Der Befund von Marköbel, wo die um 120 erbaute Palisade im Lauf der folgenden Jahrzehnte nicht mehr erneuert bzw. repariert worden ist, erscheint aus dieser Sicht als Sonderfall. Lokale Sonderfälle der baugeschichtlichen Entwicklung waren am Limes auch anderwärts zu beobachten, etwa das Zaungräbchen als Vorläufer der Palisade an Strecke 4, die frühe Errichtung von Wall und Graben an der älteren Linie in der Idsteiner Senke oder der lokale Ersatz einer 112 m langen Palisadenstrecke durch eine Mauer bei WP 10/34 am Odenwaldlimes; zu erwähnen ist auch die eigenartige Palisadenverdoppelung nördlich vom Kastell Arnsburg. Denkbar ist durchaus, dass die Palisade in bestimmten Abschnitten, die weniger gefährdet waren, nicht aufrechterhalten wurde.

Die von L. Jacobi und E. Fabricius unternommene Untersuchung an der Limesverlegung im Scharwald nördlich vom Feldbergkastell erweist, dass dort die Palisade, der große Graben und der Wall mindestens zeitweise gleichzeitig bestanden haben. Ob das überall am Obergermanischen Limes der Fall war, wissen wir nicht. Auch wie lange die Palisade im 3. Jahrhundert, in der Spätzeit des Limes, noch aufrechterhalten wurde, entzieht sich vorerst unserer Kenntnis. In der Krisenzeit der Jahrhundertmitte ist das militärische Personal am Limes durch Abkommandierungen an entfernte Kriegsschauplätze enorm ausgedünnt worden. Es ist durchaus denkbar, dass aus diesem Grund die Palisade gegen Mitte des 3. Jahrhunderts, in der sogenannten Reduktionsphase des Limes, nicht mehr erhalten werden konnte.

---

[18] Planck, Die Römer 311 (Palisade im Rotenbachtal bei Schwäbisch Gmünd, 163/64 n. Chr.); 258 (Palisade in Rainau-Schwabsberg, 165 n. Chr.); Czysz, Hölzerne Zeugen 30 (Palisade im Teufelsweiher bei Mönchroth, 160 n. Chr.; in Gunzenhausen, ca. 160 n. Chr.).

Prof. Dr. Dietwulf Baatz
Mühltalstraße 9d, 64297 Darmstadt

Literaturverzeichnis

BAATZ, Kleinkastelle
D. Baatz, Zur Funktion der Kleinkastelle am Obergermanisch-Raetischen Limes; in Forsch. zur Funktion des Limes. Beitr. zum Welterbe Limes 2 (Stuttgart 2007) 8–25.

BENDER, Doppelpalisade
S. Bender, Die Doppelpalisade am Limes im Vorfeld des Kastells Arnsburg. In: Limes Imperii Romani, Beitr. zum Fachkoll. „Weltkulturerbe Limes" 2001. Saalburg-Schr. 6 (Bad Homburg 2004) 47–53.

BRAUN, Absteinung
R. Braun, Unterirdische Absteinung und Begleithügel. In: Der römische Limes in Deutschland. Sonderbd. Arch. Deutschland (Stuttgart 1992) 24–28.

CZYSZ, Hölzerne Zeugen
W. Czysz, Hölzerne Zeugen der Zeit. Arch. in Deutschland 2006/1, 30–31.

FABRICIUS, Bericht 1898
E. Fabricius, Bericht über die Arbeit der Reichslimeskommission im Jahre 1898. Arch. Anz. 1899, 77–88.

HOLLSTEIN, Eichenchronologie
E. Hollstein, Mitteleuropäische Eichenchronologie (Mainz 1980).

KREUZ, Landwirtschaft
A. Kreuz, Landwirtschaft im Umbruch? Archäobotanische Untersuchungen zu den Jahrhunderten um Christi Geburt in Hessen und Mainfranken. Ber. RGK 85, 2004, 97–293.

KUHNEN, Limesfall
H. P. Kuhnen, Gestürmt – geräumt – vergessen? Der Limesfall und das Ende der Römerherrschaft in Süddeutschland. Ausstkat. Limesmus. Aalen. Württemberg. Landesmus. Stuttgart, Arch. Slg. 2 (Stuttgart 1992).

REUTER, Östlicher Wetteraulimes
M. Reuter, Die römischen Kleinkastelle von Hanau-Mittelbuchen und der Verlauf des östlichen Wetteraulimes unter Domitian. In: Limes Imperii Romani. Beitr. zum Fachkoll. „Weltkulturerbe Limes" 2001. Saalburg-Schr. 6, 2004, 97–106.

PLANCK, Die Römer
D. Planck, Die Römer in Baden-Württemberg (Stuttgart 2005)

SCHALLMAYER, Limespalisade
E. Schallmayer, Die Limespalisade im 3. Jh. n. Chr. In: Limes Imperii Romani, Beitr. zum Fachkoll. „Weltkulturerbe Limes" 2001. Saalburg-Schr. 6 (Bad Homburg 2004) 29–45.

SCHALLMAYER, Marköbel
E. Schallmayer, Der Limes, Marköbel und Kaiser Hadrian. Denkmalpfl. und Kulturgesch. 2003/2, 12–21.

SCHALLMAYER, Neue Forschungen
E. Schallmayer, Neue Forschungen am Limes in Hessen. Denkmalpfl. und Kulturgesch. 2005/3, 17–21.

SCHALLMAYER, Wachturmstelle
E. Schallmayer, Beobachtungen an einer Wachturmstelle. Arch. in Deutschland 2006/1, 26–29.

SCHÖNBERGER, Truppenlager
H. Schönberger, Die römischen Truppenlager der frühen und mittleren Kaiserzeit. Ber. RGK 66, 1985, 321–497.

Abbildungsnachweis

Abb. 1 Nach M. Reuter 2004; Abb. 2 D. Baatz; Abb. 3 D. Baatz; Abb. 4 D. Baatz; Abb. 5 Nach L. Jacobi und E. Fabricius (ORL); Abb. 6 Nach E. Fabricius, Bericht 1898; Abb. 7 Limesarchiv; Abb. 8 D. Baatz.

DEM LIMES AUF DER SPUR
UNTERSUCHUNGEN EINES ABSCHNITTES DER STRECKE 8 SÜDLICH VON OSTERBURKEN

Von Britta Rabold

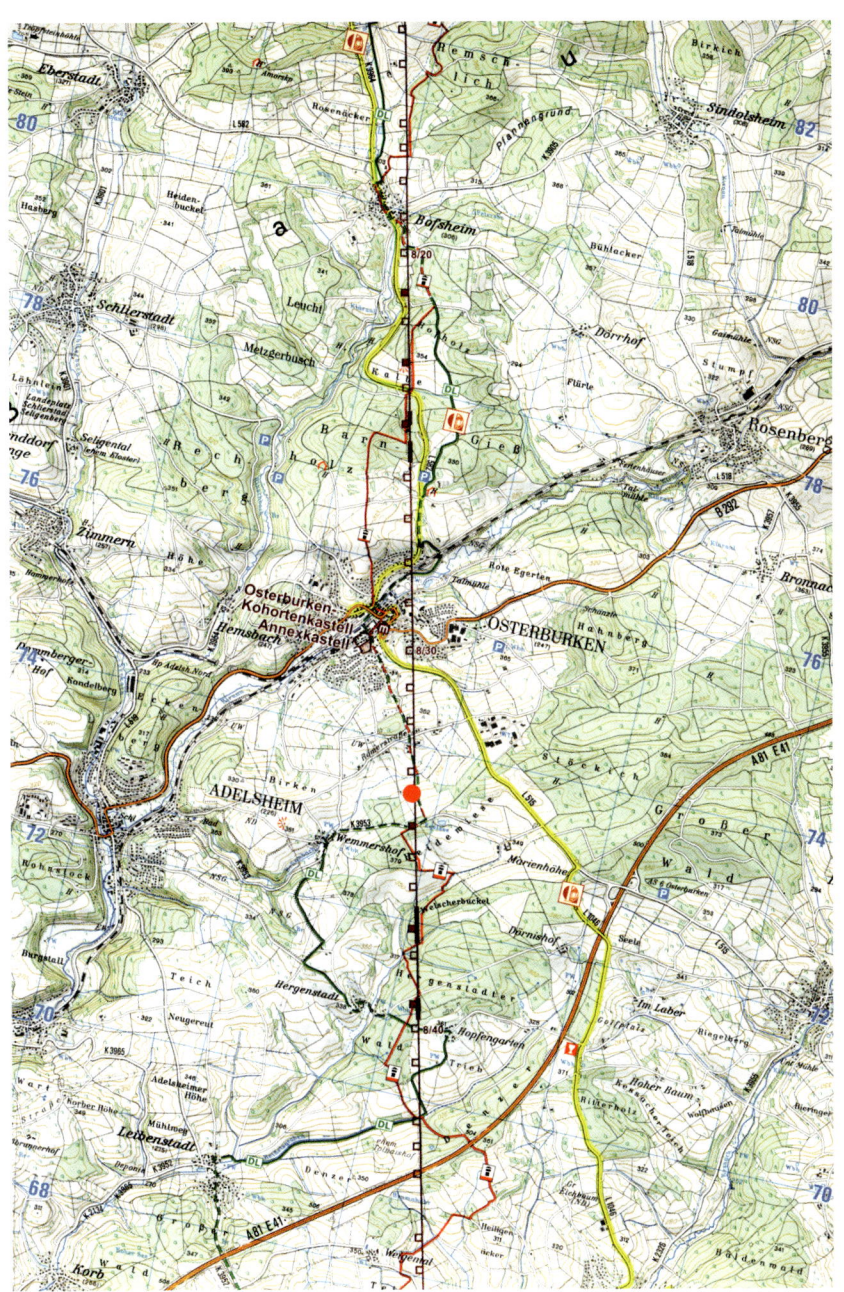

Osterburken gehört mit seinen beiden Kastellen und der ausgedehnten Zivilsiedlung mit Benefiziarierstation sowie mehreren Thermen zu den wichtigsten Garnisonsorten am äußeren Limes und steht schon seit vielen Forschergenerationen im Blickpunkt des archäologischen Interesses. Erst vor wenigen Jahren wurden im Zuge der Museumserweiterung im römischen Ortskern die zuvor nur ansatzweise bekannten ältesten Thermen inmitten des Ortes großflächig ausgegraben.[1]

2006 schließlich folgten Untersuchungen am Limes südlich von Osterburken, unweit der Ortsteile Marienhöhe und Wemmershof in den Gewannen „Maisenhelde/Hopfengarten" (Abb. 1, 2, 6). Sie wurden durch die neue Umgehungsstraße zwischen Osterburken und Adelsheim (Verlegung der B 292) erforderlich, die auf vierspuriger Breite den Limes fast im rechten Winkel schneidet. Zwei kleine nördlich anschließende Flächen mussten darüber hinaus wegen eines Brückenbauwerks geöffnet werden (Abb. 9).

Dieses umfangreiche und massiv in die Landschaft eingreifende Bauvorhaben zur Entlastung der betroffenen Ortskerne war seit den 1980er-Jahren in Planung; bereits 1990 datiert der verbindliche Planfeststellungsbeschluss. Die Archäologische Denkmalpflege formulierte damals punktuelle Sondagen im betroffenen Abschnitt mit dem obertägig nicht mehr sichtbaren Denkmal, um den antiken Grenzverlauf auch in diesem Bereich exakter lokalisieren und einschätzen zu können.

Seit 2005 genießt der ORL durch die Aufnahme in die Liste des UNESCO-Welterbes deutlich spürbar eine weitaus größere denkmalpflegerische Akzeptanz, die einen umfassenderen Schutz für die Grenze selbst und den begleitenden Korridor gewährleistet; leider zu spät für den Osterburkener Abschnitt,

Abb. 1 Lage der Grabungsflächen zwischen WP 8/33 und 8/34 südlich von Osterburken.

---

[1] E. Schallmayer/K. Kortüm, Osterburken, Kastelle und Lagerdorf. In: D. Planck (Hrsg.), Die Römer in Baden-Württemberg (2005) 243 ff.; K. Kortüm, Arch. Ausgr. Baden-Württemberg (Stuttgart 2005) 135ff.

Abb. 2 Digitales Orthofoto mit Eintragung der Welterbezone der Deutschen Limeskommission.

Abb. 3 In den Muschelkalk eingetiefter Limesgraben, teilweise ausgehoben. Blick von Süden.

da eine grundlegende Änderung des groß angelegten Straßenbauvorhabens zu diesem Zeitpunkt nicht mehr möglich oder auch zu verantworten gewesen wäre.

Betroffen ist die Strecke 8 zwischen den Wachposten 8/33 und 8/34 (Abb. 1, 2). Das durch die Reichs-Limeskommission ausgegrabene und heute in einem kleinen Waldstück noch sichtbare Turmfundament von WP 8/34 folgt gute 500 m südlich auf einer markanten Erhebung. Von dort hatte man einst einen guten Überblick bis zum nördlichen, auch sehr hoch gelegenen WP 8/32. WP 8/33 hingegen lag in einer markanten Senke und war eher schlecht einsehbar (vgl. Abb. 8).

Die Grabungsfläche auf dem recht steilen Anstieg Richtung Süden hatte einen Höhenunterschied von fast 5 m, was einem Gefälle von 10 % entspricht und für die starken dort beobachteten Erosionserscheinungen verantwortlich ist.

Der Limesgraben wurde insgesamt auf einer Länge von 75 m erfasst (Abb. 9). Seine Lokalisierung entspricht den Vorgaben der Reichs-Limeskommission. Reste eines im Gelände zunächst nicht mehr erkennbaren neuzeitlichen Weges störten den Grabenbefund stellenweise. In diesen Zusammenhang gehören wohl auch eine lineare schmale Nordsüd ausgerichtete Steinsetzung (Trockenmäuerchen) am westlichen Flächenrand sowie benachbarte hufeisenförmige Verfärbungen, die fundleer waren und sich in den Schnitten nicht weiter zu erkennen gaben.

Der 5 bis 6 m breite Graben war noch bis zu 2 m in den anstehenden Muschelkalk eingetieft (Abb. 3, 5) und hob sich in der Fläche durch seine vergleichsweise sterile Verfüllung aus eingeschwemmtem zähem Lehm ab, die auf einer Länge von über 10 m vollständig ausgehoben werden konnte.

Das Grabenprofil ist V-förmig gestaltet mit leicht konvexen Seiten. Beim Tieferlegen zeigte sich stellenweise in der westlichen Hälfte eine massive Setzung aus Muschelkalksteinen mit ziemlich gerader Kante am östlichen Abschluss. Dieser Einbau reichte nicht bis zur Sohle. In der Regel waren die Steine handquadergroß mit mindestens einer behauenen Seite, wodurch sie sich von der anstehenden Geologie deutlich absetzten. Unter der Steinpackung fanden sich Reste von verbranntem Holz oder zumindest starke Brandspuren.

An der westlichen Grabenkante begegnete eine bis zu 0,25 m breite sandige, stark mit Holzkohle durchsetzte Zone, die sich über 20 m verfolgen ließ.

Abb. 4 Bauhölzer im Limesgraben.

In der Grabenverfüllung fanden sich fast durchgängig Hölzer (Abb. 4) verschiedenen Zuschnitts. Erkennbar waren Balken oder auch Teile von Brettern oder Dielen, allesamt stark verkohlt. Palisadenhälblinge wurden hier wohl nicht entsorgt. Laut ersten Sichtungen der Naturwissenschaftler lassen sich die Hölzer leider nicht mehr näher chronologisch einordnen; es bleibt somit nur noch die Hoffnung auf eine Holzartenbestimmung.

Nur wenig östlich des Limesgrabens verlief der im Planum kaum als solcher erkennbare Palisadengraben. Seine Breite beträgt etwa 0,6 m. Auffällig waren größere senkrecht

Abb. 5 Grabenprofil im nördlichen Bereich der großen Fläche.

Abb. 6 Luftbild der größeren (südlichen) Grabungsfläche mit hälftig ausgehobenem Graben. Im Vordergrund das Palisadengräbchen mit den senkrecht gestellten Keilsteinen.

darin eingestellte Kalksteine, deren Anordnung einem bestimmten Schema zu folgen scheint. Des öfteren standen sich jeweils zwei in einem Abstand von ca. 0,2 m gegenüber (Abb. 6, 7). Eine Deutung als Verkeilungen für die Palisadenhölzer liegt nahe. Sowohl die Verfüllung als auch die Keilsteine zeigten starke Spuren von Hitzeeinwirkung, die auf ein Schadensfeuer zurückgehen dürften.

Von der Wallanschüttung, die sich westlich des Verteidigungsgrabens befunden haben dürfte, ließen sich erhaltungsbedingt keine Reste mehr nachweisen. Ein breiter Streifen aus massiven, scheinbar verlegten Muschelkalkplatten an dieser Stelle entpuppte sich als reine Geologie.

Die u. a. an der Strecke 8 mehrfach festgestellte sogenannte Limesbegleitmauer wurde nicht angetroffen[2]. Falls jemals vorhanden, hätte sie sich 10 bis 15 m westlich des Grabens zeigen müssen. Ihr Ausbleiben in der heutigen Befundsituation mag, je nach der einstigen Fundamentierungstiefe, allerdings erhaltungsbedingt sein. Auch andere Strukturen in Steinbauweise konnten nicht nachgewiesen werden.

Der beschriebene doppellagige Kalksteineinbau in der westlichen Grabenhälfte könnte allerdings mit ähnlichen Aktivitäten in Zusammenhang stehen. Aus diesem Grund ist es umso bedauerlicher, dass die offensichtlich tiefer bzw. darunter liegenden Hölzer keinen Datierungsansatz mehr liefern können.

[2] vgl. T. Becker, Von zwei Seiten betrachtet – Überlegungen zur Limesmauer zwischen Osterburken-Bofsheim und Jagsthausen an der Strecke 8. In: Forschungen zur Funktion des Limes 2. Beiträge zum Welterbe Limes (Stuttgart 2007) 99 ff.

Abb. 7 Detail des Palisadengrabens mit den Muschelkalkkeilsteinen. Blick von Süden.

Wenn sich auch die Zerstörung und Überbauung des Limes bei Osterburken nicht mehr verhindern ließ, erbrachten die Grabungen dennoch wichtige Hinweise auf die zuvor nur rekonstruierte Lokalisierung und den Verlauf des Limes sowie seine Bauweise im kaum zu bearbeitenden Muschelkalk. Es ist geplant die Ergebnisse zumindest durch Beschilderung vor Ort dem Besucher des Limeswanderweges zukünftig zu präsentieren.

Dr. Britta Rabold
Regierungspräsidium Karlsruhe
Archäologische Denkmalpflege
Moltkestraße 74, 76133 Karlsruhe
E-Mail: britta.rabold@rpk-bwl.de

Abb. 8 Ausgehobener Limesgraben. Blick nach Norden in Richtung Osterburken.

Abb. 9 Luftbild mit beiden Grabungsflächen. Zeigt den Verlauf des Grabens auf einer Länge von ca. 75 m.

Abbildungsnachweis

Abb. 1 Ausschnitt aus: Offizielle Karte 1 : 50 000 UNESCO-Weltkulturerbe Obergermanisch-Raetischer Limes in Baden-Württemberg (Hrsg. Deutsche Limeskommission, Verein Deutsche Limesstraße, Landesvermessungsamt Baden-Württemberg, Stuttgart 2005); Abb. 2 Grundlage: Landesvermessungsamt Baden-Württemberg; Abb. 3 RPK, Knoetzele/Reißing; Abb. 4 RPK, Knoetzele/Reißing; Abb. 5 RPK, Knoetzele/Reißing; Abb. 6 RPS, Braasch; Abb. 7 RPK, Knoetzele/Reißing; Abb. 8 RPK, Knoetzele/Reißing; Abb. 9 RPS, Braasch.

ZUR ZIVILEN BESIEDLUNG ZWISCHEN DEN LIMITES IM NECKAR-ODENWALD-KREIS

Von Anita Gaubatz-Sattler

Abb. 1 Kartenausschnitt der Übersichtskarte von Wagner, Fundstätten Blatt II.

Der Neckar-Odenwald-Kreis ist in Baden-Württemberg der einzige Landkreis, der zwei Limeslinien in seinem Kreisgebiet aufweist (Abb. 3). Hier verläuft in ungefährer Nord-Süd-Richtung der sogenannte Odenwaldlimes (früher auch Mümling-Linie genannt, vgl. Abb. 1), der für den jüngeren, den sogenannten Vorderen Limes nach der Mitte des 2. Jahrhunderts n. Chr. aufgegeben wurde. Das Gebiet zwischen den beiden Limites umfasst ca. 550 km², bei einem Limesabstand von maximal 20 km und einer Nord-Süd-Ausdehnung von maximal 30 km. Landschaftlich gehört die Region mit den ehemaligen Amtsstädten Adelsheim, Buchen und Mosbach zum Odenwald und zum Bauland.[1]

Zur Forschungsgeschichte

Als der badische großherzogliche Konservator Ernst Wagner 1911 in seinem zweiten Band seiner Publikation Fundstätten und Funde aus vorgeschichtlicher, römischer und alamannisch-fränkischer Zeit im Großherzogtum Baden die Kartenbeilage für die römische bzw. alamannisch-fränkische Zeit vorlegte, hat er in diesem Bereich (Abb. 1) 14 Fundstellen als „Niederlassung" oder „Gebäude" eingetragen, weitere sieben als Einzel- oder Münzfund.[2]

Diese Kenntnis basierte zunächst auf seiner 1880/81 durchgeführten Fragebogenaktion zu archäologischen Fundplätzen, bei der er verschiedene Institutionen, wie Gemeinden und Forstämter, angeschrieben und einen erfolgreichen Rücklauf hatte.[3] Auch waren ihm beispielsweise die Tätigkeiten des Alterthumsvereins zu Buchen aus den 1860er-Jahren bekannt.[4]

In dem Zeitraum zwischen 1893 und 1900 widmete sich Wagners Mitarbeiter Karl Schumacher,[5] der im nordbadischen Gebiet als Streckenkommissar für die Reichs-Limeskommission tätig war, auch zivilen Siedlungsplätzen.

---

1 Reinhard, Geologischer Bau 9ff.
2 Wagner, Fundstätten Blatt II.
3 Zur Fragebogenaktion vgl. Denkmalpflege in Baden-Württemberg 17, 1988, 53 f.
4 Alterthums-Verein Buchen, Jahresbericht 1863 und Alterthumsverein Buchen, Bericht 1864–1866.
5 Schumacher war von 1887 bis 1901 bei der Großherzoglichen Sammlung in Karlsruhe, heutiges Badisches Landesmuseum.

Abb. 2 Eberstadt (Stadt Buchen), Gewann „Heunhäuslein". Luftbildaufnahme Juni 1990. Blick von Süden auf zwei Rechteckgebäude.

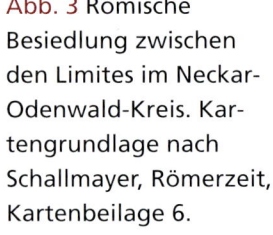

Abb. 3 Römische Besiedlung zwischen den Limites im Neckar-Odenwald-Kreis. Kartengrundlage nach Schallmayer, Römerzeit, Kartenbeilage 6.

Schumacher erfuhr allein durch seine Präsenz in der Region von weiteren Fundstellen. An manchen Plätzen hat er auch kleinere Untersuchungen vorgenommen. Leider sind hierüber kaum weiterführende Unterlagen erhalten.[6] Einige Details sind Schumachers Publikationen von 1897 und 1929 zu entnehmen.[7]

Ab etwa 1920 war Ernst Wahle, Professor an der Heidelberger Universität, als sogenannter Oberpfleger für die Denkmalpflege in Nordbaden zuständig. Er lokalisierte beispielsweise erneut einzelne, von Schumacher aufgeführte Stellen. Seit dieser Zeit war auch der Lehrer Wolfgang Palm als sogenannter Bezirkspfleger in der Region Mosbach tätig. Dank seinen Kontakten vor Ort wurden weitere Fundstellen bekannt und untersucht. Bis in die 1960er-Jahre gelangten von ihm Meldungen zur staatlichen Denkmalpflege.

In dieser Zeit wurden auch bei Baumaßnahmen etwa 500 m südwestlich des römischen Kastells von Osterburken Mauerzüge eines altbekannten Fundplatzes erfasst.[8] Dort hatte bereits 1838 der Sinsheimer Pfarrer Karl Wilhelmi „ausgedehntes Mauerwerk (sechs Gemächer, darunter vier mit Gussböden, die Wände teils weiß mit rotem Sockel, teils weiß mit roten Streifen, teils mit weißen, gelben und roten Streifen und teils mit gelben und grünen Kreisen bemalt") gefunden.[9] Schumacher hatte hier vor 1895 bei einer Grabung auch Baubefunde aufgedeckt.[10]

Kleinere Untersuchungen fanden 1971 nördlich von Schlierstadt (Stadt Osterburken),[11] 1983 und 1994 bei Großeicholzheim (Gemeinde Seckach)[12] statt. Im Sommer 1990 gelang es durch die Luftbildarchäologie (Abb. 2, 6, 10) zahlreiche Siedlungsstellen wieder zu lokalisieren oder neu zu entde-

---

6 Siehe hierzu die Ortsakten im Regierungspräsidium Karlsruhe, Referat 25 Denkmalpflege, weiterhin abgekürzt mit RP Karlsruhe (ehemals Landesdenkmalamt Baden-Württemberg, Außenstelle Karlsruhe).
7 Vgl. besonders Schumacher, Besiedelung und Schumacher, Meierhöfe.
8 ORL B 40 Osterburken 20. – Wagner, Fundstätten 439. – Schumacher, Meierhöfe 42 Nr. 11. – Fundberichte aus Baden-Württemberg 4, 1979, 233. – Ebd. 5, 1980, 210.
9 Wilhelmi, Jahresbericht 78ff.
10 ORL B 40 Osterburken 20.
11 Schumacher, Besiedelung 151 Nr. 16. – Wagner, Fundstätten 443. – Schumacher, Meierhöfe 43 Nr. 15. – Fundberichte Baden-Württemberg 2, 1975, 207. – Ebd. 5, 1980, 225 f.
12 Unpubliziert. Ausgrabung RP Karlsruhe.

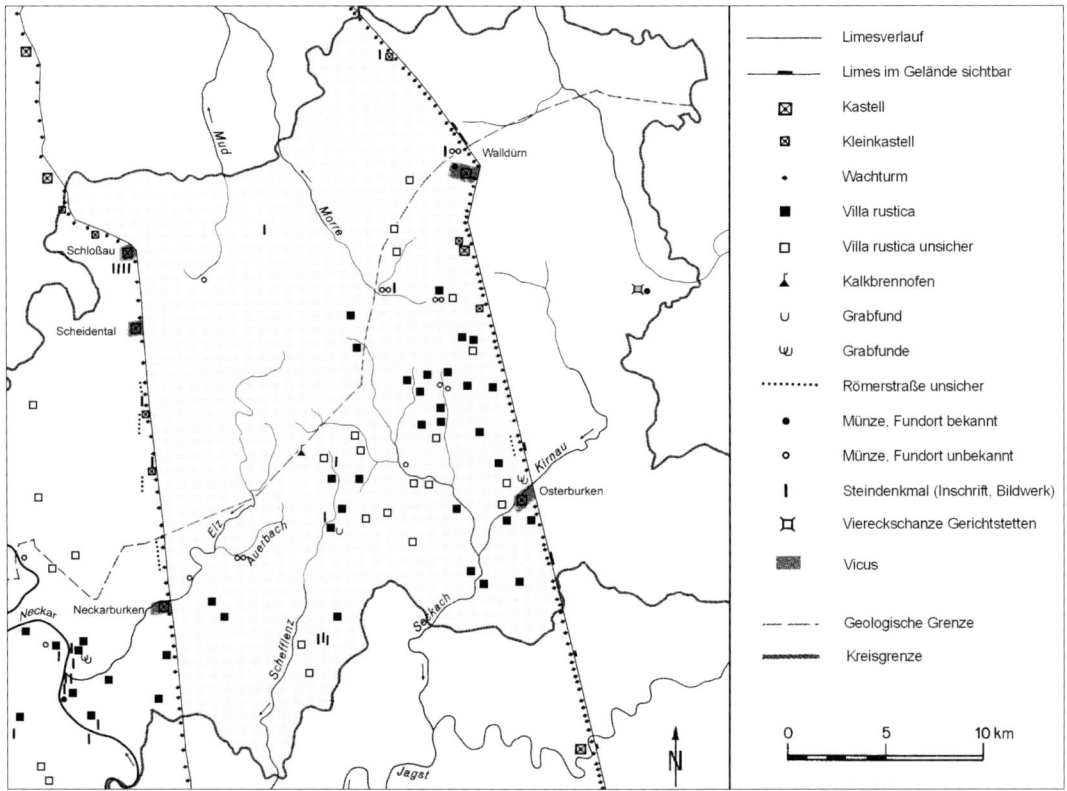

cken. Begehungen führten außerdem immer wieder zu weiteren Hinweisen.

1992 erschien die Amtliche Kreisbeschreibung des Neckar-Odenwald-Kreises mit einem Artikel zur Römerzeit von Egon Schallmayer.[13] Die von ihm vorgelegte Besiedlungskarte (Kartengrundlage für die jetzt aktualisierte Kartierung auf Abb. 3) zeigte einen Schwerpunkt der römischen Besiedlung im südlichen Kreisgebiet. Durch die Markierung der geologischen Grenze des Buntsandsteins mit seinen ungünstigen Boden- und Wasserverhältnissen zum Muschelkalk wird sogleich die Erklärung geliefert.[14]

Derzeitiger Kenntnisstand

Nach der heutigen Kenntnislage zeichnet sich für den Bereich zwischen den Limites im Neckar-Odenwald-Kreis folgendes Siedlungsbild ab (Abb. 3):

Nunmehr sind 48 Fundplätze und 11 Einzelfundstellen bekannt. Aufgrund der ungünstigen Bodenverhältnisse ist der nördliche Buntsandsteinbereich nahezu siedlungsfrei. Auch wird die Konzentration der Siedlungsplätze im Zentrum und im westlichen Kreisgebiet, zum Vorderen Limes hin orientiert, deutlich. Sie reihen sich meist entlang der Flussläufe auf. Hanglagen oberhalb eines Wasserlaufs finden sich häufig, diese sind bevorzugt nach Süden ausgerichtet.

Trotz der im 19. Jahrhundert beginnenden Forschungstätigkeit ist der Wissensstand zu den einzelnen Fundplätzen im Gebiet zwischen den Limites im Neckar-Odenwald-Kreis als sehr unterschiedlich zu bezeichnen, selten liegen Grundrisse vor oder ist reichliches Fundmaterial vorhanden. Demnach ist die Ansprache der einzelnen Siedlungsstelle nicht immer klar und eindeutig zu geben. Wahrscheinlich sind die Fundstellen meist

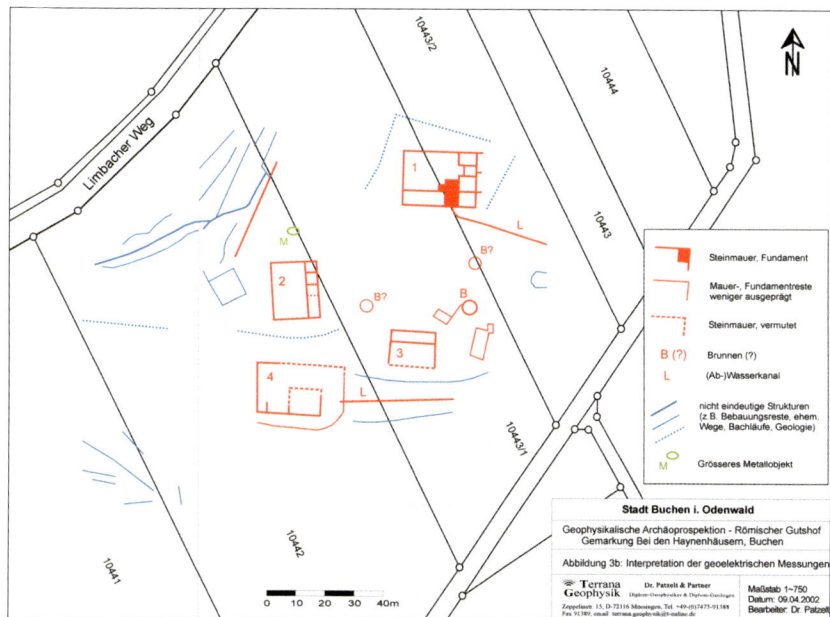

als *villae rusticae* anzusprechen, die hauptsächlich im Rahmen der Landwirtschaft ihre wirtschaftliche Grundlage hatten und durch Überschussproduktion auch die Versorgung der Region wahrnahmen.[15] Siedlungen neben den *vici* an den Kastellorten Walldürn oder Osterburken sind bislang nicht nachgewiesen.[16]

Beispiele

Um einen Einblick zur Besiedlung im Neckar-Odenwald-Kreis zu geben, werden im Folgenden einzelne Fundplätze vorgestellt.

Die südwestlich von Buchen gelegene Villa rustica „Bei den Haynenhäusern" (Abb. 1) wurde bereits 1865/66 durch den Buchener Alterthumsverein erforscht.[17] Man war damals auf einen etwa 1,8 m² großen Estrichboden gestoßen und hatte neben Keramik- und Münzfunden auch Schieferstücke geborgen. Schumacher führte 1929 an, dass ihm „alte Leute erzählten, dass sie als Kinder noch in den Ruinen gespielt hätten, namentlich in einem Halbrund (offenbar Apside eines Badegebäudes)".[18]

Auf dem Ackergelände fanden immer wieder Begehungen statt. Dabei wurden oftmals Funde geborgen, darunter auch eine Sigillatascherbe der Blickweiler Spätware,[19] die als Hinweis für eine Besiedlung in der frühen 2. Hälfte des 2. Jahrhunderts gelten kann. Auf verschiedenen Luftbildaufnahmen zeigte sich bislang kein klarer Befund.[20]

Abb. 4 Buchen, Gewann „Bei den Haynenhäusern". Plan der geophysikalischen Untersuchung aus dem Jahr 2002.

---

13 Schallmayer, Römerzeit.
14 Reinhard, Klima 32 ff.
15 Hierzu beispielsweise Hüssen, Besiedlung u. Landwirtschaft 255 ff.
16 Schallmayer, Walldürn 46 ff. – Gaubatz-Sattler u. Seidenspinner, Osterburken 32 ff.
17 Alterthumsverein Buchen, Bericht 1864–1866, o. S.
18 Schumacher, Meierhöfe 41 Nr. 1.
19 Fundberichte Baden-Württemberg 9, 1984, 672 Taf. 56 A.
20 Bislang zeichnete sich auf keinem Luftbild ein Gebäudegrundriss ab.

Abb. 5 Schlierstadt (Stadt Osterburken), Gewann „Hellen Brünnle". Blick von Osten auf den 1971 freigelegten Raum.

Abb. 6 Schlierstadt (Stadt Osterburken), Gewann „Hellen Brünnle". Luftbildaufnahme Mai 1990. Blick von Norden auf die verschiedenen Gebäudestrukturen.

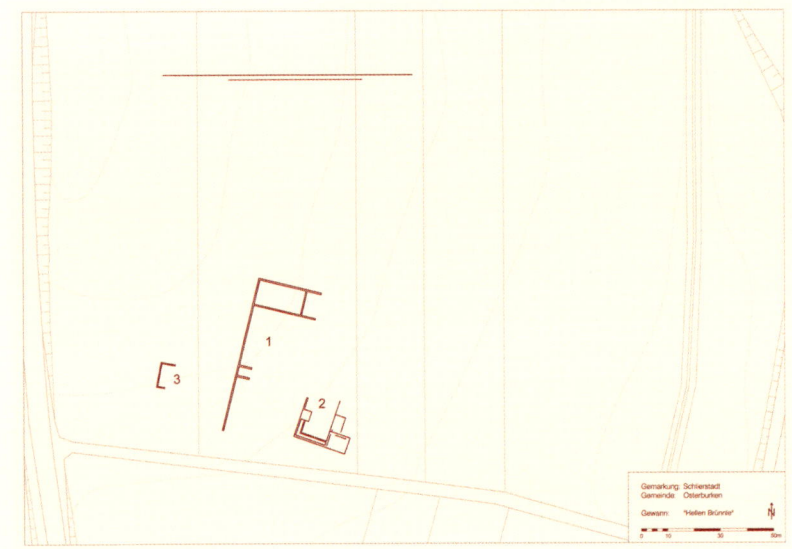

Abb. 7 Schlierstadt (Stadt Osterburken), Gewann „Hellen Brünnle". Luftbildentzerrung.

Geophysikalische Prospektionen[21] erbrachten 2002 einen Grundriss (Abb. 4) mit vier größeren und drei kleineren Gebäuden, wohl drei Brunnen sowie ein Teilstück der Hofmauer im Nordwesten. Das Hofareal war demnach mindestens 1,1 ha groß.

Gebäude 1 hat eine Größe von ca. 25 m auf 19 m mit mindestens sieben Räumen, davon ein Bereich mit Estrichboden. Der vom südöstlichen Mitteltrakt hin- bzw. wegführende Kanal könnte auf einen Badetrakt deuten. Es dürfte sich um das Hauptgebäude handeln.

Das etwa 26 × 20 m große Gebäude 2 weist neben einer Raumflucht mit vier Räumen im Osten einen großen Raumteil auf, der wohl als Halle angesprochen werden kann.

Das ca. 16 × 11 m große Gebäude 3 hat zwei lang gestreckte Raumeinheiten, während das etwa 30 × 17 m große Gebäude 4 in seiner Raumeinteilung nicht klar erkennbar ist. Dieses Gebäude entspricht in der Dimension Gebäude 1 und weist ebenfalls einen nach Osten führenden Kanal auf.

Zwei bis drei kleinere, nicht unterteilte Gebäude (Größe ca. 5 × 10 m bzw. 5 × 3 m) befinden sich in der Nähe der Brunnen, die letztendlich von den Gebäuden umgeben sind. Eine genauere Ansprache der Nebengebäude im Rahmen der landwirtschaftlichen Nutzung ist derzeit nicht zu geben. Aufgrund des vorliegenden Fundmaterials ist eine Besiedlung bis in die Mitte des 3. Jahrhunderts gesichert.

Die nördlich von Schlierstadt (Abb. 1) gelegene Villa rustica im Gewann „Hellen Brünnle" ist seit Schumacher bekannt.[22] Zur Ausdehnung der westlich des Schlierbachs gelegenen Anlage fehlten lange Zeit weiterführende Angaben. Seit den Beobachtungen ab den 1960er-Jahren liegen sie vor.

Bei Untersuchungen im Frühjahr 1971 wurde ein etwa 2,8 × 2,45 m großer beheizbarer Raum freigelegt (Abb. 5). Das Fundmaterial belegt eine Nutzung kurz nach der Mitte des 2. bis um die Mitte des 3. Jahrhunderts.[23]

Bereits 1970 skizzierte man Gebäudestrukturen, die aufgrund des unterschiedlichen Bewuchses im Gelände wahrgenommen wurden. Diesen Beobachtungen entsprachen teilweise die Luftbilder aus dem Jahr 1990 (Abb. 6). Die Luftbildentzerrung (Abb. 7) zeigt im Norden auf einer Länge von ca. 90 m eine in Ost-West-Richtung verlaufende Mauer, die möglicherweise die nördliche

---

21 Ausführende Firma Terrana Geophysik. Messungen wurden im Februar/März 2002 und November/Dezember 2002 durchgeführt (Auftraggeber Stadt Buchen).
22 Schumacher, Besiedelung 151 Nr. 16. – Wagner, Fundstätten 443. – Schumacher, Meierhöfe 43 Nr. 15.
23 Fundberichte aus Baden-Württemberg 2, 1975, 207 mit Abb. 188. – Ebd. 5, 1980, 225 f. Taf. 191 B; 194 A.

Begrenzung der Anlage darstellt. Im Zentrum der sichtbaren Strukturen zeichnet sich Gebäudekomplex 1 ab, der in Nord-Süd-Richtung eine Ausdehnung von etwa 55 m hat und verschieden große Raumeinheiten (Größe ca. 5×4 m bzw. 18×9 m) aufweist. Der östlich liegende, stärker gegliederte Grundriss 2 hat mindestens eine Ausdehnung von 21×16 m. Der 1971 untersuchte Hypokaustraum ist Teil dieses Gebäudes. Die Ansprache als die östliche Hälfte eines Hauptgebäudes mit einem Porticus und einem Ostrisalit erscheint wohl zu gewagt. Westlich von Gebäudekomplex 1 ist außerdem ein mit 10 m auf mindestens 6 m kleinerer Baubefund in Teilen erkennbar.

Durch die Geländebeobachtungen in den 1960er-Jahren ist eine Fortsetzung nach Süden angezeigt, demzufolge wäre die Anlage mindestens 1,4 ha groß.

1,2 km nördlich, ebenfalls westlich des Bachlaufs, liegt die nächste Fundstelle, aber auf der Gemarkung von Eberstadt (Stadt Buchen, Abb. 1). Im Gewann „Heunhäuslein" hat der Buchener Alterthumsverein 1864 ein Gebäude mit einer Seitenlänge von etwa 20 m aufgedeckt.[24] Damals wurden auch ein Estrichboden und eine Herdstelle freigelegt. Schumacher führte 1929 diesen Siedlungsplatz mit dem Hinweis auf die Untersuchung von 1864 als „größere villa rustica" auf.[25] Luftbildaufnahmen von 1990 (Abb. 2) und deren Entzerrung (Abb. 8) zeigen zwei dicht beieinander liegende, scheinbar nicht untergliederte Rechteckgebäude. Während Gebäude 2 mit etwa 11×10 m fast quadratisch ist, hat der Baubefund 1 bei fast gleicher Breite eine Länge von ca. 23 m. Gebäude 3 mit den Ausmaßen von etwa 15×11 m liegt nahezu 60 m nördlich der beiden. Ob die in Nord-Süd-Richtung verlaufende Mauer im Osten die Umfassungsmauer darstellt, kann derzeit nicht bestimmt werden. Der Grundriss eines sogenannten Hauptgebäudes zeigt sich im Luftbild bislang nicht.

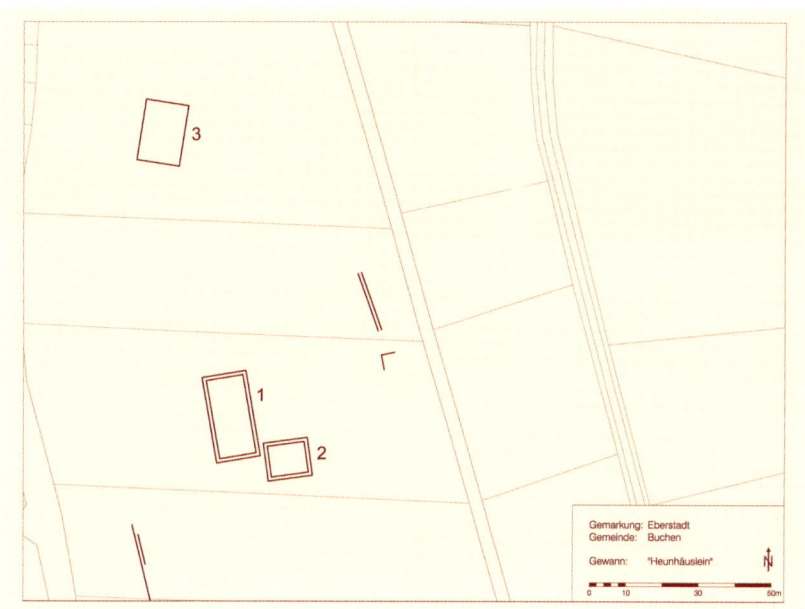

Geht man einen weiteren Kilometer nach Norden, so liegt auf der östlichen Seite des Bachlaufs (hier der Krummbach) der nächste Fundplatz noch auf der Gemarkung von Eberstadt. Von der 1897/98 von Schumacher gemeldeten Stelle[26] „Gebäude im Nüsslein" liegen nunmehr Luftbilder vor. Derzeit sind vier Gebäudekomplexe erkennbar (Abb. 9). Das mit 15×10 m größte Gebäude 1 hat mindestens eine Raumunterteilung. Ob es sich nach Südwesten fort-

Abb. 8 Eberstadt (Stadt Buchen), Gewann „Heunhäuslein". Luftbildentzerrung.

Abb. 9 Eberstadt (Stadt Buchen), Gewann „Am Nüßlein". Luftbildentzerrung.

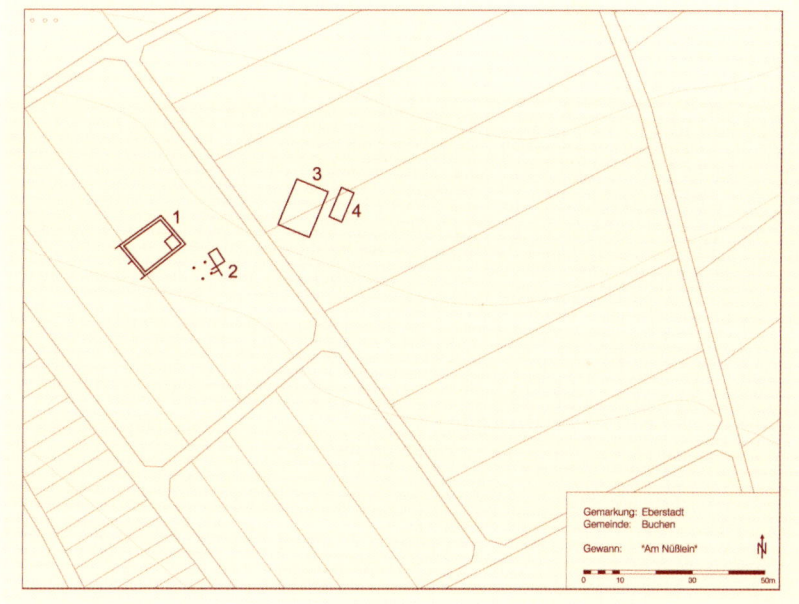

---

[24] Alterthumsverein Buchen, Bericht 1864–1866, o. S.
[25] Schumacher, Meierhöfe 43 Nr. 13. – Vgl. auch Schumacher, Besiedelung 151 Nr. 18 und Wagner, Fundstätten 405.
[26] Schumacher, Besiedelung 151 Nr. 19. – Wagner, Fundstätten 405. – Schumacher, Meierhöfe 43 Nr. 16.

Abb. 10 Bödigheim (Stadt Buchen), Gewann „Hennenhaus". Luftbildaufnahme Mai 2005. Blick von Osten auf das Rechteckgebäude.

Abb. 11 Adelsheim, Gewann „Wirsching". Luftbildaufnahme August 2005. Blick von Südwesten auf die Gebäudestrukturen.

setzte, kann derzeit nicht bestimmt werden. Der südöstlich davon gelegene Befund 2 ergibt keinen klaren Grundriss, wobei hier möglicherweise Pfostenstellungen einer Holzbauweise angezeigt sind. Zwei langrechteckige, ungegliederte Gebäude – Bau 3 hat eine Ausdehnung von ca. 9 × 13 m und Bau 4 von etwa 8 × 4 m – schließen sich im Osten an. Eine Begrenzung der Anlage zeigt sich bislang nicht.

Etwa 2 km westlich des letztgenannten Fundplatzes liegt die 1922 von Wahle bei Bödigheim (Stadt Buchen) im Gewann „Hennenhaus" wieder lokalisierte Schumacher-Stelle (Abb. 1).[27] Auf jetzt vorliegenden Luftbildaufnahmen (Abb. 10) zeichnet sich ein ungegliederter langrechteckiger Grundriss mit einer Größe von etwa 16 × 11 m ab. Weitere eindeutige Strukturen sind derzeit nicht erkennbar.

Bei der Siedlungsstelle südwestlich von Adelsheim (Abb. 1) stellte Schumacher 1897 im Gewann „Wirsching" „römisches Mauerwerk" fest.[28] Durch verschiedene Beobachtungen, Begehungen und Luftbildaufnahmen gelang es, die westlich der Seckach gelegene Fundstelle wieder zu lokalisieren. Die Luftbilder von 2005 zeigen zunächst zwei recht dicht beieinander liegende Gebäude (Abb. 11).[29] Die beiden fast gleichgroßen und unterteilten Grundrisse messen etwa 15 × 20 m. Das südlichere, größere Gebäude hat eine einfache Längsunterteilung. Das zweite Gebäude weist auf der Ostseite eine Raumflucht mit mindestens drei Räumen auf, möglicherweise deutet sich auch auf der Westseite eine Raumflucht an. Östlich dieses Gebäudes ist ein dritter kleinerer Bau nur schemenhaft erkennbar. Eine Umfassungsmauer zeigt sich derzeit nicht. Das vorliegende Fundmaterial passt in den bekannten Rahmen.

Die bislang vorgestellten Siedlungsplätze haben zum Vorderen Limes einen Abstand von mindestens 2 km, beziehungsweise liegen weiter im Hinterland. Die Gesamtkartierung (Abb. 3) zeigt aber auch Fundstellen, die näher an den Limes heranreichen.

Über wenige dieser Fundpunkte ist Genaueres bekannt. An der 1,2 km vom Limes entfernten Stelle im Gewann „Gehracker" auf der Gemarkung von Götzingen (Stadt Buchen, Abb. 1) hat Schumacher 1897 einen Befund untersucht. Bei einer Größe von 25,2 × 12,45 m und einer Fundamentstärke von 1,35 m hat er am Gebäude im Osten zwei Stützpfeiler und im Südosten eine Stückung festgestellt.[30] Der ungegliederte, mit Stützpfeilern verstärkte Bau kann mit einer Innenfläche von 313 m² als Wirtschaftsgebäude angesprochen werden. Über weitere Baubefunde im Umgebungsbereich gab Schumacher keine Auskunft.

Mit einem Abstand von 500 m zum Limes hat Schumacher ebenfalls 1897 im Gewann „Hännehaus" (früher: „Heunehaus") auf der Gemarkung von Bofsheim (Stadt Osterburken, Abb. 1) eine „Villa" festgestellt, eine Untersuchung hat er nach seinen Angaben nicht vorgenommen.[31] Bei einer Begehung wurde 1995 Terra Sigillata aufgelesen, Befunde aber nicht wahrgenommen.[32] Auf Luftbildaufnahmen zeichnen sich bislang keine eindeutigen Strukturen ab,[33] sodass keine weiterführenden Angaben vorliegen.

Dichter an den Limes reicht eine Luftbildstelle südlich von Osterburken im Gewann „Förstlein". Die erkennbaren Strukturen liegen etwa 230 m südwestlich von WP 8/32 mit einem Abstand von ca. 200 m zum Limes. Das Luftbild vom Sommer 1982 (Abb. 12) zeigt einen unvollständigen, u-förmigen Grundriss mit einer Ausdehnung von etwa 7 m auf mindestens 5 m. Bei Begehungen wurden bisher keine Funde geborgen, auch waren im Gelände keine Strukturen auszumachen.[34] Der angedeutete Grundriss erinnert an die u-förmige Innenbebauung des Kleinkastells Rötelsee (Stadt Welzheim, Rems-Murr-Kreis).[35] Ob der Osterburkener Fundplatz in militärischem Kontext zu sehen ist, ist denkbar, wird aber weiterer Beobachtungen und Befunde bedürfen.

Einen nur 210 m vom Vorderen Limes entfernten Fundplatz hat man auch 7 km südlich der Osterburkener Stelle auf der Gemarkung Unterkessach (Stadt Widdern, Lkr. Heilbronn, Abb. 1) im Gewann „Lehenwiesen" festgestellt. Dort wurden 1928 bei Bauarbeiten zwei 5 m von einander entfernte Mauerreste erfasst.[36] Ernst Fabricius wies den angeschnittenen Befund aufgrund der topografischen Gegebenheiten („geringe Platzverhältnisse") nicht in den militärischen Kontext.[37]

Nach derzeitigem Kenntnisstand liegen im Neckar-Odenwald-Kreis zwei Fundplätze (Osterburken „Förstlein" und Götzingen „Gehracker") zwischen 200 m und 500 m nah am Vorderen Limes, während eine regelhaftere Besiedlung erst ab einer Entfernung von 1 km (Abb. 3) zum Limes einsetzt. Im Heilbronner Raum wurde bis auf die Ausnahme bei Unterkessach ein Abstand zum Limes von mindestens 1 km festgestellt und als „Sicherheitsabstand" bezeichnet.[38] In der hessischen Wetterau wurde ein Siedlungsabstand von 1,8 bis 2 km zum Limes beobachtet und als „zivilfreie Zone" angesprochen.[39]

Da flächendeckende Prospektionen im Neckar-Odenwald-Kreis noch nicht stattgefunden haben, spiegelt das vorliegende Siedlungsbild (Abb. 3) nur den derzeitigen Kenntnisstand wieder. Ein Blick auf den Bereich am Odenwaldlimes zeigt, dass die 1893 von Schumacher untersuchte Villa beim Stockbronner Hof (Gemeinde Neckarzimmern, Abb. 1) kaum 800 m vom Limes entfernt lag,[40] also auch dort ein Abstand unter 1 km anzutreffen ist. Die differierenden Zahlenwerte der verschiedenen Limesabschnitte lassen demnach für eine siedlungsfreie zivile Bebauung keine Regelhaftigkeit erkennen.

Abb. 12 Osterburken, Gewann „Förstlein". Luftbildaufnahme Juli 1982. Blick von Süden auf den u-förmigen Grundriss.

Die vorgestellten Beispiele belegen im Neckar-Odenwald-Kreis im Bereich zwischen den Limites keinen vollständigen Grundriss einer *villa rustica* (ansatzweise nur bei Buchen, vgl. Abb. 4). In nur wenigen Fällen sind einzelne Gebäude in ihrer Funktion näher anzusprechen. Bislang ist auch die weit verbreitete charakteristische Porticusvilla mit Eckrisalit nicht nachgewiesen. Die verschiedenen größeren, meist ungegliederten Gebäude deuten auf eine landwirtschaft-

27 Schumacher, Besiedelung 151 Nr. 20. – Wagner, Fundstätten 403. – Schumacher, Meierhöfe 42 Nr. 5.
28 Schumacher, Besiedelung 151 Nr. 22. – Wagner, Fundstätten 428.
29 Tilman Kaiser stellte dankenswerterweise die Aufnahmen zur Verfügung.
30 ORL A, Probeheft 24. – Andere Maße wurden von Fabricius in der offiziellen ORL-Ausgabe von 1933 (ORL A Str. 7–9) publiziert. Dort ist auf Seite 90 Folgendes zu lesen: „Nach Schumacher ist es ein Mauerviereck von 27,65 × 15,05 m, die Langseiten parallel zum Limes. Nur die Fundamente sind bis 60 cm Höhe erhalten. Die Mauer war 1,3 m dick und an den Ecken anscheinend durch 1,3 m ausspringende Stützpfeiler verstärkt. Eine Wegestückung vor der Mitte der Ostseite lässt hier den Eingang vermuten. Im Innern fanden sich keine Trennungswände." – Mit diesen Maßen und Stützpfeilern an allen Seiten gibt Th. Becker den Befund als

Abbildung wieder, vgl. Becker, Limesmauer Osterburken 94 Abb. 3,3.
31 So Wagner, Fundstätten 428. – Nach Schumacher, Meierhöfe 42 Nr. 9 wurde dort keine Untersuchung vorgenommen.
32 Begehung Verf.
33 Aufnahmen O. Braasch im Sommer 2001.
34 Begehungen Verf. Auch im nördlich angrenzenden Wald waren keine Strukturen erkennbar.
35 D. Planck, Archäologische Ausgrabungen 1974, 40 ff. – Allgemein zu Kleinkastellen vgl. Fleer, Typisierung 75 ff.
36 Badische Fundberichte II, 1929/1933, 61. – ORL A Str. 7–9, 113. – Zuletzt Hüssen, Besiedlung 301 Nr. 447.
37 ORL A Str. 7–9, 113.
38 Hüssen, Besiedlung 122 mit Beilage 5.
39 Lindenthal, Zivilfreie Zone 93 ff. bes. 95.
40 Schumacher, Meierhöfe im Limesgebiet 1 ff.

Abb. 13 Großeicholzheim (Gemeinde Seckach), Gewann „Kißlich". Blick von Osten auf den 1994 untersuchten Kalkbrennofen.

liche Nutzung der jeweiligen Anlage hin. Letztendlich kann aufgrund der derzeitigen Kenntnisse kaum eine klare Ansprache gegeben werden. Ebenso kann die interessante Frage nach der jeweiligen Betriebsgröße bislang nur Spekulation bleiben. Hier bedarf es weiterer Beobachtungen und Untersuchungen.

Wie intensiv die landwirtschaftliche Nutzung ehemals war, entzieht sich noch unserer Kenntnis. Wahrscheinlich wurden die im Osterburkener Benefiziarier-Weihebezirk geborgenen Getreidearten wie Dinkel, Gerste und Weizen auch in dieser Region angebaut.[41] Bedarf war in der Grenzregion mehr als vorhanden.

Hinweise auf handwerkliche Nutzungen ist einmal durch den Fund eines Löffelbohrers,[42] ein Werkzeug zur Holzbearbeitung, gegeben. Möglicherweise ist der am Übergang vom Muschelkalk zum Buntsandstein (Abb. 3) gelegene Kalkbrennofen (Abb. 13) auf der Gemarkung von Großeicholzheim im Gewann „Kißlich" Teil der römischen Infrastruktur, wenngleich kein datierendes Fundmaterial vorliegt.[43]

Interessanterweise finden sich bisher in diesem Gebiet keine Fundstücke mit einem kultischen Kontext, wie dies beispielsweise durch die Jupitergigantensäule von Diedesheim (Stadt Mosbach), westlich des Odenwaldlimes gelegen, für eine *villa rustica* belegt ist.[44]

Zwischen den Limites ist im Neckar-Odenwald-Kreis bislang ein Brandgrab bei Großeicholzheim (Abb. 1) belegt.[45] Dieses scheinbar nur mit Keramik ausgestattete Grab liegt fast im Zentrum des besiedelten Gebietes. Das größere Gräberfeld nördlich

41 Fröschle, Botanische Untersuchung 324 ff. – Schallmayer, Römerzeit 59.
42 Fundberichte aus Baden-Württemberg 12, 1987, 558 Taf. 41 B.
43 Unpubliziert, Ausgrabung RP Karlsruhe.
44 E. Schallmayer, in: Denkmalpflege in Baden-Württemberg 4, 1986, 137 ff.
45 Fundberichte aus Baden-Württemberg 5, 1980, 238; 240.
46 Gaubatz-Sattler u. Seidenspinner, Osterburken 34.

47 Schumacher, Besiedelung 151 Nr. 25. – CIL XIII 6496; 6497. – Wagner, Fundstätten 399 ff.
48 R. Wiegels, Fundberichte aus Baden-Württemberg 13, 1988, 718.
49 CIL XIII 6496. – Wagner, Fundstätten 401 f.
50 CIL XIII 11753. – Wagner, Fundstätten 394 f. – Badische Fundberichte 21, 1958, 259.
51 Schumacher, Heerstraßen bes. 95 ff.
52 Wagner, Fundstätten S. III, Blatt II.

von Osterburken gehört zum Vicus Osterburken.[46] 1883 wurden in Waldmühlbach (Gemeinde Billigheim), im südlichen Kreisgebiet gelegen (Abb. 1), unter den Bruchsteinen der abgebrochenen alten Kirche mehrere Bild- und Inschriftensteine geborgen.[47] Ein Reliefstein aus Buntsandstein mit noch erhaltener Farbgebung ist Teil einer Totenmahlszene (Abb. 14) und gehörte zu einem großen Grabdenkmal, dessen ursprünglicher Aufstellungsort durch die sekundäre Verwendung nicht bekannt ist. Die Monumentalität des Grabdenkmals[48] lässt eine gewisse Prosperität in der hiesigen Landschaft erahnen. Unter den Waldmühlbacher Fundstücken war auch ein Grabsteinfragment, das auf einen aus Cappadocia (Türkei) stammenden Händler hinweist.[49] Welche Waren er verhandelte, ist auf der Inschrift nicht zu lesen. Wo sein Handelszentrum zu suchen ist, bleibt derzeit noch unbekannt.

Mit Gimillius Januarius ist durch einen Votivstein für Fortuna[50] (Abb. 15) namentlich ein Bewohner mit keltischem Namensgut für das Jahr 193 n. Chr. in dieser Region überliefert. Der Votivstein ist heute noch an der Kirche in Oberschefflenz (Gemeinde Schefflenz, Abb. 1) vermauert, sodass der Genannte durch den sekundären Fundort leider keinem bestimmten Siedlungsplatz zugeordnet werden kann.

Über das antike Verkehrsnetz, wie Straßen und Wasserwege, liegen aus jüngster Zeit keine weiterführenden Untersuchungen vor. Schumacher hat sich in den 1890er-Jahren mit dem römischen Straßensystem in dieser Region beschäftigt. Er hat seine Ergebnisse 1933 in einem ORL-Band vorgelegt.[51] Im Wesentlichen wurde seine Kartierung bereits 1911 in Wagners zweitem Band der Fundstätten und Funde im Großherzogtum Baden vorgelegt (Abb. 1).[52] Die eindeutige Datierung dieser Altstraßen harrt neuerlicher Untersuchungen.

Zusammenfassend zeichnen sich derzeit zwischen den Limites im Neckar-Odenwald-Kreis (Abb. 3) manche Bereiche dichter mit *villae rusticae* besiedelt, schwerpunktmäßig zum Vorderen Limes hin orientiert, ab. Zwar sind nur von wenigen Plätzen vollständigere Grundrisse bekannt, doch deutet sich eine variantenreiche Bebauung an. Nach dem vorliegenden Fundmaterial scheint die Besiedlung alsbald nach der Limesvorverlegung begonnen und wenigstens bis zur Mitte des 3. Jahrhunderts gewährt zu haben.

Dr. Anita Gaubatz-Sattler
Regierungspräsidium Karlsruhe
Referat 25 – Archäologische Denkmalpflege
Moltkestraße 74, 76133 Karlsruhe
E-Mail: anita.gaubatz-sattler@rpk-bwl.de

Abb. 14 Reliefstein aus Waldmühlbach (Gemeinde Billigheim) mit der Darstellung eines Totenmahls.

Abb. 15 Votivstein für Fortuna an der Katholischen Kirche in Oberschefflenz (Gemeinde Seckach) verbaut.

Literaturverzeichnis:

ALTERTHUMS-VEREIN BUCHEN, Jahresbericht 1863
Alterthums-Verein zu Buchen, Jahresbericht pro 1863, 1–4.

ALTERTHUMSVEREIN BUCHEN, Bericht 1864–1866
Alterthumsverein zu Buchen, Bericht über dessen Thätigkeit in den Jahren 1864–1866, o. S.

BECKER, Limesmauer Osterburken
Th. Becker, Von zwei Seiten betrachtet – Überlegungen zur Limesmauer zwischen Osterburken und Jagsthausen an der Strecke 8. In: A. Thiel (Hrsg.), Forschungen zur Funktion des Limes. Beiträge zum Welterbe Limes 2 (Stuttgart 2007) 91–105.

FLEER, Typisierung
Chr. Fleer, Typisierung und Funktion der Kleinbauten am Limes. In: E. Schallmayer (Hrsg.), LIMES IMPERII ROMANI. Saalburg-Schriften 6, 2004, 75–92.

FRÖSCHLE, Botanische Untersuchung
B. Fröschle, Botanische Untersuchung römerzeitlicher Pflanzenreste aus der archäologischen Ausgrabung in Osterburken. In: Der römische Weihebezirk von Osterburken II. Forschungen und Berichte zur Vor- und Frühgeschichte in Baden-Württemberg 49 (Stuttgart 1994) 319–397.

GAUBATZ-SATTLER U. SEIDENSPINNER, Osterburken
A. Gaubatz-Sattler u. W. Seidenspinner, Osterburken. Archäologischer Stadtkataster Baden-Württemberg 16 (Stuttgart 2001).

HÜSSEN, Besiedlung Heilbronn
C.-M. Hüssen, Die römische Besiedlung im Umland von Heilbronn. Forschungen und Berichte zur Vor- und Frühgeschichte in Baden-Württemberg 78 (Stuttgart 2000).

HÜSSEN, Besiedlung u. Landwirtschaft
C.-M. Hüssen, Die ländliche Besiedlung und Landwirtschaft Obergermaniens zwischen Limes, unterem Neckar, Rhein und Donau während der Kaiserzeit. In: H. Bender u. H. Wolff (Hrsg.), Ländliche Besiedlung und Landwirtschaft in den Rhein-Donau-Provinzen des Römischen Reiches. Passauer Universitätsschriften zur Archäologie 2 (Espelcamp 1994) 255–265.

LINDENTHAL, Zivilfreie Zone
J. Lindenthal, Eine zivilfreie Zone am Wetteraulimes. In: E. Schallmayer (Hrsg.), LIMES IMPERII ROMANI. Saalburg-Schriften 6, 2004, 93–96.

ORL A Probeheft
K. Schumacher, Probeheft aus Abt. A: Strecke Hönehaus-Tolnaishof. ORL Abt. A (Heidelberg 1897) 1–30.

ORL A Str. 7–9
E. Fabricius, Der Obergermanische Limes von Miltenberg am Main bis zum Haghof bei Welzheim. ORL A IV Strecke 7–9 (Berlin, Leipzig 1931/1933) 1–224.

ORL B 40 Osterburken
K. Schumacher, Das Kastell Osterburken. ORL B 40 (Berlin, Leipzig 1895).

REINHARD, Geologischer Bau
E. Reinhard, Geologischer Bau. In: Kreisbeschreibungen des Landes Baden-Württemberg: Der Neckar-Odenwald-Kreis 1 (Sigmaringen 1992) 9–19.

REINHARD, Klima
E. Reinhard, Klima und Böden. In: Kreisbeschreibungen des Landes Baden-Württemberg: Der Neckar-Odenwald-Kreis 1 (Sigmaringen 1992) 30–34.

SCHALLMAYER, Römerzeit
E. Schallmayer, Römerzeit. In: Kreisbeschreibungen des Landes Baden-Württemberg: Der Neckar-Odenwald-Kreis 1 (Sigmaringen 1992) 45–64.

SCHALLMAYER, Walldürn
E. Schallmayer, Der römische Kastellort von Walldürn. In: P. Assion (Hrsg.), 1200 Jahre Walldürn (Walldürn 1995) 17–84.

SCHUMACHER, Besiedelung
K. Schumacher, Die Besiedelung des Odenwaldes und Baulandes in vorrömischer und römischer Zeit. Neue Heidelberger Jahrbücher 7, 1897, 138–160.

SCHUMACHER, Meierhöfe
K. Schumacher, Römische Meierhöfe in der Umgebung von Buchen. Der Wartturm 4, 1929, Nr. 9, 41–44.

SCHUMACHER, Meierhöfe im Limesgebiet
K. Schumacher, Römische Meierhöfe im Limesgebiet. Westdeutsche Zeitschrift 15, 1896, 1–17.

SCHUMACHER, Heerstraßen
K. Schumacher, Die römischen Heerstraßen zwischen Main und Neckar. ORL A III (Berlin, Leipzig 72–102.

WAGNER, Fundstätten
E. Wagner, Fundstätten und Funde aus vorgeschichtlicher, römischer und alamannisch-fränkischer Zeit im Großherzogtum Baden. Band 2 (Tübingen 1911).

WILHELMI, Jahresbericht
K. Wilhelmi, Jahresbericht der Sinsheimer Gesellschaft zur Erforschung der vaterländischen Denkmahle der Vorzeit 7, 1840.

Abbildungsnachweis:

Abb. 1, 14 Nach Wagner, Fundstätten;
Abb. 2, 6, 10, 12 Regierungspräsidium Stuttgart, Landesamt für Denkmalpflege, Luftbildarchiv, Fotos O. Braasch und R. Gensheimer;
Abb. 3 Nach Schallmayer, Römerzeit; Abb. 11 T. Kaiser; Abb. 15 Regierungspräsidium Stuttgart, Landesamt für Denkmalpflege, Foto J. Obmann; sonst: Regierungspräsidium Karlsruhe, Referat 25 Denkmalpflege.

DAS WELZHEIMER ALENLAGER. VORBERICHT ZU DEN GRABUNGEN IM WESTKASTELL 2005/2006

Von Klaus Kortüm

Welzheim gehört zu den interessantesten Militärstandorten am Obergermanisch-Raetischen Limes.[1] Mit dem 4,3 ha großen Alenlager[2] im Westen und dem vor die Flucht der Sperranlagen vorgeschobenen, 1,6 ha großen Numeruskastell im Osten sind hier gleich zwei außergewöhnliche Anlagen vorhanden. Zusammen beherbergten sie eine der schlagkräftigsten Besatzungen der gesamten obergermanischen Grenze (Abb. 1, 2).

Während wir dank gezielter Ausgrabungen und geophysikalischer Messungen über das Ostkastell einigermaßen unterrichtet sind[3], fehlen bis heute vergleichbare Untersuchungen im Hauptlager des Ortes. In den Jahren nach seiner Entdeckung 1895 wurde das Westkastell nach und nach überbaut. Erst ab 1980 fanden dabei kleinere Notgrabungen statt, die vor allem Aufschlüsse zur Umwehrung des Kastells erbracht haben.[4] Die Erweiterung einer Produktionshalle

Abb. 1 Welzheim aus der Luft. Im Hintergrund das Ostkastell, vorne der Bereich des Westkastells mit dem Grabungsareal 2005/2006.

Abb. 2 Lage der beiden Welzheimer Kastelle und Ausdehnung des Vicus. Die Pfeile deuten die Flucht des Limes an.

---

1 ORL B Nr. 45 u. 45a. – ORL A, Str. 7–9, 190–193. – Planck, Geschichte. – Heiligmann, Welzheim. – Kemkes/Scheuerbrandt, Patrouille 14; 101 f. – Planck, Welzheim 364 f., 368. – Sommer, Welzheim.
2 Zur ala I Scubulorum als wahrscheinlicher Besatzung Jae, Dislokation 14 f. Vgl. M. Luik; Fundber. Baden-Württemberg 20, 1995, 720–724; Reuter, Kommandeure 286 f.
3 Zuletzt Kortüm, Ostkastell.

4 Südosteck: Planck, Ausgrabungen. – Südseite: Planck, Untersuchungen.; Thiel, Wehrtürme. – Nordseite: Fundber. Schwaben N.F. 13, 1952/54, 74 f. Fundber. Baden-Württemberg 17/2, 1992, 157. – *Principia*: Fundber. Baden-Württemberg 9, 1984, 713–715; Fundber. Schwaben 20, 1912, 52. – Praetentura: Grabungen 1997 durch R. Krause, unveröffentlicht. – Ortsakten der archäologischen Denkmalpflege.

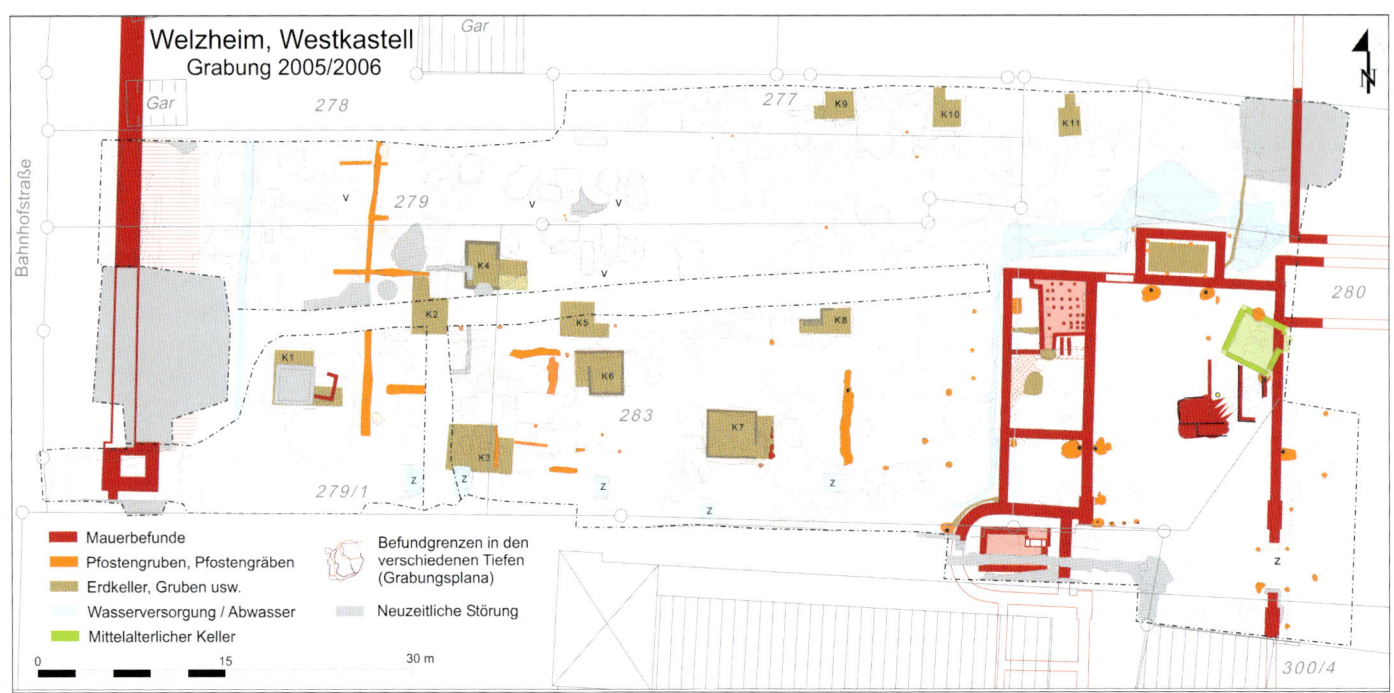

Abb. 3 Übersichtsplan zu den Ausgrabungen 2005/2006 im Westkastell.

führte nun zum Verlust der größten noch zusammenhängenden Freifläche im Westkastell. Zuvor war immerhin eine planmäßige Rettungsgrabung möglich.[5]

Die ca. 4000 m² große Grabungsfläche zwischen der heutigen Schorndorfer Straße und der Bahnhofstraße erschließt einen ca. 100 m langen Streifen des rückwärtigen Kastellareals, der von der *porta decumana* bis zu den *principia* reicht. Darin wurden neben den genannten Steinbaubefunden zahlreiche archäologische Befunde angetroffen, die größtenteils von hölzernen Mannschaftsbaracken herrühren.

Die antiken Befunde waren unter einer mächtigen Schicht Gartenerde relativ gut erhalten. Die römische Oberfläche selbst konnte allerdings nur noch an wenigen Stellen angetroffen werden. Auch von den Steinbauten waren höchstens ein bis zwei gesetzte Lagen vorhanden, wenn man sie nicht bis auf die Rollierungen ausgebrochen hatte. Der Untergrund ist ein helltoniger, wenig wasserdurchlässiger Verwitterungslehm, der nach knapp 1 m in den hellockergelben Liassandstein übergeht und jedem Eingrabungsversuch größeren Widerstand entgegensetzt. Das Gelände fällt nach Südosten sanft um knapp 3 m ab.

Umwehrung

Am westlichen Rand des Grabungsareals konnte die Westseite der Kastellumwehrung auf einer Länge von ca. 30 m erfasst werden (Abb. 3, 12). Die Wehrmauer, die auf einem ca. 2 m breiten und 0,7 m tiefen Fundament ruhte, war bis zu 1,6 m breit. Der dahinter liegende ca. 5 m breite Erdwall gab sich durch eine knapp 0,2 m dicke Lehmpackung zu erkennen. Darin waren holzkohlige Streifen auszumachen, wohl Überreste derselben hölzernen Unterlage, die bei Ausgrabungen am Südosteck des Kastells in weit besserer Erhaltung angetroffen wurde.[6]

Zwischen Wall und Innenbebauung verblieben nur ca. 5 bis 6 m für die Lagerring-

---

[5] Die Grabungen dauerten von Juni 2005 bis Oktober 2006. Sie wurden betreut von R. Krause und nach dessen Weggang Anf. 2006 vom Verf. Die örtliche Leitung hatte Grabungstechnikerin M. Dauner, fachlich unterstützt von A. Gram M.A. Beiden Projektmitarbeiterinnen gilt mein ausdrücklicher Dank für ihren engagierten und kompetenten Einsatz. Eine Co-Finanzierung übernahm die Christian Bauer KG. Außerdem danken wir dem Landratsamt des Rems-Murr-Kreises sowie der ARGE Schorndorf, die zusammen mit der Stadt Welzheim eine Hartz IV-Arbeitsmaßnahme organisiert hat. Vorberichte: Krause/Gram, Ausgrabungen. – Kortüm, Westkastell.

[6] Planck, Grabungen 180; Sommer, Welzheim 417 Abb. 470. Vgl. auch Thiel, Wehrtürme 94.

straße. Einziger direkter Hinweis ist ein Abwassergräbchen 3 bis 4 m hinter dem Wall. Zusätzlich eingeengt wurde der Straßenraum von Eingrabungen, darunter zwei holzverschalte Kastengruben (Zisternen?), die z. T. in den Wallfuß eingegriffen haben und max. 1 m unter die antike Oberfläche reichten. Andere Mulden, die z. T. unter dem Abwassergraben lagen, dürften von früheren Versuchen stammen, die Wegezone trocken zu halten.

Am südlichen Ende des Umwehrungsabschnitts lag der nördliche Torturm des rückwärtigen Kastelltores.[7] Er war 4 × 4,5 m groß und ruhte auf ca. 1 m breiten Fundamenten, lediglich die Frontseite war mit 1,5 m massiver ausgeführt. Ein kleiner Vorsprung im Süden zeigte die Position der hölzernen Torkonstruktion an. Die Nordseite des Turms war bereits bei den Sondagen des 19. Jahrhunderts entdeckt worden. Man hatte sie damals jedoch für die Südseite gehalten, sodass im bisherigen Kastellplan ein 18 m breites Tor wie bei der *porta praetoria* eingetragen ist.[8] Da der zweite Torturm bisher nicht lokalisiert ist, lässt sich die Breite der *porta decumana* nicht exakt angeben. Spiegelt man den ausgegrabenen Teil des Tores an der Mittelachse des Lagers, müsste die Breite bei ca. 13 m gelegen haben, mit einer lichten Weite von 5 bis 6 m. Damit wäre das rückwärtige Lagertor vermutlich zwar kleiner als die übrigen Tore, hätte aber dennoch eine doppelte Durchfahrt besessen (Abb. 12, 13).[9]

Die Kastellgräben waren vor dem Tor nicht unterbrochen, denn vor der Einfahrt haben wir eine schräg abfallende steinverfüllte Eingrabung angeschnitten, bei der es sich um den Rand des inneren Kastellgrabens handeln dürfte. Denselben Graben hatten bereits die Untersuchungen im Auftrag der RLK festgestellt und man war der Meinung, dass vor dem Lager überhaupt nur dieser eine Graben ausgehoben worden sei. Da die späteren Grabungen auf der Kastellsüdseite jedoch drei Spitzgräben ergeben haben, die bis zu 30 m von der Mauer entfernt lagen, wird man auch auf der Westseite mit mehreren Gräben rechnen dürfen, zumal das Gelände hier sanft ansteigt und damit für einen potenziellen Angreifer besonders interessant war (Abb. 2, 13).[10]

Trotz sorgfältiger Nachsuche gelang es nicht, eine Vorgängerphase der Steinumwehrung nachzuweisen. Dies war eine Überraschung, da bei anderen Kastellen am vorderen Limes, bei denen größere Grabungen durchgeführt wurden, durchaus Holzvorläufer bekannt sind.[11] Auch für das Westkastell waren bereits einmal mögliche Spuren eines Vorgängers vermeldet worden.[12] Es handelte sich dabei um eine Pfostenreihe, die ca. 1,8 m innerhalb der südlichen Kastellmauer verlief und als hölzerne Vorderfront der ersten Umwehrung interpretiert worden war (Abb. 13, Grbg. 1989). Vergleichbare Pfosten konnten aber bisher an keiner weiteren Stelle beobachtet werden, sodass dieser Befund als Beleg für einen Holzvorgänger wohl ausscheiden muss. Da der Nachweis von hölzernen Frontversteifungen im Fall späterer Überformungen sehr diffizil sein kann, ist das Fehlen eindeutiger Anzeichen im Bereich der Wehrmauer jedoch kein zwingendes Argument. Anders verhält es sich bei den Tortürmen, die meist auch noch unter späteren Steintürmen erhalten sind. Daher hat der negative Befund an der *porta decumana* ein besonders Gewicht. Allenfalls die Tatsache, dass nur ein kleiner Ausschnitt des Torbereichs untersucht werden konnte, gemahnt zur Vorsicht.[13]

---

7 Kortüm, Welzheim Abb. 104 Abb. 80.
8 Dieses ist als bisher einziges Tor komplett freigelegt worden. Vgl. ORL B 45 u. 45a, 4; Taf. II.
9 Eine Geländekante, die etwa am Südrand der heutigen Grabungsfläche verläuft, könnte die Führung der *via decumana* und damit die Lage des Tores beeinflusst haben, sodass eine mittige Position nicht zwingend vorausgesetzt werden kann (vgl. ORL B 45 u. 45a, Taf. 2).
10 Nichts spricht meines Erachtens gegen ein gleichzeitiges, konzentrisches Grabensystem. Andere Einschätzung bei Planck, Untersuchungen 126; Planck, Welzheim 368; Heiligmann, Welzheim 26.
11 Beckmann, Miltenberg 27 ff. – Planck, Römer 2005, 203 (Mainhardt); 218 (Murrhardt); 261 (Rainau-Buch), 236 f. (Öhringen). Keine Nachweise bei den Grabungen in Miltenberg-Ost und Böbingen.
12 Planck, Untersuchungen 126; Planck Römer 368 f. Aufgegriffen und als Indiz für die frühere Entstehung des Westkastells gegenüber dem Ostkastell gewertet von Kortüm, Ostkastell 262. Diese Argumentation ist demnach hinfällig.
13 Wegen der schwierigen Erkennbarkeit von frühen Eingrabungen wurden im Torbereich mehrere Plana angelegt. Auch die Turmfundamente sind komplett abgeräumt worden. Die Wehrmauer blieb dagegen zwecks späterer Konservierung erhalten.

Abb. 4 Blick auf den Grabungsbereich hinter dem Wall mit den Resten der Brandschuttplanie.

Principia

Im Osten der Grabungsfläche konnte ein größerer Ausschnitt der *principia* freigelegt werden. Es handelt sich um das rechte, hintere Viertel des Gesamtkomplexes, der – nimmt man die Untersuchungen vom Ende des 19. Jahrhunderts zu Hilfe – eine Ausdehnung von ca. 60 × 50 m besessen hat. Dazu kommt eine ca. 16 × 69 m große Vorhalle.

Nach den neuen Untersuchungen bestand der nördliche Flügel der rückwärtigen Raumzeile aus drei quadratischen, jeweils ca. 25 m² großen Raumeinheiten. Der im Eck gelegene Raum wies eine Fußbodenheizung auf. Sie war nachträglich eingebaut. Dazu hatte man einen Teil des Raumes mit schmalen Trockenmauern abgetrennt (Abb. 5).

Vom Oberboden, der auf ca. 0,5 m hohen Sandsteinpfeilern ruhte, war nichts erhalten. Die Unterlage aus gestampftem Lehm zeigte Flugasche, die von einem zentralen Schürkanal im Süden ausging. Bei einem Umbau hat man das *praefurnium* an das Südwesteck verlegt. Es wies wenig Hitzeeinwirkung auf. Auch dürfte es zum Schluss nicht mehr benutzt worden sein, denn eine Sandsteinspolie, die zuvor vielleicht Teil einer der Seitenwangen war, blockierte das südliche Ende des Schürkanals.

Spätestens bei der Verlegung des *praefurnium* hat man offenbar auch die Trennmauer zum nächsten Raum niedergelegt und stattdessen eine schmalere Fachwerkwand eingezogen, deren Unterlage im Westen auf dem alten Fundamentrest ruhte.[14] Auf eine weitere Zwischenwand deutet ein Fundamentgraben westlich des Hypokaustums, der die Flucht von dessen Südseite aufgreift. Demnach dürfte ein Korridor über die Heizkanäle der Präfurnien hinweg geführt haben. Auf dem Boden der länglichen Kammer neben dem Hypokaustum lag eine dünne Brandschicht. Darauf folgte der Ruinenschutt.

Abb. 5 Nördliche Räume in den *principia*.

[14] Leider verhinderten tief reichende Störungen gerade im Bereich der Trennwand eine zweifelsfreie Klärung der Baubefunde.

Im Nordwesteck des zweiten Raumes ist ein kleinteiliges Steinpflaster erhalten (Abb. 5). Daneben lag eine flache Grube mit brandig-aschiger Verfüllung.[15] Unmittelbar östlich der Steinunterlage schloss sich ein ebenfalls stark holzkohliger Bereich an, vielleicht ein verbrannter Holzboden. Die von der Außenmauer wegziehende pflasterartige Steinkonzentration vor dem Südwesteck des Raumes möchte ich als Indiz für einen Hinterausgang deuten.

Der dritte Raum wies keine erkennbaren Einbauten auf. Im Schutz der Außenmauer hatte sich auch hier eine Brandschicht erhalten.[16]

An den Seitenflügel schloss im Süden das mit verstärkten Fundamenten versehene Lagerheiligtum an. Seine Apsis besaß einen Außendurchmesser von ca. 8 m. Der vordere Abschluss war gegenüber den anderen Räumen leicht zurückversetzt. Davor dürfte eine Holztreppe gelegen haben. Der Nutzungsbereich muss sich auf einem deutlich erhöhten Niveau befunden haben, wie die geringe Abtiefung des darunter liegenden Kellers verdeutlicht.[17] Direkt nachgewiesen ist die Treppe nicht, drei Pfostengruben in der seitlichen Verlängerung darf man jedoch vielleicht als seitliche Abschrankung der Zugangssituation deuten.

Der nicht ganz mittig im Raum angelegte Keller besaß eine Innengröße von ca. 4,5 × 2,5 m. Sein Zugang wurde mehrmals umgestaltet. Zuletzt ging man über eine kurze, quer geführte Holztreppe und einen mächtigen Trittstein, der auf der Türschwelle aus Stubensandstein lag, nach unten (Abb. 6). Bei dem Trittstein handelte es sich um ein Eckgesims, das als Treppenstufe zweckentfremdet worden war. Auch das erhaltene Türgewände passte nicht exakt zur Schwelle. Vielleicht erfolgte der Zugang zum Keller ursprünglich von Osten. Indiz dafür könnte sein, dass die Unterkante der Nordwand des Kellers dort, wo sie mit der inneren Treppenwange zusammentrifft, nach oben zieht, wie man es bei einer dort ehemals ansetzenden

Rampe erwarten würde. Eine andere Besonderheit war eine große Steinplatte, die in die Südseite integriert worden war, als ob darauf eine besondere Konstruktion oder Last gestanden hätte (Abb. 6).[18]

Im ORL ist der Keller aufgrund seines andersartigen Mauerwerks als nachträgliche Zutat angesprochen worden. Da wir aber kein aufgehendes Mauerwerk der *principia* kennen, sind Unterschiede zum Sichtmauerwerk im Keller nicht verlässlich zu interpretieren. In der Tat könnte aber zunächst lediglich ein niedriger Verschlag zur Aufbewahrung der Lagerkasse gedient haben. In Stuttgart-Bad Cannstatt, dem Vorläuferkastell von Welzheim, hat es tatsächlich nur einen „Kniekeller" unter dem *sacellum* gegeben.[19] Betrachtet man die dortige Konstruktion, so ist man geneigt eine Mauerfuge in der

Abb. 6 Die Überreste des Sacellumkellers in den *principia*.

---

[15] Nach der Originalbeschreibung reichte die Grube unter das Pflaster. Das war aber offensichtlich nur randlich der Fall. Das Fehlen der Steine gerade über der Grubenmitte spricht gegen eine ehemalige Überdeckung. Die anschließenden Brandreste schienen bruchlos in die Muldenverfüllung überzugehen.

[16] Auf den ersten Blick spricht die relativ tiefe Lage der Brandreste in den Räumen für eine Zuordnung zu einer Vorgängerphase. Wenn man jedoch z. B. mit heruntergebrochenen, schwebenden Holzböden rechnet, passt das tatsächliche Laufniveau zur Mauerkonstruktion.

[17] Kellerboden 501,1 m üNN, Böden in den Räumen daneben stufenförmig ansteigend 502,3, 502,45 und 502,7 m üNN. OK Hypokaustsäulen 502,65 m üNN.

[18] Bei der Erstuntersuchung war der Keller noch vollständiger erhalten, u. a. konnte ein Abwasserkanal im Bereich der heutigen linearen Störung festgestellt werden. ORL B 45 u. 45a, 5 Taf. IV,1.

[19] ORL B 59, Cannstatt, 8; Taf. II.

Abb. 7 Gesamtplan der Mauerreste in der Halle der *principia* nach den Untersuchungen 2005 und 2006 (Abb. genordet).

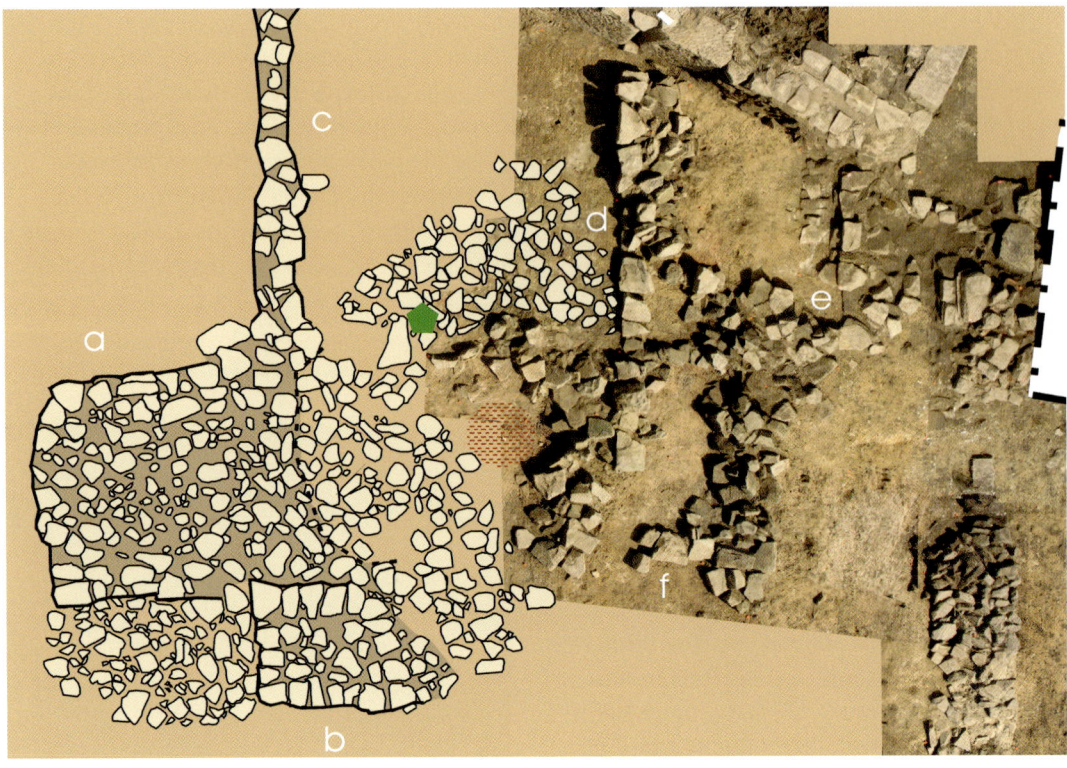

Abb. 8 Das Blockfundament A/B. Dahinter der noch nicht abgeräumte Steinschutt mit der Fundstelle des Metalldepots (Kreis).

Welzheimer Frontmauer des *sacellum* als mögliches Indiz für einen ursprünglich ebenerdigen Zugang zu werten. Die Verfüllung des Kellers enthielt außer Steinbauschutt so gut wie keine Funde. Erwähnenswert sind lediglich einige Fragmente von großformatigen Bronzeskulpturen.[20]

Vor der rückwärtigen Raumzeile lag die mächtige, 14 m breite Querhalle, die ohne Zwischenstützen überdacht war. Sie besaß in der Mitte der Ostseite ein breites Tor, das in den Innenhof der Anlage führte. Einen Seiteneingang gab es an der nördlichen Schmalseite nahe der Nordwestecke. Das Hauptportal war rechts und links durch integrierte Pfeiler betont. Verbreiterungen an den vorderen Ecken des Fahnenheiligtums bezeugen weitere Stützen. Dies deutet auf eine architektonische Überhöhung der zentralen Gebäudeachse.

Die nördliche Schmalseite der Halle wies eine rechteckige, nach außen vorspringende Erweiterung auf (vgl. Abb. 10). Hier würde man zunächst das Tribunal vermuten. In Welzheim haben wir jedoch eine ca. 0,5 m tiefe, muldenförmige Eingrabung angetroffen. Zusammen mit einer von Nordosten kommenden länglichen Verfärbung – eine mögliche Wasserleitung, die seitlich in das

[20] Kortüm, Westkastell 103 Abb. 79. Bereits unsere Vorläufer hatten im Keller zwei dünne, ca. 6 cm lange Bronzeflügelchen gefunden: ORL B 45 u. 45a, 5 Taf. IV, 2.3. Vgl. Kemkes/Scheuerbrandt/Willburger, Limes 198 Abb. 227 (Aalen).

Mauerwerk der *exedra* einmündete – lässt sich der Befund vielleicht als Wasserbecken eines Nymphäums deuten.[21] Da die Zuleitung über früheren Befunden lag und die Verfüllung der Mulde aus Bauschutt bestand, gehört der Befund sicher erst in die spätere Nutzungszeit des Gebäudes.[22]

Im nordöstlichen Teil der *basilica* hatten sich unter einem Hügel aus Ruinenschutt verschiedene Binnenstrukturen der Halle erhalten (Abb. 7, 8). Diese waren nur wenig in den anstehenden Lehm eingetieft und kaum vom Schutt zu unterscheiden. Am deutlichsten war ein quadratischer Fundamentblock zu erkennen, der in einen nördlichen [a] und einen südlichen Teil [b] zerfällt, Letzteres möglicherweise eine Erweiterung. Auf den Block läuft von Norden eine doppelte Lage flacher Steine zu, vielleicht ein Streifenfundament [c]. Zwischen diesem und der Hallenmauer lagen zwei weitere Steinreihen mit Kanten nach Westen [d, e]. Dazu gehören eine nach Süden abschließende Mauerkante [f] und mögliche Querriegel. Der 0,8 m breite Bereich zwischen der Hallenmauer und der Mauerkante [e] scheint mit Steinen aufgefüllt gewesen zu sein. Ob das auch für den Zwischenraum bis zur immerhin 2,5 m entfernten zweiten Mauerkante [d] zutraf, konnte nicht geklärt werden. Im Osten des Blockfundaments meinte man ringförmige Steinschüttungsstrukturen erkennen zu können, in deren Mitte verziegelter Lehmboden angetroffen wurde. Die umgebenden Steine wiesen vermehrt Brandspuren auf. Dies führte zu dem Verdacht, dass hier eine späte Feuerstelle gelegen haben könnte.

Auch die Deutung der umgebenden Befunde ist schwierig. Am ehesten wird man an Podeste denken. Der Steinriegel entlang der Hallenmauer könnten eine Sockelverbreiterung für Weihesteine gewesen sein. Solche Podeste findet man allerdings eher in den Sichtachsen neben dem *sacellum* oder im Hof des Stabsgebäudes.[23] Bei dem Blockfundament sollte man auch an das Tribunal denken, das in der Spätzeit – wenn die obige Deutung zutrifft – nicht mehr in der Exedra

Abb. 9 Das Metalldepot nach der Restaurierung.

untergebracht gewesen sein kann. Ein Teil der Fundamentstreifen könnte aber auch für raumartige Einbauten sprechen, die aber ebenso wenig wie die Feuerstelle zu der ursprünglichen Nutzung der Halle passen würden.

Mit den beschriebenen Befunden steht ein kleines Metalldepot in Zusammenhang. Es umfasste vier Teile: einen Bratrost, eine Herdschaufel, einen kleinen Bronzeeimer und den Beschlag eines Holzspatens (Abb. 9). Die Gegenstände wurden kaum beschädigt und eng übereinander liegend zwischen verstürzten Mauersteinen (der Halle?) angetroffen, wohin sie nur nachträglich geraten sein können.[24] Es handelt sich um die späteste archäologisch

---

[21] Nymphäen scheinen innerhalb der Stabsgebäude eher selten gewesen zu sein. Stoll, Skulpturenausstattung 157f. 225.
[22] Die Pfosten innerhalb der exedra könnten zum Becken gehören oder ein ursprüngliches Tribunal belegen. Vgl. die Pfostengruppe in Aalen bei Planck, Alenkastell 248, Abb. 1,3.
[23] Stoll, Skulpturenausstattung 167 ff. 615 ff.
[24] Krause/Gram, Ausgrabungen 131 Abb. 121.

Abb. 10 In die römischen Ruinen gesetztes mittelalterliches Gebäude. Dahinter die Nordseite der *principia*.

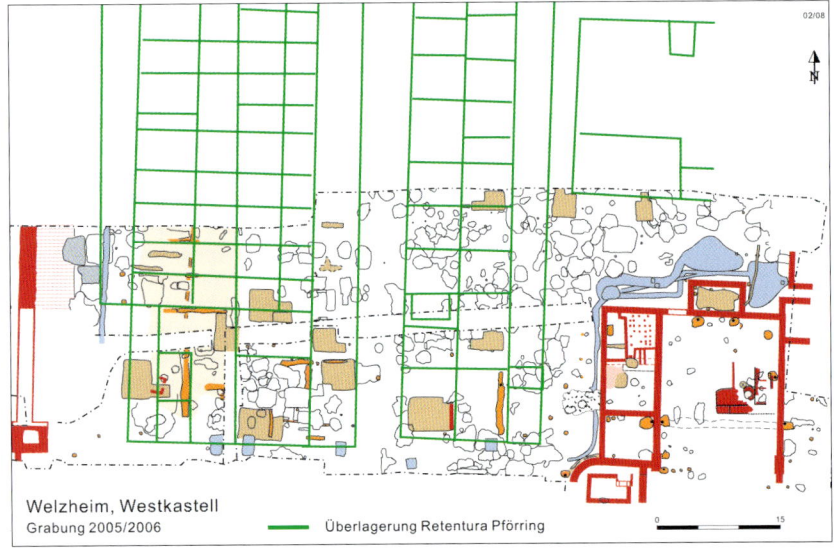

Abb. 11 Überlagerung des Welzheimer Grabungsbefundes mit Bauten in der *retentura* des raetischen Alenlagers Pförring.

nachweisbare Aktion im Kastellgelände. Die charakteristische Form des Bronzeeimers – ein eher seltener, vor allem im gallisch-germanischen Raum gefertigter Typus des 3. Jahrhunderts[25] – zeigt nämlich, dass das Depot sicher noch in antiker Zeit angelegt wurde. Eine Deutung als Altmetalldepot liegt nahe.[26]

Die Befunde im nordöstlichen Teil der Halle waren durch ein späteres Gebäude gestört. Ein quadratisches Mauerrechteck mit einschalig nach innen zeigender Mauerschale hat man ungefähr 1 m tief in den antiken Bauschutt eingegraben (Abb. 10). Als Baumaterial wurden römische Handquader wiederverwendet, dazu einige große Sandsteinblöcke mit Versatzlöchern, die hochkant in die Mauerflucht gestellt worden sind. Interessanterweise lassen die Mauerabschnitte die Ecken frei. Dort wird man sich senkrechte Holzpfosten vorstellen dürfen, die mit auf den Fundamenten liegenden Querhölzern verbunden waren. Demnach haben wir es mit einem turmartig aufragenden Blockbau mit halb eingegrabenem Untergeschoss zu tun. Dessen Zugang erfolgt am Nordosteck, wie geringe Mauerwangenreste anzeigen. Die Funde aus dem Keller datieren ins Spätmittelalter (13./15. Jahrhundert).[27]

Im Bereich der *basilica* wurden insgesamt sieben große Pfostengruben angetroffen. Sie waren länglich-oval, bis zu 1,5 m lang und 1 m breit und reichten ca. 1,4 m unter das römische Laufniveau bis in den felsigen Untergrund hinab. Darin standen ca. 0,3 bis 0,4 m messende Holzständer. Zunächst sind wir von einem Vorgänger ausgegangen. Trotz intensiver Nachsuche ergaben sich dafür jedoch nicht genug Bauelemente. Die Pfostengruben waren vielmehr unregelmäßig verteilt und suchten die Nähe der Principiamauern. Ein Pfosten fand sich z. B. hinter der Apsis, in einem anderen Fall standen zwei Pfosten einmal rechts und einmal links eines Fundaments. Diese Verteilung lässt meines Erachtens nur den Schluss zu, dass es sich um nachträglich eingebrachte Stützen zur Aufnahme der Dachlast handelt. Möglicherweise erwies sich der Baugrund als unerwartet instabil. D. Planck hat z. B. Pfostengruben vor der Wehrmauer des Ostkastells mit Versteifungen nach Hangrutschungen infolge Staunässe erklärt.[28] Aufgrund ähnlicher Erfahrungen könnte man das Hallendach zusätzlich verankert haben, zumal die Steinfundamente der Halle kaum eingegraben waren. Auch heute noch gilt der Baugrund als langfristig eher instabil.

Die Pfostengruben waren steril verfüllt, was auf einen eher früheren Entstehungszeitpunkt hindeuten könnte. Zudem überlagert das Mauerfundament [e] neben der Hallen-

---

25 Kellner/Zahlhaas, Tempelschatz 107–109; Taf. 96f.
26 Bis auf den Spatenbeschlag würden die Stücke aber auch zum „Inventar" einer Feuerstelle passen.
27 Für datierende Hinweise danke ich U. Gross, Esslingen. Zu anderen mittelalterlichen Funden im Umfeld der *principia* vgl. die in Anm. 4 genannte Lit.
28 Planck, Ostkastell 11 f. und Beilage 1.

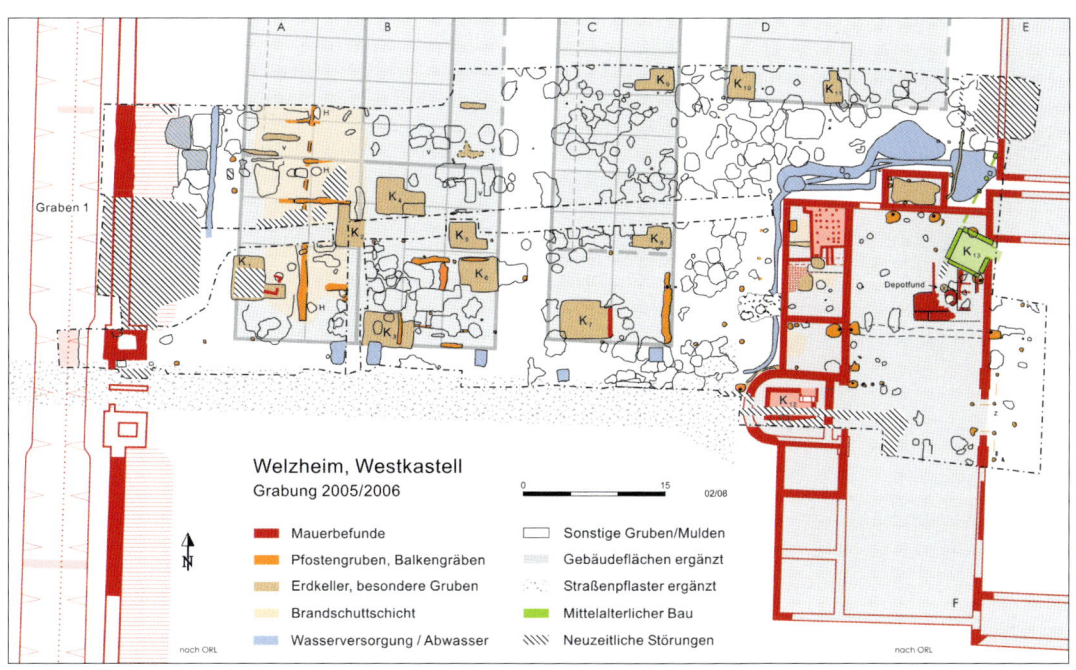

Abb. 12 Ergänzter Grabungsplan der Ausgrabungen 2005/2006 im Westkastell.

mauer eine der Pfostengruben (Abb. 3, 7). Es wäre aber möglich, dass der eigentliche Pfosten in einer Aussparung nach oben geführt war und (noch) gleichzeitig mit dem Mauervorbau existiert hätte.

Neben den erwähnten Pfostengruben gibt es in den *principia* noch eine größere Zahl kleinerer Gruben, die eher aus späterer Zeit zu stammen scheinen, aber kein besonderes System erkennen lassen. Auffällig ist lediglich eine Gruppe von flachen Eingrabungen, die den Zugangsbereich der Halle vom großen Hof aus flankieren (Abb. 3, 12 [z]).

Beim an die Halle anschließenden zentralen Innenhof konnte im Norden der Ansatz eines ca. 5 m breiten Seitenflügels erfasst werden. Ungewöhnlicherweise sprang dieser um ca. 2 m gegenüber der *basilica* nach außen vor. Das gleiche Phänomen hatten bereits die frühen Untersuchungen an der Südseite des Hofes ergeben.

Um die *principia* herum existierte ein ausgeklügeltes Entwässerungssystem. Es lässt drei Bauzustände erkennen: Ursprünglich gab es eine flache Mulde im Nordosten, zu der ein schmaler Graben geführt hat, der exakt um die Außenfronten herumgeführt war. Bei Umbauten hat man die Linienführung des Grabens zunächst begradigt. Später ist das Ganze zu einem breiten, diffusen Rinnensystem mutiert, mit einer zusätzlichen, ca. 1 m tiefen Sickergrube vor dem Nordwesteck der *principia*. Diese Grube – und nur diese – war mit Brandschutt verfüllt.

Speichergebäude?

Unmittelbar nördlich des Stabsgebäudes lag ein weiterer Steinbau, von dem lediglich eine Mauerecke untersucht werden konnte. Es muss sich um eines der bisher unbekannten Mittelgebäude handeln (*praetorium*, *horreum*, *fabrica*). Auffallend ist der geringe Abstand zwischen den beiden Gebäuden, besonders wenn man bedenkt, dass nach den Ergebnissen der frühen Schürfungen die Vorhalle an der Ostseite der *principia* deutlich breiter gewesen sein soll als der Kernbau. Demnach müsste die Vorhalle das Nachbargebäude tangieren. Dies erinnert an das Kastell Böbingen, bei dem die Halle mit dem neben den *principia* liegenden *horreum* baulich verbunden war. Im englischen Kastell Wallsend überdeckt die Vorhalle sogar den gesamten Bereich vor Stabsgebäude und anschließendem Speicherbau.[29]

29 ORL B 65, Unter-Böbingen. Taf. I; Hodgson, Wallsend 12 Abb. 10; 181. Vgl. auch ORL B 72, Weißenburg, Taf. II.

Mannschaftsbaracken

Im Grabungsareal zwischen der Umwehrung und den steinernen Mittelgebäuden sind an die 200 grubenartige Eintiefungen angetroffen worden, darunter elf Keller. Diese können in zwei Größenklassen eingeteilt werden: Sechs Keller waren 4 bis 6 m² groß (K2, K5, K8–11), die übrigen 10 bis 15 m² (K1, 3, 4, 6, 7). Letztere findet man nur im Süden. Drei der fünf großen Keller hatten zudem quer liegende Eingänge, was auf einen kammerartigen Zuschnitt der dazugehörigen Räume weist. Unabhängig von ihrer Größe dürften die Keller ungefähr Stehhöhe erreicht haben.[30]

Einige Kastengruben mit Seitenlängen zwischen 1 und 1,8 m und Tiefen zwischen 1,2 und 2 m können als Zisternen (oder Latrinen?) angesprochen werden. Sie reihten sich entlang der *via decumana*, die selbst keine Spuren hinterlassen hat. Diese Befunde erinnern an die Brunnen, die im Ostkastell im Bereich der Lagerringstraße ausgegraben werden konnten. Während diese jedoch Kontakt mit Wasser führenden Schichten hatten, reichten unsere Befunde nicht so tief.[31]

Viele der übrigen Gruben dürften als „Vorratsgruben" aufzufassen sein, insbesondere wenn senkrechte Wände und ein ebener Boden für die Existenz von hölzernen Verschalungen sprechen. Das trifft auf die meisten, bis zu 0,8 m tiefen Gruben in der westlichen Hälfte zu. Bei den großen, flach einfallenden Mulden, die meist in Gruppen auftraten, wird es sich häufig um Sicker- oder Abfallgruben handeln, die der Reinhaltung der Gehflächen dienen sollten. Dementsprechend konzentrierten sie sich im unmittelbaren Umfeld des Stabsgebäudes bzw. im Straßenraum. Eine klare Trennung zwischen den Befundtypen ist aber kaum durchführbar.

Über den Kellern und Vorratsgruben standen Fachwerkbauten auf Schwellbalken. Diese hatte man in der Regel nur geringfügig eingetieft. Sie ließen sich daher lediglich in Ausnahmefällen nachweisen, insbesondere hinter dem Wall, wo sich die Positionen der Balkenzüge unter einer Brandschuttplanie flach abgezeichnet haben (Abb. 4). An anderen Stellen führten nachgebende frühere Verfüllungen oder besondere Fundamentierungen dazu, dass streckenweise kurze lineare Strukturen von weiteren Wandfluchten erkennbar
wurden.

Die Überreste reichen nicht aus um die Grundrisse eindeutig zu rekonstruieren. Man wird daher versuchen müssen, über auswärtige Vergleiche weiterzukommen. Grundsätzlich ist von mehreren, Nord-Süd orientierten Gebäuden auszugehen. Die Kellerkonzentration im Süden deutet ferner darauf hin, dass wir es mit Mannschaftsunterkünften zu tun haben, deren Kopfbauten an der *via decumana* lagen.

Der hinter den *principia* zur Verfügung stehende Raum von maximal 52 m würde im Vergleich mit den Reiterkastellen von Heidenheim, Ruffenhofen oder Weißenburg theoretisch für zwei Doppelbaracken reichen.[32] Eine Konfiguration mit zwei Doppelbaracken und dazwischen liegender Gasse lässt sich jedoch ebenso wenig mit den Befunden in Übereinstimmung bringen wie eine Aufspaltung in drei Baukörper mit mittiger Doppelbaracke.[33] Lediglich über den Kellern K7–9 könnte ohne Probleme eine „normale" Baracke rekonstruiert werden (Breite des Kopfbaus 11 bis 12 m, des Mannschafstrakts ca. 9 m).

Ein weiterer Bau stand sicher im Zwischenraum von *principia* und zweitem Steingebäude. Darauf deuten vor allem die Ausrichtung der dortigen Keller K10 und K11. Diese halten zudem denselben Abstand vom Stabsgebäude ein wie die Keller K8 und K9 westlich der *principia*. Daher ist es wahr-

---

[30] Die Tiefen schwanken zwischen 1,3 m und 1,7 m unter Planum 1. Dabei ist zu berücksichtigen, dass aufgrund des felsigen Untergrundes die Grabarbeiten ab einer Tiefe von ca. 1 m äußerst mühsam gewesen sein müssen. Aus diesem Grund haben wir es möglichst vermieden viel mehr als die Verfüllung der Keller herauszunehmen.
[31] Eine Kastengrube in identischer Lage im Kastell Kösching wird vom Ausgräber als Latrine des decurio gedeutet (Hüssen, Kösching 84 mit Abb. 87). Die Welzheimer Befunde ließen Hinweise zur Funktion als Latrine vermissen, deshalb die Ansprache als Zisternen. Die regelmäßige Lage bei den äußeren Stirnseiten der Gebäude ist auffallend.
[32] Vgl. Sommer, Ruffenhofen 127. – Pietsch/Fassbinder/Fuchs, Tiefenschärfe 100. – Vgl. auch Hüssen, Kösching 84f.
[33] Vgl. Kortüm, Welzheim 102 Abb. 77.

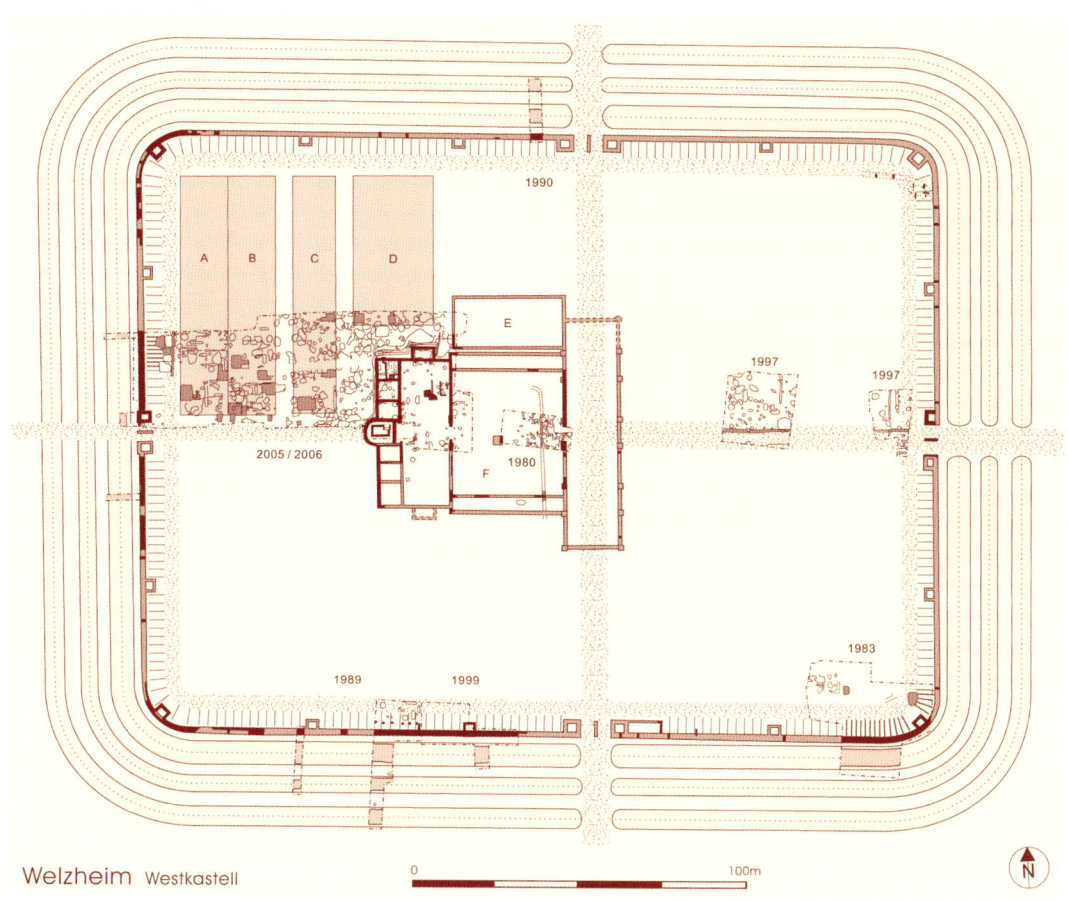

Abb. 13 Gesamtplan des Westkastells.

scheinlich, dass die Kellerflucht die Außenwand des Nebengebäudes markiert. Nach seiner Lage entspräche das Gebäude dem Sonderbau, der vor Kurzem im Kastell Aalen untersucht werden konnte. Er wird als Werkstatt angesprochen.[34]

Die Interpretation des restlichen Baugrundes mit den Kellern K1–6 ist vor allem wegen seiner Breite schwierig. Die West-Ost Ausdehnung von ca. 28 m übertrifft die der üblichen Doppelbaracken deutlich. Eine Lösung zeichnet sich ab, wenn man die in Welzheim ergrabenen Befunde mit den per Magnetometermessungen ermittelten Grundrisse im Alenlager Pförring vergleicht.[35] Dort lagen in der *retentura* zwei als Doppelbaracken angesprochene Gebäude, deren Kammerreihen eine Breite von ca. 22 m aufweisen. Hinzu kommen noch ein bzw. zwei seitliche Portiken, was eine Gesamtnutzungsbreite zwischen 27 und 31 m ergibt. Die Überlagerung des Pförringer Plans mit Welzheim zeigt bereits ohne jede Detailanpassung ein verblüffendes Maß an Übereinstimmungen (Abb. 11).[36] Dies gilt sowohl für die Lage der Außenwände wie der Binnengliederung, die in Welzheim entweder durch Gräbchen oder Kellerwände erkennbar wird. Deutlicher als in Pförring ist in Welzheim die breite, östliche Portikuszone vollständig in das Gebäude integriert, zumindest im Kopfbau. Die Übereinstimmungen zwischen Welzheim und Pförring betreffen aber nicht nur die Doppelbaracke, sondern auch die Gesamtkonfiguration einschließlich der daneben liegenden Einzelbaracke und dem Nebengebäude beim Mittelstreifen. Vor diesem Hintergrund lässt sich die Innenbebau-

---

[34] Zuletzt Scholz, Wirtschaftsbauten 114–118.
[35] Fassbinder/Sommer/Berghausen, Celeusum mit Abb. 119.
[36] Für die Abbildung wurde die vollständigere rechte Hälfte der Pförringer *retentura* gespiegelt. Eine Überlagerung mit der linken Doppelbaracke 7 oder dem Gebäude 12 ergibt jedoch praktisch dieselben Übereinstimmungen.

Abb. 14 Abgebrannter Keller K6 mit verfüllten Balkengräben.

ung der Welzheimer *retentura* recht zuverlässig über dem Grabungsbefund rekonstruieren, auch wenn im Detail einige Fragen bleiben (Abb. 12).[37]

Der beste Anhaltspunkt für die Größe der Kopfbauten ist der große Keller K4 in Baracke B. Der Abstand zwischen dem südlichen Barackenende und der ersten Querwand nördlich des Kellers beträgt 20 m. Dieselbe Ausdehnung ist bei der Nachbarbaracke A anzunehmen, denn der Zugang zu Keller K2 erfolgte sicher nicht vom Mannschaftstrakt aus, wenn der Keller selbst zum Kopfbau gehört hat, wie es den Anschein hat. Schwieriger ist die Festlegung bei der Baracke C. Hier ergäbe sich eine Länge von 10 m, wenn man den kleinen Keller K8 in Analogie zu K9 dem Mannschaftstrakt zuordnet. Das ist aber keineswegs zwingend (vgl. K5).[38] Bis zur nördlichen Umwehrung stünden für die

Unterkünfte maximal 72 m zur Verfügung.[39] Damit verbleibt genug Platz um im Mannschaftsteil 12 Contubernien mit einer Breite von ca. 4,3 m unterzubringen.

Bei all den Überlegungen ist zu berücksichtigen, dass die Welzheimer Baracken mindestens zwei, möglicherweise sogar drei Bauphasen besitzen. Stratigrafische Anhaltspunkte, die bei der Zuordnung einzelner Befunde weiterhelfen würden, sind selten und ungleich über die Bauten verteilt. Eindeutig ist der Fall bei der Kastengrube, die in den Holzkeller K3 einschneidet, der am Südrand der Kaserne B lag. Deren Nachfolgebau müsste demnach ein wenig nach Norden verschoben worden sein. Aus diesem Grund wurde vielleicht auch der Abgang des großen Kellers K4 in seiner zweiten Bauphase um ca. 1 m verlegt, was auf Gleichzeitigkeit der Maßnahmen deuten könnte. Die scheinbare Verdoppelung formal ähnlicher Gruben im nördlichen Teil der Baracke A/B mag einen leichten West-Ost-Versatz zwischen den Phasen anzeigen (Abb. 3,12 [v]). Grundlegende Änderungen hat es aber offensichtlich nicht gegeben. In die Verfüllung des Kellers K1 waren Teile einer einfachen Trockenmauerkonstruktion nachgesackt. Diese sind wohl dem Wiederaufbau der Baracke A zuzurechnen.[40] Dagegen gehört die Steinreihe auf der Ostseite des Kellers K7 zu dessen Eingangskonstruktion und diente zur Unterstützung der tragenden Wand der Baracke C.

Auch die Kellerverfüllungen sprechen für eine Mehrphasigkeit: Neben Kellern, die steril

---

[37] Das Hauptproblem bei den Grundrissen ist das Fehlen von einheitlichen Portiken. Dies ist allerdings auch bei den meisten Pförringer Bauten der Fall, wo die Doppelbaracken jeweils fünf Zonen aufweisen (vier Kammerreihen und eine ebenso breite Vorzone/Porticus). Der dortige Bau 12 besitzt im Endbau einen kleinen Absatz, sodass in diesem Fall auf der Rückseite eine schmalere Porticus entlang gelaufen sein könnte. Bei den anderen Doppelbaracken in der *retentura* ist stattdessen eine um diesen Portikusanteil verbreiterte Raumreihe wiedergegeben. Zu besonders markant vorspringenden Kopfbauten vgl. auch Nuber, Hofheim 229 Abb. 2, 3.4 oder Stiglitz, Carnuntum Beil. 3, K II 1.4.5. Zu beachten ist noch, dass in Pförring die hier als Kopfbauten angesprochenen Barackenteile offenbar Endbauten sind.
[38] Kopf- und Endbauten müssen nicht so uniform gestaltet sein, wie in Rekonstruktionen gern unterstellt, vgl. Sommer, Ruffenhofen 126 f.

[39] In den Profilwänden eines Neubaus wurde 1997 etwa in der Verlängerung der Bauten C u. D eine Brandschicht beobachtet, die man als Fortsetzung unserer Brandreste ansehen könnte (Kurze Straße 13, unveröffentlicht). Sie dürfte schätzungsweise bis ca. 12 m an die Wehrmauer gereicht haben, was zu der angegebenen Barackenlänge passen würde. Das Ende der Baracken im Südosten müsste in den Grabungsbereich von 1983 fallen (Planck, Ausgrabungen; Sommer, Welzheim 416 Abb. 470) Leider sind die dortigen Verfärbungen nicht eindeutig (Abb.13). Wenn die 12 m von der Wehrmauer entfernte winkelförmige Struktur eine Barackenecke anzeigt, ergäbe sich eine Länge von 70 m. Dann geriete aber die als Zisterne gedeutete Grube neben dem Winkel in die Gasse zwischen zwei Baracken. Wenn die Zisterne dagegen an der Stirnseite positioniert war, können die Baracken im Vorderlager nur ca. 67 m lang gewesen sein.
[40] Für die leicht abweichende Orientierung dürfte der instabile Untergrund verantwortlich sein. Zur möglichen Funktion vgl. die primitive Fußbodenheizung z. B. bei Grönke, Weißenburg 85; Taf. 17 ff.

einplaniert worden sind (K3, K4a, K10a), stehen solche, bei denen Brandreste auf den Böden lagen (K6, 7, 9) oder die stark mit Brandschutt durchsetzt waren (K1, K2, K4b, K5, K8) (Abb. 14, 15). Die ungewöhnliche Häufung von Kellergruben in der Welzheimer *retentura* ist daher auch eine Folge reger Umbautätigkeit.[41]

Die Pförringer Mannschaftsunterkünfte werden dem Typus der Stallbaracken zugerechnet.[42] Die gleiche Vermutung trifft für das Alenlager Welzheim zu. Dazu würden die Gesamtlänge der Baracken, die Zahl der Contubernien sowie die Größe der Kopfbauten passen.[43] Der tatsächliche Nachweis einer Nutzung durch Reiter fällt jedoch schwer, denn den Gebäuden fehlen die charakteristischen Jauchgruben bzw. Rinnen.[44] Insbesondere bei dem Bau C scheint das Ausbleiben länglicher, in regelmäßigem Abstand liegender Gruben signifikant. Bei der Doppelbaracke A/B ist dagegen der freigelegte Teil des Mannschaftstraktes letztlich zu klein für eine abschließende Beurteilung. Einzelnen länglichen Gruben, die formal in Frage kämen, fehlt die typische Verfärbung durch organische Verunreinigungen. Auch stimmt ihre Lage nur teilweise mit den Erwartungen überein. Das führt zu der Frage, ob Stallbaracken bzw. Jaucherinnen überall verwendet worden sind oder ob es bei zur Staunässe neigenden Böden wie in Welzheim auch andere Entsorgungskonzepte gegeben hat.[45] Leider helfen die übrigen Innenbereiche des Welzheimer Westkastells nicht weiter. Die Untersuchungen von 1997 haben ausschließlich die mutmaßlichen Kopfbauten erfasst und die Befunde am Südosteck sind nicht interpretierbar (Abb. 12).

Aber etwas anderes ist in diesem Zusammenhang auffällig: In den Grabungsarealen von 1997 fehlen die Keller, obwohl bei einer ähnlichen Verteilung wie im Hinterlager dort zwei bis drei zu erwarten wären. Wie typisch sind also die Befunde der Grabung 2005/2006 für das Welzheimer Westkastell? Theoretisch wäre es möglich, dass in den Quartieren A–C gar keine Reiter, sondern andere Truppenkontingente untergebracht waren, die zusätzlich zur Ala stationiert gewesen sein könnten. Die für ein limeszeitliches Alenlager leicht überdurchschnittliche Größe des Westkastells könnte eine solche Vermutung stützen.[46]

Nimmt man den zur Verfügung stehenden Platz und füllt ihn mit Stallbaracken vom Typ Heidenheim/Ruffenhofen, so können im Welzheimer Vorderlager 12 Stallbaracken für je eine der wahrscheinlich 16 *turmae* der *ala I Scubulorum* untergebracht werden. Die restlichen vier Turmenunterkünfte könnten entweder auf der rechten Seite hinter den *principia* oder hälftig auf beiden Seiten der *via decumana* gelegen haben. Demnach stünde zumindest Bau C als Sonderunterkunft zur Verfügung. Wenn man dagegen die ergrabenen Welzheimer Baracken zu Grunde legt, da sich die Unterkünfte eines Lagers in

Abb. 15 Keller K5 mit Resten der in situ verbliebenen Eingangstreppe und massiver Brandschuttverfüllung.

---

41 Zu Kellern in Kastellbauten vgl. C. S. Sommer, Fundber. Baden-Württemberg 13, 1988, 477. Bei der Suche nach Vergleichen ist auch die generell unterschiedliche geografische Verbreitung der „Kellersitte" zu beachten, die sich nicht nur bei Zivilbauten feststellen lässt.
42 Fassbinder/Sommer/Berghausen, Celeusum 96.
43 Zuletzt Sommer, Ruffenhofen 129. Mit den oben angenommenen 20 m hätten die Kopfbauten von A/B einen Anteil von über 25 % an der Gesamtlänge. Dies wäre für Auxiliarbaracken relativ viel. Vgl. aber Pietsch/Fassbinder/Fuchs, Tiefenschärfe 100.
44 Ausführlich Hodgson, Wallsend 37 ff. Dass unter den Welzheimer Grabungsfunden Teile des Pferdegeschirrs nicht selten sind, sei nur am Rande bemerkt (vgl. Abb. 17).
45 Vgl. aber Scholz, Wirtschaftsbauten 116.
46 Davison, Barracks 643 ff. 666 ff. Sommer, Ruffenhofen 127 f. Das Welzheimer Vorläuferkastell Cannstatt umfasste lediglich 3,75 ha.

der Regel gleichen, reicht der Platz im Vorderlager nur für 2×5 Unterkünfte. Zur Unterbringung der restlichen sechs Turmen müsste man dann alle drei in der *retentura* angeschnittenen Baracken auf die gegenüberliegende Seite spiegeln und als Stallbaracken gelten lassen. Solange die Baureste des Vorderlagers keine Entscheidung zur Barackenbreite bzw. -anzahl gestatten, bleiben die Überlegungen hypothetisch.

Zur Geschichte des Westkastells

Bisher waren kaum Einzelheiten zu den Baubefunden des Westkastells bekannt. Auch haben die früheren Grabungen nur wenige Funde erbracht. So fehlten Anhaltspunkte um die Geschichte des Westkastells zu rekonstruieren. Die Situation hat sich mit den neuen Grabungen verbessert.

Den besten Einblick in die Baugeschichte des Kastells geben die Verfüllungen der ausgegrabenen Keller. In den abgebrannten Kellern sind beinahe regelmäßig Überreste der verkohlten hölzernen Kellertreppen *in situ* erhalten, während die Balkenfundamente der Wände nur als Negative zu erkennen waren (Abb. 14, 15).[47] Das kann meines Erachtens nur bedeuten, dass die Römer vor Aufgabe dieser Bauten systematisch alles wieder verwendbare Bauholz, insbesondere die tragenden Balken und die Kellerverschalungen, entfernt haben und lediglich kleinteilige Konstruktionen oder Bruchstücke vor Ort beließen. Auch die Balkenzüge der Baracke A waren ausschließlich als mit Schutt verfüllte Gräben nachweisbar. Nur einmal hat sich ein verkohlter Balkenrest *in situ* gefunden. Von den Herdstellen zeugten die angeziegelten Unterlagen, die Aufbauten waren entfernt. Da die meisten Keller zudem weitgehend fundleer waren, fehlt jeder Hinweis auf ein plötzliches Schadenfeuer, etwa infolge eines feindlichen Überfalls. Es wird sich daher um geplante Umbau- oder Auflassungsmaßnahmen handeln, die wir vor allem über die damit einhergehenden Abbrucharbeiten fassen. Freilich kann nicht ausgeschlossen werden, dass die Umbauten in der *retentura* durch ein Feuer in anderen Lagerteilen ausgelöst wurden.

Die Keller K3, K4a und K10a in den Baracken B und D hat man ohne vorherigen Brand einplaniert bzw. erneuert. Dies könnten die ersten Umbaumaßnahmen gewesen sein. Der Brandschutt würde demnach der späteren Kastellzeit angehören, wobei er möglicherweise auf zwei getrennte Ereignisse zurückgeht. Auch die Verknüpfung mit den Brandresten in den *principia* ist mangels aussagekräftiger Funde schwierig. Für eine abschließende Aussage bleibt freilich die detaillierte Analyse des Fundmaterials abzuwarten, der hier nicht vorgegriffen werden kann. Dabei müsste auch der Frage nachgegangen werden, ob alle Innenbauten durch-

Abb. 16 Fibelfunde der Grabungskampagne 2005/2006.

---

47 Vgl. auch Kortüm, Welzheim 105 Abb. 81.
48 Nuber, Reitertruppen 153.
49 Hartmann, Ostkastell bes. 119f. (zur absoluten Datierung vgl. Kortüm, Ostkastell 262). – Planck, Alenkastell 252f. – H.-H. Hartmann, Fundber. Bad.-Württ. 20, 1995, 668f.
50 Hartmann, Ostkastell 120 Tab. 1 hat aus dem Ostkastell über 250 Reliefsigillaten und Stempel vorgelegt. Kaum ein Zehntel dieser Menge haben unsere Untersuchungen erbracht. In derselben Größenordnung bewegen sich auch die im Zentralarchiv des ALM in Rastatt aufbewahrten Altfunde, die Verf. im Sommer 2007 sichten konnte.
51 Planck, Ostkastell 12 mit Abb. 3. – Hartmann, Ostkastell 125ff. – Vgl. Kortüm, Ostkastell 263.
52 U. Klein, Arch. Ausgr. Bad.-Württ. 2006, 271 (noch ohne Nachträge, Gesamtbestand ca. 18 Stück).
53 FMRD II 4, 4592–4594; Nachtrag 4593 E1, 4594 E1.

Abb. 17 Militärische Ausrüstungsteile und Beschläge aus dem Westkastell.

gängig bestanden haben. Die vielen flachen Mulden innerhalb des Barackenbaus C, die eher typisch für Wegezonen zwischen Gebäuden sind, könnte man z. B. als unvereinbar mit einer gleichzeitigen Nutzung des Areals durch eine Unterkunft ansehen. Auch die grundsätzliche Frage, wie lange die Ala in Welzheim stationiert war und ob in der Spätzeit vielleicht ein Besatzungswechsel stattgefunden hat, ist weiterhin offen.[48]

Nach einer ersten Durchsicht konzentrieren sich die Funde der Grabung 2005/2006 auf die 2. Hälfte des 2. und das frühe 3. Jahrhundert Material aus der Frühzeit des vorderen Limes, vergleichbar den Stücken aus dem Ostkastell, tritt genauso wenig markant hervor wie späte Funde, wie man sie z. B. aus den Aalener *principia* kennt.[49] Einschränkend muss allerdings betont werden, dass die Zahl der Reliefsigillaten und Stempel aus den aktuellen Grabungen gering ist. Der Bestand aus dem Ostkastell übertrifft den des Westkastells weiterhin um ein Vielfaches. Aussagen zum zeitlichen Verhältnis sind auf dieser Basis wenig sinnvoll.[50] Die Unterschiede in der Quantität wie in der Qualität der Funde zwischen den beiden Kastellen sind an sich jedoch bemerkenswert und bedürfen einer Erklärung. Man muss dies wohl so interpretieren, dass West- und Ostkastell ein unterschiedliches Schicksal erlitten haben. Ein dem Brand im Numeruskastell vergleichbares Schadensereignis mit außergewöhnlichem Fundanfall scheint es im Alenlager jedenfalls nicht gegeben zu haben.[51]

Die späteste Prägung der kleinen Münzenreihe aus dem Westkastell ist ein Denar des Severus Alexander. Er kam 2006 zu Tage.[52] Jüngere Münzen liegen in Welzheim bisher nur aus dem Vicusbereich vor.[53]

Dr. Klaus Kortüm
Regierungspräsidium Stuttgart,
Landesamt für Denkmalpflege
Berliner Straße 12, 73728 Esslingen/N.

Literaturverzeichnis

BECKMANN, Miltenberg
B. Beckmann, Neuere Untersuchungen zum römischen Limeskastell Miltenberg-Altstadt. Math. bayer. Vorgesch. Reihe A, 85. (Kallmünz/Opf. 2004)

DAVISON, Barracks
D. P. Davison, The Barracks of the Roman Army from the 1st to 3rd Centuries A. D. BAR Int. Ser. 472 (Oxford 1989).

FASSBINDER/SOMMER/BERGHAUSEN, Celeusum
J. Fassbinder/C. S. Sommer/K. Berghausen, Magnetometerprospektion des Reiterkastells Celeusum bei Pförring. Arch. Jahr Bayern 2006, 94–97.

GRÖNKE, Weißenburg
E. Grönke, Das römische Alenkastell Bircianae in Weißenburg i. Bay. Limesforsch. 25 (Mainz 1997).

HARTMANN, Ostkastell
H.-H. Hartmann, Die Terra-Sigillata. In: Das Ostkastell von Welzheim, Rems-Murr-Kreis. Forsch. u. Ber. Vor- u. Frühgesch. Bad.-Württ. 42 (Stuttgart 1999) 117–187.

HEILIGMANN, Welzheim
J. Heiligmann, Welzheim in römischer Zeit. In: S. Lorenz/A. Schmauder (Hrsg.), Welzheim – vom Römerlager zur modernen Stadt (Filderstadt 2002) 20–31.

HODGSON, Wallsend
N. Hodgson, The Roman Fort at Wallsend (Segedunum). Tyne and Wear Museums Arch. Monogr. 2 (Newcastle upon Tyne 2003).

HÜSSEN, Kösching
C.-M. Hüssen, Kösching – Neues zum Kastell Germanicum und zur mittelalterlichen Befestigung der Marienkirche. Arch. Jahr Bayern 2004, 84–86.

JAE, Dislokation
M. Jae, Die Dislokation der Alen und Kohorten am Obergermanischen Limes. Heidenheimer Jahrb. 2003/2004, 7–51.

KELLNER/ZALHAAS, Tempelschatz
H. J. Kellner/G. Zahlhaas, Der römische Tempelschatz von Weißenburg i. Bay. (Mainz 1993).

KEMKES/SCHEUERBRANDT, Patrouille
M. Kemkes/J. Scheuerbrandt, Zwischen Patrouille und Parade. Die römische Reiterei am Limes. Schr. Limesmus. Aalen 51 (Stuttgart 1997).

KEMKES/SCHEUERBRANDT/WILLBURGER, Limes
M. Kemkes/J. Scheuerbrandt/N. Willburger, Am Rande des Imperiums. Der Limes – Grenze Roms zu den Barbaren (Stuttgart 2002).

KRAUSE/GRAM, Ausgrabungen
R. Krause/A. Gram, Neue Ausgrabungen im Westkastell von Welzheim, Rems-Murr-Kreis. Arch. Ausgr. Bad.-Württ. 2005, 129–134.

KORTÜM, Ostkastell
K. Kortüm, Anmerkungen zur Baugeschichte des Ostkastells von Welzheim (Rems-Murr-Kreis). In: G. Seitz (Hrsg.), Im Dienste Roms. Festschrift für Hans Ulrich Nuber (Remshalden 2006) 257–266.

KORTÜM, Westkastell
K. Kortüm, Neues zum Westkastell von Welzheim, Rems-Murr-Kreis. Arch. Ausgr. Bad.-Württ. 2006, 101–106.

NUBER, Hofheim
H. U. Nuber, Das Steinkastell Hofheim (Main-Taunus-Kreis). In: Studien zu den Militärgrenzen Roms III. Forsch. u. Ber. Vor- u. Frühgesch. Bad.-Württ. 20 (Stuttgart 1986) 226–234.

NUBER, Reitertruppen
H. U. Nuber, Späte Reitertruppen am Oberrhein. In: W. Groenman-van Wateringe et al. (Hrsg.), Roman Frontier Studies 1995. Proc. XVIth Internat. Congr. Roman Frontier Studies (Oxford 1997) 151–158.

PIETSCH/FASSBINDER/FUCHS, Tiefenschärfe
M. Pietsch / J. Fassbinder / L. Fuchs, Mehr Tiefenschärfe durch Magnetik: Der neue Plan des Kastells Weißenburg. Arch. Jahr Bayern 2006, 98–101.

PLANCK, Alenkastell
D. Planck, Untersuchungen im Alenkastell Aalen, Ostalbkreis. In: Studien zu den Militärgrenzen Roms III. Forsch. u. Ber. Vor- u. Frühgesch. Bad.-Württ. 20 (Stuttgart 1986) 247–255.

PLANCK, Geschichte
D. Planck, Die römische Geschichte von Welzheim. Jahresber. Hist. Ver. Welzheimer Wald 1, 1980, 23–59.

PLANCK, Grabungen
D. Planck, Grabungen im Westkastell von Welzheim, Rems-Murr-Kreis. Arch. Ausgr. Bad.-Württ. 1983, 178–181.

PLANCK, Ostkastell
D. Planck, Das Ostkastell von Welzheim. In: Flora und Fauna im Ostkastell von Welzheim. Forsch. Ber. Vor- u. Frühgesch. Bad.-Württ. 14 (Stuttgart 1983) 9–16 und Beilage 1.

PLANCK, Römer
D. Planck (Hrsg.), Die Römer in Baden-Württemberg. Römerstätten und Museen zwischen Aalen und Zwiefalten (Stuttgart 2005).

PLANCK, Untersuchungen
D. Planck, Untersuchungen im Westkastell von Welzheim, Rems-Murr-Kreis. Arch. Ausgr. Bad.-Württ. 1989, 126–127.

PLANCK, Welzheim
D. Planck, Welzheim (WN). In: Planck, Römer 364–369.

REUTER, Kommandeure
M. Reuter, Die Kommandeure der Alen und Kohorten am Obergermanischen Limes. In: G. Seitz (Hrsg.), Im Dienste Roms. Festschrift für Hans Ulrich Nuber (Remshalden 2006) 285–297.

SCHOLZ, Wirtschaftsbauten
M. Scholz, Zwei Wirtschaftsbauten im Limeskastell Aalen. In: A. Thiel (Hrsg.), Forschungen zur Funktion des Limes. Beiträge zum Welterbe Limes 2 (Stuttgart 2007) 106–121.

SOMMER, Ruffenhofen
C.S. Sommer, Zur Besatzung des Kastells Ruffenhofen. In: A. Thiel (Hrsg.), Forschungen zur Funktion des Limes. Beiträge zum Welterbe Limes 2 (Stuttgart 2007) 122–131.

SOMMER, Welzheim
C.S. Sommer, Welzheim. In: M. Reddé (Hrsg.), Les fortifications militaires. Documents d'archéologie française 100 (Paris/Bordeaux 2006) 414–418.

STIGLITZ, Carnuntum
H. Stiglitz, Das Auxiliarkastell Carnuntum 1. Forschungen 1977–1988. Österr. Arch. Inst. Sonderschr. 29 (Wien 1997).

STOLL, Skulpturenausstattung
O. Stoll, Die Skulpturenausstattung römischer Militäranlagen an Rhein und Donau. Der Obergermanisch-Rätische Limes. Pharos. Stud. griech.-röm. Antike I (St. Katharinen 1992).

THIEL, Wehrtürme
A. Thiel, Die Wehrtürme des Westkastells von Welzheim. Arch. Ausgr. Bad.-Württ. 1999, 94–96.

Abbildungsnachweis

Abb. 1 LAD, Braasch/Erg. Kortüm; Abb. 2 Nach Heiligmann, Welzheim S. 25, ergänzt. LAD; Abb. 3 LAD, Dauner/Kortüm; Abb. 4 LAD, Dauner; Abb. 5 LAD, Dauner; Abb. 6 LAD, Dauner; Abb. 7 LAD, Dauner/Kortüm; Abb. 8 LAD, Dauner; Abb. 9 LAD, Mühleis; Abb. 10 LAD, Kortüm; Abb. 11 LAD, Kortüm; Abb. 12 LAD, Kortüm; Abb. 13 LAD, Kortüm/Nübold; Abb. 14 LAD, Dauner; Abb. 15 LAD, Kortüm; Abb. 16 LAD, Mühleis; Abb. 17 LAD, Mühleis.

DAS BILD DES KAISERS AN DER GRENZE – EIN NEUES GROSSBRONZENFRAGMENT VOM RAETISCHEN LIMES

Von Martin Kemkes

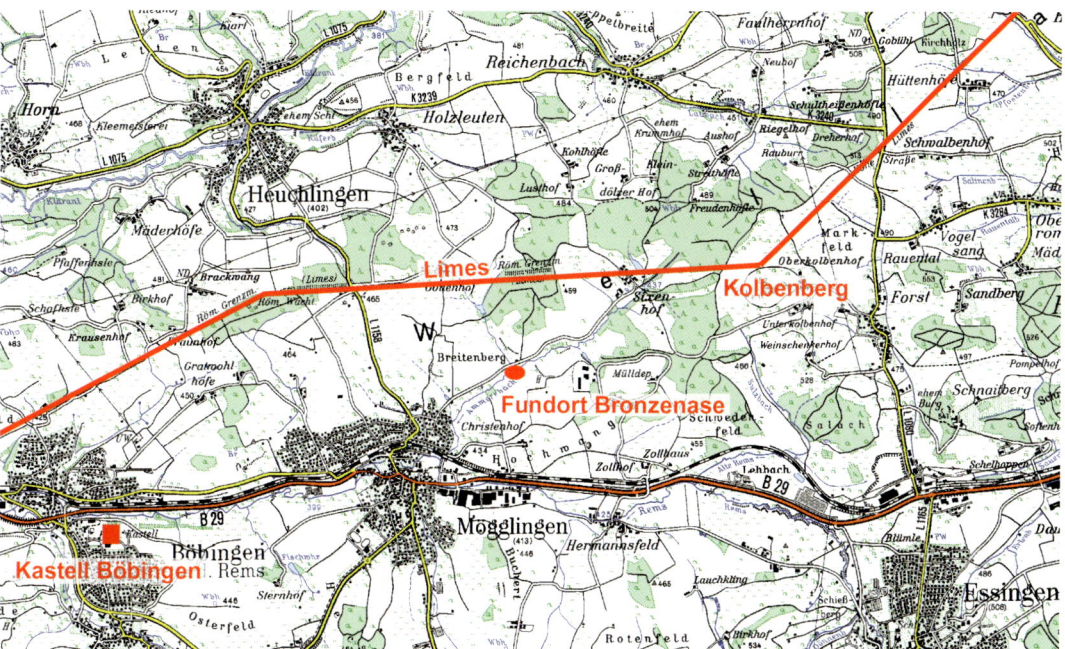

Abb. 1 Die Fundstelle der Bronzenase am Limes zwischen Böbingen und Aalen.

2a

2b

2c

2d

Abb. 2a–d Die Bronzenase aus Mögglingen.

Die Bronzenase wurde 1997 von einem Schüler aus Mögglingen im Ostalbkreis gefunden.[1] Nach seiner Beschreibung entdeckte er das Objekt in der Uferböschung des Ammersbachs/Ellertbachs, der nördlich von Mögglingen in der Nähe des heutigen Sixenhofes, unmittelbar im Bereich des ehemaligen Limesverlaufs, entspringt und nach Südwesten Richtung Mögglingen fließt, wo er in die Rems mündet (Abb. 1). Der Fundort liegt nur etwa 2 km westlich des Kolbenbergs, an dem der von Westen kommende Limes signifikant nach Nordosten umbiegt. Trotz intensiver Nachsuche konnte der Schüler im Bereich der Fundstelle keine weiteren Bronzefragmente entdecken. Das Fundstück scheint somit durch den Bachlauf sekundär verlagert worden zu sein.

Leider war der Limesverlauf im Bereich des Sixenhofes schon zur Zeit der Reichs-Limeskommission nicht mehr eindeutig zu rekonstruieren, wobei auch die genauen Standorte der Wachtürme 12/51–53 unklar blieben.[2] Eine Rekonstruktion der antiken Verhältnisse an dieser Stelle, die über den Fundzusammenhang der Bronzenase Auskunft geben könnten, ist deshalb nicht mehr möglich.

Beschreibung

Die Bronzenase hat eine Länge von 5,94 cm und im Bereich der Nasenlöcher eine maximale Breite von 3,32 cm, damit ist sie annähernd lebensgroß (Abb. 2a–d). Es handelt sich um einen Hohlguss, wobei die Wandung durchschnittlich 3 mm stark ist. Feine schräg verlaufende Rillen weisen auf die ursprüngliche Glättung der Oberfläche mit einem

---

1 Dem damaligen Schüler Johannes Stock sei an dieser Stelle für die Überlassung des Fundes sehr herzlich gedankt!
2 ORL A Strecke 12, 62 ff. Zwar erwähnt der Verfasser der Streckenbeschreibung Oskar Paret zum Beispiel „Kalk- und Schieferbrocken im Bereich einer Quelle", ebd. 63. Allerdings fehlen jegliche Hinweise auf eine besondere architektonische Ausgestaltung, die im Zusammenhang mit der Bronzenase stehen könnte.

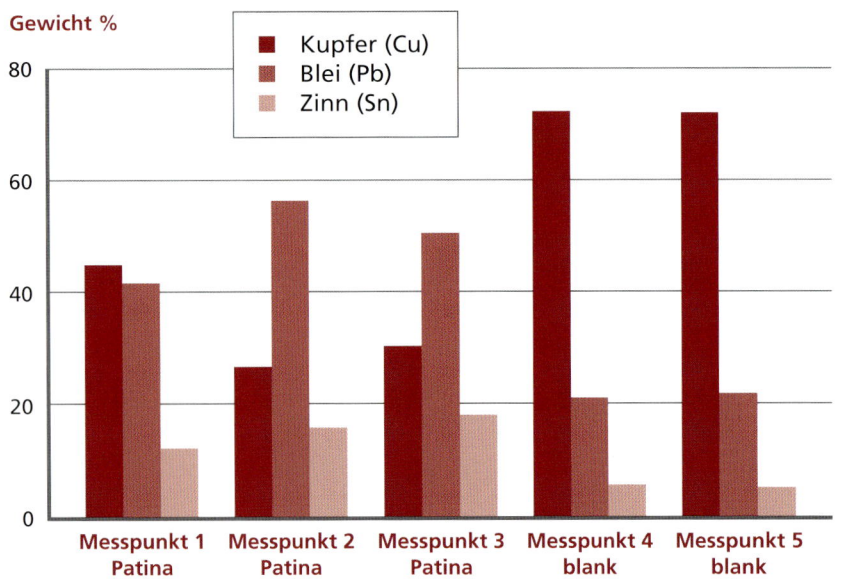

Abb. 3 Metallanalyse der Bronzenase mittels der Röntgenfluoreszenz-Analyse.

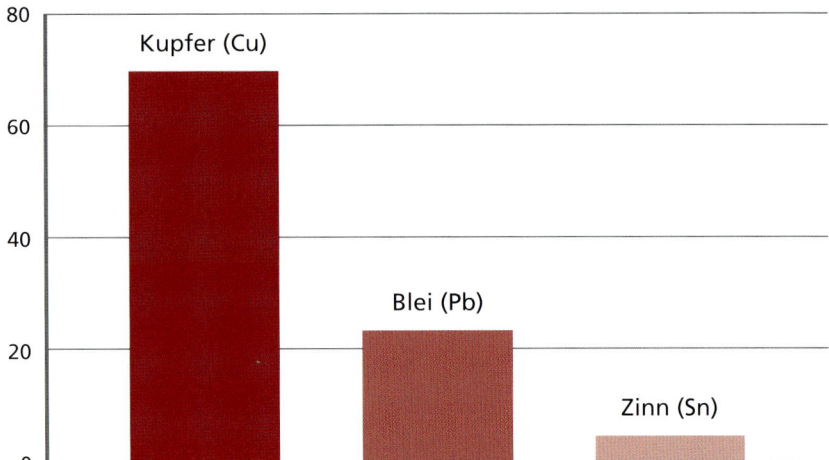

Abb. 4a Metallanalyse nach dem ICP-Verfahren (Inductive Coupled Plasma). Anteile der Hauptelemente Kupfer, Blei und Zinn.

Glätteisen hin. Die Bruchkanten verlaufen rundum weitgehend entlang der Konturlinie, an der die Nasenflächen in die Gesichtsflächen übergehen. Vor allem oben an der Nasenwurzel und links neben dem Nasenloch ist der Übergang in die Gesichtsfläche gut zu erkennen. Neben dem rechten Nasenloch fehlt dieser Übergang knapp, sodass die ursprüngliche Breite bei ca. 3,5 cm gelegen haben mag. Etwas unterhalb der Nasenwurzel und über dem linken Nasenloch weisen Hiebspuren auf die absichtliche Zerstörung des Kopfes hin.

Die Bronzenase besitzt eine homogene graugrüne Patina, die auch über die Hiebspuren und die Bruchkanten hinweg zieht. Dies, wie auch die gerundeten Bruchkanten, unterstützen die These, dass die Nase über längere Zeit sekundär verlagert wurde.

Römisch oder neuzeitlich? – Ergebnisse der Metallanalyse

Auch wenn der Fundort in der Nähe des Limes einen römischen Ursprung der Bronzenase nahelegt, muss zunächst versucht werden eine neuzeitliche Datierung des ursprünglichen Bildnisses auszuschließen.

Aus diesem Grund wurde die Bronzenase einer Metallanalyse unterzogen, die am Forschungsinstitut für Edelmetall- und Metallchemie in Schwäbisch Gmünd durchgeführt wurde.[3] Dabei wurde sowohl eine zerstörungsfreie Röntgenfluoreszenz-Analyse vorgenommen, als auch auf der Rückseite eine Materialprobe von 80 mg entnommen, die nach dem ICP-Verfahren (Inductive Coupled Plasma) untersucht wurde (Abb. 3, 4). Die Ergebnisse zeigen, dass es sich bei der Legierung um eine für die Herstellung von Gussbronzen in der Römerzeit typische Kupfer-Blei-Zinn-Legierung handelt mit ca. 70–75 % Kupfer, 20–25 % Blei und 5 % Zinn. Die Messpunkte direkt auf der Patina (Abb. 3, Messpunkte 1–3) zeigen die typischen erhöhten Blei- und Zinnwerte. Auch bei den Spurenelementen (Abb. 4b) gibt es keine Auffälligkeiten, wie z. B. ein hoher Nickelwert von über 1 %, die auf eine neuzeitliche Entstehungszeit der Bronze hinweisen könnten.

Angesichts des Fundortes und der Ergebnisse der Metallanalyse ist somit davon auszugehen, dass es sich bei der Bronzenase aus Mögglingen um den signifikanten Rest einer lebensgroßen römischen Großbronze handelt, bei der es sich grundsätzlich entweder um ein Kaiserportrait bzw. eine Kaiserstatue

---

[3] An dieser Stelle sei dem Forschungsinstitut für Edelmetall und Metallchemie, insbesondere Herrn Dr. Manfred Baumgärtner, für seine Unterstützung sehr herzlich gedankt!
[4] Ausführliche Auflistungen aller bekannten Fragmente finden sich bei Gamer, Bronzestatuen, 17–39; ders. Fragmente; Stoll, Skulpturenausstattung Band 2, Katalog zu den einzelnen Fundorten.
[5] Stoll, Skulpturenausstattung 197 ff.

oder um ein Idealbildnis einer Gottheit handeln könnte.

Großbronzen – Kaiserstatuen am Limes

Die Bronzenase aus Mögglingen lässt sich in die Gruppe der Großbronzenfragmente am Limes einreihen (Abb. 5).[4] Allein am Obergermanisch-Raetischen Limes liegen aus 21 Fundorten Reste von Großbronzen vor. Das Kartenbild zeigt dabei zwei eindeutige Schwerpunkte am nördlichen Obergermanischen Limes, im Taunus und in der Wetterau, sowie am südlichen Obergermanischen Limes und in Raetien. Am Mainlimes und weiter südlich bis Osterburken konnten bisher keine Fragmente gefunden werden, was aber auch forschungsgeschichtlich bedingt sein kann.

Neben einzelnen Körperteilen, wie Finger, Haare etc., lässt sich ein Großteil der Fragmente ikonografisch als Teile von Panzerstatuen identifizieren (Tabelle 1). Dies gilt z. B. für die Adlerkopfschwerter aus Weißenburg, Murrhardt oder Rainau-Dalkingen ebenso, wie für die Pterygesteile und Panzerlaschen aus Niederberg, Arnsburg, von der Saalburg, aus Dalkingen und Weißenburg (Abb. 6–8). Auch zahlreiche kleine Fragmente lassen sich am ehesten solchen Panzerstatuen zuweisen.[5] Auch wenn hinter solchen Panzerstatuen grundsätzlich auch Bildnisse des Gottes Mars vermutet werden könnten, so scheint es sich bei vielen dieser Statuen doch um bronzene Kaiserstatuen zu handeln, wie uns in dem Beispiel des Bronzeportraits Gordians III. aus Niederbieber zweifelsfrei überliefert ist (Abb. 9). Nach den Fundorten der Bronzefragmente standen diese Statuen vor allem im Kastellbereich, primär in der Querhalle der Principia oder im Bereich der Kastelltore.[6] Allein das Por-

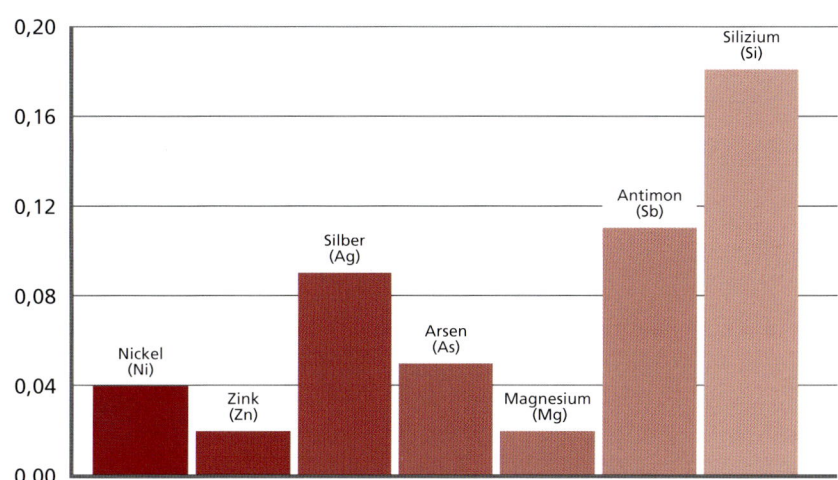

Abb. 4b Metallanalyse nach dem ICP-Verfahren (Inductive Coupled Plasma). Anteile der Spurenelemente.

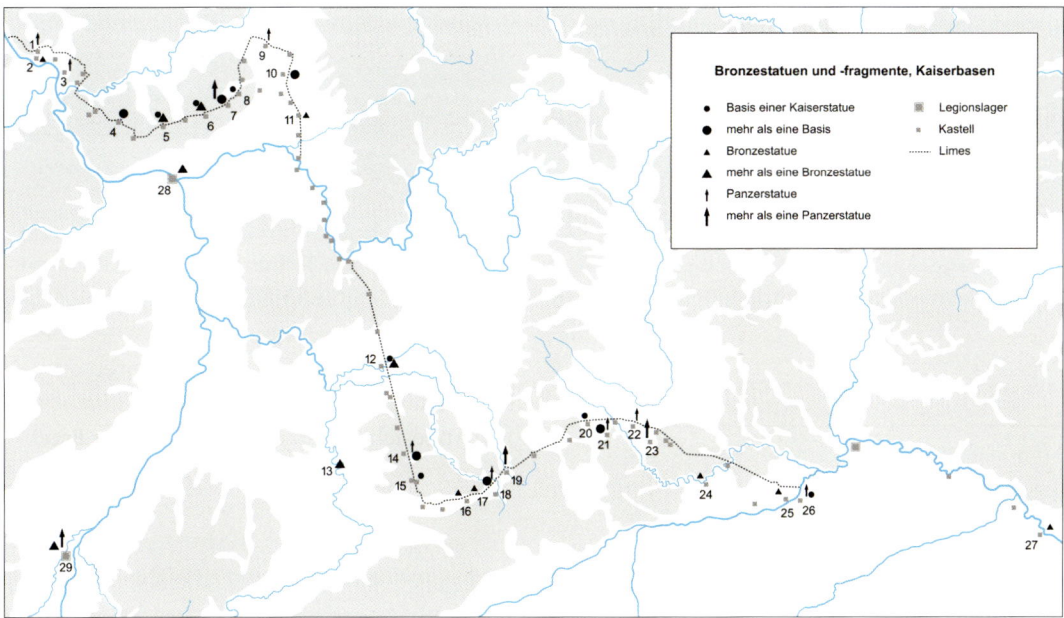

Abb. 5 Fundorte von Bronzestatuen, -fragmenten und Kaiserbasen: **1.** Niederbieber; **2.** Heddesdorf; **3.** Niederberg; **4.** Holzhausen; **5.** Zugmantel; **6.** Kl. Feldberg; **7.** Saalburg; **8.** Kapersburg; **9.** Arnsburg; **10.** Echzell; **11.** Marköbel; **12.** Jagsthausen; **13.** Benningen; **14.** Murrhardt; **15.** Welzheim; **16.** Böbingen; **17.** Mögglingen; **18.** Aalen; **19.** Dalkingen; **20.** Gnotzheim; **21.** Theilenhofen; **23.** Weißenburg; **24.** Pfünz; **25.** Pförring; **26.** Eining; **27.** Künzing; **28.** Mainz; **29.** Straßburg.

FUNDORT	FUNDSTELLE	STATUENTYP	DATIERUNG
Niederbieber	Vicus	Portrait Gordian III	240–244 n. Chr.
Niederbieber	?	Panzerstatue: Daumen, Flügelapplike	185–260 n. Chr.
Heddesdorf	Kastell	Panzerstatue: vier Fragmente	140–160 n. Chr.
Niederberg	Principia Querhalle	Panzerstatue: Panzerlasche und Frag. Unterschenkel	1. H. 3. Jh. n. Chr.
Zugmantel	Kastell	Gewandfragmente	1. H. 3. Jh. n. Chr.
Kleiner Feldberg	Kastell	Haarfragmente	um 230 n. Chr.
Saalburg	Principia Querhalle	Panzerstatue: Diverse Fragmente	Anfang 3. Jh. n. Chr.
Saalburg	?	Diverse Fragmente	2. H. 2. bis 1. H. 3. Jh. n. Chr.
Arnsburg	Principia	Panzerlasche	1. H. 3. Jh. n. Chr.
Arnsburg	Kastell	Gewandfragmente	1. H. 3. Jh. n. Chr.
Marköbel	Sacellum	Zeigefinger	2.–Mitte 3. Jh. n. Chr.
Jagsthausen	Bereich Kastellgraben	Finger	Mitte 2. bis Mitte 3. Jh. n. Chr.
Benningen	Kastell	vergoldete Fragmente Körper und Randstück	2. Jh. n. Chr.
Murrhardt	Vicus	Panzerstatue: Adlerkopfschwert	Anfang 3. Jh. n. Chr.
Böbingen	Kastell	Daumen	Mitte 2. bis Mitte 3. Jh. n. Chr.
Mögglingen	südlich vom Limes	Nase	Anfang 3. Jh. n. Chr.
Aalen	Sacellum-Keller	Panzerstatue: viele Fragmente	1. H. 3. Jh. n. Chr.
Dalkingen	Südfront des Torbogens	Panzerstatue: Adlerkopfschwert, Panzerfragmente	Anfang 3. Jh. n. Chr.
Gnotzheim	Principia Querhalle	Panzerstatue: Fragmente	Anfang 3. Jh. n. Chr.
Theilenhofen	Principia Querhalle	Panzerstatue: Fragmente	1. H. 3. Jh. n. Chr.
Weißenburg	Kastell	Panzerstatue: Fragmente	1. H. 3. Jh. n. Chr.
Pfünz	Principia	Zehfragment	1. H. 3. Jh. n. Chr.
Pförring	Principia	Haar- und Gewandfragmente	Mitte 2. bis Mitte 3. Jh. n. Chr.
Eining	Kastell	Panzerstatue: Fragmente	1. H. 3. Jh. n. Chr.
Künzing	Kastell	Schuhfragment	2. H. 2. bis 1. H. 3. Jh. n. Chr.

Tabelle 1 Großbronzen.

trait des Gordian III. aus Niederbieber und das Adlerkopfschwert aus Murrhardt wurden außerhalb der Kastelle im Vicusareal gefunden, wobei eine Verlagerung als Altmetall angenommen wird.[7] Nur beim Dalkinger Limestor scheint bisher am Limes eine Kaiserstatue außerhalb eines Kastells aufgestellt worden zu sein[8], wobei der prominente Standort im Zusammenhang mit einem Ehrenbogen nicht singulär ist, wie z. B. die Statuenbasis am Ehrenbogen in Mainz-Kastell zeigt.[9]

Für die Interpretation der Großbronzenfragmente als Überreste von Kaiserstatuen sprechen auch die überlieferten Inschriftenbasen für solche Statuen, die bisher aus zwölf Kastellen am Limes bekannt sind (Abb. 5 und Tabelle 2). Die Komplexe aus Aalen und von der Saalburg zeigen dabei, dass in den Kastellen durchaus jeweils mit mehreren solcher Kaiserstatuen zu rechnen ist.[10] Aus Murrhardt, Echzell und dem Kastell Kleiner Feldberg sind zudem Basen für Statuen kaiserlicher Frauen, Julia Mamaea und Julia Domna, überliefert.[11] Anders als die Großbronzenfragmente, die aus sich heraus kaum zu datieren sind, geben die Inschriftenbasen zudem interessante Anhaltspunkte für die Datierung der Statuen. Dabei steht den antoninischen Inschriften aus Jagsthausen und von der Saalburg, die mit der Gründungszeit dieser Kastelle zusammenhängen können, die große Gruppe der severischen Inschriften gegenüber, von denen einige jeweils den Kaisern Caracalla und Severus Alexander zuzuschreiben sind (Tabelle 2).

Fasst man das Bild zu den bronzenen Kaiserstatuen am Limes zusammen, so kann in fast allen Limeskastellen mit solchen Statuen gerechnet werden, die primär im Stabsgebäude aufgestellt waren. Allerdings wurde wohl nicht für jeden neuen Kaiser eine solche Statue aufgestellt, sondern ein eindeutiger Schwerpunkt scheint in der severischen Zeit zu liegen. Dieser chronologische Schwerpunkt deckt sich mit den sonstigen zivilen und militärischen Weihungen, die ebenfalls in dieser Zeit stark zunehmen.[12] Außerhalb der Kastelle konnte bisher nur am Limestor von Dalkingen die Aufstellung einer Kaiser-

6 Ebd. 164 ff.
7 Niederbieber: ebd. 429 ff.; Murrhardt, ebd. 401.
8 Ebd. 283 ff. und Planck, Dalkingen 88 ff.
9 CIL XIII 7285.
10 Stoll, Skulpturenausstattung 197 ff.; 240 ff. und 508 ff.
11 Ebd. 201.
12 Ebd. 89 ff.; Frenz, Mainz 27 ff.

statue nachgewiesen werden. Mit der Bronzenase aus Mögglingen liegt nun ein weiteres Fragment einer Großbronze außerhalb eines Kastellareals vor, das aber nicht an seinem ursprünglichen Standort gefunden wurde und hinter dem mit gewisser Wahrscheinlichkeit ein Kaiserportrait vermutet werden kann. Ob das Fragment aus den benachbarten Kastellen in Böbingen oder Aalen stammt oder ob das Bildnis doch in der Nähe des Fundortes gestanden hat, soll zum Ende des Beitrags diskutiert werden.

Ikonografische Einordnung – Wer ist dargestellt?

Die wichtigste Frage für die abschließende Beurteilung des Fundstückes ist, welche Person hinter dieser Nase steht, bzw. ob diese Person identifiziert werden kann. Wenn die oben geäußerte Vermutung zutrifft, dass es sich bei der Bronzenase um das Fragment eines römischen Kaiserportraits des 2./3. Jahrhundert handelt, muss versucht werden, die Nase einem bestimmten Kaiserportrait zuzuordnen. Die Voraussetzung dafür ist allerdings, dass die individuelle Physiognomie der Kaiser von den Bildhauern auch in solchen Details wie der Gestaltung der Nase dargestellt wurde. Dabei ist weiter von grundsätzlicher Bedeutung mit welchen Vorlagen bei der Herstellung solcher Portraits gearbeitet wurde. Und schließlich muss geprüft werden, welches Vergleichsmaterial überhaupt herangezogen werden kann und inwieweit die Bronzenase selbst individuelle Eigenheiten besitzt, die mit anderen Kaiserportraits zu vergleichen sind. Da es bei diesen Fragestellungen zum Teil um grundsätzliche Probleme der römischen Portraitforschung geht, die im Rahmen dieses Beitrages nicht umfassend behandelt werden können, stößt die im Folgenden vorgenommene Zuweisung der Bronzenase zwar methodisch an ihre Grenzen, ist aber dennoch ohne Alternative.

Grundsätzlich wird in der Erforschung der römischen Kaiserportraits davon ausgegangen, dass in Rom im Lauf der jeweiligen Regierungszeit mehrere offizielle Herrscherportraits entstanden, die vom Kaiser selbst autorisiert wurden und als Vorlage für weitere Kopien dienten, die dann zum Teil auch in den Provinzen zu finden sind.[13] Allerdings war diese Praxis nicht verbindlich und so gab es insbesondere in den Provinzen zahlreiche Kaiserdarstellungen, die nur wenig mit ihrem wirklichen Vorbild zu tun hatten. So berichtet Flavius Arrianus als Statthalter von Kappadokien um 130 n. Chr. von einer Statue des Hadrian am Schwarzen Meer bei Trapezunt, die „weder dem Kaiser Hadrian ähnlich noch schön sei, weshalb Hadrian besser eine neue Statue schicken solle".[14] In gleicher Weise schreibt Cornelius Fronto an Marc Aurel „über die schlecht gemalten und groben Kaiserbilder in den Geldwechslerstuben, Läden, unter Vordächern und Fenstern".[15] Diesen literarisch überlieferten schlechten Kaiserportraits lassen sich auch einzelne Steinskulpturen an die Seite stellen, die nur schwer eine Zuweisung zu einem bestimmten Herrscher erlauben. Allein aus Obergermanien seien hier der Sandsteinkopf aus Benningen genannt, hinter dem ein Bildnis des Mark Aurel vermutet wird, sowie das

Abb. 6 Adlerkopfschwert aus Murrhardt.

Abb. 7 Pterygesfragment aus Rainau-Dalkingen.

Abb. 8 Panzerlasche aus Niedernberg.

13 Zanker, Provinzielle Kaiserportraits, 7 ff.
14 Ebd. 7.
15 Fronto, Ep. ad M. Caes. 4,12,6

Tabelle 2 Kaiserbasen.

FUNDORT	FUNDSTELLE IM KASTELL	DATIERUNG	STIFTER	LITERATUR
Holzhausen	Principia, Querhalle	Ende 2. bis Anfang 3. Jh. n. Chr.		CIL XIII, 7618; 7619
Holzhausen	Porta Praetoria	222–235 n. Chr.	Truppe	ORL B 6, 38
Zugmantel	„Keller 203"	237/238 n. Chr.	Truppe	CIL XIII, 11971
Kleiner Feldberg	Principia, beim sacellum	222–235 n. Chr.	Truppe	CIL XIII, 7495
Saalburg	Principia Querhalle	139 n. Chr.	Truppe	CIL XIII, 7462
Saalburg	Kastell	138–161 n. Chr.		CIL XIII, 7463
Saalburg	Principia Querhalle	212 n. Chr.	Truppe	CIL XIII, 7465
Saalburg	Praetentura	222–235 n. Chr.	Truppe	CIL XIII, 7466
Kapersburg	Kastellgraben	222–235 n. Chr.		CIL XIII, 7441a
Echzell	Graben vor dem Nordtor	1. H. 3. Jh. n. Chr.		SaalbJb 21, 1963, 50f
Echzell	Principia	222–235 n. Chr.		Ber.RGK 58, 1977, 522
Jagsthausen	Principia	148–161 n. Chr.		CIL XIII, 6561
Murrhardt	Principia Hof/Querhalle	211–217 n. Chr.	Truppe	CIL XIII, 6531
Murrhardt	Principia Hof/Querhalle	222–235 n. Chr.	Truppe	CIL XIII, 6532
Aalen	Principia Querhalle	Anfang 3. Jh. n. Chr.		FbBa-Wü 14,1989
Aalen	Principia Querhalle	222–235 n. Chr.	Truppe	FbBa-Wü 14,1989
Gnotzheim	Principia Querhalle	212–217 n. Chr.	Truppe	IBR 308/309
Gnotzheim	Principia Querhalle	Anfang 3. Jh. n. Chr.		IBR 310
Eining	Porta principalis sinistra	212 n. Chr.	Truppe	CIL XIII, 11950

Abb. 9 Bronzeportrait Gordians III. aus Niederbieber.

Abb. 10 Sandsteinkopf des Mark Aurel (?) aus Benningen.

sogenannte Commodusportrait aus Köngen (Abb. 10–11).[16] Ein Vergleich der Bronzenase aus Mögglingen mit solchen singulären provinziellen Steinplastiken verbietet sich von selbst.

Aber auch der Vergleich mit qualitativ hochwertigen Kaiserportraits aus Marmor ist im Rahmen eines Reihenvergleichs kaum möglich, da bei diesen Portraits sehr häufig gerade die Nasen beschädigt sind und nicht selten modern ergänzt wurden. Auch werden diese Portraits oft nur in Frontalansicht abgebildet, wodurch ein Vergleich der Nasenkontur ebenfalls nicht möglich ist. Will man für einen solchen Vergleich verlässliche Portrait-

darstellungen im Profil heranziehen, die dazu noch in ausreichender Anzahl zur Verfügung stehen, bleiben allein die Münzportraits als Vergleichsmaterial übrig.

Deren Vorbildfunktion für die Bildhauer wurde auch bereits immer wieder diskutiert. Als besonders signifikantes Beispiel für die Übereinstimmung zwischen einem Münzportrait und einem rundplastischen lebensgroßen Bronzeportrait gilt dabei das Bildnis des Gordian III. aus Niederbieber (Abb. 12).[17] Besonders auffällig ist hierbei die Übereinstimmung der spitz zulaufenden Nasenkontur. Vor diesem Hintergrund erscheint es nicht vermessen auch für die Mögglinger

Abb. 11 Sandsteinkopf des Commodus (?) aus Köngen.

Bronzenase nach entsprechenden Parallelen zu suchen.

Als wichtiges Kriterium für den Vergleich der Profilansichten soll dabei im Folgenden die Nasenkontur bzw. die Proportion zwischen der Länge der Nase, von der Spitze bis zur Wurzel, und der Tiefe, von der Spitze bis zum Übergang in die Wangenpartie, gemessen werden. Der Quotient beider Maße bildet dann einen Vergleichswert, der vom Maßstab der Abbildungen unabhängig ist.

Um die Verlässlichkeit dieser Methode zu überprüfen wurde für alle Kaiser des 2. bis 3. Jahrhunderts von Traian bis Alexander Severus, ein Vergleich der Münzportraits mit den überlieferten Bronzeportraits durchgeführt. Als Materialbasis diente zum einen die Münzpublikation von Kent u.a. mit großformatigen Abbildungen verschiedener Münzen römischer Kaiser, und die Publikation über römische Großbronzen von Lahusen und Formigli, in der ein Großteil der bekannten bronzenen Kaiserportraits auch in Profilansichten abgebildet ist.[18]

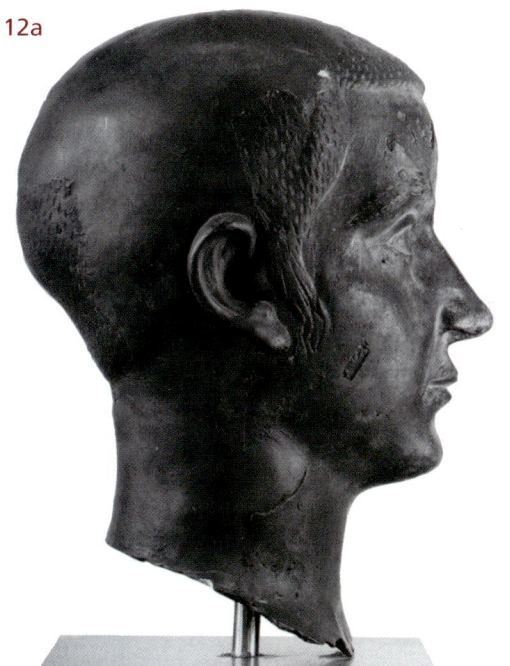

Abb. 12a Bronzeportrait Gordians III. aus Niederbieber; 12b Denar Gordians III. von 241 n. Chr.

Auch wenn dieses Vorgehen hinsichtlich der Materialauswahl und der Genauigkeit der Messmethode an seine Grenzen stößt, so lässt sich doch an einigen Beispielen zeigen, dass die beobachteten Parallelen beim Gordianportrait aus Niederbieber nicht zufällig sind. Auch andere bronzene Kaiserportraits,

16 Zanker, Kaiserportraits 42–43.
17 Lahusen/Formigli, Bildnisse 301–304.
18 Ebd. und Kent, Münze

wie z. B. des Marc Aurel oder des Caracalla (Abb. 13–14) zeigen durchaus gute Parallelen zu den entsprechenden Münzbildern, die sich auch im Vergleich der Nasenkontur im Profil widerspiegelt. Das gemessene Verhältnis zwischen Nasenlänge und -tiefe, wie es in Abb. 15 abgebildet ist, zeigt hier deutliche Übereinstimmungen.

Die exakte Vermessung der Mögglinger Bronzenase ergibt nun einen hohen Quotienten von 2,12 (5,3 cm Länge / 2,5 cm Tiefe), sodass die Nase im Vergleich zu anderen als relativ lang und flach beschrieben werden kann. Bei der Suche nach Parallelen unter den Kaiserportraits des 2. und 3. Jahrhunderts n. Chr. finden sich die besten Entsprechungen bei den Portraits des Severus Alexander (Abb. 16). Auch der rein optische Vergleich mit den Münzportraits und den Großbronzenportraits aus Bochum und Thessaloniki bestätigt diesen Eindruck, wobei bei dem Bochumer Kopf die Beschädigung im Bereich der Nasenwurzel zu berücksichtigen ist.[19]

Wenn auch diese Untersuchung hinsichtlich möglicher Messfehler und der beschränkten Anzahl von Vergleichsstücken nicht fehlerfrei sein kann, so zeigt sich doch eine gewisse Tendenz dahin, dass hinter der anonymen Mögglinger Bronzenase ein Kaiserportrait des Severus Alexander zu vermuten ist. Die Tatsache, dass unter den vom Limes bekannten Inschriftenbasen von solchen Kaiserstatuen ebenfalls sieben in die Regierungszeit des Severus Alexander gehören, scheint diese Zuweisung zu unterstützen. Das nächstgelegene Beispiel stammt aus dem Kastell Aalen (Abb. 17)[20], wobei ein direkter Zusammenhang bei einer Entfernung zum Fundplatz von ca. 7 km theoretisch möglich sein könnte.

Ein Kaiserportrait am Kolbenberg? – Einordnung des Fundplatzes

Fassen wir die bisherigen Ergebnisse zusammen, so liegt mit der Bronzenase aus Mögglingen ein kleines, aber signifikantes Fragment eines Kaiserportraits vor, das eventuell

Abb. 13a Bronzeportraitfragment des Mark Aurel aus Paris; 13b Sesterz des Mark Aurel von 172/173 n. Chr.

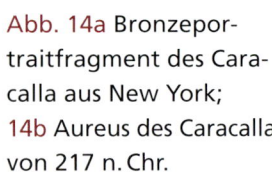

Abb. 14a Bronzeportraitfragment des Caracalla aus New York; 14b Aureus des Caracalla von 217 n. Chr.

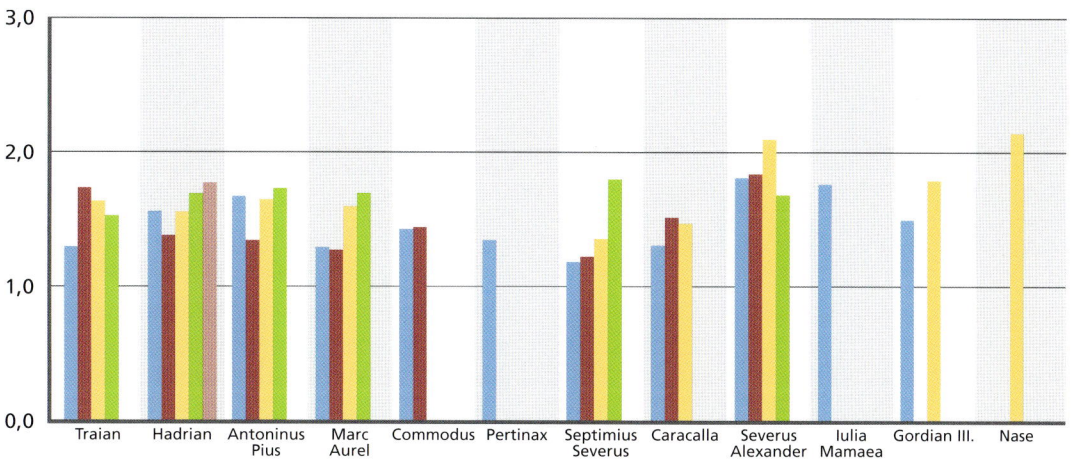

Abb. 15 Vergleich der Nasenproportionen (Verhältnis Länge/Tiefe) von verschiedenen Bronzeportraits mit Münzdarstellungen der Kaiser von Traian bis Severus Alexander.

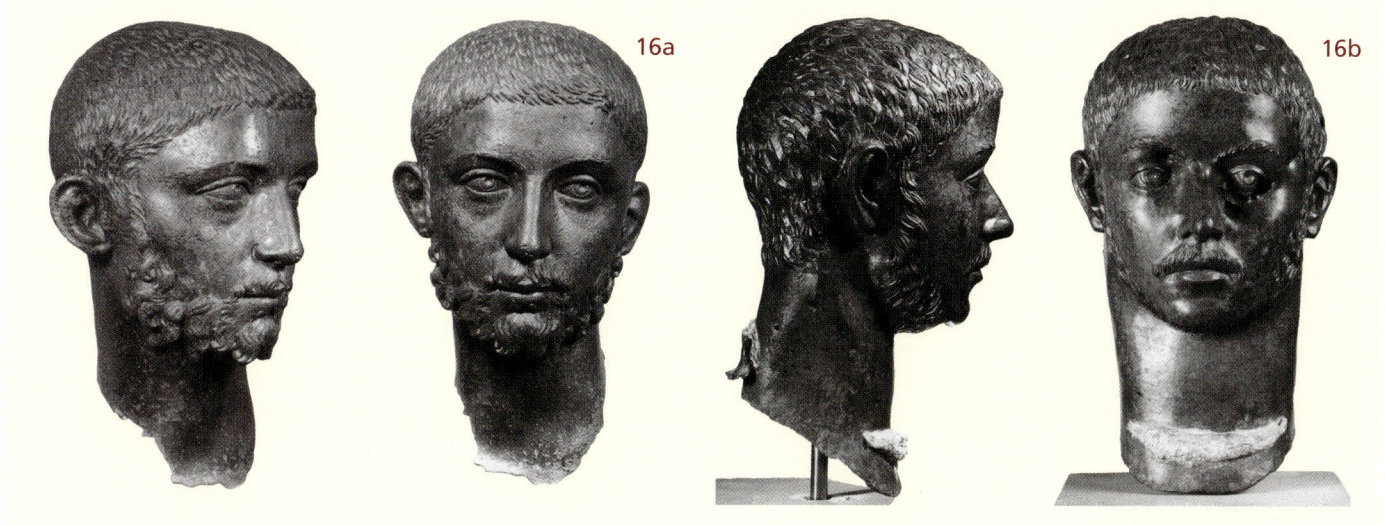

dem Severus Alexander zuzuweisen ist. Neben den Fragmenten vom Limestor bei Rainau-Dalkingen ist die Bronzenase das einzige Großbronzenfragment am Limes, das nicht innerhalb eines Kastells bzw. in dessen direktem Umfeld gefunden wurde. Die ursprüngliche Aufstellung der Großbronze im Kastell Aalen, z. B. im Zusammenhang mit der überlieferten Inschriftenbasis für Severus Alexander (Abb. 17), sowie deren Zerstörung und teilweise Verschleppung in den Bereich des Fundortes ist zwar grundsätzlich möglich, wäre aber nur durch Zufall, z. B. durch anpassende Fragmente aus dem Aalener Kastellareal, zu beweisen. Die Zerstörung der Kaiserstatue könnte dabei entweder mit der Ermordung des Kaisers und seiner Damnatio memoriae im Jahr 235 n. Chr. oder mit der Aufgabe des Limes nach 260 n. Chr. in Zusammenhang stehen.

Andererseits stellt sich im Vergleich zum Dalkinger Limestor die Frage, ob das ursprüngliche Portrait oder die Bronzestatue nicht auch im Umfeld des Fundortes gestanden haben könnte? Dabei fällt der Blick zwangsläufig auf den Kolbenberg, eine auffällige Erhebung, an der der Verlauf des Limes signifikant von Westen her kommend nach Nordosten abknickt (Abb. 1). Schon den lokalen Limesforschern des 19. Jahrhunderts, allen voran Eduard von Kallee, war der Kolbenberg aufgefallen, der mit 552 m Höhe alle anderen Erhebungen im nördlichen Vorfeld der Ostalb

Abb. 16a Bronzeportrait des Severus Alexander aus Thessaloniki; 16b Bronzeportrait des Severus Alexander aus Bochum; 16c Denar des Severus Alexander von 231 n. Chr.

19 Lahusen / Formigli, Bildnisse 275 ff.; Kent, Münze 428–434
20 Habicht-Weinges, Aalen 332–336.

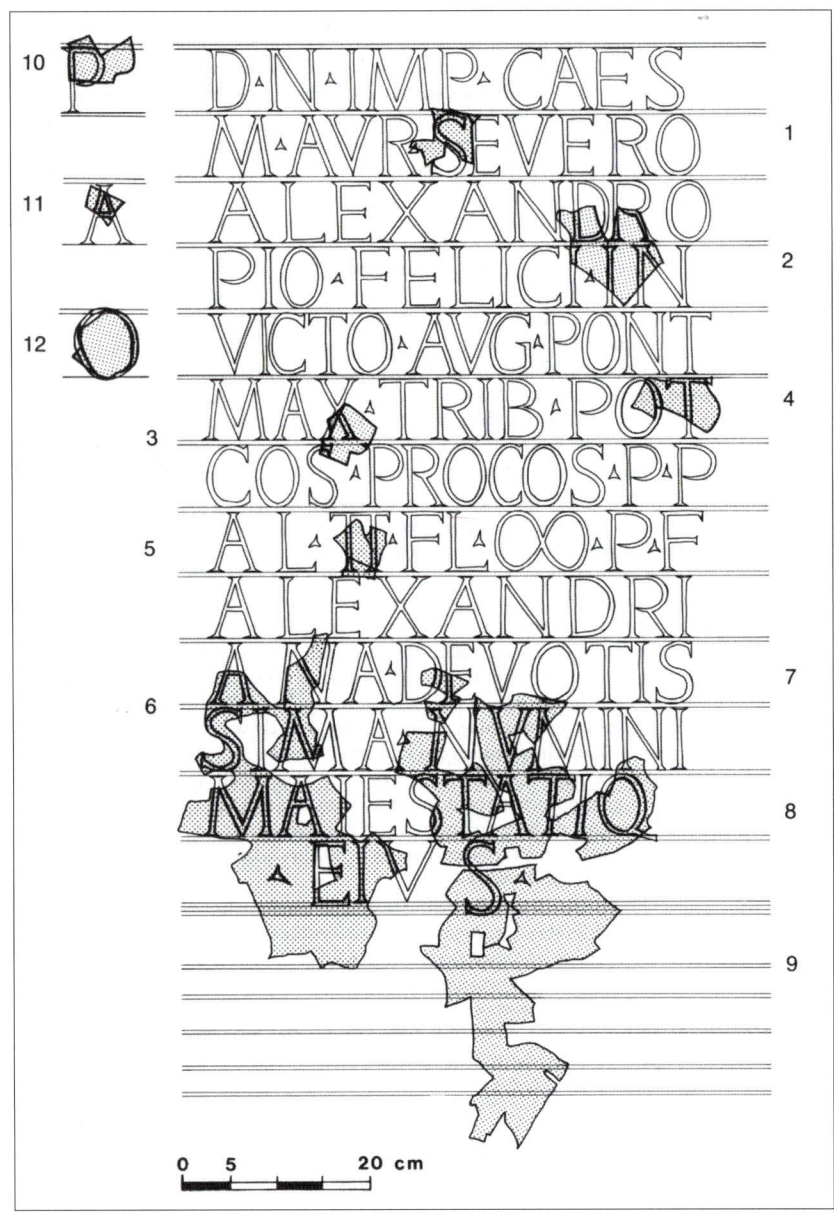

Abb. 17 Inschriftfragmente eines Statuenpostamentes für Severus Alexander aus dem Jahr 222 n. Chr., gefunden in der Querhalle der Principia im Kastell Aalen.

überragt und als bester Aussichtsberg der Region galt.[21] Der heute bewaldete Kegelberg ist besonders von Westen her gut sichtbar (Abb. 18) und von Nordosten scheint der Limes über mehrere Kilometer schnurgerade auf ihn zuzulaufen. Diese Beobachtungen führten schon Kallee zu der Annahme, dass der Kolbenberg als wichtiger Vermessungspunkt für den westlichen Raetischen Limes gedient hat, da er auf halbem Weg zwischen dem Hesselberg und dem Hohenstaufen liege. In der Detailbetrachtung lässt sich zumindest die Vermessung der schnurgera-

den Limesstrecken zwischen dem Kolbenberg und dem Mahdholz bei Rainau-Schwabsberg (WP 12/54 bis WP 12/77) und der Strecke zwischen Dalkingen und Halheim (WP 12/84 bis WP 12/101) mit der Peilung auf den Gipfel des Kolbenbergs erklären (Abb. 19). Gleiches gilt für die wenn auch kurze, gerade Strecke von Westen zwischen WP 12/46 und dem Kolbenberg. Vor diesem Hintergrund und nicht zuletzt wegen seiner auffälligen Lage in der Landschaft, könnten die Römer diesem Berg durchaus eine besondere Bedeutung gegeben haben, die sich in einer architektonischen Gestaltung ausgedrückt haben könnte. Allerdings wurden auf dem Gipfel des Kolbenbergs schon im 19. Jahrhundert keine römischen Funde und auch keine Reste eines römischen Bauwerks gefunden. Der ursprüngliche Standort des Kaiserbildnisses auf bzw. in direkter Umgebung des Kolbenbergs bleibt demnach rein spekulativ. Ebenfalls nur vermutet werden kann, dass nördlich der Straße von Böbingen nach Aalen, unterhalb des Kolbenbergs ein Monument oder Ähnliches gestanden hat, mit dem die Bronzenase in Zusammenhang stand. Auch für eine solche Fundstelle gibt es bisher keinerlei Hinweise.

Dass solche topografisch auffälligen Standorte von den Römern allerdings sehr wohl gezielt architektonisch ausgestaltet wurden, beweist ein vergleichbarer Befund auf dem Aalener Burgberg (Abb. 19). Der spornartige Ausläufer der Alb liegt etwa 1,2 km südlich des Kastells, genau am Ausgang des Kochertals und konnte sowohl vom Kastell aus, als auch von der aus Heidenheim kommenden Straße gut eingesehen werden. An dieser Stelle wurden bereits 1925 römi-

---

[21] von Kallee, Kolbenberg 1692.
[22] Luik, Aalen 269 ff. Fundstellen 2–5.
[23] Anzuführen wären hier z. B. die Siegesdenkmäler von La Turbie (Tropaeum Alpium) und von Adamklissi (Tropaeum Traiani) auch wenn diese natürlich wesentlich monumentaler sind. Erinnert sei auch nochmals an die Beschreibung der Hadrianstatue in Trapezunt durch Flavius Arrianus (s. Anm. 13). Die Statue stand demnach an der Stelle, an der einst Xenophon mit den Zehntausend und später Hadrian selbst das Meer erblickte und Arrian hielt den Ort für „wie geschaffen für ein ewiges Denkmal". Zu weiteren Standorten von Kaiserstatuen im öffentlichen Raum vgl. Pekáry, Kaiserbildnis 42 ff.

sche Funde gemacht, die aufgrund von Brandspuren als Reste eines Gräberfeldes oder als Teile einer Villa rustica interpretiert wurden.[22] In demselben Bereich wurden auch Fundamentreste entdeckt, die aus zwei quadratischen Sockeln mit etwa 2 m Seitenlänge bestehen. Der etwa 3,3 m breite Zwischenraum war gepflastert, wobei sich die Pflasterung noch etwa 1,5 m nach Nordosten fortsetzt (Abb. 20). Ob es sich bei diesem Bauwerk, wie bisher vermutet, um das Grabmonument eines kleinen Gräberfeldes handelt oder ob an dieser topografisch hervorgehobenen Stelle ein „öffentliches Monument" gestanden hat, kann an dieser Stelle nicht weiter untersucht werden.

Bezieht man allerdings das Dalkinger Tor (Abb. 21) in diese Betrachtung mit ein, so ist es zumindest auffällig, dass an allen Straßenverbindungen von und nach Aalen, nach Westen mit der Bronzenase, nach Süden mit dem Monument auf dem Burgberg und nach Norden mit dem Limestor, mehr oder minder eindeutige Indizien für eine architektonische Ausgestaltung der Landschaft vorliegen, auch wenn in den Fällen der Bronzenase,

wie auch des Monumentes auf dem Burgberg eine weitergehende Interpretation kaum möglich erscheint. Vergleicht man die Situation mit anderen landschaftsgestalterischen Maßnahmen der Römer, wie dem 80 km langen, schnurgeraden Limesverlauf in Obergermanien, oder den Monumenten und Ehrenbögen in anderen Teilen des Reiches, so mag auch für die Umgebung des bedeutenden Reiterkastells von Aalen eine solche Planung, trotz der wenigen Indizien, nicht völlig ausgeschlossen sein.[23]

Abb. 18 Der Kolbenberg bei Mögglingen von Westen.

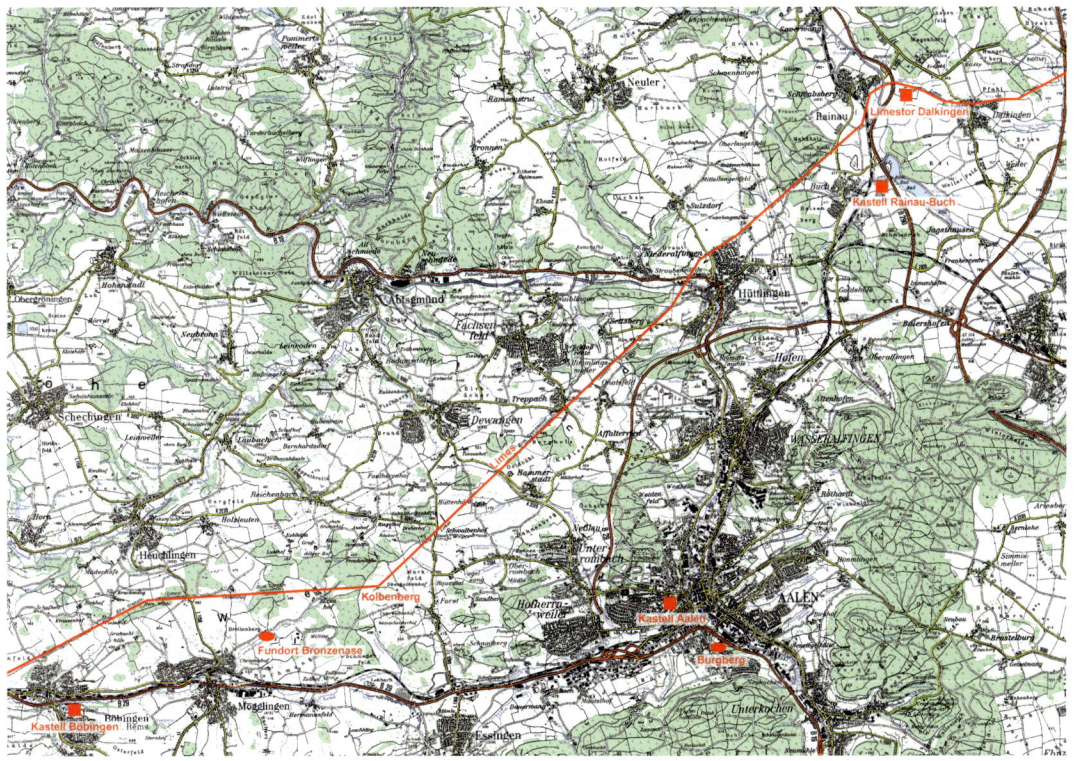

Abb. 19 Der Limesverlauf zwischen Böbingen und Rainau-Dalkingen, mit den auf den Kolbenberg gefluchteten Abschnitten zwischen WP 12/46–12/54 und WP 12/54–12/77 sowie die Lage des Burgbergs am Ausgang des Kochertals etwa 1,2 km südlich des Kastells Aalen.

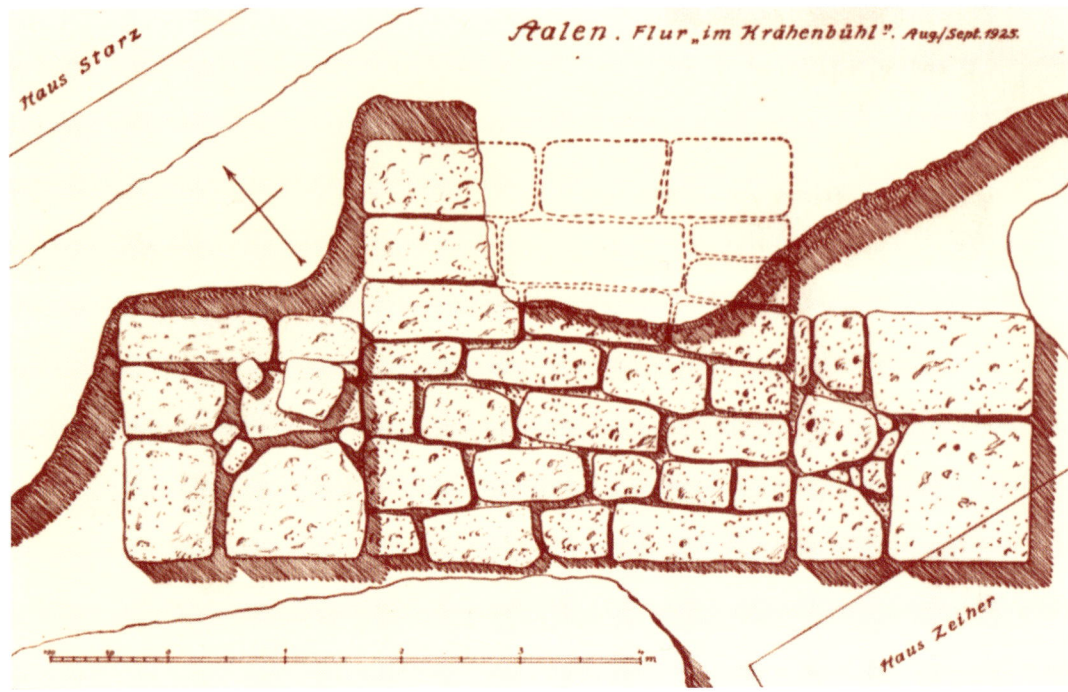

Abb. 20 Das 1925 aufgefundene Steinfundament auf dem Aalener Burgberg.

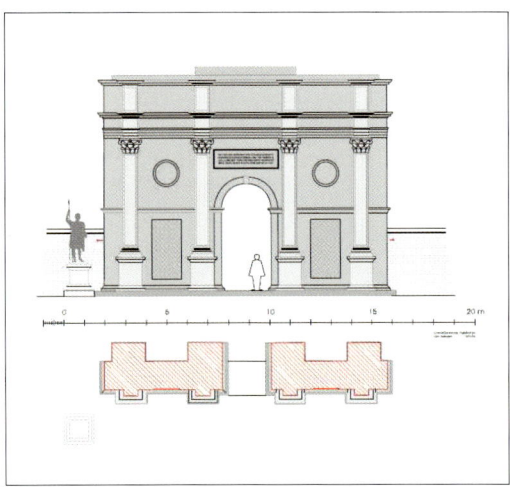

Abb. 21 Rekonstruktion des Dalkinger Limestores.

Die Bronzenase aus Mögglingen ist somit nicht nur ein Beleg für ein weiteres Kaiserportrait am Limes, sondern könnte auch als Hinweis dienen, dass am Limes neben den Militäranlagen, insbesondere entlang der wichtigen Straßen, auch mit weiteren Bauwerken bzw. Monumenten gerechnet werden kann.

Ausblick

Die Bearbeitung der Mögglinger Bronzenase gab den Anstoß das Thema der Großbronzenfragmente am Limes in einer umfassenden Untersuchung anzugehen. Ausgangspunkt dieses Projektes des Archäologischen Landesmuseums Baden-Württemberg ist die Detailbearbeitung der Fragmente vom Dalkinger Limestor und des umfangreichen Großbronzenschrotts aus den Principia des Aalener Kastells. Ziel ist dabei zunächst die Erstellung eines Gesamtkataloges mit einer genauen ikonografischen Beschreibung der Objekte sowie einer Analyse der herstellungstechnischen Hinweise. In einem zweiten Schritt sollen dann die Ergebnisse mit möglichst vielen Großbronzenfragmenten aus anderen Orten am Limes verglichen werden.

Parallel dazu plant das Archäologische Landesmuseum von April bis Oktober 2009 ein große Ausstellung im Limesmuseum Aalen unter dem Titel „Gesichter der Macht – Römische Kaiserbilder am Limes", bei der die Großbronzenfragmente vom Limes im Mittelpunkt stehen sollen.

Dr. Martin Kemkes
Archäologisches Landesmuseum Baden-Württemberg, Außenstelle Rastatt
Lützowerstraße 10, 76437 Rastatt
E-Mail: kemkes@rastatt.alm-bw.de

Literaturverzeichnis

FRENZ, Mainz
H. G. Frenz, Denkmäler römischen Götterkultes aus Mainz und Umgebung. CSIR Deutschland II, 4 Germania Superior (Mainz 1992).

GAMER, Bronzestatuen
G. Gamer, Kaiserliche Bronzestatuen aus den Kastellen und Legionslagern an Rhein- und Donaugrenze des römischen Imperiums (Gießen 1969).

GAMER, Fragmente
G. Gamer, Fragmente von Bronzestatuen aus den römischen Militärlagern an der Rhein- und Donaugrenze. Germania 46, 1968, 53–66.

HABICHT-WEINGES, Aalen
V. Habicht-Weinges, in: G. Alföldy, Die Inschriften aus den Principia des Alenkastells Aalen. Fundberichte aus Baden-Württemberg 14, 1989, 293–338.

VON KALLEE, Kolbenberg
E. von Kallee, Staatsanzeiger für Württemberg vom 9. November 1887.

KENT, Münze
J. P. C. Kent, B. Overbeck, A. U. Stylow, Die römische Münze (München 1973).

LAHUSEN/FORMIGLI, Bildnisse
G. Lahusen, E. Formigli, Römische Bildnisse aus Bronze. Kunst und Technik (München 2001).

LUIK, Aalen
M. Luik, Der Kastellvicus von Aalen. Fundberichte aus Baden-Württemberg 19/1, 1994, 265–355.

PEKÁRY, Kaiserbildnis
Th. Pekáry, Das römische Kaiserbildnis in Staat, Kult und Gesellschaft dargestellt anhand der Schriftquellen (Berlin 1985).

PLANCK, Dalkingen
D. Planck, Das Freilichtmuseum am Raetischen Limes im Ostalbkreis. Führer zu archäologischen Denkmälern in Baden-Württemberg 9 (Stuttgart 1983).

STOLL, Skulpturenausstattung
O. Stoll, Die Skulpturenausstattung römischer Militärlager an Rhein und Donau. Der Obergermanisch-Raetische Limes (St. Katharinen 1992).

P. ZANKER, Provinzielle Kaiserportraits
Zur Rezeption der Selbstdarstellung des Princeps (München 1983).

Abbildungsnachweis:

Abb. 2, 6, 7, 18, 21 ALM Baden-Württemberg; Abb. 5 D. Rothacher, archaeoskop Freiburg; Abb. 8 Nach Gamer, Fragmente Taf. 10,1; Abb. 9, 12a, 13a, 14a, 16a, 16b Nach Lahusen/Formigli, Bildnisse Kat.-Nr. 188, 140, 160, 172, 173; Abb. 10, 11 Nach Zanker, Provinzielle Kaiserportraits, Taf. 25; Abb. 12b, 13b, 14b, 16c Nach Kent, Münze Nr. 452, 344, 412, 436; Abb. 17 Nach Habicht-Weinges, Aalen, Abb. 33; Abb. 20 Nach Luik, Aalen, Abb. 2.

NEUE ERGEBNISSE DER GEOPHYSIKALISCHEN PROSPEKTION AM OBERGERMANISCH-RAETISCHEN LIMES

Von Jörg Fassbinder

Die Luftbildarchäologie, geophysikalische Methoden und seit jüngster Zeit auch die sogenannten „Airborne Laserscan-Befliegungen" bilden derzeit die wichtigsten zerstörungsfreien Methoden um archäologische Bodendenkmäler am Limes zu erforschen. Während die Luftbildarchäologie sehr gute Beobachtungsmöglichkeiten auf ackerbaulich intensiv genutzten Flächen bietet, kann man mit Laserscanning selbst Unebenheiten in der Topografie im Zentimeterbereich, wie ihn der lineare Verlauf der Limesmauer an vielen Stellen darstellt, kartieren. Bei günstigen Bedingungen lassen sich sogar die Reste von Wachtürmen oder Kleinkastellen und diese selbst unter Waldflächen erkennen und nachweisen.[1]

Während mit dem Laserscanning ausschließlich die obertägig vorhandenen und damit sichtbaren Strukturen erfassbar sind, können durch die Luftbildarchäologie, temporär und bei günstigen Bedingungen und Bewuchs auch die oberflächennahen und im Relief nicht mehr sichtbaren Befunde nachgewiesen werden. So ist es nicht verwunderlich, dass wir die Kenntnis einer Vielzahl von römischen Baustrukturen allein den Neuentdeckungen der Luftbildarchäologie verdanken. Die Kastelle Burgsallach, das Holzkastell von Theilenhofen und das Kastell Oberhochstatt in Bayern sind nur die prominentesten Beispiele dafür. Mit geophysikalischen Methoden lassen sich auch archäologische Strukturen in tieferen Schichten (bis ca. 1 bis 2 m Tiefe) präzise nachzeichnen. Alle drei Methoden geben den Blick frei auf die unsichtbaren Spuren vergangener Epochen und arbeiten zerstörungsfrei.

Für die flächenhafte archäologische Prospektion bietet die Geophysik derzeit im Wesentlichen drei Prospektionsverfahren an. Dies sind die Magnetometerprospektion, die Widerstandskartierung und die Radar Messungen. Während die Magnetometrie – eine passive Methode, – die Veränderungen des Erdmagnetfeldes aufzeichnet und deshalb auf magnetisch ungestörte Bereiche außerhalb von modernen Siedlungen beschränkt bleiben muss, lassen sich mit der Widerstandsmessung und der Radarprospektion archäologische Spuren auch innerhalb von modern umbautem Gelände erkunden. Die beiden letzteren Methoden sind besonders dann geeignet, wenn es gilt, Mauerreste und Steinstrukturen im Untergrund zu detektieren. Gräben oder Gruben die sich im Boden nur durch ihre unterschiedliche Farbe abzeichnen, sind mit diesen Methoden nur selten oder schlecht zu erfassen.

Mit der Schwerpunktbildung des Bayerischen Landesamtes für Denkmalpflege in Folge der Eintragung des Obergermanischen Limes als UNESCO-Welterbe ist u. a. geplant, mittelfristig alle frei zugänglichen und nicht modern überbauten Kastelle sowie deren Umgebung magnetometrisch zu untersuchen. Ziel ist einerseits die wissenschaftliche Erforschung, andererseits die Grundlagenschaffung für Maßnahmen, die im Limesentwicklungsplan Bayern (LiEP) vorgeschlagen werden unter den Überschriften Erhalt durch Flächenstilllegung, Präsentation und Beschilderung. Die Finanzierung erfolgt im Rahmen des Culture 2000-Projekts „Frontiers of the Roman Empire", an dem das BLfD als Mitglied der deutschen Limeskommission teilnimmt.

Die Magnetometerprospektion ist derzeit die effektivste geophysikalische Methode, um mit geringem zeitlichem Aufwand die Mehrzahl der Befunde von Holzbauten, Kellern,

---

[1] Fassbinder, Geophysikalische Prospektion. H. Kerscher, Zum Verlauf des Raetischen Limes durch den Köschinger Forst – Ein Überblick anhand von Airborne Laserscan-Daten. Arch. Jahr Bayern 2006, 101–104.

Gruben sowie Steinfundamenten zu kartieren. Für die Messungen setzen wir derzeit das tragbare Cäsium SM4G-Spezial in einer Duo-Sensor-Konfiguration ein. Die Sonden- und Stativorientierung sollte wenn möglich nach Ost-West ausgerichtet bleiben. Damit wird der magnetische Störeinfluss durch die Elektronik und die Batterien während der Messung auf ein Minimum reduziert. So sind alle äußeren Voraussetzungen gegeben, um auch die unkompensierten Daten auszuwerten, indem man sie beispielsweise auf einen Mittelwert von 40×40 m bezieht. Mit diesem Aufbau werden die Intensitäten der Anomalien in größtmöglicher Stärke erfasst und selbst tiefer liegende Störungen sind noch messbar. Der geologische Untergrund bei allen folgenden Messbeispielen wird von sehr schwach magnetisierbarem Kalkstein dominiert. All dies trägt dazu bei, dass wir im Ergebnis nicht nur eine sehr plastische und gut interpretierbare Darstellung der Magnetfeldanomalien erreichen, sondern zugleich die ohnehin schon hohe Empfindlichkeit des Totalfeldmagnetometers optimal ausnutzen können.

Magnetometerprospektion an Limeskastellen

Die kontinuierliche Flugprospektion der letzten 30 Jahre in Bayern erbrachte bereits eine Vielzahl von Details zur Kastellbebauung und deren Umgebung. Allerdings zeigen sich die römischen Strukturen meist nur als negatives Bewuchsmerkmal, sodass wir im ungünstigsten Fall nur Informationen zu den Steingebäuden erhalten. Bauspuren von Holzgebäuden, Baracken und deren Details sind vergleichsweise selten und nur auf ackerbaulich intensiv genutzten Flächen zu finden.

Die Prospektion von Kastellen stellt für die Magnetometrie eine der ergiebigsten Objekte dar, denn die Mehrzahl dieser Anlagen weisen Magnetfeldanomalien von mehr als ± 30 Nanotesla oder mehr auf. Sie sind daher auch für weniger empfindliche Magnetometer gut prospektierbar. Die Gründe dafür, sind die intensive Siedlungsaktivität, die Anlage von Hypokausten die Nutzung von Brennmaterial sowie ein erhöhter Anteil organischer Abfälle durch Tierhaltung und damit einhergehend die Neubildung magnetischer Minerale. Hinzu kommt, dass manche Anlagen durch Schadfeuer oder Brand zerstört wurden. All dies sind die besten Voraussetzungen dafür, dass die archäologischen Strukturen kontrastreiche und massive Spuren im Magnetfeld hinterlassen.

So war es kein Zufall, dass in Deutschland Irvin Scollar bereits in den 70er-Jahren, schon sehr früh in der Geschichte der Magnetometerprospektion, eine Kastellfläche mit sehr respektablem Ergebnis prospektierte.[2] In Bayern wurde seit 1986 das römische Lager Marktbreit[3], in Baden-Württemberg das Kastell Eislingen[4] mit dem Magnetometer untersucht. Erst seit 1995, als durch die Weiterentwicklung des Magnetometers zum Duo-Sensor-System eine Prospektionsapparatur zur Verfügung stand[5], mit deren Hilfe auch große Flächen in vernünftigen Zeiträumen und zugleich in engem Punktraster vermessen werden konnten, erhöhte sich die Zahl merklich. So wurde das Kastell Aislingen 1995, das Limeskastell Ruffenhofen 1998[6], das Numeruskastell Wörth a. Main 2002[7], das Kastell Burghöfe 2003[8], das Kastell Pfatter-Gmünd 2005[9] und Pförring und Weißenburg 2006[10] großflächig untersucht.

Magnetometerprospektion am Kastell *Iciniacum* bei Theilenhofen,
Lkr. Weißenburg-Gunzenhausen, Mittelfranken

Etwa 500 m nordwestlich von Theilenhofen, in einer flachen Mulde des Hochplateaus, das sich um etwa 90 m über der Altmühlniederung erhebt und nur etwa 2,2 km vom Limes entfernt ist, befindet sich das römische Steinkastell „*Iciniacum*" (Abb. 1).

Streckenkommissar Hans Eidam, der im Auftrag der Reichs-Limeskommission 1878 mit der Erforschung des Kastells begann[11], beschreibt die ideale Lage für ein Truppenlager, dessen Besatzung den nördlichsten Teil des Raetischen Limes zu bewachen hatte, als gut gewählt. Die Aussicht ist nach allen Seiten frei, insbesondere nach Norden, wo über das Pfofelder Tal hinweg, vom Burgstall bei Gunzenhausen bis südlich von Thannhausen, der ganze Verlauf des Limes sichtbar ist, sodass man die Signale von 9 bis 10 Wachtürmen wahrnehmen konnte. Während nach seinen Recherchen die Mauern noch im 17. Jahrhundert „mehrere Schuh aus dem Boden herausragten", sind sie in den folgenden Jahrzehnten von den Ackerbesitzern völlig abgetragen worden. Seit dem Jahr 1820 wurde mit dem Spaten nach Überresten geforscht. 1879 wurde die westliche Umfassungsmauer auf einer Länge von 87 m bloßgelegt, aber erst als man das Eck des westlichen Torturmes fand und als man einen mit C III BR gestempelten Ziegel entdeckte, war man sicher, dass es sich hier um den Garnisonsort der zum Teil berittenen *cohors III Bracaraugustanorum* handelte. Einige Jahre darauf legte der Wagner Meier die *porta principalis dextra* im Osten frei. 1884 stieß der Bauer Karg auf den Turm bei der *porta praetoria* und legte längere Abschnitte der Nordmauer frei.

Nach den Messungen der Reichs-Limeskommission bildet die Kastellmauer ein Rechteck mit 196 m Länge und 140 m Breite, (nach unseren Messungen 196 × 144 m Breite). Die Praetorialseite ist nach Norden, zum

Limes hin, ausgerichtet. Die von Weißenburg kommende römische Fernstraße läuft direkt auf das rechte Seitentor, die *porta principalis dextra* zu. Die *porta principalis sinistra* weist nach Westen zum Kastell Gnotzheim.

Magnetometerprospektion

Besonders beim Kastell Theilenhofen erbrachte die kontinuierliche Flugprospektion eine Vielzahl von neuen Details. Bereits im Jahr 1878 hatte sich Eidam bei seiner Suche so genannte Bewuchsmerkmale zunutze gemacht, indem er die Bauern nach Stellen im Acker befragte wo der Acker „brannte", d. h. wo das Getreide dünner stand. Damals wie heute zeigten sich die römischen Baustrukturen meist nur als negatives Bewuchsmerkmal (Abb. 1). Informationen zu den schwachen Bauspuren von Holzgebäuden blieben den Prospektoren und Ausgräbern von damals meist verborgen

Vor diesem Hintergrund ist die Magnetometerprospektion die effektivste Methode, um mit geringem zeitlichem Aufwand die Befunde, auch die von Holzbauten, Kellern oder Gruben zu kartieren. Hier kam das tragbare Cäsium SM4G-Spezial in einer Duo-Sensor-Konfiguration zum Einsatz. Die Sonden- und Stativorientierung konnte durchgehend nach Ost-West ausgerichtet bleiben. Bei dieser Anordnung werden aufgrund der Inklination des Erdmagnetfeldes, selbst die geringen Störungen

Abb. 1 Theilenhofen. Luftbildbefund des Kastells. Norden ist rechts.

---

2 I. Scollar/A. Tabbagh/A. Hesse/I. Herzog, Archaeological Prospecting and Remote Sensing. Cambridge University Press, Cambridge (1990).
3 H. Becker, Neue Untersuchungen im frührömischen Legionslager bei Marktbreit. Luftbild und Magnetik zur Prospektion des Legionslagers. Arch. Jahr Bayern 1987, 96–98.
4 J. W. E. Fassbinder, Magnetische Prospektion eines römischen Kastells auf den >Weiherwiesen< bei Essingen, Ostalbkreis. Arch. Ausgr. Baden-Württemberg, 1990, 172–175.
5 H. Becker, Hochauflösende Magnetik am Beispiel der archäologischen Prospektion. In: M. Beblo (Hrsg.), Umweltgeophysik (Berlin 1997) 59–70.
6 H. Becker/H.-D. Deinhardt/H. Thoma, Prospektion des Kastells Ruffenhofen mit Luftbild und Geophysik. Arch. Jahr Bayern 1999, 56–59.
7 J. W. E. Fassbinder u. H. Lüdemann, Das Numeruskastell in Wörth a. Main: Bestandsaufnahme und Magnetometrie, Arch. Jahr Bayern 2002, 65–67.
8 J. W. E. Fassbinder u. S. Ortisi, Geophysikalische Prospektion und Ausgrabungen in Submuntorium-Burghöfe, Arch. Jahr Bayern 2003, 85–89.
9 J. W. E. Fassbinder u. M. Pietsch, Lücken schließen am Donaulimes – Das Kleinkastell von Pfatter-Gmünd, Arch. Jahr Bayern 2005, 73–76.
10 Fassbinder et al., Celeusum.
M. Pietsch u. J. W. E. Fassbinder, Mehr Tiefenschärfe durch Magnetik: Der neue Plan des Kastells Weißenburg, Arch. Jahr Bayern 2006, 98–101.
11 H. Eidam, Das Kastell Theilenhofen. ORL B 71a (Heidelberg 1905).

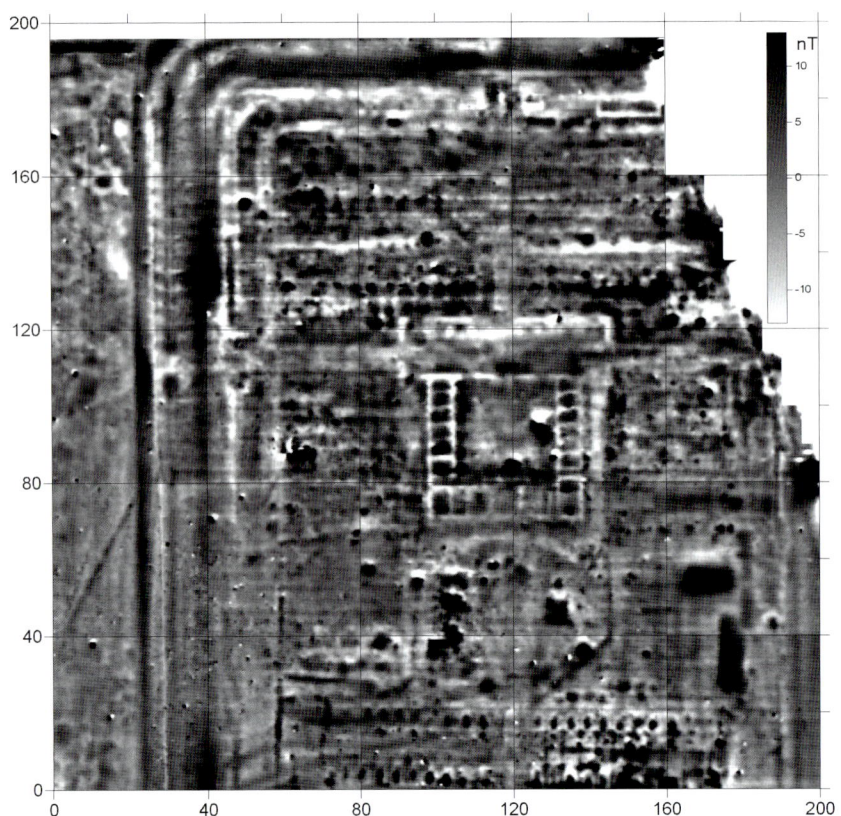

Abb. 2 Theilenhofen. Magnetogramm des römischen Kastells. Cäsium-Smartmag SM4G-Spezial-Magnetometer, Duo-Sensor-Anordnung, Dynamik ± 16,00 nT in 256 Graustufen, Empfindlichkeit ± 10 pT, 0,50 × 0,25 m Messpunktabstand, 40-m-Gitter, Auswertung als Quadratenmittel.

durch die Elektronik des Gerätes und die Batterien, weitestgehend minimiert. Da die Sonnenfleckenaktivität auch im Jahr 2007 und der solare magnetische Störeinfluss während der Messkampagnen minimal waren, waren alle äußeren Voraussetzungen gegeben, die unkompensierten Daten bei der Auswertung auf ein Quadratenmittel von 40 × 40 m zu reduzieren. Die Intensitäten der Magnetfeldanomalien können in voller Stärke erfasst werden und selbst tiefer liegende Störungen werden sichtbar. Der geologische Untergrund wird in Theilenhofen von sehr schwach magnetisierbaren Plattenkalken gebildet und die römische Bebauung ist durch Brand zerstört.[12] All dies trägt dazu bei, dass wir im Ergebnis nicht nur eine sehr plastische und gut interpretierbare Darstellung der Magnetfeldanomalien erreichen, sondern zugleich die ohnehin schon hohe Empfindlichkeit des Magnetometers optimal ausnutzen können. Das Ergebnis zeigt in seltener Klarheit den Befund und den Zerstörungsgrad wie er sich derzeit unter dem Pflug darstellt (Abb. 2).

Umwehrung und Wasserleitung

Die Bebauung gibt sich mit ihren für verbrannte römische Anlagen typischen starken Magnetfeldanomalien > ± 20,0 Nanotesla deutlich zu erkennen. Die Kastellmauer ist von einem dreifachen Graben umgeben. Der äußere und der innere Graben sind durchgehend, der mittlere ist in den Torbereichen unterbrochen und bildet eine Erdbrücke. Vom gesamten Kastell fehlt uns lediglich der südliche Abschluss (Abb. 3).

Die drei erfassten Tore selbst sind, wie von Eidam beschrieben, als Doppeltore ausgeführt und innen an die Umfassungsmauer angefügt, springen also nicht über die äußere Mauerflucht hervor. Während Eidam nur das Westtor die *porta principalis sinistra* und das Osttor die *porta principalis dextra*, mit einer Zwischenwand beschreibt, ist nach unseren Messungen eine solche Zwischenwand auch am Nordtor, der *porta praetoria* zu erkennen. Der Torweg von der *porta praetoria* zu den *principia* (*via praetoria*) sowie auch die von West nach Ost verlaufende *via principalis* sind deutlich im Magnetogramm als helle Spur zu sehen. Das bedeutet, dass sich wohl noch Reste des Straßenpflasters im Boden befinden. Auch ein im ORL beschriebener Kanal, der etwa von den *principia* aus dem Kastell durch das Westtor führt, sowie eine weitere Wasserleitung südlich den *principia*, zeichnen sich im Magnetbild klar ab (Abb. 3.1). Ersterer knickt am Westtor in einem Winkel von ca. 70 Grad nach Süden ab, unterquert die drei Gräben und ist dann außerhalb der Anlage wieder deutlich sichtbar.

Von den Ecktürmen ist durch unsere Magnetometerprospektion bisher nur der Nordwestturm erfasst. Während zwischen den Ecktürmen und den Toren an der Nordfront kein Zwischenturm zu erkennen ist, lässt sich an den beiden anderen Umfassungsmauern,

---

12 J. W. E. Fassbinder, Die magnetischen Eigenschaften und die Genese ferrimagnetischer Minerale in Böden im Hinblick auf die magnetische Prospektion archäologischer Bodendenkmäler (Buch am Erlbach 1994).
J. W. E. Fassbinder/H. Stanjek/H. Vali, Occurrence of magnetic bacteria in soil, Nature 343, 1990, 161–163.
J. W. E. Fassbinder u. H. Stanjek, Occurrence of magnetic bacteria in archaeological soil. Archaeologia Polona 31, 1993, 117–128. Reuter, 254 n. Chr., bes. 92f.
13 D. Steimle, Das Kastell Unterböbingen. ORL B Nr. 65 (1894).

zwischen *porta principalis* sinistra bzw. *dextra* und den jeweiligen Ecktürmen im Süden, auf beiden Seiten, wenn auch nur sehr vage, die Spur eines Zwischenturmes nachweisen.

An der östlichen Seite der Nordfront zwischen *porta praetoria* und dem Nordostturm finden sich darüber hinaus die Fundamente eines langrechteckigen Baues von etwa 20 m Länge und 6 m Tiefe, welcher mit der Umfassungsmauer verbunden scheint (Abb. 3.2). Vergleichbares findet sich z. B. beim Kastell Unterböbingen und Murrhardt, dort vom Streckenkommissar Steimle als Bau zur Aufnahme von Geschützen gedeutet.[13]

Innenbebauung

Der gesamte Grundriss der *principia* lässt sich im Magnetogramm praktisch 1:1 mit den Grabungsbefingen von Eidam 1879 zur Deckung bringen. Die *principia* liegen in der Hauptachse des Kastells, bestehen aus einem Hauptbau von nahezu quadratischer Form (Abb. 3.3). Der Vorbau hatte außergewöhnliche Dimensionen von 60 × 19 m. Wie in Ruffenhofen springt er über die Kreuzung von *via principalis* und *via praetoria*, seitlich über deren Fluchten hinaus. Er war auch in etwa gleich lang und er nimmt den mittleren Teil der *via principalis* ein. Die von den drei anderen Seiten angrenzenden Raumreihen, die Flügel und die Südseite werden in kleinere Räume unterteilt. Wie aus den alten Beschreibungen zu entnehmen, sind die *principia* einem Brand zum Opfer gefallen. Wohl auch deshalb kann man die einzelnen Räume in solcher Deutlichkeit im Magnetbild erkennen. Allerdings lässt sich hier weder das halbkreis-

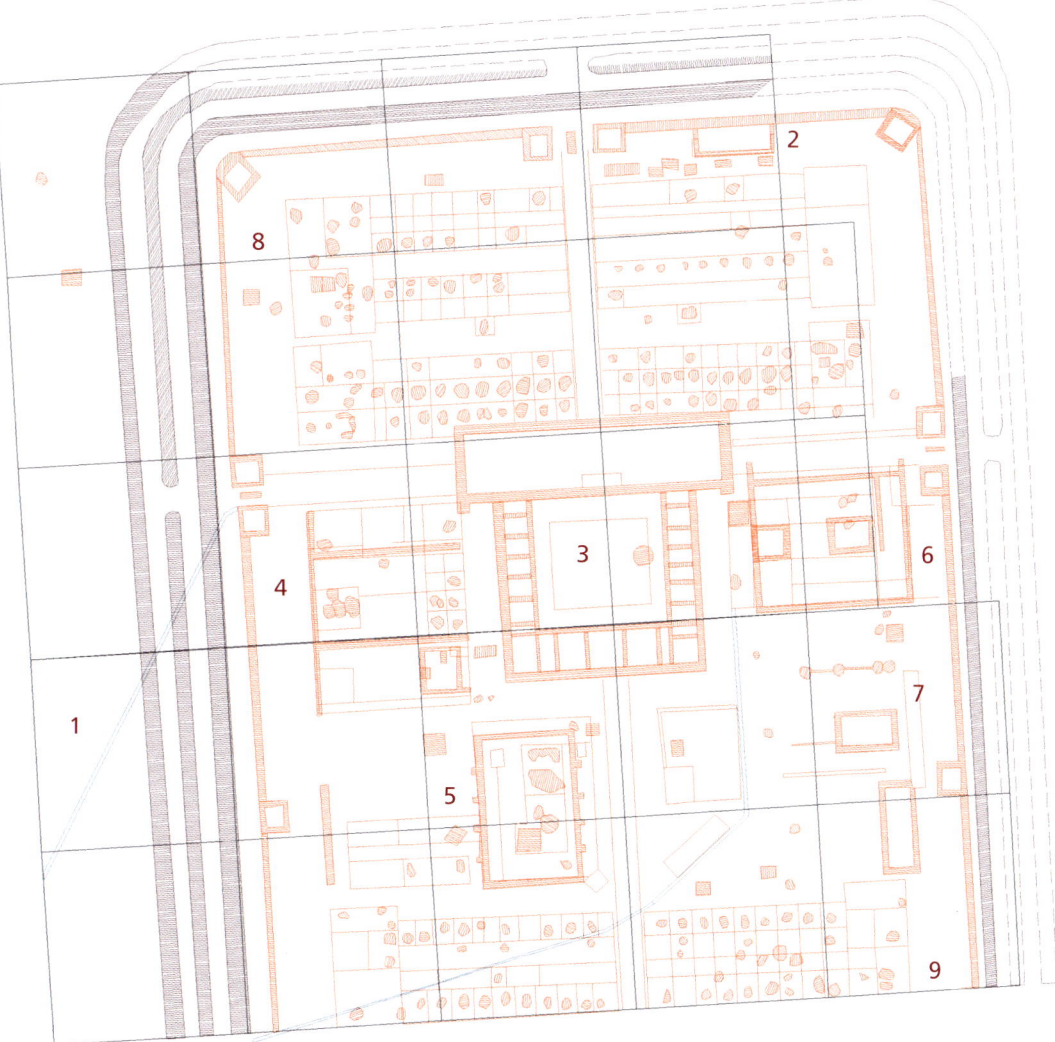

Abb. 3 Theilenhofen. Digital geführter Plan des römischen Kastells mit Interpretation der Magnetometerdaten.

Abb. 4 Böhming. Luftbild und Magnetogramm des Kastells und dessen Umgebung. Cäsium-Smartmag SM4G-Spezial-Magnetometer, Duo-Sensor-Anordnung, Dynamik ± 13,00 nT in 256 Graustufen, Empfindlichkeit ± 10 pT, 0,50 × 0,25 m Messpunktabstand, 40-m-Gitter, Auswertung als Quadratenmittel. Norden ist unten.

förmige Fahnenheiligtum (*sacellum*), wie wir es in Pförring finden, noch ein unterkellerter Raum, wie er beispielsweise in Burghöfe festgestellt wurde, im Magnetbild nachweisen.

Westlich der *principia* ist in den Grabungen eine Hypokaustanlage gefunden worden. Auch dieser Befund lässt sich mit dem Magnetbild zur Deckung bringen. Darüber hinaus wird im Magnetogramm sichtbar, dass diese nur ein Teil eines größeren etwa 41 × 32 m messenden Gebäudekomplexes war. Die Steinfundamente sind leider nur noch unvollständig vorhanden und es lässt sich auch kein klarer Holzbaugrundriss erkennen (Abb. 3.4).

Anders verhält es sich mit dem Speichergebäude (*horreum*) südlich der *principia* (Abb. 3.5). Hier sind selbst die Spuren der äußeren Pfeilervorlagen deutlich im Magnetbild zu sehen. Allerdings weicht die genaue Lage des Gebäudegrundrisses, sowohl im Absoluten als auch in Relation zu den *principia*, um einige Meter von den im ORL-Plan angegebenen Positionen ab. Dies belegt einmal mehr, dass die Maße im ORL fehlerhaft sein können und einer genauen Prüfung bedürfen.

Nicht unähnlich Ruffenhofen und Pförring, ist der Befund eines komplexen, ca. 26 × 32 m großen Gebäudes östlich der *principia*, in dem man das Kommandantenhaus (*praetorium*) sehen darf (Abb. 3.6). Ein guter Teil der Räume scheint um einen Hof im vorderen Bereich gruppiert; mehrere Einbauten oder Umbauten könnten dafür verantwortlich sein. Große starke und rechteckige Anomalien deuten auf Keller hin. Zwei massiv unterkellerte Grundrisse sind südlich des Kommandantenhauses anzutreffen (Abb. 3.7).

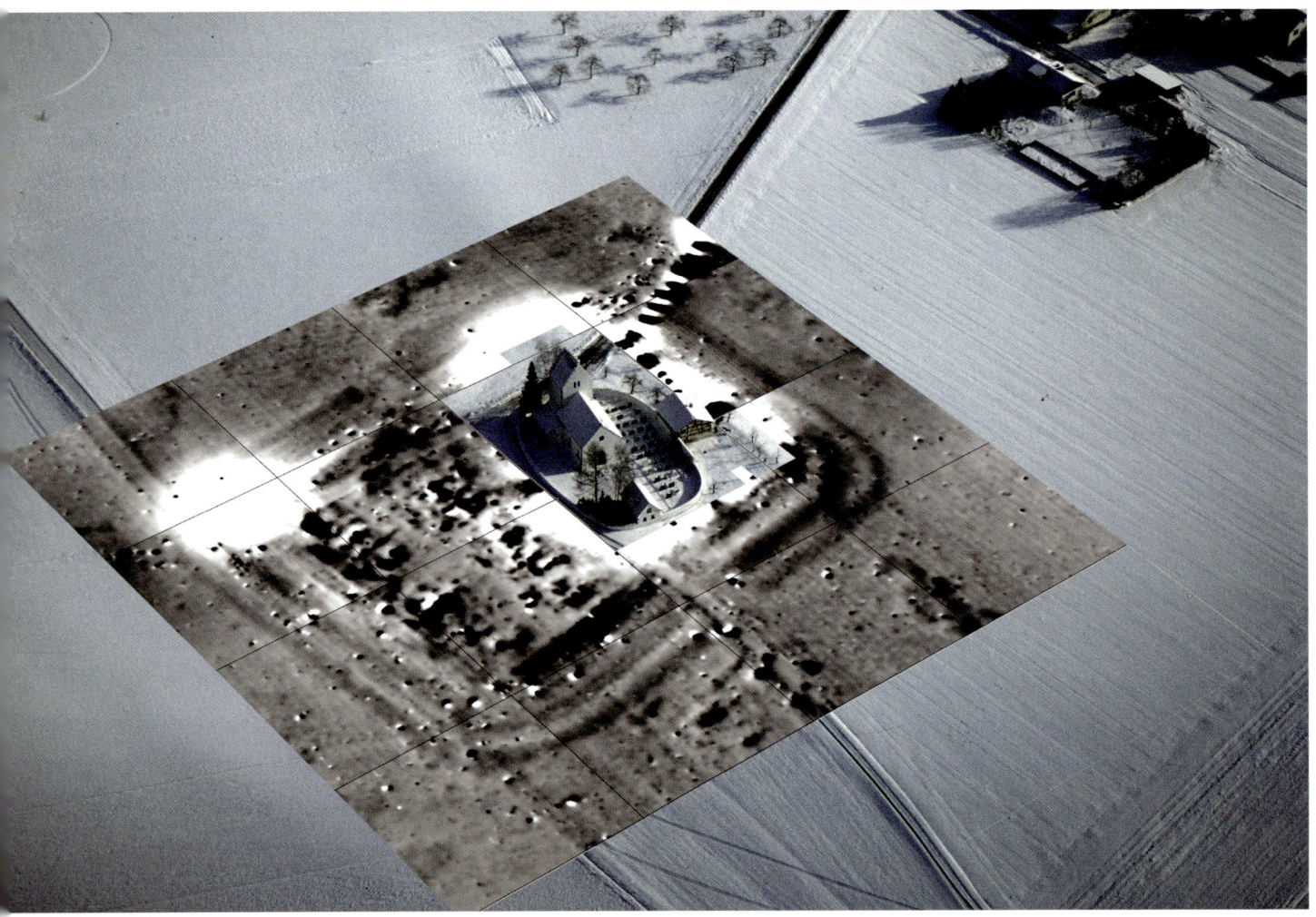

Die Struktur, Stärke sowie die Form der Anomalien gleichen denjenigen, die wir im Kastell Pfünz gemessen haben. Sie befinden sich auch nahezu an derselben Stelle im Kastellplan, wie eine gemauerte Zisterne in Pfünz. Unter der massiven Anomalie der verfüllten Zisterne ist wohl die Magnetfeldstörung einer Mauer völlig verschwunden.

Weitere rechteckige Baustrukturen befinden sich rechts und links des Speichergebäudes. Welches von beiden möglicherweise als Werkhalle (*fabrica*) bzw. als Hospital (*valetudarium*) zu deuten ist, muss durch weitere Forschungen geklärt werden.

Die gepflasterte, quer durch das Kastell ziehende *via principalis* teilt dieses in einen kleinen nördlichen (*praetentura*) und einen größeren südlichen Bereich (*retentura*). Mittig unterteilt die ebenfalls gepflasterte *via praetoria* die *praetentura*. Die vielgliedrigen, regelhaften Anomalien zu beiden Seiten der Lagerstraße sind den Resten von vier Holzbaracken zuzuschreiben. Bei den zwei nördlichen, obgleich im Magnetogramm aufgrund der intensiven Landwirtschaft nur noch als letzte Spur zu erkennen, handelt es sich fast analog zum Befund von Pförring um eine Doppelbaracke (Abb. 3.8), gefolgt nach Süden von jeweils einer einfachen Baracke. Auch hier dürfte es sich um sogenannte Reiterbaracken mit Jaucherinnen in den als Ställen genutzten äußeren Räumen (schmale Anomalien) und Feuerstellen in den inneren Räumen handeln und auch hier finden sich kleine regelmäßige Anomalien direkt an der *via principalis*.

Die Länge dieser Gebäude, deren außen angeordnete Kopfbauten gut zu erkennen sind, beträgt 60 m. Sie sind unterteilt in etwa zehn Contubernien, besitzen jedoch keinen weiteren Kopfbau an der *via praetoria*. Die entsprechende Doppelbaracke ist im rechten rückwärtigen Teil sehr viel deutlicher erkennbar (Abb. 3.9). Auch die spiegelbildliche linke Position ist von einer Doppelbaracke eingenommen. Hier sind die Jaucherinnen im Norden am besten erkennbar. Als einzig mögliche Freifläche zeichnet sich ein Areal im westlichen Teil des Kastells hinter dem *praetorium* ab.

Die aus dem Magnetogramm abzuleitenden Strukturen sowie die Größe und Anordnung der Gebäude im mittleren Drittel des Kastells entsprechen den typischen Grundrissen römischer Kastelle. Insgesamt käme man so auf zehn Untereinheiten, davon sechs Centurien und vier Türmen, mit Zusatzräumen, vielleicht jeweils auch für Pferde. In Theilenhofen haben wir es somit mit der *cohors III Bracaraugustanorum equitata bis torquata* zu tun. Mithilfe unserer Messungen lässt sich in Theilenhofen so eine Truppenstärke von etwa 500 Mann einschließlich Reitern annehmen.

Dass die Magnetometerprospektion uns in die Lage versetzt, den kompletten Kastellplan von Theilenhofen so eindeutig zu erkennen, liegt zu gleichen Teilen an der verwendeten Magnetometerkonfiguration, der Tatsache, dass das Kastell möglicherweise durch Brand zerstört wurde und daran, dass es wohl keine größeren Umbauten erlebt hat. Das mutmaßliche Vorgängerkastell zeigt sich direkt anschließend im Westen als Luftbildbefund. Es ist wohl in gleicher Größe wie das jüngere, in Stein errichtete ausgeführt. Auch wenn verschiedene Unklarheiten, insbesondere wegen der fortgeschrittenen Erosion bestehen bleiben, sind doch die Positionen, die Größe und die Grundeinteilung der Gebäude eindeutig. Das Ergebnis ist eine für Süddeutschland typische Anordnung der Baracken und Innenbauten im zentralen Bereich des Kastells. Damit ließ sich nicht nur die Truppenstärke der hier stationierten Einheit genauer ermitteln, sondern auch die Pläne von alten Grabungen der Reichs-Limeskommission vervollständigen.

Das Numeruskastell Böhming,
Markt Kipfenberg, Lkr. Eichstätt, Oberbayern

Etwa 400 m westlich der Ortschaft, ca. 200 m vom rechten Flussufer der Altmühl entfernt und 800 m vom nördlich auf der Jurahöhe vorbeiziehenden Limes, liegt das römische Kastell von Böhming. Es erhebt sich nur wenig mehr als 2 m über den mittleren Wasserstand der Altmühl. Wie aus den wiederholten Befliegungen seit 1980 durch unsere Luftbildarchäologen und unseren Archivbildern zu entnehmen ist liegt, die Kastellfläche aber auch bei Hochwasser jeweils über dem Wasserspiegel. Die von der Reichs-Limeskommission erst 1898 entdeckte Anlage wurde unter der Leitung von F. Winkelmann 1898 und 1905 in Teilen ergraben.[14] Winkelmann beschreibt das Areal als schwach ausgeprägtes, rechteckiges Wallgeviert mit 90 bzw. 105 m langen Seiten, dessen Ecken sich an den Haupthimmelsrichtungen orientieren. Er legte Teile der Umwehrung mit zwei Toren und einem Spitzgraben sowie das Mittelgebäude frei. Bei den Ausgrabungen fand man auch gleich die wichtige Bauinschrift vom Jahr 181, die belegt, dass Abteilungen der 3. italischen Legion und der in Pfünz stationierten 3. Breukercohorte Mauern, Tore und Türme instand setzten.

Als Besatzung kommen für Böhming ein noch unbekannter Numerus oder eine Abteilung der *cohors I Breucorum civium Romanorum* in Frage.

Die Untersuchungen von F. Winkelmann ergaben ein 0,73 ha großes Militärlager, dem wohl als vorgeschobenem Posten des Kohortenkastells Pfünz die Aufgabe zukam, den Altmühlübergang des Limes zu kontrollieren. Eine ältere, aus Holz gebaute Umwehrung, die vermutlich an den Anfang des 2. Jahrhunderts, d. h. in die hadrianische Zeit zurückreicht, wurde durch Brandeinwirkung zerstört.

Magnetometerprospektion

Wie bei der Mehrheit unserer magnetometrisch vermessenen Limeskastelle sind auch in Böhming die römischen Baustrukturen durch ihre typischen starken Magnetfeldstörungen > ±20 Nanotesla deutlich zu detektieren (Abb. 4). Die Kastellmauer ist von zwei Gräben umgeben. Beide sind im Bereich des Südwesttores und des Nordosttores unterbrochen und haben eine etwa 10 bis 12 m breite Erdbrücke. An der nördlichen Seite des Südwesttores scheint auf ca. 25 m Länge noch mit dem Ausbau eines dritten Grabens begonnen worden zu sein. Die Steinumwehrung ist unter dem noch gut im Gelände sichtbaren Wallversturz verborgen und vermutlich deshalb im Magnetbild nur sehr schwer zu sehen. Ihre Breitseite beträgt nach unseren Messungen ca. 85 m und ihre Längsseite 95 m (Abb. 5).

Die Ausrichtung des Kastells weist nach Nordwesten, sodass die Principalseiten zum Limes parallel verlaufen. Anders als beim Grabungsbefund von Winkelmann im ORL beschrieben finden wir nicht nur an den Principalseiten, sondern auch in der Prätorialfront eine Mauerunterbrechung und ein Doppeltor. Von den vier Ecktürmen sind uns mit dem Magnetometer lediglich zwei Türme zugänglich. Besonders ärgerlich, dass uns der möglicherweise noch gut erhaltene Nordturm wegen der eisernen Fundamentierung einer Windfahne für Drachenflieger völlig verborgen bleiben musste.

Innenbebauung

Die Grabungen der Reichs-Limeskommission konnten einzig nur Teile der *principia* aufdecken, mögliche weitere Steingebäude sind entweder modern, durch die Kirche überbaut oder sind für unsere Messungen wegen des Friedhofs nicht zugänglich; es handelt sich um eine zwischen 1183 und 1188 erbaute Pfarrkirche mit Friedhof und Mesnerhaus. Nachdem auch eine Strom- und Wasserleitung parallel der Straße in das Kastell verlegt ist sowie das alte Mesnerhaus modern renoviert und mit Eisen „verseucht" ist, bleibt uns fast die gesamte Information zur Innenbebauung der Decumanseite verschlossen.

In der *praetentura* des Kastells finden wir hingegen neben einer engen Bebauung auch eine deutliche Unterteilung durch Straßenfluchten. Senkrecht zur *via principalis* erkennen wir die fast symmetrischen Grundrisse von vier etwa gleich großen, etwa 18 × 25 m messenden Gebäuden. Sehr starke Anomalien, die möglicherweise auf ein intensives Brandereignis hinweisen und durch ein ehemaliges Schadfeuer hervorgerufen wurden, überdecken innerhalb der Gebäude die Raumfluchten. Darüber hinaus kennt man

[14] F. Winkelmann, Das Kastell Böhming. ORL B Nr. 73a (1906) 23.

von kleinen Kastellen viele Variationen in der Innenbebauung, so lassen sich diesen Gebäudekomplexen durch die Messung alleine keine Funktionen zuweisen.

Anders sieht es mit den Mannschaftsunterkünften aus. Die Barackengrundrisse finden sich senkrecht zur *via principalis* und sehr dicht an der Kastellmauer angeordnet. Trotz der starken Überdeckung mit Brandschutt, wie schon in den Grabungsberichten von Winkelmann beschrieben, lassen sich jeweils zwei Raumreihen mit 8 bis 11 Contubernien erkennen. Drei solcher Baracken sind detektierbar, eine mögliche vierte ist allein aus Symmetriegründen sehr wahrscheinlich, würde sich aber genau unter der Zufahrtsstraße, Kanal und Straßenlaterne befinden. Die doppelte Raumreihe ist ca. 6 bis 7 m breit, knapp 35 m lang und besitzt keine Kopfbauten.

Trotz der starken Einschränkungen durch die äußeren Randbedingungen lässt sich auch in Böhming durch die geophysikalische Prospektion der Wissensstand zu römischen Kastellen erheblich erweitern. Es gelang der Nachweis eines zweiten, möglicherweise der Ansatz eines dritten Kastellgrabens, sowie die Struktur der Innenbebauung zu klären. Auch die Stärke der Besatzung lässt sich zumindest grob auf 200 Mann abschätzen, wenn man annimmt, dass die kleinen Baracken wohl eher weniger als 60 Mann Platz geboten haben.

Magnetometerprospektion im Kastell Vetoniana bei Pfünz,
Lks. Eichstätt, Oberbayern

Auf einer langgestreckten, schmalen, flachgewölbten Bergzunge am rechten Ufer und ca. 40 m über der Altmühl liegt das Kastell Pfünz. Das Areal fällt nach Westen hin ins Altmühltal sowie in ein kleines Seitental und nach Osten in das Tal des Pfünzer Baches steil ab. Die die raetischen Kastelle verbindende Militärstraße überschreitet, von Weißenburg kommend, an der Stelle der heutigen Straße den Fluss und das Tal und zieht am Fuß des Kastellberges vorüber, durch ein Seitental in Richtung Südosten zum Kastell Kösching

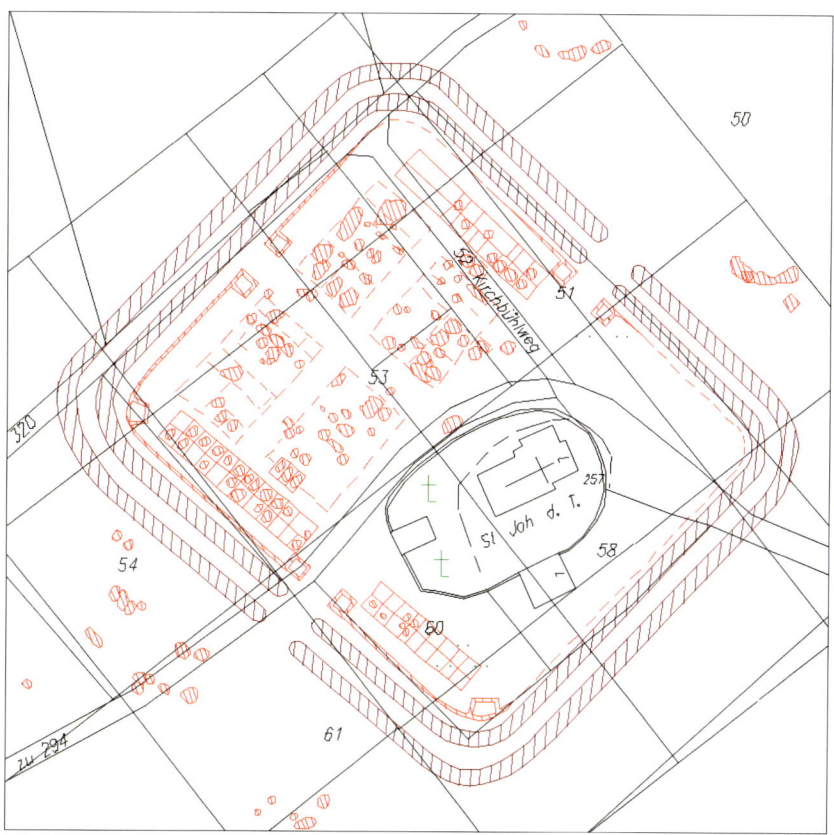

Abb. 5 Böhming. Digital geführter Plan des Numeruskastells mit den Ergebnissen der geophysikalisch/archäologischen Interpretation.

weiter. Die Römerstraße ist mit dem Kastell durch die den nordwestlichen Abhang steil hinaufsteigende Straße verbunden und führt durch die *porta pretoria* in das Kastell. Aus der *porta decumana* heraus führte sie dann weiter über Nassenfels zur Donau.

Der Limes ist vom Kastell Pfünz über 11 km Luftlinie entfernt. Möglicherweise ist er aber zuvor entlang der, die Kastelle verbindenden Straßen gelaufen, sodass durch das Kastell der Übergang des Limes an der Altmühl gesichert wurde.

Das Kastell Pfünz (der Name Vetoniana oder -ae ist unsicher) wurde von 1884 bis 1900 in großen Teilen durch K. Popp, F. Ohlenschläger und H. Arnold ergraben. Ab 1892 wurde die Grabung von F. Winkelmann geleitet und im Jahr 1900 durch die Reichs-Limeskommission „vollendet".[15] Als Besatzung des Kastells ist seit dem Ende des 1. Jahrhunderts eine mehrfach ausgezeichnete Kohorte römischer Bürger (*cohors I Breucorum civium*

---

15 F. Winkelmann, Das Kastell Pfünz. ORL B Nr. 73 (1901) 23.

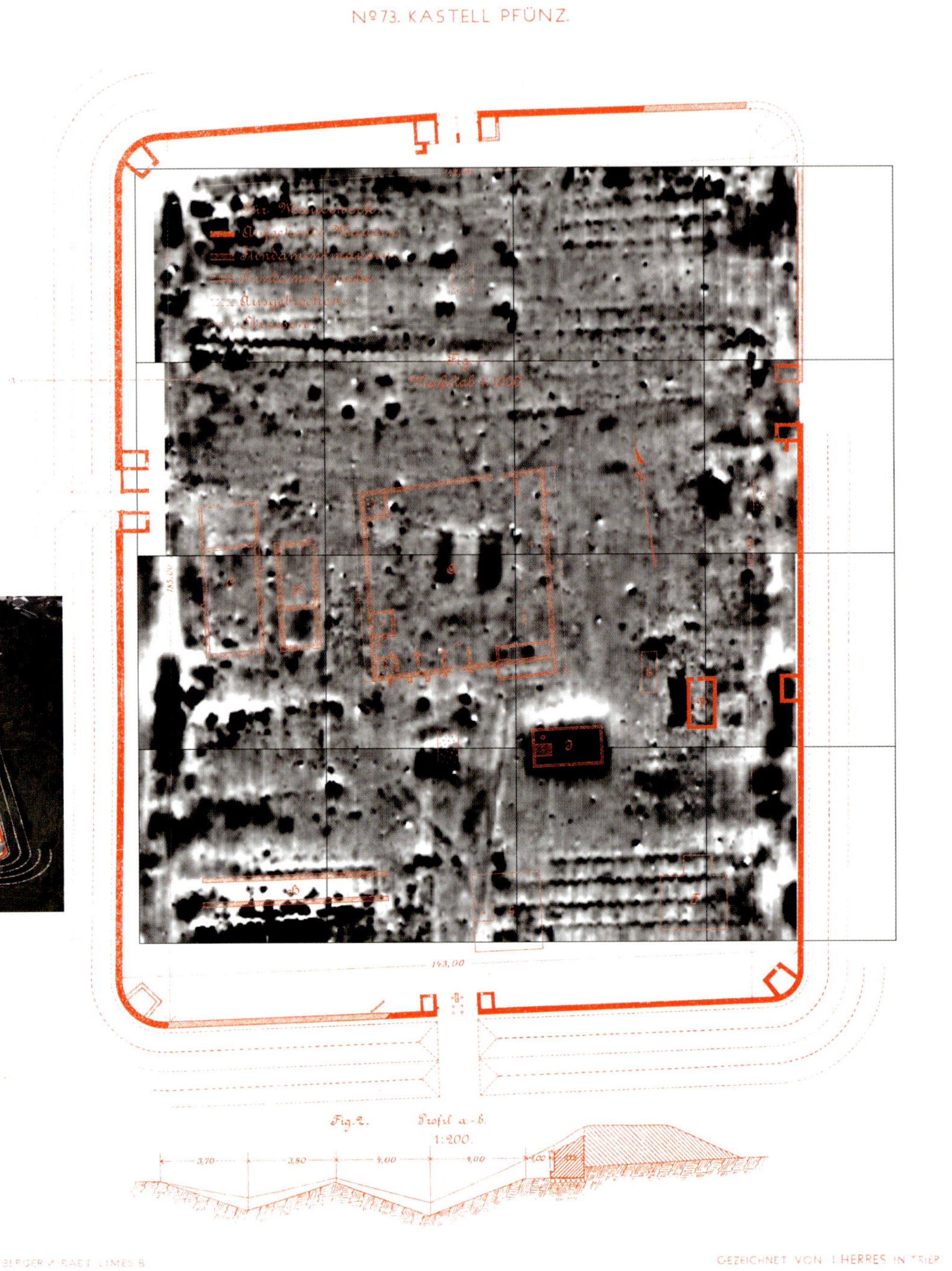

Abb. 6 Pfünz. Das römische Kastell im Magnetbild mit aufgelegtem Grabungsplan von 1901. Cäsium-Smartmag SM4G-Spezial-Magnetometer, Duo-Sensor-Anordnung, Dynamik ± 16,00 nT in 256 Graustufen, Empfindlichkeit ± 10 pT, 0,50 × 0,25 m Messpunktabstand, 40-m-Gitter, Auswertung als Quadratenmittel.

Romanorum Valeria victrix bis torquata ob virtutem appellata equitata) bezeugt.

Die Prätorialfront ist nach Norden zum Altmühltal hin ausgerichtet. Zwei heute noch im Gelände sichtbare Spitzgräben umgeben die Kastellmauer. Von den Innenbauten sind vor allem die Steingebäude ergraben und dokumentiert. Holzbauten wie die Mannschaftsunterkünfte wurden bisher nicht erkannt.

Das Ergebnis ist als Befundplan im ORL unter der Nr. 73 abgedruckt. Demnach bildet das Kastell mitsamt seiner Innenbebauung ein etwas verschobenes Rechteck. Selbst die Principalstraße verläuft deshalb schief zu den Schmalseiten. Auch die parallel dazu liegenden Magazine sowie das *praetorium* stehen schief zur Kastellachse.

Im Jahr 2000 wurde von Helmut Becker der gesamte innere Teil des Kastells magnetometrisch vermessen. Doch erst 2007 konnten die Daten aus dem Datenarchiv gesichert, vollständig zu einem Messbild

Abb. 7 Pfünz. Digital geführter Plan des römischen Kastells mit der geophysikalisch/archäologischen Interpretation der Magnetometermessung.

zusammengesetzt und zu einem Plan verarbeitet werden.

Magnetometerprospektion

Obgleich das Kastell seit mehr als 100 Jahren als vollständig ergraben gilt, erbrachte die Magnetometerprospektion noch einen beträchtlichen Informationszugewinn.

So konnten die bereits von F. Winkelmann kartierten Gebäude nicht nur durch die Messungen bestätigt werden, darüber hinaus konnte deren genaue geografische Lage zueinander, die vielfach um einige Meter falsch war, korrigiert werden (Abb. 6). In den *principia* zeigen die geophysikalischen Ergebnisse vier Räume im Westteil; im südlichen Teil sind die Befunde durch die Ausgrabung so stark zerstört, dass sie sich nur noch vage im Messbild zu erkennen geben. Zwei nahezu rechteckige Anomalien im Innenhof zeigen eine andere Orientierung und sind daher nicht als römisch anzusehen. Die beiden Magazingebäude westlich der *principia*, im ORL-Plan mit B und C bezeichnet, sind hingegen noch überaus deutlich wiederzufinden. Selbst die an den Außenmauern durch Pfeilervorlagen verstärkten Bauteile konnten im Magnetbild sichtbar gemacht werden (Abb. 7).

Ein Gebäudeteil östlich und parallel zu den *principia* gelegen, im ORL-Plan mit D bezeichnet, verschiebt sich nach unseren Messungen entweder um mehr als 10 m nach Osten oder er wäre heute nicht mehr vorhanden. Stattdessen finden wir einen weiteren, von den Ausgräbern damals unerkannt gebliebenen Grundriss, der sich etwa 10 m östlich davon befindet. Es ist daher anzunehmen, dass die Gebäude identisch sind und insgesamt zum Fundament eines etwa 25 × 30 m großen Gebäudekomplexes gehören. Hierbei könnte es sich auch um das Wohnhaus des Kommandanten gehandelt haben. Südöstlich der *principia* fand man bei Grabungen eine Zisterne (im ORL-Plan mit dem Buchstaben J bezeichnet). Die Mauern der Zisterne können wir zwar mit der Magnetmessung nicht mehr erkennen, wohl aber eine außergewöhnliche Magnetfeldanomalie, die einer Modellanomalie eines Geophysiklehrbuches entnommen sein könnte. Offenbar ist die Zisterne nach der Ausgrabung wieder mit dem hochmagnetischen Brandschutt verfüllt worden, die magnetischen Partikel hatten 100 Jahre Zeit, um sich im manchmal feuchten Boden entlang des Erdmagnetfeldes auszurichten. Nahezu dieselbe Anomalie sowohl in der Intensität als auch in ihrer Form fand sich in ähnlicher Position im Kastell Theilenhofen. Auch hier dürfte es sich um eine mit Brandschutt verfüllte Zisterne handeln.

Ein weiteres massives Steingebäude, in der Südwestecke des Kastells gelegen und von den Ausgräbern nicht erkannt, befindet sich zwischen den Speicherbauten B, C und den von Winkelmann ergrabenen Sockelmauern H. Mit seinen Schmalseiten Ost-West ausgerichtet, weist es einen etwa 20 × 30 m messenden Mauergrundriss auf. Im Innern des Gebäudes lässt sich nur noch sehr vage die Gliederung einzelner Räume erkennen. An der Ostmauer sind jedoch noch, wie am Speichergebäude C, Stützpfeiler zu erkennen.

Südlich dieses Gebäudes waren laut dem ORL-Bericht zwei parallele Sockelmauern mit ca. 40 m Länge. Diese Mauern konnten ebenfalls im Magnetbild wieder entdeckt werden.

Abb. 8 Pförring. Das römische Kastell im Luftbild mit aufgelegtem Magnetbild. Cäsium-Smartmag SM4G-Spezial-Magnetometer, Duo-Sensor-Anordnung, Dynamik ± 16,00 nT in 256 Graustufen, Empfindlichkeit ± 10 pT, 0,50 × 0,25 m Messpunktabstand, 40-m-Gitter, Auswertung als Quadratenmittel.

Allerdings verläuft ca. 10 m südlich davon eine weitere Sockelmauer, und so konnte das Ganze zum Grundriss einer Doppelbaracke ergänzt werden. Von weiteren Baracken war weder bei der ORL-Grabung im letzten Jahrhundert noch auf den Luftbildern des Archivs des Bayerischen Landesamtes etwas zu finden. Auch hier hilft das Ergebnis der Magnetometerprospektion weiter. Insgesamt zeichnen sich die Grundrisse von sechs Mannschaftsbaracken ab. Von Norden her sind die ersten vier auf der Prätorialseite: die Spuren von zwei doppel-, gefolgt von zwei einfachen Baracken. Zwei weitere Doppelbaracken finden wir am südlichen Ende des Kastells mit derselben Orientierung an der *porta decumana*. Die Kopfbauten liegen jeweils an der *via praetoria* bzw. an der *via decumana*. Sie sind insbesondere in der *praetentura* genauso wie die Baracken selbst nur mehr als Magnetspur wahrzunehmen. In der *retentura*, wo die im Südwesten gelegene Baracke noch ein Steinfundament aufweist, zeichnen sie sich deutlicher ab. Die Grundrisse haben die gleichen Maße wie die von Theilenhofen oder Pförring und wir dürfen daher eine ähnliche Besatzungsstärke annehmen.

Zur Kastellmauer, zu den Grundrissen der Torbauten sowie zum Verlauf der Außengräben oder zur Struktur des Kastellvicus liegen bisher noch keine Messungen vor.

Aber auch hier wäre durch eine geophysikalische Erkundung sicher noch eine Vielzahl weiterer Erkenntnisse zu erwarten.

Das Reiterkastell Celeusum bei Pförring,
Lks. Eichstätt, Oberbayern

Etwa 2 km nördlich des heutigen Flusslaufs der Donau, nordwestlich von Pförring, auf halbem Weg zwischen den älteren Kastellen Kösching und Eining, liegt das römische Kastell Pförring. Die fast quadratische, nach den Messungen der Reichs-Limeskommission 201 × 194 m große Anlage liegt auf einer kleinen natürlichen Anhöhe am Nordost-Rand des Kelsbachtals. Mit der Ausrichtung der Praetorialfront nach Nordwesten liegt es so, dass die von Eining kommende römerzeitliche Fernstraße einerseits direkt auf das rechte Seitentor, die *Porta principalis dextra*, zu führt, andererseits – so jedenfalls aus Luftbildern erkennbar – winklig nördlich am Kastell vorbei Richtung Kösching geführt werden konnte. Südwestlich und südöstlich des Kastells ist das Gelände terrassiert, möglicherweise verbergen sich darin ältere Abtragungen zur Geländeversteilung zum Kastell hin.

Die Kastellinnenfläche ist nach J. Fink, der u. a. für die Reichs-Limeskommission in Pförring tätig war, nur im Südwesten ein wenig planiert worden.[16] Aus seinen Untersuchungen, vor allem aber aus Luftbildern, kennen wir die Umwehrung mit ihren vier Doppeltoren, die Lage der *principia* mit Vorhalle und Fahnenheiligtum und haben Hinweise auf Baracken im vorderen und im rechten hinteren Teil. Das gesamte Areal und sein Umfeld ist bis heute nicht überbaut, die Flächen werden jedoch intensiv landwirtschaftlich genutzt und sind latenter Erosion und Raubgrabungen ausgesetzt.

Seit Langem gehen wir davon aus, dass das Kastell mit dem in der Tabula Peutingeriana genannten *celeusum* zu identifizieren ist. Eine heute in der Kirchhofmauer von Pförring vermauerte Bauinschrift aus dem Jahr 141 n. Chr. nennt eine *ala I Flavia Singularium pia fidelis civium Romanorum*. Es wird angenommen, dass diese Reitereinheit seit ihrem Erstnachweis in Raetien 107 n. Chr. hier auch stationiert war, vermutlich bis zum Ende des Kastells um die Mitte des 3. Jahrhunderts. Auf diese Truppe geht auch ein Weihestein an die Götter des Exerzierplatzes (*campestres*) und die Pferdegöttin Epona zurück. Allerdings waren auch Personen anderer Truppengattungen in Pförring aktiv.

Nachdem die Prospektion im Innenbereich während der Jahre 2005/2006 weitgehend abgeschlossen werden konnte[10], ist im Jahr 2007 erstmals im nordöstlichen Teil des Vicus gemessen worden (Abb. 8).

Aufgrund der dichten Heckenbepflanzung wird uns die Steinumwehrung des Kastells für die Prospektion in den nächsten Jahren

---

16 J. Fink, Das Kastell Pförring. ORL B Nr. 75 (1902).

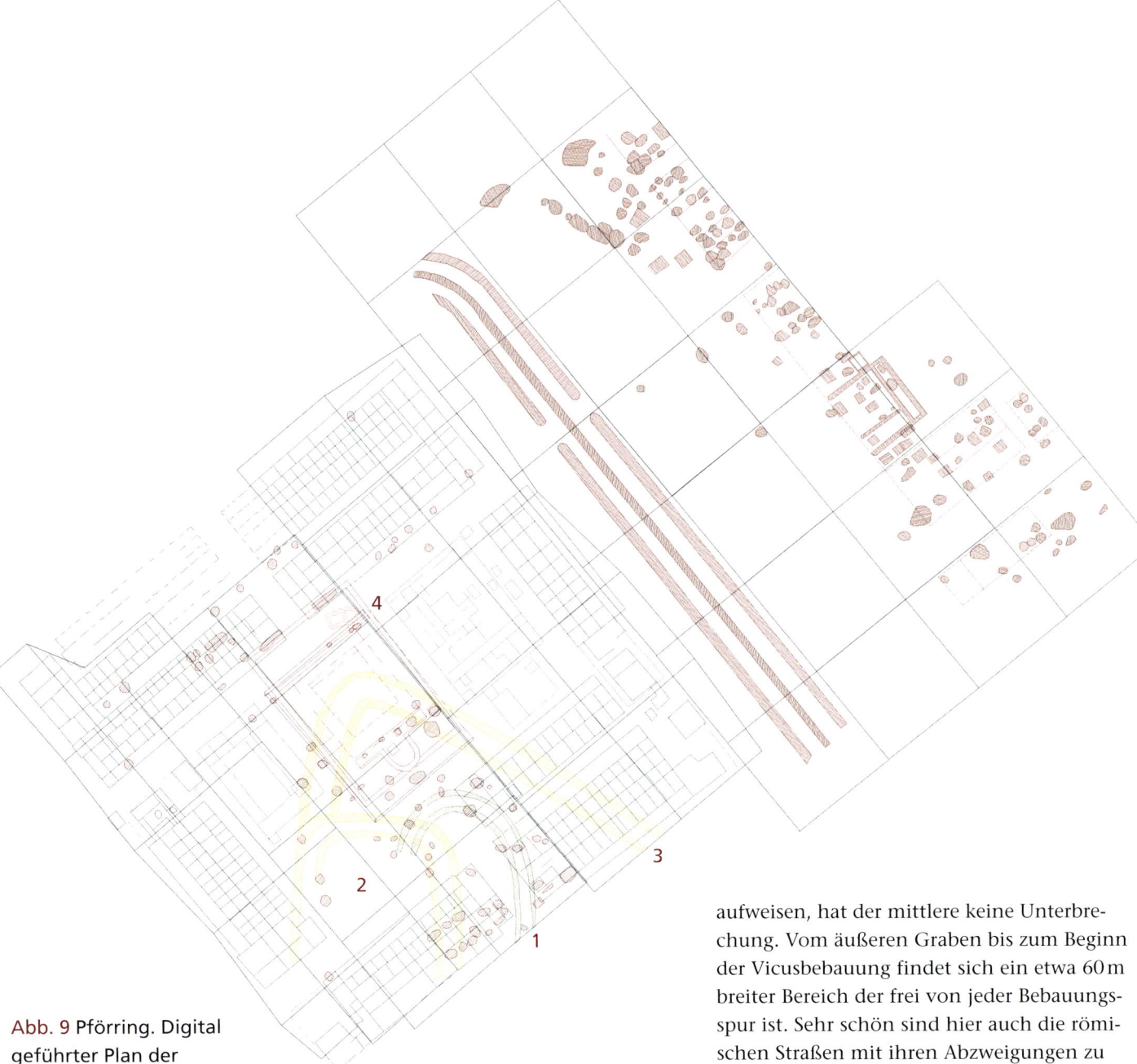

Abb. 9 Pförring. Digital geführter Plan der Innenbebauung des römischen Kastells mit der geophysikalisch/archäologischen Interpretation der Magnetometermessung.

unzugänglich bleiben. Um dennoch neue Information zur Umwehrung zu bekommen, wurde versucht die Messfläche so dicht wie möglich an das Kastell anzuschließen. So konnten auf der Nordostseite die Kastellgräben auf einer Länge von mehr als 200 m erfasst werden. Wo J. Fink bei seinen Untersuchungen nur auf zwei an den Toren unterbrochene Gräben gestoßen ist, befinden sich in unseren Messungen an der *porta dextra* drei Umfassungsgräben. Während der innere und der äußere Graben hier eine Erdbrücke aufweisen, hat der mittlere keine Unterbrechung. Vom äußeren Graben bis zum Beginn der Vicusbebauung findet sich ein etwa 60 m breiter Bereich der frei von jeder Bebauungsspur ist. Sehr schön sind hier auch die römischen Straßen mit ihren Abzweigungen zu erkennen. Die Magnetometerdaten lassen darauf schließen, dass noch Teile des Straßenpflasters im Boden vorhanden sind.

Das Messergebnis im Inneren des Kastells bietet eine ganze Anzahl unerwarteter, da aus Luftbildern bisher nicht ersichtlicher Befunde zur Vorgeschichte des Areals (Abb. 9). Die erste Besiedlung des Platzes dürfte wohl schon während des Neolithikums stattgefunden haben. Im Messbild ist deutlich ein Doppelgraben (1) zu erkennen, der nach seiner ovalen Form als endneolithisches, vielleicht altheimerzeitliches Erdwerk zu interpretieren sein dürfte. Das Grabenwerk liegt im südlichen Eck des Kastells, ist durch die Messung nur etwa zur Hälfte erfasst und umschließt mit seinen zwei parallel verlaufenden Gräben eine Innenfläche von ca. 40 × 80 m. Darüber, ebenfalls in der Südecke des Kastells gelegen und Nord-Süd bzw. Ost-West orientiert, zeigt sich der Doppelgraben eines vermutlich hallstattzeitlichen Herrenhofes (2). Der Grabenverlauf der Südseite ist nicht mehr zu erkennen, aber im Norden befindet sich ein Annex (3), dessen zwei parallel verlaufende Gräben genau unter dem Grundriss der *principia* nach Osten abbiegen und in dieser Richtung noch ca. 100 m weit bis zum Rand der Kastellfläche zu verfolgen sind. Vielleicht handelt es sich dabei auch um eine ältere, größere Anlage.

Aber auch zur nachrömischen Entwicklung gibt das Magnetogramm Auskunft. Über den Spuren des Römerlagers befindet sich in der Nordecke der *principia* eine kleine mittelalterliche Kapelle mit apsidialem Grundriss und einer Ausdehnung von 8 × 12 m (4). Schon aus früheren Luftbildern bekannt, nimmt sie in keiner Weise auf die Orientierung der römischen Baustrukturen Bezug, sondern ist exakt nach Osten ausgerichtet.

Auf die römische Bebauung innerhalb des Kastells soll hier nicht mehr näher eingegangen werden, da die Ergebnisse bereits im Archäologischen Jahr in Bayern 2006 detailliert vorgestellt wurden.

Eine neu entdeckte Feldwache bei Hienheim

Etwa 3 km nördlich und in Sichtweite des römischen Grenzkastells Abusina-Eining, nur ca. 50 m vom Limes entfernt, liegt die Feldwache von Hienheim (Lkr. Kehlheim). Seit 1979 ist sie durch die Luftbildprospektion entdeckt und in den folgenden Jahren mehrfach dokumentiert worden. Solange die Luftbilder weder entzerrt noch zu einem Digitalplan verarbeitet waren, wurde sie fälschlich als Limes-

17 D. Baatz, Zur Funktion der Kleinkastelle am Obergermanisch-Raetischen Limes. In. A. Thiel (Hrsg.), Forschungen zur Funktion des Limes. Beitr. Welterbe Limes 2 (Bad Homburg 2007) 9–25.

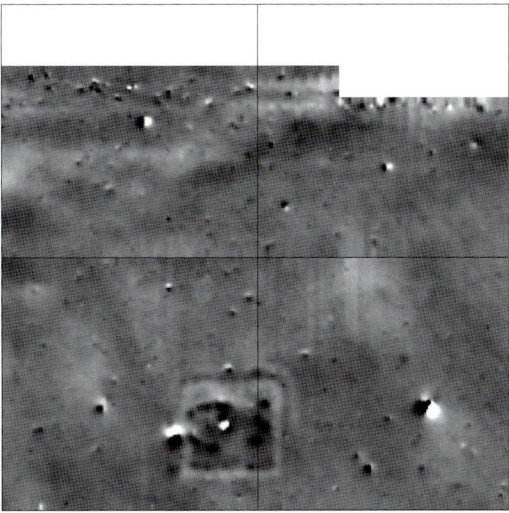

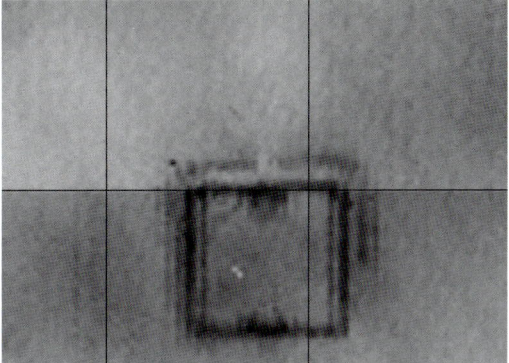

wachturm interpretiert, da ihre genaue Größe nicht bekannt war. Durch die Widerstandsmessung und die Magnetometerprospektion ist sie seit 2007 in allen baulichen Details erfasst und kartiert. Demnach zeigt sich ein massiver etwa 16 × 16 m großer Steinbau. Der Haupteingang im Norden ist der Limesmauer zugewandt, im Süden könnte ein weiterer Zugang sein. Im Inneren sind eine Holzverbauung, Kellergruben und Feuerstellen, aber weder eine klare Raumteilung noch Steingrundrisse zu erkennen (Abb. 10). Die Nutzfläche dürfte knapp 200 m² betragen haben.

Ungewöhnlich ist der Befund, dass der Umfassungsgraben nur die nördliche, dem Limes zugewandte Hälfte des Bauwerkes umschließt[17]. Davor scheint im Messbild noch eine zweite Mauer zu sein. Ob es sich dabei allerdings tatsächlich um eine zweite Schutzmauer handelt oder ob nicht Teile der inneren Mauer in den Graben gestürzt sind,

Abb. 10a, b Hienheim. a) Magnetogramm und Resistogramm des Kleinkastells. Cäsium-Smartmag SM4G-Spezial-Magnetometer, Duo-Sensor-Anordnung, Dynamik ± 10 nT in 256 Graustufen, Empfindlichkeit ± 10 pT, 0,5 × 0,25 m Messpunktabstand, 40-m-Gitter, Auswertung als Quadratenmittel. b) Resistogramm, RM15 2 × 0,5 m Twinelektrode im Halbmeterraster, Dynamik 30/40 Ohm m in 256 Graustufen, 20-m-Gitter.

lässt sich weder aus der Magnetometer- noch aus der Widerstandsprospektion zweifelsfrei entscheiden. Definitiv existiert jedoch im Süden kein Umfassungsgraben. Geophysikalisch ist nicht zu erklären, warum er sich gerade hier – falls vorhanden – nicht abzeichnen sollte. Entweder war das Bauwerk so geplant oder seine Ausführung konnte in römischer Zeit nicht vollendet werden.

Zusammenfassung

Wie die Magnetometerprospektion uns in die Lage versetzt, komplette Kastellpläne so eindeutig zu erkennen, liegt zu gleichen Teilen an der verwendeten Magnetometerkonfiguration sowie daran, dass viele Anlagen möglicherweise durch Brand zerstört wurden.[12] Auch wenn noch eine Vielzahl von Fragen unbeantwortet bleiben, sei es wegen der fortgeschrittenen Erosion oder durch ungenügenden Kontrast in den magnetischen Eigenschaften unterschiedlicher Böden, so sind doch die Position, die Größe und die Grundeinteilung der Strukturen eindeutig erfassbar. Im Besonderen lässt sich durch die geophysikalischen Messungen nicht nur die Truppenstärke der hier jeweils stationierten Einheiten genauer ermitteln, sondern auch die Pläne von alten Grabungen der Reichs-Limeskommission vervollständigen

Leider werden viel zu häufig die Ergebnisse aus der Magnetometrie, Widerstands- oder Radarmessung aber auch der Luftbilder lediglich illustrativ eingesetzt. Dabei wird vielfach außer Acht gelassen, dass diese Messbilder, sobald sie als Bild verarbeitet und nur noch in den entsprechenden elektronischen Bildformaten festgehalten und abgespeichert werden, ihrer Absolutdaten beraubt sind. Ihr Potenzial bleibt damit in großen Teilen für die archäologische Interpretation ungenutzt.

Es bleibt zu hoffen, dass in Zukunft die Daten zentral gespeichert sowie geophysikalisch ausgewertet werden, um als Grundlage und Basis zur Erstellung detaillierter archäologischer Pläne auch später der Forschung noch zur Verfügung zu stehen.

Anhang

Prospektionen von Limes-Kastellen in Bayern (Stand 8/2008):

ORT/OBJEKT	ERGEBNIS	PUBLIKATION
Wörth a. Main	dig. Plan	Fassbinder/Lüdemann 2002
Theilenhofen	dig. Plan	Fassbinder 2008
Ruffenhofen	Plan	Becker 1998, 1999, 2003
Gnotzheim	dig. Plan	(in Vorbereitung)
Weißenburg	dig. Plan	Pietsch/Fassbinder 2007
Burgsallach	dig. Plan	(in Vorbereitung)
Munningen	dig. Plan	(in Vorbereitung)
Böhming	dig. Plan	Fassbinder 2008
Pfünz	dig. Plan	Fassbinder 2008
Pförring	dig. Plan	Fassbinder 2007
Eining	dig. Plan	(in Vorbereitung)

Weitere Prospektionen von Kastellen und römischen Lagern in Bayern:

ORT/OBJEKT	ERGEBNIS	PUBLIKATION
Marktbreit	dig. Plan	Becker et al. 1988
Burghöfe	dig. Plan	Fassbinder und Ortisi 2004
Aislingen	Plan	unpubliziert
Pfatter-Gmünd	dig Plan	Fassbinder/Pietsch 2005
Kleinkastell Hienheim	dig. Plan	Fassbinder 2008

Jörg W. E. Fassbinder
Bayerisches Landesamt für Denkmalpflege
Referat Archäologische Prospektion
Hofgraben 4, 80539 München
E-Mail: joerg.fassbinder@blfd.bayern.de

Literaturverzeichnis

FASSBINDER, Geophysikalische Prospektion
J. W. E. Fassbinder, Geophysikalische Prospektion: Unter Acker und Wadi: Magnetometerprospektion in der Archäologie. In: G. A. Wagner (Hrsg.), Einführung in die Archäometrie (Berlin 2007) 53–73.

FASSBINDER ET AL., Celeusum
J. W. E. Fassbinder / C. S. Sommer / K. Berghausen, Magnetometerprospektion des Reiterkastells Celeusum bei Pförring, Landkreis Eichstätt, Oberbayern. Arch. Jahr Bayern 2006, 94–97.

ORL
E. Fabricius / F. Hettner / O. von Sarwey (Hrsg.), Der Obergermanisch-Raetische Limes des Römerreiches. Abt. B Kastellbeschreibungen (Berlin, Leipzig, Heidelberg 1894–1937).

REUTER, 254 n. Chr.
M. Reuter, Das Ende des Raetischen Limes im Jahr 254 n. Chr. Bayer. Vorgeschbl. 72, 2007, 77–149.

Abbildungsnachweis:

Abb. 1 Bayerisches Landesamt für Denkmalpflege. Luftbildarchäologie, Aufnahmedatum 18. Juli 1983, Foto: O. Braasch, Archiv-Nr. 6930/006, Dia 3185IR Nr. 15; Abb. 2 Magnetometrie: Jörg Fassbinder, Archiv-Nr. 6930/006; Abb. 3 Digital geführter Plan: Jörg Fassbinder/Josef Lichtenauer, Autocad-Plan Nr. 6930/006.; Abb. 4 Foto: O. Braasch, Archiv. Nr. 7134/054a, Dia 7223, Nr. 5; Magnetogramm, Jörg Fassbinder; Abb. 5 Digital geführter Plan: Jörg Fassbinder/Josef Lichtenauer, Autocad-Plan 7134/052a; Abb. 6 Magnetometrie: Helmut Becker, Jörg Fassbinder, ORL Winkelmann, Archiv-Nr. 7132/051; Abb. 7 Digital geführter Plan: Jörg Fassbinder/Josef Lichtenauer, Autocad-Plan 7132/051; Abb. 8 Foto: K. Leidorf, Archiv Nr. 7136/068b, Dia 7628 Nr. 14, Magnetogramm, Jörg Fassbinder, Archiv-Nr. 7136/068B; Abb. 9 Digital geführter Plan: Jörg Fassbinder/Josef Lichtenauer, Autocad-Plan 7136/068; Abb. 10 Magnetometrie: Tomasz Gorka, Archiv-Nr. 7136/071b.

ARCHÄOLOGIE IM KARPFENTEICH
NEUES AUS DEM RÖMISCHEN VICUS VON DAMBACH

Von Wolfgang Czysz

Im Limeswerk erschienen 1901 die von Generalmajor a. D. K. Popp bearbeiteten Ergebnisse des Streckenkommissars Wilhelm Kohl, der in den Jahren zwischen 1892 und 1896 eine Reihe kleinerer Untersuchungen um die Hammerschmiede von Dambach durchgeführt hatte. Die spektakuläre Entdeckung des ersten Grabungsjahres war jener 90 m lange Holzrost aus rund 2000 Pfählen, die als Fundament der Raetischen Mauer in den morastigen Boden des Moosgrabentals eingerammt worden waren (Abb. 1). Die Fotografien Kohls haben Generationen von Archäologen beeindruckt, nicht zuletzt deshalb, weil darin auch die bis heute noch ungewisse Datierung der Teufelsmauer steckt.

Der Pfahlrost verdankt Existenz und Erhaltung dem flachen Muldental des Moosgrabens, das von wasserundurchlässigen Tonschichten unterlagert wird und den Grundwasserstau bzw. die Vernässung des Bodens bewirken. Aber auch knapp 100 m südlich der Limeslinie offenbaren sich die Folgen der örtlichen Hydrogeologie: In den letzten Jahrzehnten sind immer wieder Hölzer von römischen Vicusbauten zum Vorschein gekommen, deren Bestand im Folgenden vorgestellt wird.

Das Kastell Dambach[1] ist allem Anschein nach erst nachträglich in die bestehende Postenkette des Limes eingefügt worden, wodurch die nahen, jedoch nicht untersuchten Türme WP 13/34 und 13/35 am Talrand an Bedeutung verloren[2]. Wann das erste (vorantoninische?)[3] Kastell aus Holz oder Stein errichtet wurde, bleibt unbekannt. Das vermutlich ältere Steinkastell mit 115 × 85 m (0,97 ha) Größe liegt mit seiner Schmalseite zum Limes. Das übermannshoch vorzüglich erhaltene Nordtor (Abb. 3) befindet sich im Ufersaum des Kreutweihers. Beide Schmalseiten im Osten und Westen wurden zu einem unbekannten Zeitpunkt um 50 m vorgeschoben, sodass das jetzt langgestreckte Kastell mit 115 × 187 m (2,15 ha) quer zur Talrichtung lag (Abb. 2). Seine Orientierung bleibt ebenfalls unsicher; aus topografischen Gründen müsste es nach Osten zur Straße hin ausgerichtet gewesen sein. Auffällig ist, dass die vermutlich ebenso auf Pfählen gegründeten Türme des Osttors mit 6,8 m Tiefe deutlich größer als die übrigen drei Lagertore waren. Dass um 170/180 die *cohors II Aquitanorum (equitata)* aus Regensburg-Kumpfmühl nach Dambach verlegt worden sein könnte, bleibt Vermutung.

Der verschachtelte Gebäudekomplex im Kastellinnern wurde als Kommandantenhaus im Süden und Magazin- bzw. Verwaltungsanbauten im Norden gedeutet, das westlich anschließende Gräberfeld ins Frühmittelalter datiert, obwohl kein einziges Grab mit Beigaben versehen war. Unter dem Lesefund-

Abb. 1 Kastell Dambach. Fundamentpfähle der Raetischen Mauer im Kreutweiher 1896.

Abb. 2 Kastell Dambach. Übersichtplan (Stand 2008).

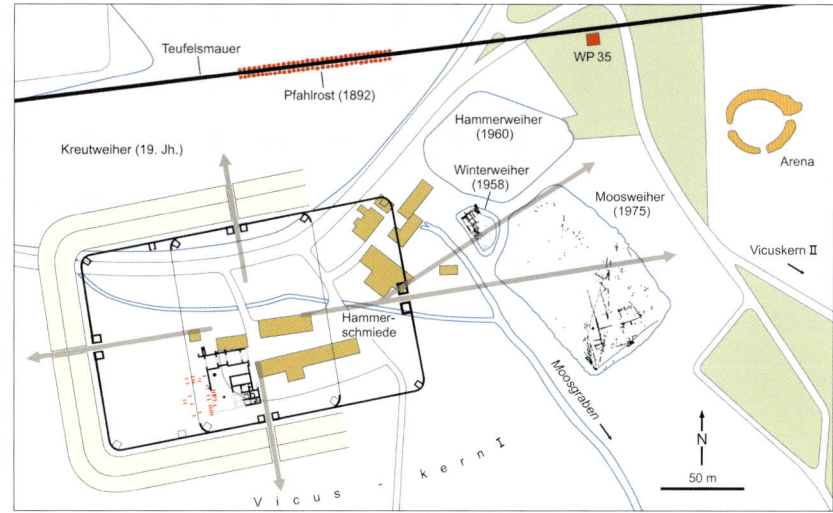

---

1 ORL Abt. B 69 (1901).
2 ORL A Str. 13 (1930) 40ff.
3 Der einzige Anhaltspunkt, ein Stempel des südgallischen Töpfers Avitus, wenn er überhaupt mit jenem identisch ist, bezieht sich auf die Strecke, nicht das Kastell (ORL A 13, 42 Anm. 1).

Abb. 3 Kastell Dambach. Nordtor im Ufersaum des Kreutweihers.

material des Moosweihers befinden sich, wie B. Steidl nachwies, hochwertige mittelalterliche Pferdegeschirrteile, die mit einem frühen Kloster an der Nonnenfurth zusammenhängen könnten. Damit entpuppt sich das vermeintliche Praetorium wahrscheinlich als wüst gewordenes hochmittelalterliches Kloster, das Reihengräberfeld als der zugehörige Friedhof.

Die elliptische Schanze Wolfsgrube im Wald, 235 m östlich des Kastells, hat E. Fabricius 1930 mit Hinweis auf ähnliche Anlagen beim Taunuskastell Zugmantel als Tierzwinger gedeutet, in dem gefangene Wildtiere für den Abtransport in die Amphitheater gesammelt wurden. Seine Innenmaße von ursprünglich kaum mehr als 32 × 28 m (rund 700 m²) erlaubten sicher keine Paraden oder Reiterspiele, wie sie in der römischen Kavallerie in ritualisierter Form üblich waren. Allenthalben Tierschauen oder Einzelkämpfe mit Bären oder Wölfen oder ähnliche Darbietungen kann man sich vorstellen, die zu besonderen Anlässen oder Ereignissen im Kaiserhaus gestiftet und organisiert wurden.[4]

Das Lagerdorf (Vicuskern I) erstreckt sich zunächst im Süden des Kastells beiderseits der Ausfallstraße, an der auch ein Gräberfeld nachgewiesen wurde. Einige Gräber liegen auch an der westlichen Ausfallstraße. Gleichwohl deutet das Luftbild (Abb. 4) eine kompliziertere, noch unklare Lage und Entstehung der Straßen um das Kastell an.

Dementsprechend ungewöhnlich und in seiner Bedeutung noch nicht zu verstehen ist ein zweiter Vicuskern (II), der sich im Osten entlang der in weitem Bogen nach Süden kurvenden Straße nach Unterschwaningen und weiter ins Ries zu einem recht ausgedehnten Siedlungskomplex entwickelt hat.[5] Ein außerhalb der zusammenhängenden Besiedlung liegender Steinbau beiderseits des heutigen Fahrwegs könnte wegen seiner separierten Lage auf eine *mansio* deuten.

So lassen sich im Befundbild durchaus neue Strukturen erkennen, die aber noch weit von einem wirklichen Verständnis der Siedlung und seiner Entwicklung entfernt ist. Die Geschichte dieses Militärplatzes am Limes bleibt mit vielen Fragezeichen versehen, so auch sein Ende, das nach alten Beobachtungen im Kastellinnern um die Mitte des 3. Jahrhunderts in einer Brandkatastrophe untergegangen sein soll. Immerhin fallen germanische Hinterlassenschaften auf.

Das Vicusareal vor dem Osttor

Seit den späten 1950er-Jahren sind Teile des holzerhaltenden Lagerdorfs der Anlage und Erweiterung von drei Karpfenteichen nach und nach zum Opfer gefallen: 1958 bei Anlage der sogenannten Winterung, um 1960 beim Bau des Hammerweihers und 1975 beim Aushub des Moosweihers, der 1986 noch einmal nach Südosten erweitert wurde. Durch einen Eigentümerwechsel 2006 einerseits und die durch Biberbaue durchbruchgefährdeten Dämme anderseits mussten alle drei Teiche 2006 unter Aufsicht der Unteren Denkmalschutzbehörde 2007 abgelassen (entlandet) werden, wobei der Weihergrund der Hammerweiher unter Aufsicht des Bayer. Landesamtes für Denkmalpflege entschlammt wurde.

---

4 J. Wahl, Gladiatorenhelmbeschläge vom Limes. Germania 55, 1977, 108–132, bes. 125 f. mit Abb. 6; H. Kerscher, Zur Neuvermessung des römischen Amphitheaters im Hammerschmiedschlag bei Dambach, Lkr. Ansbach. Jahrb. Bayer. Denkmalpflege 58/59, 2004/2005, 177–178.
5 F. Leja/H. Thoma, Archäologische Sondagen in Windwürfen – Ein römischer Friedhof und Spuren des Lagerdorfes beim Kastell Dambach. Arch. Jahr Bayern 1990 (1991) 113–115.

Abb. 4 Kastell Dambach. Luftbild von Norden, die Kastellgräben und Straßenzüge im Vicus.

Die Holzbauten im Winterweiher

Im Bereich des Winterweihers hatte Chr. Pescheck 1959 eine Notgrabung vorgenommen und im schlammigen Boden drei Streifenhäuser freigelegt (Abb. 5). Die beiden westlichen besaßen eine gemeinsame Längswand in Schwellbalkentechnik und waren von dem östlichen durch einen Korridor getrennt. Die liegenden Balken waren an den Enden überkämmt, die Wandständer saßen in Zapflöchern. Auffällig ist, dass der breitere Ostbau nachträglich mit einer steingesetzten Innenwand versehen wurde, und einige Ecken (später?) durch eingerammte Pfähle gesichert oder verstärkt wurden. Im nassen Milieu der Siedlungsschicht hatten sich Lederschuhe/-sohlen und andere organische Materialien erhalten; paläobotanische Untersuchungen waren damals noch nicht möglich.

Über die Jahre sind die Teiche immer wieder abgelassen und entschlammt worden, wobei der archäologische Befund oder was von ihm jeweils noch erhalten war, immer wieder durch die Bagger herausgerissen und Zug um Zug zerstört wurde.

Bei einer einzigen, sozusagen denkmalpflegerisch begleiteten Entlandung im Jahr 2002 wurde der Winterweiher durch G. Schönfeld untersucht, wobei Reste der schwarzen organischen Masse im Zentrum und am Westrand des Sees zwar noch erhalten, im Ufersaum aber bereits nur noch der gewachsene helle Sand zum Vorschein kam und zumindest dort die tiefgründige Zerstörung dokumentierte. Wichtig war aber, dass noch einige der nach der peschecksschen Grabung im Boden gebliebenen Bauhölzer und eingerammten Pfähle vorhanden waren und identifiziert werden konnten, nämlich die gemeinsame Längswand der Streifenhäuser 1 bis 2 und einige eingerammte Pfähle. Der Großteil der übrigen, zum Teil recht massiven Holzlagen südlich des Hauses 1 waren in Folge der jährlichen Entlandungen verschwunden. Dabei ist der Teich auch gewachsen, die Ufer hatten sich um zwei und mehr Meter vorgeschoben (Abb. 5, 6).

Die bedauerliche, aber wichtige Beobachtung bei der Entlandung im Jahr 2006: Es waren keine Hölzer oder Funde mehr *in situ* erhalten. Auch in einem von R. Frank doku-

Abb. 5 Kastell Dambach. Notgrabung in zwei Vicusgebäuden.

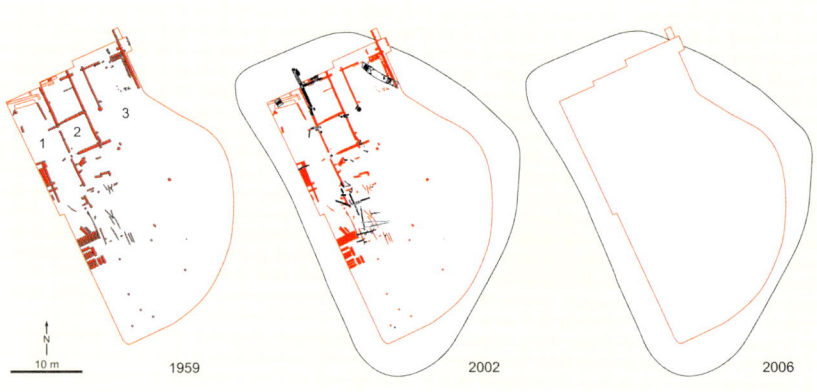

Abb. 6 Kastell Dambach. Holzbefunde im Winterweiher 1959, 2002 und 2007 im Vergleich dokumentieren den Substanzverlust.

Abb. 7 Kastell Dambach. Aufgearbeitete römische Siedlungsschichten im Winterweiher (Profil 2007).

mentierten Profil konnte man eindeutig erkennen, dass die stark organisch durchsetzten archäologischen Schichten bis auf eine Tiefe von fast 1,5 m vollständig ausgeräumt worden waren. Selbst tiefer eingerammte Pfosten hatten keine Chance, die Ausräumungsprozedur zu überstehen (Abb. 7).

Die Holzbauten im Hammerweiher

1960 wurde der Hammerweiher angelegt; ein zufällig erhaltenes Luftbild der Landesvermessung[6] zeigt fleckige dunkle Verfärbung auf der Sohle und allenthalben im Westteil andeutungsweise, aber unsicher, lineare Baustrukturen. Bei der kontrollierten Entlandung

2006 war der Befund wie im Winterweiher eindeutig: Alle archäologischen Spuren sind über die Jahre tiefgründig beseitigt worden.

Die Holzbauten im Moosweiher

Der dritte und größte Weiher ist der Moosweiher; er liegt direkt im Osten vor der Kastellfront (Abb. 8). Er wurde wohl im Winter 1975 angelegt und im Februar 1975 durch den Grabungstechniker der Außenstelle Nürnberg, W. Auer, in einer knappen Planzeichnung (17.02.1975) aufgemessen. Die Reste von vermutlich zwei Streifenhäusern zeigen Schwellbalkenkonstruktionen und Längswände aus zum Teil eng gesetzten, eingerammten Pfeilern. Detaillierte Holzzeichnungen, Vermassungen o. Ä. waren in der kurzen Zeit wohl nicht möglich; die Hölzer selbst wurden nicht geborgen.

11 Jahre später, im Dezember 1986, wurde der Karpfenteich entschlammt und nach Südosten erweitert; dieser Bereich wurde vom Bayer. Landesamt für Denkmalpflege (F. Leja) in einer Notmaßnahme aufgenommen und dokumentiert (Abb. 8, 9).[7] Die Holzbefunde zeigten erneut eine Mischbauweise aus liegenden Balken, die unterschiedlich große Raumeinheiten markieren, und eingerammten Pfahlreihen. Mit Ausnahme des Befundkomplexes an der Nordseite zeigt sie eine einheitliche Ausrichtung der Gebäude nach Norden.

Am Südufer, rund 50 m südlich der geradlinig aus dem Kastell kommenden Straße, wurde ein massiver Holzbefund von in vier Lagen kreuzweise aufgeschichteten Stämmen angetroffen, der nicht unähnlich der Situation vor dem Streifenhaus 1 im Winterweiher ist und dort am ehesten mit einer Straßen- oder Brückensubstruktion zusammenhängen könnte. Der Holzbefund im Moosweiher steckte auch im Jahr 2006 noch im südlichen Seeufer.

Im Südwesten des Weihers führen zwei lange eingerammte Pfeilerreihen zu der tiefsten Stelle des Geländes, dort, wo heute das Abflussbauwerk, der sogenannte Mönch, den Wasserstand reguliert.

Die organisch verfärbte schwarze Aushubmasse war 1986 mit Kettenraupe verschoben und außerhalb im Wiesengelände südlich und östlich des Sees ausplaniert worden. Dieser Umstand erklärt die seinerzeit überwiegend durch Sondengänger geborgenen Fundmassen.

Bei der 2006 durch Biberschäden notwendig gewordenen Dammreparatur wurde der See erneut abgelassen. Dabei kamen rund 140 meist angespitzte/eingerammte Rundpfähle zum Vorschein; an mehreren Stellen waren liegende Balken sichtbar, bei denen jedoch nicht klar war, ob es sich um ausgerissene, wieder einsedimentierte Stämme oder um Originalbefunde in situ handelte (Abb. 10). Unsichtbare, nur durch den Schlick sozusagen fühlbare weitere Hölzer konnten aus Sicherheitsgründen in tiefgründigem Schlamm nicht eingemessen und dokumentiert werden. Lediglich im trittfesten Randbereich wurden einige Pfosten und Hölzer näher untersucht und liegende Hölzer geborgen.

Zunächst wurde der Versuch unternommen, die Hölzer einzumessen und einstweilen so lange zu erhalten, bis das weitere Vorgehen geklärt war. Die ersten Luftaufnahmen mit einem ferngesteuerten Motorsegler[8] zeigten, dass auf diese Weise rasch brauchbare Senkrechtaufnahmen gemacht werden konnten. Mithilfe einer terrestrischen Laservermessung durch das Ingenieurbüro E. Christofori und Partner[9] wurden die aus dem Seegrund herausragenden Pfostenköpfe dokumentiert und in einen georeferenzierten Höhenschichtplan mit Holzeinträgen umgearbeitet.

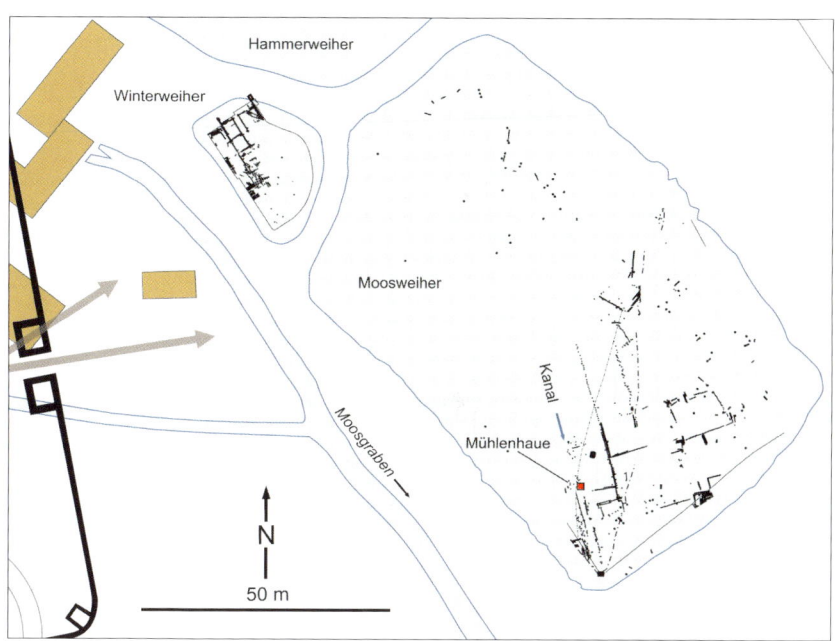

Parallel dazu haben wir die erreichbaren Pfostenköpfe tachymetrisch eingemessen[10]; alle Aufmaße sind in Abb. 8 eingeflossen. Dabei zeigte sich sehr deutlich der pfostenfreie innere Ufersaum wie im Winterweiher sowie mögliche Fehlstellen im versumpften Seezentrum, wo die Hölzer möglicherweise noch vollständig von Schlamm bedeckt sind.

Die Gebäudereste im Winterweiher lassen sich wie die Befunde im Moosweiher dem Streifenhaustyp zuordnen. Die Gebäudebrei-

Abb. 8 Kastell Dambach. Der holzerhaltene Vicusbereich vor dem Osttor des Kastells (Stand 2008).

Abb. 9 Kastell Dambach. Notgrabung 1986 im ausgeräumten Moosweiher.

---

6 OA Nürnberg.
7 Archäologische Funde und Ausgrabungen in Mittelfranken, Fundchronik 1970–1985. Jahrb. Hist. Ver. Mittelfranken 93 (Ansbach 1986/1987) 266–277; H. Koschik, Wieder eine archäologische Feuerwehraktion im Kastellvicus von Dambach. Arch. Jahr Bayern 1986 (1987) 119–121.
8 Für die Zusammenarbeit danke ich den Herren A. Müller, R. Prangley und M. Rajkay von der Modellsportgruppe Schwabmünchen.
9 Dank gilt auch dem Ingenieurbüro Christofori, Roßtal, und seinen Mitarbeitern, Herrn E. Christofori und J. Bierwagen.
10 Für die tatkräftige Unterstützung danke ich den Grabungstechnikern von der DST Nürnberg R. Frank, E. Birngruber und F. Wagner, die auch bei der Umarbeitung der verschiedenen Pläne mitgewirkt haben. Der Übersichtsplan wurde von S. Köglmeier von der DST Thierhaupten zusammengefügt und für den Druck digital bearbeitet; auch dafür danke ich herzlich.

ten liegen hier bei 8 bis 10 m, die Gebäudeparzellen im Moosweiher sind mit bis zu 50 m ungewöhnlich lang gestreckt. Obwohl in keinem Fall mit Sicherheit zu sagen ist, wo Gebäudefront und rückwärtiger Teil liegen, geben doch das Hanggefälle und die Positionierung zu der einstweilen vermuteten Straßenachse einen eindeutigen Hinweis auf die Gebäudeausrichtung nach Norden.

Zunächst fällt auf, dass die Ausrichtung der liegenden Wandhölzer wie der eingerammten Pfähle im Winterweiher trotz ähnlicher Laufrichtung doch deutlich stärker voneinander gedreht sind, sodass sie sich nicht auf die gleiche Straße beziehen können. Verlängert man die Kastellachse geradlinig nach Osten, kann man die Streifen im Moosweiher problemlos auf diese Messlinie beziehen. Allerdings weichen die Häuser 1 bis 3 im Winterweiher nicht nur von der Richtung, sondern auch von ihrer Entfernung zur Straße so weit ab, dass man eine zweite Straße nach Nordosten, eine Gabel vor dem Osttor postulieren muss. Die vorerst beste Lösung ergibt sich, wenn wir eine zweite Straße aus dem Osttor der jüngeren Kastellperiode annehmen, dann müsste im Übrigen die Gebäudefront erfasst sein; die parallel aneinandergereihten liegenden Hölzer dürften dann vielleicht vom Unterbau bzw. der Lauffläche eines Porticus, wenn nicht von einer Art Sumpfbrücke stammen, der die morastige Tiefzone des Tals überwand.

Die Annahme einer zweiten Straße, die sich spitzwinklig vor dem Tor gabelt, ist gut zu erklären: Die eine zieht als Versorgungsstraße in Richtung Amphitheater und weiter an den Limes, die andere führt in weitem Bogen nach Osten durch den Vicuskern II zum Kastell Unterschwaningen, und vermeidet so die sumpfigen Flächen des Moosgrabentals. Die holzerhaltenen Areale im Bereich der Karpfenteiche sind trotz ihrer Lage jenseits des Moosgrabens wohl dem Siedlungsbereich I zuzuordnen.

Das umfangreiche Fundmaterial, das auf dem Osterburkener Kolloquium von B. Steidl vorgestellt wurde und jetzt erfreulicherweise in einer Münchener Dissertation bearbeitet wird[11], zeigt viele Facetten: Guß- und Schlackebrocken, Halbfabrikate und Formdetails beweisen, dass hier Gold-, Silber- und Bronzeschmiede am Werk waren. Trachtbestandteile und Militaria, vor allem aber die 394 Münzen starke Münzreihe belegt eine unerwartet späte Zeitstellung. Die Münzkurve erreicht mit 112 Münzen des Septimius Severus einen ersten Höhepunkt und vermittelt ein starkes Argument für die späte Zeitstellung dieses Vicusteils. Die Münzreihe endet bereits wieder mit Prägungen des Philippus Arabs 244–249, der mit vier Münzen vorhanden ist. Germanische Objekte des 3. Jahrhunderts, eine elbgermanische Tierfibel, eine Armbrustfibel und eine stabförmige Riemenzunge mögen eine Richtung der Interpretation andeuten.

Die unerwartet späte Zeitstellung der Metallfunde (im Übrigen auch der Keramikformen) wird vor allem durch die vorerst noch nicht so starke Liste der Dendrodaten gestützt, die mit 47 Hölzern einen Gründungszeitraum ebenfalls in severischer Zeit bestätigen[12]:

Dambach 1975	nach 154
Dambach 1986	nicht vor 192, nach 197
Dambach 2002	um 200
Dambach 2006	nach 196, vermutlich 221

Die Wassermühle

Abgesehen von den historischen Perspektiven, die dieser Fund- und Zeithorizont bietet, soll zum Abschluss noch einmal kurz das topografisch-hydrologische Problem angesprochen werden, das für die Vernässung des Moosgrabentals und die Holzerhaltung vor dem Osttor des Kastells verantwortlich war. Generell ist die Versumpfung durch unterlagernde Tonschichten bedingt; der Effekt wurde verstärkt durch die Tatsache, dass das Kastell

---

[11] Herzlich danke ich Herrn B. Steidl (ASM) für die Durchsicht der Funde und seine ersten Erkenntnisse, die ich in diesem Zusammenhang einbauen durfte. Zu danken ist auch Prof. Dr. M. Mackensen (Institut für Vor- und Frühgeschichte und Provinzialrömische Archäologie der Universität München), der Frau V. Selke mit der Bearbeitung des Fundstoffs betraut hat.
[12] Die Hölzer wurden von F. Herzig, Dendrolabor des BLfD in Thierhaupten bearbeitet, wofür auch ihm herzlich Dank abzustatten ist.

Abb. 10 Kastell Dambach. Pfostenköpfe ragen aus dem Sumpf des abgelassenen Moosweihers. 3-D-Vermessung im Südteil des Moosweihers im Jahr 2007.

auf einer vorspringenden Landzunge liegt, die das Tal auf knapp 100 m verengt. Dabei hat das Kastell mit seiner Nordfront den Staueffekt sicher noch verstärkt. Immerhin markiert die Länge des Pfahlrosts der Teufelsmauer von 90 m die Breite der schon in der Römerzeit „schwimmenden Talniederung", in die das Vicusareal I hineingebaut wurde.

Topografisch gibt es keine andere Möglichkeit, als dass der Moosgraben zwischen dem Kastell und den ersten Holzgebäuden im Winterweiher und im Moosweiher hindurch floss. Dabei wird der vermutliche Korridor des heute meterbreiten Bachs, der unterhalb, im Süden des Kastells, fast 2 m tief eingeschnitten ist, noch durch den oder die Gräben des Kastells bzw. seines Annexes verengt, wenn es sich bei der östlichen Mauer-erweiterung um den letzten Zustand des Kastells handelt. Unsicher bleibt, ob die Ostseite mit einem oder zwei Gräben bewehrt war; W. Kohl beschrieb im Süden Doppelgräben, wie sie auch im Luftbild andeutungsweise zu erkennen sind.

Man könnte auch einen Altflusslauf zwischen den Gebäuden des Winterweihers und denen im Moosweiher diskutieren. Dann zumindest darf man die beiden 30 m langen Reihen eng aneinander eingerammter Pfosten im Südwestteil des Moosweihers als Uferbefestigungen deuten, die meterbreite Doppelreihe a und b vielleicht sogar als einen holzverschalten Kanal. Dafür kommt eine ganz unerwartete, aber überzeugende Erklärung aus dem geborgenen Fundstoff: Im südlichen Quadranten 29/31 des Moosweihers wurde im Zug der Seegrundausräumung im Jahr 1985 in rund 1 m Tiefe eine zunächst als „Eisenhacke" verkannte Mühlenhaue geborgen (Abb. 11, 12).

Mit einer Gesamtlänge von 80,6 cm, einer Breite des Mitnehmers von 27,5 cm erhaltene Länge und einem Gewicht von 4,7 kg handelt es sich um die Getriebeachse einer schnelllaufenden Mühle. Form und Details lassen keinen Verdacht aufkommen, dass es sich um ein mittelalterliches oder jüngeres Bauteil handeln könnte. Vergleichbare Mühlenhauen sind im römischen Fundmaterial zwar außerordentlich selten; wegen ihres hohen materiellen und technischen Werts sind sie unter normalen Umständen nicht in den Boden geraten. Die Länge und Einzelheiten der Konstruktion stimmen mit den bekannten römerzeitlichen Mühlenhauen überein; allerdings sind sie einstweilen kaum vom Achsstock großer Tiermühlen[13] zu unterscheiden. Für Dambach geben

---

13 Zu schnelllaufenden Getriebemühlen: D. Baatz, Eiserne Dosierkegel. Ein Beitrag zur römischen Mühlentechnik. Saalburg-Jahrb. 47, 1994, 19–35 mit Hinweisen auf die Mühlenhauen vom Kastell Zugmantel (Brunnen 342); ders., Die Wassermühle bei Vitruv X 5,2. Ein archäologischer Kommentar. Saalburg-Jahrb. 48, 1995, 5–18, bes. 13 ff.

Abb. 11 Kastell Dambach. 1985 aus dem Moosweiher geborgene Mühlenhaue.

Abb. 12 Kastell Dambach. Eiserne Mühlenhaue, L. 80,4 cm.

jedoch die topografischen und hydrologischen Eigenschaften des Fundorts in der Talniederung in/neben dem vermutlichen holzbewehrten Wasserkanal den entscheidenden Hinweis auf eine Wassermühle.

Länge der eisernen Mühlenhauen

1. Silchester[14]	91,6 cm
2. Zugmantel I	87 cm
3. Zugmantel II	81 cm
4. Gmunden-Schlagen[15]	ca. 80–85 cm
5. Dambach	80,4 cm
6. Great Chesterford	ca. 63 cm

Zusammen mit den Wassermühlen am Hadrianswall zeigt Dambach beispielhaft, dass Wassermühlen an militärischen Standorten in der späten Limeszeit verstärkt genutzt wurden.[16]

Ausblick

Die dendrochronologischen Erkenntnisse, die umfangreiche Münzreihe und andere Funde deuten darauf hin, dass das Steinkastell später als vermutet, vielleicht erst in den Jahren um 190/200 n. Chr. angelegt und in die bestehende Limeslinie eingefügt wurde –

wir können einstweilen nur vermuten, aus besonderem Anlass: Vermutlich sollte das Kastell die beiden aus dem germanischen Norden kommenden Straßen sperren und den Übergang kontrollieren, was vielleicht in Zusammenhang mit den verstärkten Siedlungsaktivitäten im Maindreieck und/oder mit Bevölkerungsverschiebungen im thüringischen Raum zusammenhängt.

Die gewonnenen Erkenntnisse deuten auf eine komplizierte Entwicklung des Kastells und seiner Versorgungssiedlung, die eines notwendiger denn je machen: die Erhaltung und Sicherung der Befunde im Boden. Die Feuchtbodenerhaltung verlangt aber auch nach naturwissenschaftlichen Forschungsansätzen, um z. B. durch Pollenanalyse zu klären, wie und wann der Talgrund vernässte und warum sich die römischen Siedler am Ende der Limeszeit hier und nicht auf dem trockenen Gelände weiter im Osten niedergelassen hatten. Sicher ist nur, dass die Vernässung nicht erst in nachrömischer Zeit

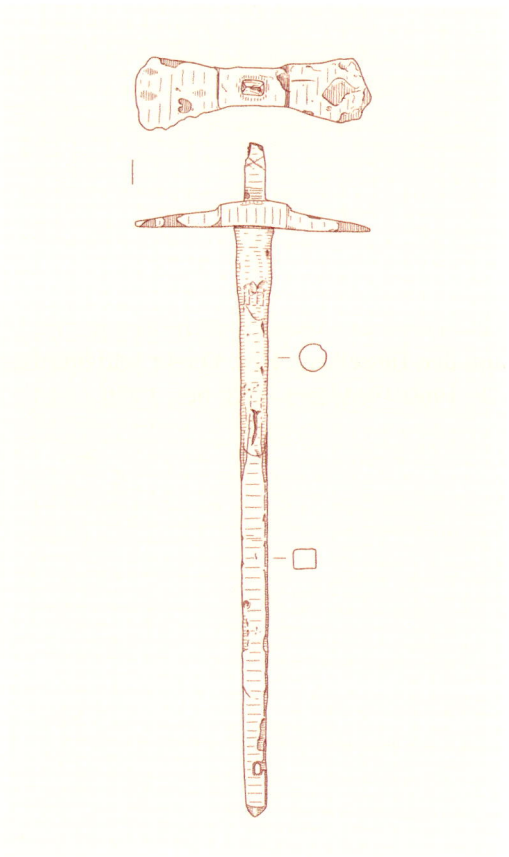

14 W. H. Manning, A Mill Pivot from Silchester. Antiqu.-Journ. 44, 1964, 38–40.
15 H. Jandaurek, Ein römisches Bauwerk bei Engelhof. Oberösterr. Heimatbl. 10, 1956, 37–49 Taf. 4, 84.
16 F. G. Simpson, Watermills and military works on Handrian's Wall (Kendal 1976) 32ff. (Haltwhistle Burn Head), 44ff. (Chesters Bridge) und 49f. (Willowford Bridge); R. J. Spain, Romano-britisch watermills. Arch. Cantiana 100, 1984, 101–128.

eingetreten ist. Das beweist die Tatsache, dass ein Gutteil der Gebäude auf angespitzten Rammpfählen ruhte, eine zwar durchaus geläufige Bautechnik der Römer, die aber stets nur in Feuchtarealen zum Zug kam.

Die Voraussetzungen für ein Forschungsprojekt am Raetischen Limes in Dambach sind mehr als günstig. Die Aktenlage – die Grabungstagebücher und -fotografien von W. Kohl sind praktisch vollständig im Archiv des Bayer. Landesamtes für Denkmalpflege in Nürnberg erhalten – ermöglicht interessante forschungsgeschichtliche Aspekte, die Zugänglichkeit im Gelände stellt keine unüberwindlichen Probleme dar. Archäologisch kritische Bereiche wie die Südostecke des Kastells mit den zu erwartenden Kastellgräben und ihren stratigrafischen Überscheidungen sind heute noch landwirtschaftlich genutztes Ackerland oder Wiese. Im Innern des Kastells könnten bauliche Zusammenhänge, Abfolge und Chronologie mit seinen militärischen Besatzung(en) bis zur Aufgabe im 3. Jahrhundert durch eher minimalinvasive Schnitte geklärt werden. Auch die bemerkenswerte Differenzierung der Lagerdorfkerne I und II verlangt nach Erklärungen; hier könnten innovative Methoden wie das durch Airborne Laserscanning (LIDAR) gewonnene digitale Geländemodell manchen im Wald verborgenen Befund sichtbar machen. Ein wesentlicher Erkenntnisgewinn und Lösungsideen für die Feuchtbodenerhaltung des Vicus sind zu erwarten. Die späte Zeitstellung jedenfalls macht Dambach zu einem zweiten Niederbieber – in Raetien.

Univ.-Doz. Dr. Wolfgang Czysz
Bayerisches Landesamt für Denkmalpflege
Dienststelle Thierhaupten
Klosterberg 8, 86672 Thierhaupten

Literaturverzeichnis

ORL A Strecke 13
K. Popp (Berichterstatter W. Kohl), Das Kastell Dambach. ORL B Nr. 69 (Heidelberg 1901); Abt. A Strecke 13 (Berlin/Leipzig 1930) 41 ff.

PESCHECK, Hesselberg
Chr. Pescheck, Neue römische Funde rund um den Hesselberg. Hist. Verein Mittelfranken 79, 1960/1961, 296–303, bes. 300 ff.

SCHÖNBERGER, Schönberger
H. Schönberger, Die römischen Truppenlager der frühen und mittleren Kaiserzeit zwischen Nordsee und Inn. Ber. RGK 66, 1985, 321–497, bes. 471 f.

BAATZ, Limes
D. Baatz, Der römische Limes. Archäologische Ausflüge zwischen Rhein und Donau (4. Aufl., Berlin 2000) 276 f.

STEIDL, Fibel
B. Steidl, Eine germanische Fibel aus dem Vicus des Kastells Dambach. In: Festschr. H. Dannheimer (Kallmünz 1999) 128–139; ders., Die Römer zwischen Alpen und Nordmeer. Kat. Rosenheim (Mainz 2000) 376, Kat. 134

FISCHER / RIEDMEIER-FISCHER, Limes
Th. Fischer/E. Riedmeier-Fischer, Der römische Limes in Bayern (Regensburg 2008) 87–91.

Abbildungsnachweis

Abb. 1 W. Kohl; Abb. 2 W. Czysz/S. Köglmeier; Abb. 3 Nach ORL, Aufn. 1892, W. Kohl; Abb. 4 Bayer. Landesamt Denkmalpflege – Luftbildarchäologie, Aufn.-Datum 1.4.1982, O. Braasch, Archiv-Nr. 6928/294; Dia 2069-9; Abb. 5 Pescheck, 1959; Abb. 6 W. Czysz/S. Köglmeier; Abb. 7 R. Frank; Abb. 8 W. Czysz/S. Köglmeier; Abb. 9 J. Mang, 29.11.1986, OA Nürnberg; Abb. 10 E. Christofori; Abb. 11 M. Eberlein; Abb. 12 G. Sorge.

NEUE DENDRODATEN VON DER LIMESPALISADE IN RAETIEN

Von Wolfgang Czysz und Franz Herzig

Im Rahmen der Vorarbeiten für die Aufnahme des Limes in die Liste des Welterbes der UNESCO wurden die Teilstrecken mit Feuchtholzerhaltung genauer ins Auge gefasst, um ihre Existenz, den heutigen Zustand und das Gefährdungspotenzial zu erkunden, und den Schutz dieser sensiblen Streckenabschnitte langfristig zu sichern und zu verbessern.[1] Zu fragen war, inwieweit Veränderungen des Grundwasserspiegels in den Talniederungen, aber auch auf den Hochflächen der Fränkischen Alb, wo geologische Ursachen wie die unterliegenden Opalinustone für die Feuchtholzerhaltung verantwortlich waren, schon zu einer schleichenden Zerstörung der Hölzer geführt haben könnten. Vor allem standen die Niederungen der beiden Albflüsse Wörnitz und Altmühl im Blickfeld, wo im Rahmen der Untersuchungen am Obergermanisch-Raetischen Limes (ORL) um 1890 Holzbauten der Grenzbefestigung, der Flussdurchlässe und andere Begleitbauwerke beobachtet worden waren. Auch in den kleineren Seitentälern der Sulzach, des Hambachs und des Felchbachs, an insgesamt 15 Fundstellen des bayerischen Limesabschnitts, waren Feuchthölzer beobachtet worden.

Für die Provinz Obergermanien hat sich der seit den frühen Jahren der Forschung aufgrund der schriftlichen Überlieferung postulierte Palisadenbau in der Regierungszeit des Kaisers Hadrian (117–138) bestätigt, so wie es der Schreiber der Historia Augusta überliefert hat: Die Palisade sei von Kaiser Hadrian errichtet worden, „der in vielen Gegenden, in denen die Grenze gegen die Barbaren nicht durch Flüsse, sondern durch überwachte Wege *(limitibus)* abgegrenzt waren, die Barbaren vom Reichsgebiet durch ein System von großen Pfählen trennte, die nach Art einer Mauer *(muralis saepis)* tief eingegraben und miteinander verbunden wurden" (Ael. Spartianus, SHA, *vita Hadriani* 12,6). Die Mitarbeiter des ORL hatten keine absoluten Datierungsmöglichkeiten und keinen Anlass, an dieser Aussage zu zweifeln, auch wenn Einzelbefunde im Taunus auf eine sehr viel kompliziertere, durch wiederholte Verlegungen angedeutete Entwicklung des Palisadenbaus und dementsprechend seiner Funktion andeutete. Das Gesagte gilt gleichermaßen für das 167 km lange Stück in der Nachbarprovinz Raetien vom Limesknick bei Schirenhof bis an die Donau gegenüber von *Abusina*-Eining, das seither auch in diesem chronologischen Zusammenhang gesehen wurde; hier weisen Flechtwerkzäune und die sogenannten Versteinungen (Keilsteine einer Art Bohlenwandkonstruktion) ebenfalls auf verschiedene Phasen des linearen Grenzausbaus[2].

Bei den Untersuchungen am Wittenbacher Weg in Mönchsroth (Lkr. Ansbach) gelang dem Weißenburger Apotheker und Streckenkommissar der Reichs-Limeskommission Dr. Wilhelm Kohl (1848–1898) im Jahr 1893 eine im wahrsten Sinn richtungsweisende Entdeckung, die erste holzerhaltene Palisade am Limes. Durch die unterlagernden Tone waren die Stümpfe von rund 20 Palisadenpfählen in 2 m Tiefe erhalten (Abb. 1). Es handelte sich überwiegend um gespaltene Eichenstämme, die mit dem stumpfen Ende in den Fundamentgraben eingesetzt worden waren. Die Stämme sind mit der breiten Spaltseite zum Feind eingestellt und innen durch schwalbenschwanzförmige Querriegel

Abb. 1 Mönchsroth. Von W. Kohl 1893 freigelegte Limespalisade am Wittenbacher Weg.

---

[1] Wichtige Hinweise und kritische Anmerkungen verdanken wir den Herren D. Baatz (Darmstadt), W. Schmidt (Königsbrunn), J. Haberstroh (Ingolstadt), C.-M. Hüssen (Ingolstadt). Bei der Suche nach Hölzern behilflich waren H. Richter (Mus. Weißenburg), M. Schuster (Weiltingen), J. Schwartz (Kipfenberg), W. Mühlhäußer (Gunzenhausen) und H. Thoma (Arberg).

[2] Vgl. D. Baatz, Die überwachte Grenzlinie. Quellen zur Funktion des Obergermanisch-Raetischen Limes. In: Schallmayer, Limes Imperii Romani 55–66, bes. 57.

zu einer festen, schätzungsweise 2,5 m hohen Wand miteinander verbunden worden.³ Dieser Entdeckung folgten bald weitere, so 1895 am Wörnitzübergang bei Weiltingen und im Streckenabschnitt seines Gunzenhäuser Kollegen Dr. H. Eidam (Abb. 2). Die eindrucksvollen Abbildungen sind wohl bekannt; weitere Fotografien liegen unveröffentlicht in den Archiven der Museen Gunzenhausen und Weißenburg.

Nach dieser Holzerhaltung am mittleren Limesabschnitt in Raetien durfte man vermuten, dass damals wenigstens einige der freigelegten Hölzer geborgen und in den Museen möglicherweise ausgestellt waren; dies gab Hoffnung, dass auch das eine oder andere Limesholz in einem der regionalen Museen, Sammlungen oder in Privathand überlebt haben könnte.

Abb. 2 Gunzenhausen. Dr. Eidam mit seinen Arbeitern im Blockhaus am Altmühlübergang 1895.

Feuchtholzerhaltung am Raetischen Limes
(Abb. 3)

1. Schwäbisch Gmünd (Ostalbkreis) Rotenbachtal (s. u.).

2. Buch-Schwabsberg (Ostalbkreis) (s. u.).

3. Stödtlen (Ostalbkreis)
nach WP 12/113⁴ Gde. – Straße nach Eck 13 Kiefern-Pfähle der Palisade (Kohl, Limesbl. Sp. 311; ORL A Strecke 12, S. 93).

4. Mönchsroth (Lkr. Ansbach) Wittenbacher Weg (Abb. 1)
1893 zw. WP 13/3 und 4 an drei Sondagen: 43 (und 56) Kiefern (?) (ORL A Strecke 13, 12.22 mit Taf. 11,1; ORL B VI S. 12). Wenig östlich in Öttingischen Wald „Brand" 9 Pfähle, am „Höllweiher" 2 Pfähle⁵ (Limesbl. Sp. 302.303.311; Popp, Westdt. Zeitschr. 13, 1894, 220). Untersuchung des BLfD Nürnberg (F. Leja) am Schindhausweiher (s. u., Abb. 6–8).

5. Weiltingen (Lkr. Ansbach) Wörnitzwiesen
zw. WP 10 und 12 rd. 20 Eichen, 1 Rinne (ORL A Strecke 13, 28 Taf. 3,2; 11, 2–5).

6. Wittelshofen (Lkr. Ansbach) Sulzachübergang
bei der Gelsmühle zwischen WP 18 und 19 Stegreste (je 3 Pfähle von ursprünglich 12 Jochen) (ORL A Strecke 13, 33 mit Taf. 4,1–6).

7. Ehingen-Dambach (Lkr. Ansbach) Kreut(h)weiher
1,4–1,6 m breiter Pfahlrost; auf 10 m 32 Querreihen à 5–7 Pfähle = etwa 200 Pfähle freigelegt (auf 92 m etwa 2 000 Pfähle) (ORL A Strecke 13, 40 f. Taf. 12, 5–6).

8. Gunzenhausen-Wald (Lkr. Weißenburg-Gunzenhausen)
WP 13/43 im „Mittlach" Flechtwerkreste (ORL A Strecke 13, 46 ff. Taf. 6,4).

---

3 Vgl. dazu ORL A Strecke 14, 21 f.
4 Im Strambachtal hat Major Steimle (1892–1898/1902) 13 Pfähle aus Kiefernholz, „unten stumpf abgesägt … von etwa 40 cm Stärke", Kohl 1894 weitere freigelegt: ORL Strecke 12 (1934) 93, Taf. 9, 5–6; zur Lage: Deutsche Limeskommission/Verein Deutsche Limes-Straße/Landesvermessungsamt Baden-Württemberg, Obergermanisch-Raetischer Limes in Baden-Württemberg. Offizielle Karte 1 : 50 000 UNESCO-Weltkulturerbe (Stuttgart 2005).
5 W. Kohl, Limesbl. Sp. 302 ff., 307 Abs. 4 und 311.
6 ORL A Strecke 13, 52 f. erwähnt am WP 13/50 „gänzlich verkohlte Reste" dicht aneinander gereihter, sehr starker Pfähle von der Umzäunung des Holzturmes. Die Feuchtholzerhaltung ist nach der Beschreibung Eidams eher zweifelhaft.
7 Eichenholzreste vom Blockhaus WP 14/15 unsicher (ORL A Strecke 14, 67 Taf. 6,1). – Theilenhofen (Lkr. Weißenburg-Gunzenhausen) WP 14/17 auf dem Ritterner Espan (ORL A Strecke 14, 21) mit stark verbrannten/verkohlten Balken z. T. im verziegelten Lehm gut erhalten.
8 Der unlängst geborgene Pfeiler aus der Altmühl stammt aus dem Jahr 1329 ±10 (Mus. Burg Kipfenberg).

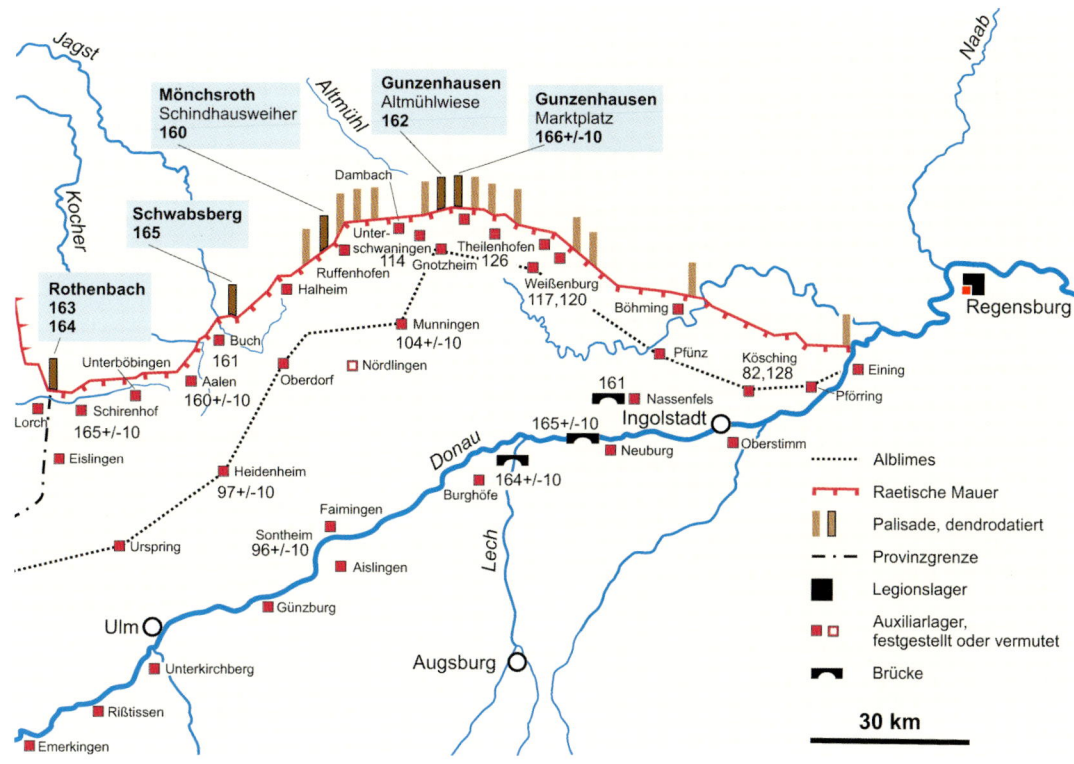

Abb. 3 Feuchtbodenerhaltene Palisaden am Raetischen Limes mit ihren Dendrodaten.

9. Gunzenhausen-Unterhambach (Lkr. Weißenburg-Gunzenhausen) Hambacher Wiesen (Abb. 5)

Limesquerung durch das Hambacher Tal. Unterbau der Mauer aus Reihen von je drei angespitzten Pfähle, darauf Faschinen; 1 Stegpfahl eines Wasserdurchlasses (ORL A Strecke 13, 50 Taf. 6,6).[6]

10. Gunzenhausen (Lkr. Weißenburg-Gunzenhausen) Altmühlwiesen (Abb. 2, 4, 9–12)

2 m u. h. O. 0,4–0,7 m hohe Pfahlstümpfe: sog. Wasserdurchlass bei A mit je 8 und 5 Pfählen westlich des „Blockhauses", Flechtwerkzaun aus angespitzten Spaltlingen (B), Pfahlrost aus Reihen von je 4 Pfählen der Mauer zwischen B und C; je 13 und 5 Palisadenpfähle beiderseits des „Beigrabens" bei C, etwa 11 Pfosten des „Blockhauses" (= WP 13/54) zwischen der Palisade B und C (ORL A Strecke 14, 21.45 ff. mit Taf. 2,1–10 u. 13, 1.3), hier die Hölzer (s. u.; Anhang).

11. Gunzenhausen (Lkr. Weißenburg-Gunzenhausen)

WP 14/6 Blockhaus; Holzerhaltung fraglich (ORL A Strecke 14, Taf. 3,5).

12. Pfofeld (Lkr. Weißenburg-Gunzenhausen)

In der Niederung östlich Gundelshalm zwischen WP 14/10 und 12 Palisade mit Holzerhaltung neben der Mauer (ORL A Strecke 14, 63.65 Taf. 5,1 d.e).[7]

13. Höttingen-Fiegenstall (Lkr. Weißenburg-Gunzenhausen) Felchbachtal

zw. WP 34 und 35 im Gschwend zwei Palisadenpfähle und zwei liegende Balken in 2 m u. h. O. (ORL A Strecke 14, 82 Taf. 8,1 b.14,1).

14. Kipfenberg (Lkr. Eichstätt) Altmühlwiesen

zwischen WP 15/1 und 2 Reste der Palisade und von Flechtwerk, vermutlich einer Uferbefestigung (ORL A Strecke 14, 114 ff. Taf. 12,8 u. 14,3.6).[8]

15. Neustadt a.d. Donau-Hienheim (Lkr. Kelheim) Donauufer

„drei Pfahlstümpfe aus hartem Holz" (Dm. 10 cm) am Wasser (ORL A Strecke 15, 50).

Abb. 4 Gunzenhausen. Pfahlrost in den Altmühlwiesen (Eidam, Limesarchiv der RGK, Ingolstadt).

Abb. 5 Pfahlrost der Limesmauer hinter der Unterhambacher Mühle. Dr. Eidam mit einem freiwilligen Helfer 1897.

Untersuchungen Kohls zwar teilweise ebenfalls geborgen worden; sie kamen wohl ins Museum Weißenburg. Es heißt, dass sie dort einem gewissenhaften Hausmeister in der Nachkriegszeit zum Opfer gefallen sind und als Verlust abgeschrieben werden müssen. Das gilt auch für jene 1896 entdeckten Fundamentierungs- oder Flussdurchlasspfähle im Zuge der Raetischen Mauer im Kreutweiher beim Kastell Dambach.

Insgesamt wurden zwischen 2004 und 2006 im Rahmen der Welterbe-Inventarisierung die alten und neuen Limeshölzer, insgesamt 139 Bruchstücke, in den einschlägigen Museen und Sammlungen gesucht, identifiziert, beprobt und durch Franz Herzig im Dendrolabor des Bayer. Landesamtes für Denkmalpflege in Thierhaupten untersucht und neu datiert. Die überwiegende Mehrzahl stammte aus Bau- und vor allem Brunnenkomplexen verschiedener Kastellvici[9]; sie werden in diesem Bericht ausgeklammert. Sieben Hölzer mussten als mittelalterlich ausgeschieden werden. Die drei neu datierten Holzkomplexe von der Limespalisade werden im Folgenden zusammengestellt:

Mönchsroth, Schindhausweiher I (Lkr. Ansbach)[10] Fl. Nr. 791/Fdst. 6928/0019

Bei der Anlage des Schindhausweihers in der Flur „Espanwiesen" wurde wenige Meter östlich der alten Kohl-Fundstelle bei Mönchsroth 1992 die Limespalisade angeschnitten und durch das Bayer. Landesamt für Denkmalpflege, Dienststelle Nürnberg (F. Leja), in einer 2 m breiten Sondage untersucht.[11] Hier waren ungespaltene, nicht entrindete Nadelholzstämme mit über 60 cm Durchmesser (Abb. 6–8) in den Fundamentgraben eingesetzt. Drei der seinerzeit sechs Pfahlstümpfe hatten im Museum Weiltingen überlebt.

Die damals durchgeführte Dendro-Untersuchung ergab Fälldaten von 235, 237 bzw.

Chancen zur Feuchtholzerhaltung sind im Bereich weiterer Querungen in den Tälern des Schambachs, der Rezatt, am Tettenagger Grund oder bei Altmannstein gegeben.

Neue Dendrodaten

Von den 15 in der Holz-Datenbank beim Bayer. Landesamt für Denkmalpflege in Thierhaupten unter dem Stichwort „Limeshölzer" erfassten Fundorten am bayerischen Limes waren die von Dr. Eidam in den Gunzenhäuser Altmühlwiesen ausgegrabenen in einigen, heute noch identifizierbaren Proben erhalten. Dagegen sind die Hölzer aus den

---

9 Dabei auch Pfähle der Holzphase des Kastellbads von Theilenhofen mit Daten von 126 n. Chr.
10 ORL Abt. A Strecke 13 (1936) 12 f.; 22 mit Taf. 2 u. 11; s. auch R. Braun, Wilhelm Kohl als Römer- und Limesforscher. In: Gedenkschrift Wilhelm Kohl 22–31 bes. 28 mit Abb. 2.
11 F. Leja, Nach hundert Jahren: wieder Hölzer der Limes-Palisade bei Mönchsroth. Arch. Jahr Bayern 1992 (1993) 115 f.; Fundchronik für das Jahr 1992. Beih. Bayer. Vorgeschbl. 8, 1995, 155–157. – Dazu: E. Schallmayer, Zur Limespalisade im 3. Jahrhundert n. Chr. Funktion und Deutung. In: Schallmayer, Limes Imperii Romani 29–45, bes. 34 mit Abb. 10.

239 n. Chr. Bei der unerwartet späten Zeitstellung schien klar, dass es sich nicht um den ursprünglichen Palisadenbau handeln konnte, sondern um Reparaturmaßnahmen, die vom Ausgräber mit den Germaneneinfällen im Jahr 233 in Zusammenhang gebracht wurden. Wegen des abweichenden Befundes wurde auch eine Substruktion der Teufelsmauer erwogen, zumal im oberen Bereich der Grabenverfüllung Tuffsteine lagen, die von der (nahe vorbeiziehenden?) Mauer stammen mussten, weil in der näheren Umgebung jedes Steinmaterial fremd war.

Die Datierungsmöglichkeiten für römerzeitliche Nadelhölzer waren damals noch schwierig. Die Neudatierung gelang mithilfe einer römerzeitlichen Tannenchronologie, die aus zahlreichen bayerischen Fundstellen aufgebaut und mit Chronologien verschiedener Dendrolaboratorien abgesichert wurde. Aufgrund der Splinterhaltung ergab das sichere Fällungsjahr von 160 n. Chr.

Abb. 6 Mönchsroth. Palisade im Schindhausweiher 1992.

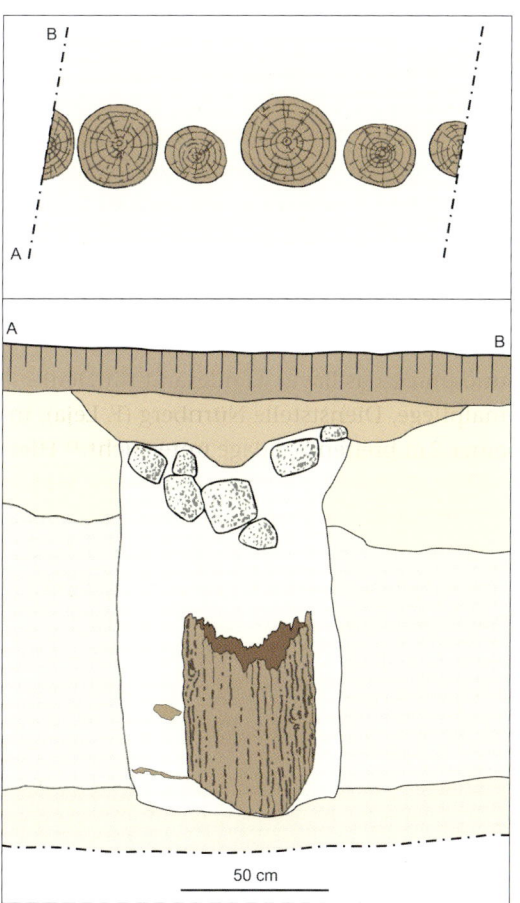

Bei den drei Pfosten handelt es sich um Tannen[12]; sie besitzen Durchmesser von 56 cm. Wenn man berücksichtigt, dass sie im Verlauf der letzten 20 Jahre vollständig ausgetrocknet sind, dürften ihre Durchmesser ursprünglich sogar 60 cm und mehr betragen haben (Abb. 8). Trotz der Austrocknung waren die Bearbeitungsspuren an den Enden noch erkennbar; die Fällkerben sind im Ansatz erhalten, d. h. die rund belassenen Stämme wurden gekappt und mit einem 12 bis 15 cm breiten Axtblatt plan/glatt unten zugerichtet. Der vollständig messbare Pfosten 116633 wies 194 Jahresringe auf.

Bei den rund belassenen Pfählen war die Waldkante ursprünglich mit Sicherheit erhalten. Da die Oberfläche durch die Austrocknung in Mitleidenschaft gezogen war, ist es nicht ganz sicher, ob mit dem letzten gemessenen Jahresring tatsächlich die Waldkante erfasst wurde. Es ist aber unwahrscheinlich, dass mehr als ein Jahresring fehlt.

Abb. 7 Mönchsroth. Palisade und Versturz der nahen Limesmauer im Schindhausweiher 1992.

12 Die Weißtanne (Abies alba) ist in den lokal vorkommenden Buchenwäldern beigemischt. In der nördlich angrenzenden Frankenhöhe und den westlich gelegenen Ellwanger Bergen bildet sie zusammen mit den Buchen die Hauptbaumart.

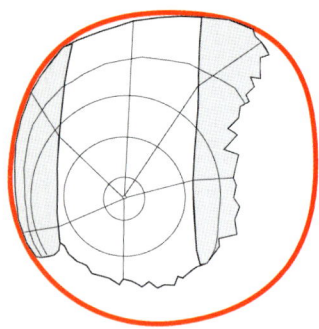
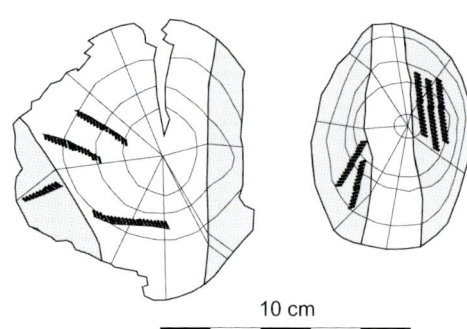

Abb. 8 Mönchsroth. Schindhausweiher 1992. Querschnitte und Bearbeitungsspuren an den Palisadenstümpfen (Mus. Weiltingen).

Abb. 9 Gunzenhausen. Die Palisade in den Altmühlwiesen. Im Hintergrund der Viadukt der Ludwig-Süd-Nord-Bahn aus den Jahren 1841/49.

Die Jahresringserien der drei Pfosten konnten miteinander synchronisiert werden. Die Jahresringe der Fd.-Nr. 116633 und 116634 enden tatsächlich auf demselben Jahr (ein Hinweis, dass die Waldkante erfasst wurde). Fd.-Nr. 116632 konnte zwar mit den beiden anderen Pfosten synchronisiert werden; es war aber nicht möglich die Probe bis zum letzten Jahresring zu messen. Es bleibt jedoch wahrscheinlich, dass auch dieser Stamm im selben Jahr wie die beiden anderen gefällt wurde.

Die aus den Jahresringserien der drei Pfosten gebildete 194-jährige Mittelkurve konnte über die bayerische Tannenchronologie und weitere Referenzen auf dem Jahr 160 n. Chr. zur Deckung gebracht werden und damit der Fällzeitpunkt erfasst sein.

Gunzenhausen, Altmühlwiesen (Lkr. Weißenburg-Gunzenhausen) Fl. Nr. 852.1, 852–853 (979)

Der Streckenkommissar H. Eidam hatte in den Jahren 1895–1898[13] in den Altmühlwiesen in bis zu 2 m Tiefe rund 30 Palisadenpfähle, 50 schmale Pfosten eines Flechtwerkzauns, etwa 20 Pfosten des sogenannten Blockhauses sowie rund 83 Hölzer eines Pfahlrosts entdeckt und ausgegraben, der vermutlich die Limesmauer trug (Abb. 9).

Einige dieser Funde wurden im Museum Gunzenhausen aufbewahrt und in der Schausammlung gezeigt bzw. später im Depot aufbewahrt (Abb. 10). Viele Hölzer sind durch die Bleistiftzeichnungen in den Grabungsnotizbüchern Eidams (Stadtarchiv Gunzenhausen) so genau skizziert, dass sie mit den Abbildungen im ORL und dem Depotfoto (Abb. 11) identifiziert werden können. Bei Inv.-Nr. 967 wird Eidam als Grabungsleiter auf dem Inventarblatt genannt; sie werden dort ohne Angabe des Grabungsjahrs summarisch als Teile des Blockhauses, als Brückenbauteile oder Reste der Limespalisade bezeichnet.

Bei den untersuchten Hölzern handelt es sich um Eichenpfahlspitzen oder um Ständer mit flach zugearbeiteten Enden (Abb. 12). Die Gruppe der ausgetrockneten Spitzen, auf denen noch deutlich die von Beil und Spaltwerkzeug herrührenden Bearbeitungsspuren zu erkennen sind, weisen Längen von 97 bis 107 cm und Querschnitte von 13 × 9 cm auf. Ein Pfahl mit der neu vergebenen Nr. 116638 konnte über die Fotodokumentation als Inv.-Nr. 979 des Museums identifiziert werden; von den Dimensionen und der Art der Zurichtung ähnlich ist die Nr. 116637. Beide Pfähle wurden aus mindestens 25 cm starken Eichenstämmen heraus gespalten und enthalten 67 und 73 Jahresringe. Wahrscheinlich zur gleichen Gruppe gehört der 12 cm starke, 20-jährige Rundpfahl Nr. 116639.

Wesentlich stärker dimensioniert waren die Pfähle mit den Inv.-Nr. 967–972. Bei 967,

[13] Limesbl. Sp. 557 ff., Arch. Anz. 1895, 199 ff. und ebd. 1896, 181.

968 und 972 handelte es sich um Kiefernrundhölzer mit 30–32 cm Durchmesser. Bei Nr. 969, 970 und 971 handelt es sich um Eichenhalblinge mit Durchmessern von 31–41cm (Abb. 11).

Die zur ersten Gruppe gehörenden Jahresringserien von Fd.-Nr. 116637 und 116638 konnten miteinander synchronisiert und daraus eine 73-jährige Mittelkurve gebildet werden. Die Mittelkurve ließ sich auf der süddeutschen Standard- und der bayerischen Eichenchronologie auf dem Jahr 146 n. Chr. zur Deckung bringen. Die größte Übereinstimmung wies diese Mittelkurve mit der extrahierten bayerischen Regionalchronologie „Südliche Keuperabdachung" auf. Bei beiden Pfählen fehlen jedoch Splint und Waldkante. Die tangenzialen Oberflächen der

Abb. 10 Gunzenhausen. Palisaden und andere Hölzer aus den Altmühlwiesen in der alten Aufstellung des Museums Gunzenhausen (s. Abb. 11).

Abb. 11 Gunzenhausen. Angespitzte Pfähle aus den Altmühlwiesen (s. Abb. 10; Mus. Gunzenhausen).

Abb. 12 Gunzenhausen, Palisadenpfähle aus den Altmühlwiesen (Mus. Gunzenhausen).

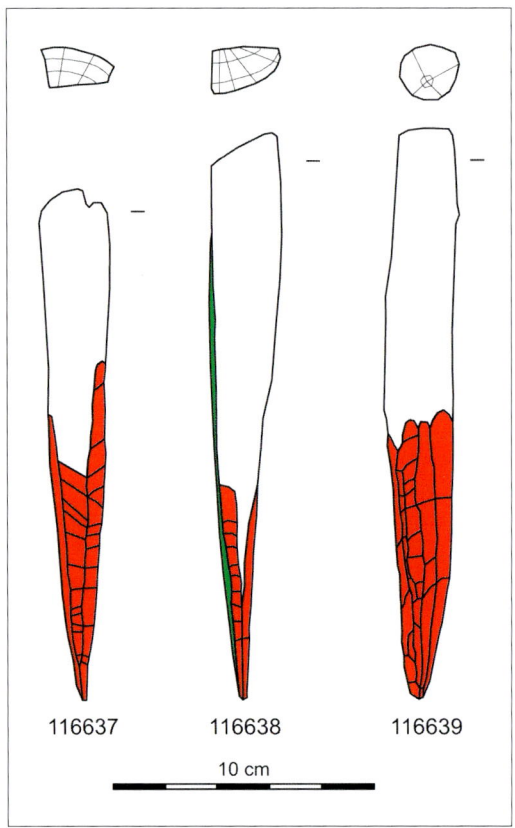

Pfähle sind gewölbt; vermutlich setzte hier der Splint an.[14] Deshalb dürfte der Zeitraum, in dem die Bäume gefällt wurden, die Jahre zwischen 157 und 177 n. Chr. umfassen.

Genauer lässt sich die Gruppe der Eichenhalblinge zeitlich fixieren. Nr. 970 besitzt wahrscheinlich die Waldkante oder es fehlen höchstens ein bis zwei Jahresringe (die Oberfläche ist durch Austrocknung so beschädigt, dass die Waldkantenbestimmung unsicher bleibt). Der letzte Jahresring fällt auf das Jahr 162 n. Chr. Die Fälldaten von Nr. 969 und 971 lassen sich über Splintgrenzendatierungen eingrenzen. Bei Nr. 969 liegt der Fällzeitpunkt bei 157 ±10 und bei Nr. 971 bei 172 ±10 n. Chr. Ob die drei Pfähle im selben Jahr gefällt wurden, lässt sich dagegen nicht nachweisen. Die Kiefernrundhölzer konnten nicht datiert werden. Der zeitliche Bereich, in dem die Fälldaten aller fünf datierten Pfähle liegen müssten, verweist in die 60er-Jahre des 2. Jahrhunderts (s. Anhang).

14 Der Eichensplint enthält im Mittel 20 ±10 Jahresringe.

Gunzenhausen, Oberer Marktplatz 1975, Fl. Nr. 384; Fdst. Nr. 6830/0048

Auf dem östlichen Altmühlhochufer beginnt die Strecke 14 mit dem WP 1 an der Spitalstraße (Marktplatz 2) in Gunzenhausen, zu dem auch ein Holzgebäude vom Typ „Blockhaus" gehörte. Im Hof des Hauses Marktplatz 5 (Fl.-Nr. 378/5) wurden in einer Tiefe von 2,5 m schon einmal „Holzreste von Pfählen gefunden, welche von Norden nach Süden zogen."[15] Im Herbst 1975 wurde auf der gegenüberliegenden Straßenseite (Marktplatz 2, Fl. Nr. 384) die Baugrube für das Kaufhaus Steingass ausgehoben. Dabei wurde eine Palisade angeschnitten. Die bis zu 75 cm langen Stümpfe der Palisade sind damals von Hans Himsolt beobachtet und glücklicherweise geborgen worden; die Pfahlreste gelangten in das Museum Gunzenhausen. Von den 13 im Museumsinventar verzeichneten Hölzern waren noch zwei erhalten und identifizierbar, die Inv.-Nr. 980 und die Probe GUN75-2.

Eine Eichenscheibe (Inv. Gunzenhausen Inv.-Nr. 983) wurde seinerzeit im Labor für Dendrochronologie am Institut für Ur- und Frühgeschichte der Universität Köln datiert: „Die Probe hat insgesamt 168 Jahresringe, wobei der jüngste gemessene Jahresring zum Jahr 144 n. Chr. gehört. Da das Splintholz und wahrscheinlich auch Teile des Kernholzes zerstört sind, kann ich keine genauen Angaben zum Fälljahr machen. Unter Berücksichtigung des fehlenden Splintholzes von 20 ±5 Ringen wird der Baum um 144 + 20 ±5 n. Chr., also nach 164 ±5 AD gefällt worden sein … B. Schmidt" (Schreiben vom 31.1.1986). Außerdem werden im Untersuchungsbericht von B. Schmidt Nadelhölzer erwähnt, die damals nicht datiert werden konnten.

Die drei zu untersuchenden Eichenscheiben besaßen Zettel, denen zu entnehmen war, dass sie von der Beobachtung H. Himsolts im Jahr 1975 stammten. Beim Vergleich der

15 H. Eidam, Festschr. Athropol. Kongr. Nürnberg 1887, S. 10 Abs. 1. – ORL A Strecke 14 (1927) 50. – Auf einem Brief befindet sich eine Notiz von unbek. Handschrift, wonach „Hölzer beim Limes zwischen Kaufhaus Steingass u. dem Geschäft Müller & Henk (?) von Eidam ausgegraben" worden seien.

Holzscheiben mit den Abbildungen auf den Inventarblättern des Museums Gunzenhausen konnte eine Scheibe als Inv.-Nr. 980 identifiziert werden. Bei GUN75-2 und Inv.-Nr. 980 handelt es sich um noch 29 und 38 cm starke, sehr schnell gewachsene Eichen mit 53 und 62 Jahresringen. Bei GUN75-2 war noch der Ansatz des Splints erkennbar. Bei GUN75-1 handelt es sich um einen 38 cm breiten und 20 cm starken Eichenhalbling mit 158 Jahresringen; er enthielt keine Splintjahrringe.

Die Jahresringserien von Inv.-Nr. 980 und GUN75-2 konnten miteinander synchronisiert und daraus eine 62-jährige Mittelkurve gebildet werden. Die Mittelkurve ließ sich auf der süddeutschen Standard- und der bayerischen Eichenchronologie auf dem Jahr 153 n. Chr. zur Deckung bringen. Das Fälldatum liegt, bezogen auf den Splintansatz von GUN75-2 innerhalb des Zeitraums von 166 n. Chr. ± 10 Jahren. Die 158jährige Serie von GUN75-1 konnte auf dem Jahr 139 n. Chr. zur Deckung gebracht werden. Das Fälldatum liegt nicht vor 160 n. Chr. ± 10 Jahren (s. Anhang). Bei dem halbrunden Querschnitt von GUN75-1 müsste der Splint unmittelbar nach dem letzten gemessenen Jahresring angesetzt haben. Bei dieser Probe handelt es sich vermutlich um die bereits in Köln gemessene, weil die Anzahl der Jahresringe und die Datierung ähnlich ausfallen.

Zusammenfassung

Unter den untersuchten Limeshölzern aus Bayern konnten drei Holzbestände neu datiert werden, die vom archäologischen Befund her von der Palisade stammen. Für die Nadelhölzer von Mönchsroth wurde als Fällungsjahr sicher das Jahr 160 n. Chr. ermittelt. Die Spalthölzer von den Altwühlwiesen westlich von Gunzenhausen liegen bei 162; nach Abzug der beiden vermutlich fehlenden Jahresringe gehören sie ebenfalls in das Jahr 160. Die Holzreste von der Gunzenhauser Oberstadt weisen eine Datierung nicht vor 160 ± 10 n. Chr. auf und müssen damit auch im Zusammenhang mit der Limespalisade gesehen werden.

Verengt sich das Baufenster der Palisade im zentralen Bereich des nach Norden ausgreifenden Gunzenhäuser „Limesdreiecks" auf das Jahr 160, scheinen die Daten im westlich anschließenden Limesabschnitt dem zu entsprechen. Die Holzdaten von der Palisade bei Schwäbisch Gmünd-Rotenbachtal mit einem Datum von 163/164 und Schwabsberg mit dem Datum 165/166[16] weichen um drei oder vier Jahre ab, was das Gesamtergebnis aber nicht in Frage stellt, weil derartig aufwendige Baumaßnahmen wie die Neutrassierung und der Bau der Palisade sich durchaus über einen Zeitraum von mehreren Jahren hingezogen haben dürften.

Dass das vorletzte Regierungsjahr des Kaisers Antoninus Pius, das Jahr 160, möglicherweise ein historisches Stichdatum darstellt, wird durch weitere gleichdatierte Holzkomplexe vom Raetischen Limesabschnitt in Baden-Württemberg erhärtet.[17] Der Umbau des inschriftlich noch zwischen 156/158/161 datierten Neckarburkener Bads wird zwischenzeitlich durch ein Dendrodatum auf 159/160 begrenzt. Für Murrhardt ist die Vorverlegung mit dem bislang ältesten Datum von 159 (WK), für Osterburken im Jahr 159/160 (Benefiziarierstation) belegt. Die Daten von Schirenhof um oder nach 165 ± 10, Aalen (Torhalle der *principia* 160 ± 10) und Rainau-Buch (zivile Baumaßnahmen im Kastellvicus) mit einem Waldkantendatum von 161[18] dokumentieren umfangreiche Neubauaktivitäten am vorgeschobenen Raetischen Limes auf der Alb.

Mit diesen Daten wird klar, dass der raetische Palisadebau nicht mit der Palisade am Obergermanischen Limes zusammen geht, die in hadrianischer Zeit (nach den Dendro-

---

[16] Herr A. Billamboz (Gaienhofen-Hemmenhofen) hat diese Daten freundlicherweise bestätigt; Mess- oder Systemfehler liegen wohl nicht vor. Im Fall der Rotenbachhölzer bleibt vorläufig unklar, ob sie tatsächlich von der Palisade stammen oder etwa einer Holzbrücke wenige Meter hinter der Grenzlinie.
[17] B. Becker, Fälldungsdaten römischer Bauhölzer anhand einer 2350jährigen süddeutschen Eichen-Jahrringchronologie. Fundber. Baden-Württemberg 6, 1981, 369–386, bes. Tab. 8; K. Kortüm, Zur Datierung der römischen Militäranlagen im Obergermanisch-Raetischen Limesgebiet. Saalburg-Jahrb. 49, 1998, 5–65, bes. 63.
[18] Greiner, Rainau-Buch 83–89; zuletzt Friedrich/Greiner, Daten des 3. Jahrhunderts 36 mit Tab. 2.

daten von Marköbel 119/120 n. Chr.) errichtet wurde.[19] Durch diese Dendrodaten steht der raetische Palisadenbau in unmittelbarem Zusammenhang mit der Vorverlegung des Neckarlimes und der Alblinie, mit dem die seit fünf Jahrzehnten nur flächig besetzte Lücke zwischen Neckar, Heidenheim und dem Ries geschlossen wurde. Doch wie sahen die Verhältnisse am östlichen Abschnitt des Raetischen Limes zwischen Weißenburg und Donau aus?

Eine ältere Limeslinie im Osten?

Die Forschung geht davon aus, dass die Donau zuerst im Raum Ingolstadt überschritten und der Limes von Osten her fixiert, mit Holztürmen bestückt und durch die Palisade gesichert wurde.[20] Die nicht ganz unumstrittene Bauinschrift IBR 257 aus Kösching weist in das Jahr 80. Unter Hinweis auf die obergermanischen Verhältnisse sprach zunächst nichts dagegen, den Palisadenbau auch hier in hadrianischer Zeit zu vermuten, wobei es (bis heute) auf dem Westabschnitt der Alblinie keine Anzeichen von einer Palisade gibt; auch Holztürme fehlen weitgehend. Was den Ostabschnitt betrifft, hielt man es für denkbar, dass er schrittweise nach Westen ausgebaut wurde.[21] Da man jedenfalls davon ausgehen muss, dass die Hölzer nach einer Generation vermodert und nicht mehr widerstandsfähig waren[22], sei die Palisade streckenweise durch den Flechtwerkzaun bzw. die steinverkeilte Bohlenwand ersetzt worden.

Bedauerlicherweise liegen vom östlichen Limesabschnitt bisher keine Dendrodaten vor. Wenn dieser Bereich tatsächlich schon in trajanischer oder hadrianischer Zeit im Gelände festgelegt wurde, wofür es aber keine unmittelbar datierenden Funde gibt, muss man einen bisher wenig beachteten Geländebefund ins Spiel bringen, der die Problematik des West- und des Ostabschnitts in einem etwas anderen Licht erscheinen lässt. Ich meine die über weite Strecken geradlinig geführte Straßentrasse, die zumindest hypothetisch für eine ältere Grenzlinie in Anspruch genommen werden kann (Abb. 3). Sie nimmt im westlichen Ries die Linie des Alblimes bzw. seiner Kastellverbindungsstraße auf, und ist, im Westries beginnend, sicher im Gelände identifizierbar; sie zieht von Marktoffingen schnurgerade in östlicher Richtung nach Munningen.[23] Von Oettingen über Ostheim, Gnotzheim bis Weißenburg ist sie in kurzen Abschnitten, aber doch einigermaßen deutlich auszumachen.

Östlich von Weißenburg aber steigt sie zwischen der Wülzburg und der Altenbürg auf die Albhochfläche und führt dann schnurgerade nach Burgsalach[24], das mit seinem in jüngerer Zeit entdeckten Kleinkastell und Erdlager durchaus im Verdacht steht, zu den älteren militärischen Anlagen in diesem Gebiet zu gehören. In Burgsalach knickt die Trasse nach Südosten ab und verläuft zunächst im Abstand von 1,5 km parallel zur späteren Limeslinie geradlinig nach Pfünz, wo sie die Altmühl überschreitet. Sie war „auf allen Höhen, die sie überschreiten musste, mit Wach- oder Signaltürmen ausgestattet", bemerkt das ORL, ohne dass diese Beobachtung im Hinblick auf eine ältere Limeslinie weiter beachtet wurde. Damals sind nicht weniger als zehn (Stein-)Türme an dieser Strecke bekannt, beschrieben und z. T. sogar ausgegraben worden; Holztürme scheinen bisher unbekannt.[25] Über Böhmfeld und am Nordrand von Hepberg vorbei zieht sie geradlinig nach Kösching und knickt von dort nach Osten ab durch Theißing und Ett-

---

19 Schönberger, Truppenlager 397 f.; E. Schallmayer, Zur Frage der Palisade am Obergermanisch-Raetischen Limes im 3. Jahrhundert n. Chr. In: Hrsg. Z. Visy, Limes XIX. Proc. XIXth Int. Congr. Roman Frontier Studies held in Pécs, Hungary, September 2003 (Pécs 2005) 801–813.
20 H. Schönberger, Truppenlager 389 f.
21 Baatz, Limes 280 f. und 310 f.; W. Zanier, Das römische Kastell Ellingen. Limesforschungen 23 (Mainz 1992) 158 mit Anm. 797–798; z. B. auch E. Grönke, Die Strecke 14 des Obergermanisch-Raetischen Limes von Gunzenhausen bis Kipfenberg. Ergebnisse und Probleme der Forschung seit W. Kohl. In: Gedenkschrift Wilhelm Kohl 69–75, bes. 70.
22 Das bestätigt z. B. die in der Mitte der 1980er-Jahre nachgebaute Palisade auf dem Schlossbuck bei Gunzenhausen, die, völlig verrottet, im vergangenen Jahr ersetzt werden musste.
23 Denkmalinventar Fdst. Nr. 6932/0166. - RiB Taf. 6 (Aufn. O. Braasch); diese Linie entspricht der in der Tab. Peut. Seg. III, 2–3 oben verzeichneten Strecke Septemiacum-Celeuseum-Abusina.
24 ORL A Strecke 14 (1927) 120 f., Nr. 21.
25 ebd. 121 f.

ling zu dem Kastell Pförring. Dort biegt sie noch einmal nach Nordosten und stößt genau gegenüber und in Höhe des Kastells Eining auf die Donau, wohingegen die spätere Linie ja 3,9 km weiter im Norden auf den Fluss trifft. Auch an dieser Strecke verweist die Straßenbeschreibung des ORL auf weitere vier Turmstellen. Im Gegensatz zum Verlauf der Palisade macht dieser schnurgerade Limes (im Wald) mit seinen wenigen Knickpunkten tatsächlich einen „älteren Eindruck", was die topografische Einbindung der Kastellplätze und den Anschluss an den Strom betrifft. Es ist hier nicht der Platz, die Problematik dieser hypothetisch älteren Limeslinie mit ihren Turmbefunden weiter zu diskutieren; darauf soll an anderer Stelle näher eingegangen werden.

Historische Beurteilung

Den Dendrodaten nach begann der Palisadenbau vielleicht im Winter 159 oder 160, jedenfalls noch im vorletzten Jahr des Kaisers Antoninus Pius, in dessen Regentschaft auch die Verkürzung und Neutrassierung einiger Limesstrecken sowie der Steinausbau von Kastellen und Türmen fällt.[26] Ein Blick auf die für wenige Jahre bestellten Statthalter der Provinzen Obergermanien und Raetien in den in Frage kommenden Jahren 159/160 bis 165 ergibt keine neuen Gesichtspunkte. Auf obergermanischer Seite wird die Vorverlegung des auf 80 km schnurgerade geführten Abschnitts des Vorderen Limes nach G. Alföldy in Zusammenhang mit dem in Mainz residierenden *legatus … pro praetore Germaniae superioris et exercitus in ea tendentis*, C. Popilius Carus Pedo, gestellt, dessen Amtszeit in die Jahre zwischen 152/um 155 und um 159 fällt[27]. Die Diskussion der noch nicht in allen Einzelheiten nachvollziehbaren Überschneidungen zwischen L. Dasumius Tullius Tuscus, 155/158 und um 160/161, und seinem Nachfolger Sex. Calpurnius Agricola (158–161/162) muss der althistorischen Forschung überlassen bleiben. Nach Sex. Calpurnius Agricola aber übernahm jener hochdekorierte General und Jugendfreund des Kaisers M. Aurel, C. Aufidius Victorinus, das Statthalteramt in Mainz (162), als die Chatten wohl noch im selben Jahr, gleich zu Beginn der Regierung M. Aurels (161–180), den Limes überrannten, in die Provinz Obergermanien einfielen und ihren Raubzug sogar bis nach Raetien hinein ausdehnten, wie die Historia Augusta in seiner Vita (M. Antonini 8,7) zu bemerken weiß. Im engeren Sinn „datiert" ist dieser Einfall zwar nicht, er wird aber ausdrücklich mit der Regentschaft M. Aurels und Victorinus' Statthalterschaft verbunden.

Hatte ich einmal irrtümlich vermutet, dass die in Obergermanien erprobte Palisade jetzt erst, als Reflex auf diese Einfälle, auch in Raetien installiert worden sein könnte, um die schwer aufzufangenden (Reiter-)Überfälle der Germanen einzudämmen, so lässt sich dieser Gedanke aufgrund der Dendrodaten nicht mehr aufrecht erhalten. Der Chattenüberfall traf die Provinzen ein oder zwei Jahre später. Ob die neue Palisade tatsächlich Wirkung zeigte und ihren Zweck erreichte, wissen wir nicht. Wann der erst schemenhaft bekannte „Zivilist" L. Titulenus die Procuratur in Augsburg antrat, ist noch ungewiss; in der Amtszeit des Sex. Baius Pudens[28] in den Jahren 164/165 muss der Palisadenbau zumindest fertig gestellt worden sein.

Bezug zu einem Ausbau des raetischen Straßennetzes?

Interessanterweise werden mit den Baudaten der westraetischen Limespalisade, die sicher zahlreiche Mannschaften aus den Kastellen entlang der Grenze über Monate in Beschlag genommen hatte, noch weitere Bauaktivitäten sichtbar, die ebenfalls in diese Zeit bzw. die Mitte der 60er-Jahre fallen.

---

26 H. Schönberger, Truppenlager 394 f.; RiB 122 ff.
27 G. Alföldy, Caius Popilius Carus Pedo und die Vorverlegung des Obergermanischen Limes. Fundber. Baden-Württemberg 8, 1983, 55–67; ders., Die lineare Grenzziehung des Vorderen Limes in Obergermanien und die Statthalterschaft des Gaius Popilius Pedo. In: Schallmayer Limes Imperii Romani 7–20.

28 Zu den raetischen Statthaltern G. Winkler, Die Statthalter der römischen Provinz Raetien unter dem Prinzipat. Bayer. Vorgeschbl. 36, 1971, 50–101, bes. 64 f.

Es ist der Neubau, teilweise auch die Renovierung von Brücken (und Straßen) im Limeshinterland (Abb. 3): Die Dendrodaten der Lechbrücke der Donau-Süd-Straße (164 ± 10)[29], der für die Versorgung des Limesgebietes wichtigen Donaubrücke bei Rennertshofen-Stepperg (165 ± 10)[30] und der Stichstraße an den Limes mit der Sumpfbrücke im Wellheimer Trockental bei Rennertshofen-Feldmühle (161)[31] fallen in die Regierungszeit Marc Aurels. Vielleicht sind in diesen infrastrukturellen Maßnahmen schon die Vorboten der Markomannenkriege an der mittleren Donau zu sehen, die den unglücklichen Kaiser über ein Jahrzehnt lang in dauernde Kämpfe verwickelt und aufgerieben haben.

Univ.-Doz. Dr. Wolfgang Czysz
(Bodendenkmalpflege)
Franz Herzig
(Dendrochronologisches Labor)
Bayerisches Landesamt für Denkmalpflege
Dienststelle Thierhaupten
Klosterberg 8
86672 Thierhaupten

Anhang

I. Gunzenhausen, Marktplatz 2

1. o. Inv.	GUN75-1	Eichenhalbling	38 × 20 cm
2. Inv. 980	GUN75-2 Eiche	Baumscheibe	33 × 38 cm, Dm. 0,13 cm
3. Inv. 981	verm. Eiche	Pfahl	0,9 m lang, Dm. 0,12 m
4. Inv. 982	verm. Eiche	Scheibe	28 × 48 cm
5. Inv. 983	verm. Eiche	Scheibe	28 × 48 cm (Probe Köln)
6. Inv. 984	verm. Eiche	Pfosten	L. 0,81 cm, Dm. 0,12 m
7. Inv. 985	verm. Eiche	Pfosten	L. erh. 0,88, Dm. 0,12 m
8. Inv. 987[32]	verm. Eiche	Scheibe	27 × 48 cm
9. Inv. 988	verm. Eiche	Scheibe	24 × 47 cm
10. Inv. 989	verm. Eiche	Scheibe	32 × 40 cm
11. Inv. 990	verm. Eiche	Pfosten	L. erh. 0,52 cm, Dm. 0,13 m
12. Inv. 991	unbek.	2 Scheiben	20 × 17 und 20 × 14 cm
13. Inv. 992	verm. Kiefer	viereckiger Pfosten	26 × 27 cm[33]

II. Korrelationsergebnisse

Mittelkurve der Tannenpfähle von Mönchsroth
im Vergleich zu den angeführten Referenzchronologien

WUCHSGEBIETE/CHRONOLOGIEN	GL	WJ	T-TH	T-TB	DATIERUNG
Bohlenweg Lermoos (Tannen)	58.8	WJ 56.6	H4.5	B3.8	DAT 160
Bayerische Tannenchronologie	66.2	WJ 75.0	H7.5	B7.4	DAT 160
Tannenchronologie Trier	64.9		H5.3	B5.1	DAT 160

Mittelkurve der Tannenpfähle von Gunzenhausen
im Vergleich zu den angeführten Referenzchronologien

WUCHSGEBIETE/CHRONOLOGIEN	GL	WJ	T-TH	T-TB	DATIERUNG
Süddt. Eichenstandardchronologie	69.1	WJ 78.4	H6.8	B5.2	DAT 162
Bayerische Eichenchronologie	61.3	WJ 71.9	H6.0	B4.3	DAT 162
Wuchsgebiet Südl. Keuperabdachung	62.8	WJ 78.4	H6.5	B5.0	DAT 162

[29] W. Czysz, Der Tod im Topf. Ausgrabungen im römischen Gräberfeld von Oberpeiching bei Rain am Lech (Friedberg 1999) 9f.
[30] M. Prell, Neueste Untersuchungen an der römischen Holzbrücke bei Stepperg, Gemeinde Rennertshofen, Landkreis Neuburg-Schrobenhausen, Oberbayern. Arch. Jahr Bayern 1995 (1996) 104–106.
[31] M. Schußmann, Ein mehrphasiger, vorgeschichtlicher Sumpfübergang bei der „Feldmühle", Gde. Rennertshofen, Lkr. Neuburg-Schrobenhausen. Arbeiten z. Archäologie Süddeutschlands Bd. 9 (Büchenbach 2003 [2004]) bes. 33.
[32] Inv. Nr. 986 fehlte.
[33] Akten im Stadtarchiv Gunzenhausen; für die freundliche Unterstützung bei der Akten- und Fundsuche danken wir dem Stadtarchivar W. Mühlhäußer herzlich. Herr Himsolt (Gunzenhausen) hat mir gesprächsweise die damaligen Fundumstände erläutert.

Literaturverzeichnis

BAATZ, Limes
D. Baatz, Der römische Limes. Archäologische Ausflüge zwischen Rhein und Donau (4. Aufl., Berlin 2000).

FRIEDRICH / GREINER, Daten des 3. Jahrhunderts
M. Friedrich/B. Greiner, Neue dendrochronologische Daten des 3. Jahrhunderts n. Chr. aus dem römischen Kastellvicus Rainau-Buch. In: Archäologie, Naturwissenschaften, Umwelt. (Hrsg. M. Frey/N. Hanel), Beitr. Arbeitsgemeinschaft „Römische Archäologie" auf dem 3. Deutschen Archäologenkongress in Heidelberg 25.5.–30.5.1999. BAR Int. Ser. 929 (Oxford 2001) 33–41.

HÄFFNER/HÜSSEN, Gedenkschrift Wilhelm Kohl
H.-H. Häffner/C.-M. Hüssen (Hrsg.), „In plurimis locis..." Wilhelm Kohl (1848–1898), Apotheker und Forscher am Raetischen Limes. Gedenkschr. z. 100. Todestag. Intern. Archäol; Studia honoraria 5 (Rahden/Westf. 1998).

GREINER, Rainau-Buch
B. A. Greiner, Der Kastellvicus von Rainau-Buch: Siedlungsgeschichte und Korrektur dendrochronologischer Daten. In: Neue Forschungen zur römischen Besiedlung zwischen Oberrhein und Enns. Vorträge des wiss. Kolloquiums vom 14. bis 16. Juni 2000 in Rosenheim. Schriftenr. Arch.-Staatssammlung 3 (Remshalden-Grunbach 2002).

RiB
W. Czysz/K. Dietz/H.-J. Kellner/Th. Fischer, Die Römer in Bayern (Stuttgart 1995, 2. Aufl. 2001).

ORL
E. Fabricius, F. Hettner, O. von Sarwey (Hrsg.), Der Obergermanisch-Raetische Limes des Roemerreiches. Abteilungen A und B. Lieferungen I–LVI (Berlin/Leipzig 1894 ff.).

SCHALLMAYER, Limes Imperii Romani
E. Schallmayer (Hrsg.), Limes Imperii Romani. Beitr. z. Fachkolloquium „Weltkulturerbe Limes" 2001. Saalburg-Schr. 6 (Bad Homburg 2004).

SCHÖNBERGER, Truppenlager
H. Schönberger, Die römischen Truppenlager der frühen und mittleren Kaiserzeit zwischen Nordsee und Inn. Ber. RGK 66, 1985, 321–497.

Abbildungsnachweis

Abb. 1 OA BLfD; Abb. 2 Stadtarchiv Gunzenhausen; Abb. 3 W. Czysz/S. Köglmeier; Abb. 4 Stadtarchiv Gunzenhausen; Abb. 5 Stadtarchiv Gunzenhausen; Abb. 6–7 F. Leja/S. Köglmeier; Abb. 8 F. Herzig; Abb. 9–11 Stadtarchiv Gunzenhausen; Abb. 12 F. Herzig.